Marcelino Menéndez Pelayo

OBRAS COMPLETAS

EDICIÓN NACIONAL
DE LAS OBRAS COMPLETAS DE
MENÉNDEZ PELAYO

DIRIGIDA POR

ÁNGEL GONZÁLEZ PALENCIA

CATEDRÁTICO DE LA UNIVERSIDAD DE MADRID,
DE LAS REALES ACADEMIAS ESPAÑOLA Y DE LA HISTORIA,
DEL CONSEJO SUPERIOR DE INVESTIGACIONES CIENTÍFICAS

XXXII

(CON ÍNDICE DE AUTORES, TÍTULOS Y MATERIAS)

CONSEJO SUPERIOR DE INVESTIGACIONES CIENTÍFICAS
MCMXLIX

ESTUDIOS SOBRE EL TEATRO DE LOPE DE VEGA

EDICIÓN PREPARADA POR

ENRIQUE SÁNCHEZ REYES

DIRECTOR DE LA BIBLIOTECA DE MENÉNDEZ PELAYO,
DEL CONSEJO SUPERIOR DE INVESTIGACIONES CIENTÍFICAS

IV

(CRÓNICAS Y LEYENDAS DRAMÁTICAS DE ESPAÑA)
(CONTINUACIÓN)

SANTANDER, ALDUS, S. A. DE ARTES GRÁFICAS
MCMXLIX

IX

CRÓNICAS Y LEYENDAS DRAMÁTICAS DE ESPAÑA

(CONTINUACIÓN)

XXIII.—El mejor alcalde, el Rey

Impresa en la *Veinte y una parte verdadera* de las comedias de Lope (1635), tomo póstumo, que él mismo dejó preparado para la imprenta. Es obra de su última manera y una de las más excelentes de su Teatro. Ha sido también una de las que con más frecuencia se han reproducido, ya en ediciones sueltas del siglo pasado y del presente, ya en colecciones del Teatro de Lope de Vega, entre las cuales sólo merece citarse la de Hartzenbusch en la *Biblioteca de Autores Españoles* (tomo I de las comedias de Lope).

Son numerosas también las traducciones. En francés hay tres: la de La Beaumelle (1829), la de Damas Hinard (1842) y la de Eugenio Baret (¿1874?). [1] Al alemán ha sido vertida por Malsburg en 1824 [2] y al polaco por Swieçicki en 1882. [3]

---

[1] *Chefs d'œuvres des Théâtres Étrangers... Tome XVI. A Paris, chez Dufey, Libraire,* 1829. Páginas 387-504.

Théâtre de Lope de Vega, traduit en français par M. Damas Hinard. (Bibliothèque Charpentier: la última tirada es de 1892.) Tomo I, páginas 156-216.

Œuvres dramatiques de Lope de Vega. Traduction M. Eugène Baret. (París, Didier, segunda edición, 1874.) Tomo I, páginas 63-126.

[2] Malsburg (E. F. F. Otto der), *Stern, Zepter, Blume* (Estrella, Cetro, Flor). *Dresden,* 1824. Con tan extraño título reúne Malsburg en este tomo, dedicado a Goethe, tres comedias de Lope: *La estrella de Sevilla, El mejor alcalde el Rey* (páginas 237-360) y *La moza de cántaro.*

[3] *Feliks Carpio Lope de Vega. Komedie Wybrane. Kara-nie zemsta* (El castigo sin venganza), *Najlepszym sędzia król* (El mejor alcalde el Rey, páginas (95 - 178), *Gwiazda Sewilska. W. prezekladzie Juliana Adolfa Swięcickiego.* Varsovia, ed. S. Lewental, 1882.

La fuente inmediata de este trágico drama está expresamente
declarada por Lope en los últimos versos de él:

> Y aquí acaba la comedia
> De *El mejor alcalde*, historia
> Que afirma por verdadera
> La corónica de España:
> La cuarta parte la cuenta.

En la cuarta parte, pues, de la obra histórica del Rey sabio,
según el texto de Ocampo, que era el que nuestro poeta seguía,
se lee la siguiente anécdota del Emperador Alfonso VII:

«Este Emperador de las Españas era muy justiciero, e de como
vedaua los males e los tuertos en su tierra puédese entender en
esta razón que diremos aquí. Un Infançón que moraua en Galizia,
e avíe nombre don Ferrando, tomó por fuerça a un labrador su
heredad, e el labrador fuesse querellar al Emperador, que era en
Toledo, de la fuerça que le fazíe aquel Infançón. E el Emperador
embió su carta luego con esse labrador al Infançón, que luego
vista la carta que le fiziesse derecho de la querella que dél avíe.
E otrosí embió su carta al merino de la tierra, en quél mandava
que fuesse con aquel querelloso al Infançón, que viesse qual
derecho le fazíe e que gelo embiasse dezir por sus cartas. E el
Infançón, como era poderoso, quando vió la carta del Emperador, fué muy sañudo e començó de amenaçar al labrador, e dixol
que lo mataríe, e non le quiso fazer derecho ninguno. E quando
el labrador vió que derecho ninguno non podíe aver del Infançón,
tornóse para el Emperador a Toledo con letras de omes buenos
de la tierra, en testimonio como non podíe aver derecho ninguno
de aquel Infançón del tuerto que le fazíe. E quando el Emperador
esto oyó, llamó sus privados de su cámara, e mandóles que dixessen
a los que viniessen a demardar por él que era mal doliente, e que
non dexassen entrar ninguno en su cámara, e mandó a dos caualleros mucho en poridad que guisassen luego sus cavallos e yríen
con él. E fuesse luego encobiertamente con ellos para Galizia,
que non quedó de andar de día nin de noche; e pues que el Emperador llegó al logar do era el Infançón, mandó llamar al merino

e demandol que le dixesse verdad de cómo pasara aquel fecho. E el merino dixógelo todo. E el Emperador, después que sopo todo el fecho, fizo sus firmas sobre ello, e llamó omes del logar, e fuesse con ellos, e paróse con ellos a la puerta del Infançón, e mandol llamar que saliesse al Emperador que le llamava. E quando el Infançón esto oyó, ovo gran miedo de muerte e començó de foyr, mas fué luego presso e aduxéronle ante el Emperador; e el Emperador rrazonó todo el preyto ante los omes buenos, e cómo despreciara la su carta, e non feziera ninguna cosa por ella, e el Infançón non contradixo nin respondió a ello ninguna cosa. E el Emperador mandol luego enforcar ante su puerta e mandó que tornasse al labrador todo su heredamiento con los esquilmos. Entonces el Emperador anduvo descobiertamente por toda Galizia e apaziguó toda la tierra, e tan grave fué el espanto que todos los de la tierra ovieron por esse fecho, que ninguno non fué osado en toda su tierra de fazer fuerza uno a otro. E esta justicia, e otras muchas tales como ésta, fizo el Emperador, porque era muy temido de todas las gentes, e vivíe cada uno en lo suyo en paz.» [1]

De este relato de la *General* proceden, sin variante alguna que merezca ser notada, los que se leen en el *Valerio de las Historias* (lib. IV, tít. III, cap. III); en el P. Mariana (lib. XI, cap. II); en las dos diversas crónicas de Alfonso VII que compuso Fr. Prudencio de Sandoval, quien caprichosamente, según creo, fija la fecha del suceso en la era 1189 (año 1151), y en otros varios historiadores nuestros, antiguos y modernos, ninguno de los cuales invoca más testimonio que el de la *General*.

Esta pieza ha sido tantas veces y tan unánimemente juzgada, y tan fuera de controversia está su excelsa belleza dramática, que más que nuestro parecer propio ha de valer la exposición cronológica de los testimonios ajenos, verdadera corona tejida a la gloria del poeta, no sólo por manos de nuestros amigos de Alemania,

---

[1] Edición de Valladolid, 1604, folios 327, vto. y 328 Lorenzo de Sepúlveda versificó este capítulo de la *Crónica* como tantos otros (número 918 del *Romancero*, de Durán).

sino también de los franceses, menos benévolos, en general, con nuestras cosas.

La Beaumelle, que escribía en 1824 y todavía bajo la influencia del gusto clásico francés, antepuso a su traducción una extensa noticia, de la cual puede juzgarse por el siguiente extracto:

«Lope de Vega anuncia que esta pieza es histórica, y así lo prueban los fragmentos de Sandoval y Mariana, relativos al hecho que nuestro poeta ha embellecido con los colores dramáticos. Puede notarse, sin embargo, que altera la historia en algunos detalles. No tengo por muy censurable la licencia que se tomó prolongando veinte y seis años la vida de la Reina Doña Urraca, porque no es muy seguro que la época en que coloca Sandoval esta expedición de Alfonso VII a Galicia sea exacta: Mariana no quiso determinarla. [1]

»Hay en esta pieza unidad de acción. El poeta no se distrae de su fin principal, y aunque el interés de curiosidad esté dividido, puesto que se trata de saber cuál será la suerte de Elvira y cómo será castigado su raptor, todo está enlazado con tal arte, que no se ve más que el desarrollo de un solo hecho.

»La escena pasa, unas veces a orillas del río Sil, en Galicia, otras veces en León, y dentro de un mismo acto cambian las decoraciones. Pero aun violando la unidad de lugar *de una manera tan escandalosa,* se ve que Lope de Vega tenía el sentimiento de ella, porque la *verdad histórica,* [2] según la cual Alfonso tuvo que hacer desde Toledo a Galicia un viaje de 130 leguas, presentaba a este Rey de una manera mucho más brillante. Por consiguiente, si Lope supuso que el Emperador tenía su corte en León, fué para dar más verosimilitud a la acción y para tributar parcial homenaje al mismo principio del cual se apartaba.

»La acción dura próximamente doce días; pero se puede reconocer en ella una especie de unidad de tiempo, porque es

---

[1] Ni tampoco la *Crónica General,* única fuente para el caso, debió añadir La Beaumelle si la hubiese conocido.

[2] Falta que esta verdad histórica lo sea realmente, y que no se trate, como es probable, de una mera leyenda.

acción continua, porque cada uno de los lances toca, sin intervalo alguno, al precedente, y porque, si es cierto que se prolonga más allá del tiempo material de la representación, es únicamente a causa de la distancia que separa los lugares donde aparecen los personajes.

»Reina además mucho arte en el modo de conducir esta pieza. Las primeras escenas participan algo del género de la poesía pastoril, para la cual Lope de Vega tenía gran talento; pero desde la mitad de la primera jornada, la intriga se hace más atractiva y el interés crece sin cesar. El poeta retarda, con grande habilidad, la consumación del crimen de Tello hasta el momento casi inmediato a la llegada del Rey. Si aquel atropello hubiese sido anterior, la pieza cambiaba de objeto: si el Rey hubiese llegado a tiempo para prevenir el atentado del Infanzón, el desenlace no podía consistir en el justo castigo del criminal.

»Todos los caracteres, sin exceptuar ninguno, están trazados con grande habilidad. La justicia inflexible, la severidad, la autoridad del Rey Alfonso, no desmienten en la escena la idea que de él nos comunica la historia. El valor y la noble entereza de Sancho, el orgullo estúpido y la violencia de D. Tello, la constancia de Elvira, la flaqueza de Feliciana, la prudencia tímida del viejo Nuño, están descritos con el mismo talento, y ni siquiera en la figura burlesca de Pelayo falta aquel espíritu de fina observación que es característico de los buenos autores dramáticos.

»Pero lo que sobre todo coloca en alto puesto esta obra, es el cuadro de las costumbres del tiempo en que la acción pasa. El alma del siglo XII respira íntegra en cada uno de sus versos. No fué, ciertamente, el estudio de las costumbres contemporáneas lo que pudo inspirar a Lope ese tan profundo conocimiento de los vicios de los siglos anteriores. Apenas se adivina dónde pudo adquirir tal instrucción, o más bien asombra la fuerza de su genio, que le hizo adivinar tantas verdades históricas. En *El mejor alcalde* reviven las diversas clases del mundo de la Edad Media, los grandes propietarios, sus domésticos y comensales, los cultivadores de la tierra, los pecheros y los siervos. Allí vemos desplegarse con bárbara inconsciencia la injusticia y la violencia de los más fuertes, fundadas en la convicción íntima de una superioridad de naturaleza. Don Tello habla de muy buena fe cuando mira como actos de desobediencia y de osadía la resistencia de una doncella honrada que no quiere rendirse a sus torpes deseos, y las reclamaciónes de su novio, que se atreve a solicitar que se le entregue la desposada. [1] El mismo Rey, cuando ve que un aldeano mues-

-----

[1]   Yo tomé, Celio, el consejo
   Primero que amor me dió;
   Que era infamia de mis celos
   Dejar gozar a un villano
   La hermosura que deseo.
   Después que della me canse,
   Podrá ese rústico necio
   Casarse; que yo daré
   Ganado, hacienda y dinero
   Con que viva: que es arbitrio
   De muchos, como lo vemos
   En el mundo. Finalmente,
   Yo soy poderoso, y quiero,
   Pues este hombre no es casado,
   Valerme de lo que puedo.
   . . . .
   ¿Puédese creer que así
   Responda una labradora?
   . . . .
   Y ¡ojalá fueras mi igual!
   Mas bien ves que tu bajeza
   Afrentara mi nobleza,
   Y que pareciera mal
   Juntar brocado y sayal.
   . . . .
   Villano, si os he quitado
   Esa mujer, soy quien soy,
   Y aquí reino en lo que mando,
   Como el Rey en su Castilla;
   Que no deben mis pasados
   A los suyos esta tierra;
   Que a los moros la ganaron.

tra constancia y energía, deduce de aquí que debe de ser noble. [1]

»No está pintado con menos vivos colores el estado anárquico de una sociedad en que las leyes son harto débiles para alcanzar a los grandes, y la necesidad en que entonces se halla la justicia de tomar las formas del despotismo, rechazando la violencia con la violencia. A Tello no le alcanza la ley: por eso tiene que morir sin forma de proceso. Esta misma necesidad social de la represión de los delitos fué la que dió origen a la caballería andante: se necesitaban bandidos de camino real para enderezar los tuertos de los bandidos que se cobijaban en los castillos.

»No menos debe llamarnos la atención el espíritu sanguinario de esta época. Las amenazas de muerte, las violencias y, finalmente, el suplicio de D. Tello, de que el espectador es casi testigo, todo recuerda las imágenes sangrientas que a cada paso nos ofrecen las crónicas de esos siglos. Vemos, lo mismo que en la historia, cómo el libertinaje se unía con la ferocidad. La influencia general del siglo se muestra aun en los personajes virtuosos. Don Tello es bárbaro, pero también muestra alguna crueldad el Rey cuando le anuncia sin rodeos que le va a mandar cortar la cabeza. [2] Don Tello no respeta ni el pudor ni los esponsales de

---

[1]   No es posible que no tengas
         Buena sangre, aunque te afligen
         Trabajos, y que de origen
         De nobles personas vengas,
         Como muestra tu buen modo
         De hablar y de proceder.

[2] Esta dureza, que ofendía el mezquino gusto de La Beaumelle, es enteramente necesaria para el efecto trágico y para el cumplimiento de la justicia inflexible y niveladora. Véase una parte de esta maravillosa escena:

DON TELLO

         ¿Sois, por dicha, hidalgo, vos
     El alcalde de Castilla
     Que me busca?

Elvira, pero su hermana Feliciana no le censura más que por su brutalidad, y se esfuerza en determinar a la joven a consentir en su deshonra. Elvira misma, la heroína de la pieza, no resiste

---

REY

¿Es maravilla?

DON TELLO

Y no pequeña, ¡por Dios!,
Si sabéis quién soy aquí.

REY

Pues ¿qué diferencia tiene
Del Rey, quien en nombre viene
Suyo?

INFANZÓN

Mucha contra mí.
Y vos, ¿adónde traéis
La vara?

REY

En la vaina está,
De donde presto saldrá,
Y lo que pasa veréis.

DON TELLO

¿Vara en la vaina? ¡Oh, qué bien!
No debéis de conocerme.
Si el Rey no viene a prenderme,
No hay en todo el mundo quién.

REY

¡Pues yo soy el Rey, villano!
. . . .

DON TELLO

Pues, señor, ¡tales estilos
Tiene el poder castellano!
¡Vos mismo! ¡Vos en persona!
Que me perdonéis os ruego.

REY

Quitalde las armas luego.
Villano, ¡por mi corona,

por castidad, sino por amor a Sancho, puesto que, cuando se ha
suspendido su matrimonio con él, se decide a compensarle de

———————

Que os he de hacer respetar
Las cartas del Rey!

. . . .

Venga luego la mujer
Deste pobre labrador.

Don Tello

No fué su mujer, señor.

Rey

Basta que lo quiso ser.
Y ¿no está su padre aquí,
Que ante mí se ha querellado?

Don Tello

Mi justa muerte ha llegado:
A Dios y al Rey ofendí.

. . . .

Rey

(Después de oír el relato de la violada Elvira.)

Pésame de llegar tarde:
Llegar a tiempo quisiera,
Que pudiera remediar
De Sancho y Nuño las quejas;
Pero puedo hacer justicia
Cortándole la cabeza
A Tello: venga el verdugo.

. . . .

Da, Tello, a Elvira la mano,
Para que pagues la ofensa
Con ser su esposo; y después
Que te corten la cabeza,
Podrá casarse con Sancho
Con la mitad de tu hacienda
En dote...

Este desenlace es idéntico al de *La niña de Gómez Arias*, comedia de
Luis Vélez de Guevara, refundida luego por Calderón.

antemano la pérdida de la noche de que este contratiempo le priva. [1]

»La desdichada condición de las mujeres en esta época de la civilización, o más bien de la barbarie, resalta en estos dos papeles. La abyección en que se encuentra Feliciana, hermana de un tan poderoso señor, su debilidad, su obediencia, son de una terrible verdad.

»Observemos de paso que en España no existía la servidumbre del terruño, propiamente dicha. ¿Qué serían los villanos y los señores en el resto de Europa?

»El estilo es tan variado como los personajes; algunas veces, sin embargo, peca de excesivamente poético y artificioso, como en la égloga con que principia el drama. En el papel de Sancho, las fórmulas bajas y serviles que el hábito y su condición humilde le obligan a emplear, forman un contraste, muy hábilmente presentado, con la energía y la nobleza de los pensamientos que expresa. A las bufonadas, a veces inoportunas, del gracioso Pelayo, juzgó conveniente Lope de Vega añadir faltas de lengua y de pronunciación. Este género de chiste no es traducible, y no se pierde mucho en que no lo sea.»

Luis de Vieil-Castel, que en la *Revista de Ambos Mundos* (1840) publicó un atinado examen de esta comedia, [2] que califica de una de las más bellas de su autor, resume así su juicio, después de haber expuesto detalladamente el argumento:

---

[1]
ELVIRA

Ya eres, Sancho, mi marido:
Ven esta noche a mi puerta.

SANCHO

¿Tendrasla, mi bien, abierta?

ELVIRA

¡Pues no!...

[2] Figura luego, como cap. IX, en su *Essai sur le Théâtre espagnol*, 882, páginas 89-110.

«Esta obra insigne no está acaso tan profundamente concebida como *La estrella de Sevilla*, pero se recomienda por un poderoso interés, que no se resfría ni un solo instante, y por la verdad de los caracteres y de los sentimientos. Es imposible personificar mejor que en el orgulloso D. Tello el insolente despotismo de un hombre poderoso y apasionado, que desprecia la Humanidad, que no ha conocido nunca los derechos de la justicia, ni sentido el freno de una autoridad superior a la suya. El viejo Nuño es el retrato fiel del estado de timidez y depresión moral a que la tiranía reduce, a la larga, las almas que la soportan. El Rey es un tipo de majestuosa grandeza, sencillo y noble al mismo tiempo. Sancho y Elvira interesan vivamente por la ingenua pureza de su amor. A excepción de algunos pasajes en que Lope se deja llevar demasiado de su vena poética, y pone en labios de los dos amantes alusiones y comparaciones mitológicas poco adecuadas al tiempo y al lugar, su lenguaje es enteramente conforme a su condición y estado. No es ya la galantería exquisita y refinada de los caballeros y de las damas de la corte; algo de primitivo y de agreste se mezcla aquí con una delicadeza que la sensibilidad verdadera puede inspirar, con una elegancia a que la poesía no debe renunciar nunca, y que sólo el verdadero poeta sabe conciliar con la naturalidad. Por una combinación diferente, pero que procede también de la feliz inteligencia del asunto, el *Gracioso* habla en un tono muy diverso del que ordinariamente distingue a este personaje. Lope comprendió que un criado intrigante y bufón estaría fuera de su lugar entre los campesinos de Galicia, y le sustituyó con un pastor ignorante y rudo, cuyas torpezas, aunque, a veces, algo groseras, tienen mucha fuerza cómica y no carecen de cierta verosimilitud.»

Todavía es más entusiasta el juicio de Damas Hinard, segundo traductor francés de esta comedia, y muy superior a La Beaumelle en conocimiento de nuestra lengua y en talento crítico:

«Todo el que después de haber leído la comedia de Lope, la compare con el relato de la crónica, no podrá menos de reconocer en el poeta castellano una alta discreción y un sentimiento profundo del arte. Ante todo, tuvo Lope la feliz idea de sustituir el despojo de una heredad con el rapto de una doncella. Con el dato de la historia no había pieza dramática posible o hubiera tenido muy poco interés. Modificando este dato encontró Lope el motivo de un admirable drama. Sólo cuando se encuentra una invención de este género es lícito decir que la poesía es superior a la verdad. Pero para lograr este género de invenciones, es preciso que el dramaturgo sea muy grande.

»Todos los caracteres de la pieza, así los que la historia indicaba al poeta como los que él mismo creó, están trazados con peregrino talento. El Emperador Alfonso VII, con su justicia severa y su bondad para con los débiles y los pequeños, es realmente el justiciero Alfonso VII de la historia, es la personificación de esos reyes españoles de la Edad Media, que muy sinceramente se creían (fuese cual fuese su conducta privada) representantes de Dios en la tierra. Don Tello es el Infanzón orgulloso por su nacimiento y su riqueza, violento y sensual, que se admira de encontrarse con un rival preferido y se indigna de la resistencia de una villana. Sancho es otra figura admirablemente presentada. Su pasión es noble y poética. Su valor excita nuestra simpatía, y tiene momentos, por ejemplo en la respuesta que da al Rey cuando éste le pregunta si D. Tello ha rasgado su carta, en que muestra una elevación de sentimientos y un horror a la mentira que nos parecen de gran belleza. [1] El viejo Nuño, en quien la viveza de la ternura paternal se combina con una tímida prudencia, pues por una parte quisiera recobrar a su hija, y por otra teme ponerse mal con su señor, es un tipo de excelente observación. Las dos mujeres son todo lo que podían ser, dada la fábula. Por último, nos agrada mucho el gracioso Pelayo, tan ma-

---

[1]   No quiera Dios que mi agravio
Te ofenda con la mentira.
  Leyóla y no la rompió;
Mas miento, que fué rompella
Leella y no hacer por ella
Lo que su Rey le mandó...

ligno como ingenuo, y algunos de sus chistes son verdaderamente incomparables.

»Dos personajes de la pieza, el conde de Castro y Enrique de Lara, no pertenecen al reinado de Alfonso VII, sino al de su nieto Alfonso VIII. [1] ¿Qué motivo pudo tener Lope para hacerlos entrar en su comedia? El que le eran necesarios, y antes que inventarlos, prefirió tomar de la historia sus nombres, pensando, sin duda, que así tendrían alguna más realidad y vida.

»Pero acaso el principal mérito de esta pieza consiste en la pintura de costumbres. Aquí están las ideas, las creencias, la supersticiones de la Edad Media española, la organización social de aquellos tiempos. Es la pintura más cabal de un siglo enérgico y todavía semibárbaro, en que la fuerza brutal y el capricho del más fuerte decidían de todo. Se ha preguntado dónde habría adquirido Lope este conocimiento íntimo de las costumbres y de los sentimientos de una época tan lejana. En primer lugar, en la historia, en las primitivas crónicas, en los antiguos romances españoles, que había estudiado con amor y que conocía mejor que ninguno de sus contemporáneos; y después, lo que no podía encontrar ni en la historia, ni en las crónicas, ni en los romances, lo adivinó con su genio. Así lo hacía Shakespeare: así lo han hecho todos los grandes maestros.»

Glosa en parte los juicios anteriores, pero no sin alguna observación nueva y discreta, Eugenio Baret, al frente de su nueva versión francesa de *El mejor alcalde el Rey:*

«Es seguramente una de las mejores obras de Lope de Vega, ya se atienda a la composición, ya al estilo. Su genio se muestra aquí más sobrio, más contenido que en ninguna otra parte, y casi nunca tenemos que censurar esos extravíos de imaginación que en otras producciones suyas escandalizan tanto la meticulosidad del gusto francés. La acción, bien conducida, se desarrolla con regularidad; el tono casi constantemente es natural, y el poeta

---

[1] «*Su hijo y sucesor*», dice equivocadamente Damas Hinard, y antes que él lo había dicho La Beaumelle.

rara vez cae en la tentación de hablar líricamente por boca de sus personajes. Siempre se mantiene fiel a la verdad humana. ¿A quién no conmoverán el amor ingenuo y profundo de Sancho a Elvira, y la constancia de los dos amantes? Los caracteres están dibujados con un vigor que sorprenderá a los que tienen el hábito de negar a la escena española en general, y a Lope en particular, el arte de pintar caracteres. La justicia inflexible, la humanidad, la actividad del Rey Alfonso, se reproducen en la escena tales como se muestran en la historia. El valor y la entereza de Sancho, el orgullo estúpido y la violencia de D. Tello, la constancia de Elvira y la debilidad de Feliciana, están pintados con el mismo talento. Y para dar a estas figuras tanto relieve no ha necesitado el artista recurrir a grandes desarrollos: le ha bastado con cuatro rasgos.

»Este drama, como *La estrella de Sevilla*, debe parte de su interés y su grandeza a la presencia de un elemento épico muy poderoso. Si el cuadro trazado por nuestro poeta tiene menos profundidad que el de la tragedia clásica, tiene, en cambio, más extensión. Este cuadro es uno y múltiple: presenta innumerables puntos de vista. Lope pinta al hombre, y pinta al mismo tiempo la sociedad. Pone delante de vosotros personajes agitados de pasiones diversas, y por no sé qué arte particular y soberano veis surgir al mismo tiempo la sociedad entera, y lo que es más, el país donde esta sociedad se mueve, y descubrís a lo lejos sus prados y sus ríos, y sus montañas cubiertas de nieve. Esto es grande y bello como la naturaleza...

»No puedo menos de llamar la atención sobre la pintura que Lope se complace en trazar de la vida de los campos en España, y de la clase de los *labradores*, clase admirable por sus virtudes, muy cristiana, y que, según pienso, no tiene análoga en ninguna otra parte de Europa. Esta clase es la que todavía conserva los principales rasgos que forman la nobleza del carácter nacional. En todos los países podría encontrarse un D. Tello, es decir, un gran señor que de buena fe se cree superior a los demás hombres y a la ley; pero ¿dónde encontrar un Nuño de Aibar y un

Sancho de las Roelas, un labrador cuya casa está adornada con el escudo de sus armas, [1] un mayoral de ganados que con toda naturalidad puede jactarse de ser caballero de corazón? [2] Como vasallos leales, se inclinan con sumisión ante la autoridad de su señor; pero cuando este gran señor pretende violar el derecho de la naturaleza, encuentran en el sentimiento de su dignidad fuerza bastante para resistirle y apelan a la justicia del Rey. El gran mérito de esta pieza consiste en haber pintado, con el rigor de toque característico del genio español, ese fondo de igualdad creado por la historia, que existe en España entre todas las clases de la Nación, y que da a este pueblo una fisonomía tan original. De aquí nace también la verdad del papel de Pelayo. Pelayo es un porquerizo, está en el grado más ínfimo de la escala social; pero es español y, por consiguiente, es un *hermano* a quien se respeta, y que, sin cometer ninguna insolencia, tiene su puesto en la vida de familia, su parte en la conversación.

---

[1] He tratado de casarme
      Con una doncella honrada,
      Hija de Nuño de Aibar,
      Hombre que sus campos labra,
      Pero que aun tiene paveses
      En las ya borradas armas
      De su portal, y con ellas,
      De aquel tiempo, algunas lanzas.
      . . . .
      Pero en Galicia, señores,
      Es la gente tan hidalga,
      Que sólo en servir al rico
      El que es pobre no le iguala.
      . . . .
   Nuño, mis padres fueron como sabes,
   Y supuesto que pobres labradores,
   De honrado estilo y de costumbres graves.

[2]   Yo sólo labrador en la campaña,
      Y en el gusto del alma caballero,
      Y no tan enseñado a la montaña,
      Que alguna vez no juegue el limpio acero...

»La comedia de Lope admite todos los matices, abarca todos los géneros. Su imaginación inagotable los había cultivado casi todos. Lope amaba con pasión la Naturaleza, y no la olvida en esta obra. *El mejor alcalde* es un drama, y un drama terrible. Pero la primera jornada es una égloga, y por el lugar de la escena, por la calidad de los personajes, esta égloga está llena de verdad. Los que intervienen en ella son labradores y pastores reales, tales como se los encuentra en las montañas de Galicia o en Portugal, a orillas del Tajo y del Mondego. Aquí la verdad de las costumbres se sobrepone a lo convencional del género.»

Oigamos ahora a la crítica romántica alemana, personificada para el caso en el conde de Schack: «*El mejor alcalde el Rey* puede calificarse de drama modelo, de cualquier manera que se le considere, por la profundidad y vigor de los caracteres, por los enérgicos contrastes que nos ofrecen el Rey, severamente justiciero, el orgulloso ricohombre y el pobre y honrado hidalgo, y por la pintura, llena de vida, de las costumbres de los siglos medios; aun el estrecho encadenamiento de las escenas entre sí, y la impresión total del conjunto, nada dejan que desear a la crítica más exigente.» [1]

«*El mejor alcalde el Rey* es una de las obras maestras de Lope», repite Lemcke, autor de la mejor crestomatía española que hasta el presente tenemos. [2]

En una escuela diametralmente opuesta al romanticismo es imposible omitir el testimonio de Klein, que, después de exponer ampliamente el argumento, llega, en el extremo de su entusiasmo a decir que «esta comedia, por su agradable sencillez, por el profundo sentimiento de la justicia que revela y por su perfecta e intachable ejecución, es la obra maestra de Lope de Vega y una profunda obra de arte, que pesa tanto como mil, por lo menos de sus dos mil piezas, sin exceptuar las más brillantes». [3]

---

[1] Tomo II, pág. 311 de la edición alemana; III, pág. 71 de la traducción castellana.

[2] *Handbuch der Spanischer Literatur*. Leipzig, 1856; III, 189.

[3] *Geschichte des Drama's*, X, 465.

Sin fundamento alguno han sostenido varios críticos que existía parentesco entre *El mejor alcalde el Rey* y *El alcalde de Zalamea*. Salvo la voz *Alcalde*, que aparece en uno y otro título, y haber en una y otra comedia una mujer violada y una sangrienta justicia, no puede encontrarse paridad alguna entre ambas obras, que se fundan en dos casos históricos enteramente distintos. La forma primitiva de *El alcalde de Zalamea* pertenece también a Lope de Vega, pero con este título y no con ningún otro. La idea fundamental de ambas obras es tan diversa como la fábula. *El alcalde de Zalamea* es la apoteosis de la justicia municipal, y quien la ejecuta es un magistrado democrático, padre y vengador a la vez. *El mejor alcalde el Rey* es la glorificación del poder monárquico, emblema de la justicia contra las tiranías señoriales. Son ideas diversas, aunque no antitéticas, y que en el desarrollo de nuestra historia y en el pensamiento de nuestros poetas se completaban. Las obras que tienen verdadera y directa analogía con *El mejor alcalde* son, dentro del Teatro de Lope, *Los novios de Hornachuelos*, *El Infanzón de Illescas*, y *Peribáñez y El Comendador de Ocaña*, tres dramas a cual más admirables; porque en esta que podemos llamar poesía política, Lope acertó siempre y se remontó a las más altas esferas a que puede llegar el ingenio poético. Siendo, pues, muy justas cuantas alabanzas se tributan a *El mejor alcalde el Rey*, no conviene, sin embargo, hacerlas tan exclusivas como pudiera inferirse del texto de Klein. Es una obra admirable, pero no es quizá la mejor de cuantas Lope compuso sobre argumentos análogos, como veremos al ir examinando cada una de ellas.

La comedia de D. Antonio Martínez de Meneses, *El mejor alcalde el Rey y no hay cuentas con serranos*, inserta en la *Parte 20* de comedias escogidas (1663), es «diferente de la que hizo Lope de Vega», como se advierte en la Tabla; y en efecto, tiene distinto, aunque no muy desemejante, argumento, y la acción pasa también en tiempo del Emperador Alfonso VII.

La comedia de Lope fué refundida en los primeros años de nuestro siglo por la inteligente mano de D. Dionisio Solís, que se limitó a suprimir el papel de Feliciana, por encontrarle odioso e inútil. [1] Así refundida representóla Isidoro Máiquez, y fué uno de sus mayores triunfos. Moratín la cita expresamente entre las obras en que más sobresalía el émulo español de Talma.

XXIV.—La desdichada Estefanía

Esta *tragicomedia* fué incluída por Lope en la *Parte docena* de sus *Comedias* (1619) y reproducida después, con escasas variantes, en una *Segunda parte* apócrifa o *extravagante* de Barcelona.

El hecho tenido por histórico en que este drama se funda, se encuentra por primera vez, según creo, en el famoso nobiliario portugués del siglo XIV, comunmente llamado *Libro de Linajes del conde D. Pedro de Barcellos*. [2] No es verosímil que Lope le tomase directamente de allí, puesto que en su tiempo todavía no estaba impreso este libro de genealogías, siendo posteriores a su muerte

---

[1] Existe otra refundición posterior (Barcelona, 1851, imp. de Mayol). La de Solís permanece inédita, como la mayor parte de las suyas.

Conozco una tragedia inédita del mismo D. Dionisio Solís (admirablemente escrita y versificada por cierto), que se titula *Tello de Neyra;* pero a pesar de la identidad del nombre, este Tello de Neyra nada tiene que ver con el Infanzón gallego protagonista de la comedia de Lope.

[2] «*E dom Fernam Rodriguez de Castro foy casado com dona Estevainha, filha do emperador dom Affonsso, de gaança...* (*), *e fez em ella dom Pero Fernamdez de Castro, o que chamaron o castellaão. E em seendo moço pequeno aconteçeo gram cajam a seu padre dom Fernam Rodriguez, porque huuma couilheira de ssa molher dona Estevainha fazia mall com huum peom e hia cada dia ao seraão a ell a huum pomar dêsque se deitaua sa senhora, e levaba cada dia o pellote de ssa senhora vestido: e dom Fernam Rodriguez nom era entom hi, e dous escudeiros seus que hi ficarom virom-nos huumas tres noites ou quatro, e como emtrava o peom a ella per çima de huum çarrado do pomar a fazer mall sa ffazenda ssó huuma aruor. E quando chegou dom Fernam Rodriguez espediromselhe os escudeiros e foromse, e tornaron a elle outro dia e contaromlhe esta maneyra dizemdo que ssa molher fazia tall feito, e que a virom assi huumas tres noites ou cuatro, e disserom que sse fosse dalli e que lho fariam veer. E elle foyse e tornou hi de noute a furto com elles a aquelle lugar hu elle soyam a star: e a cabo*

(*) Esto es, hija de *ganancia*, hija natural.

las ediciones de Juan Bautista Lavaña (1640) y de Manuel de
Faria y Sousa (1646), si bien pudo disfrutarle manuscrito por
mediación de cualquiera de estos dos eruditos portugueses, de
los cuales el primero fué su maestro de Matemáticas, y el segundo
su íntimo amigo y apologista. Pero no hay para qué suponer tan
remota fuente cuando el caso andaba vulgarizado en diferentes
libros tan familiares a Lope como la *Crónica del Emperador Don
Alfonso VII*, de Fr. Prudencio de Sandoval (1600), y las *Tragedias del amor*, de Juan de Arce Solórzano (1604). Entre estos rela-
tos escogeremos el de Sandoval, por ser el más completo y por ir
acompañado de oportunos reparos históricos:

---

de pouco virom viir a couilheyra pera aquelle logar meesmo, e tragia ves-
tido o pellote de ssa senhora bem como soya: e dom Fernam Rodriguez foy
pera lá quanto pode e trauou no peom, e en quanto o mataua fugio ella pera
casa e colheosse só o leyto hu sa senhora jazia dormimdo com seu filho dom
Pero Fernamdez nos braços. E dêsque Fernam Rodriguez matou o peom,
emderençou pera o leito hu jazia sa molher dormimdo com seu filho, e cham-
tou o cuytello em ella e matoua, e dêsque a matou pidio lume, e quando a
achou jazer em camisa e seu filho apar de ssy, maravilhouse e catou toda
a casa e achou a aleyvosa da couilheira com o pellote vestido de ssa senhora
só o leito, e pregumtoulhe porque fizera tal feito, e ella lhe disse que fezera
como mãa, e elle mandoua matar e queymar por aleyvosa: e ficou com gram
pesar deste cajam que lhe aconteçera, que bem quisera sa morte. E filhou
outro dia e vestio huuns panos de sayall e foy perante o emperador que era
seu padre della, e disse assi: «Senhor, en seemdo casado com dona Este-
»vainha vossa filha de que siia muy bem casado e muito honrrado como
»muy bona dona que ella era, mateya sem mereçimento, e por esto me digo
»aleyvoso: pero senhor que mento, ca a matey por tal e por tall maneyra»,
como ja dissemos, e contoulhe a manzyra toda, «e esto senhor foy per cajam,
»ca nom por voomtade». E andou assy rretento alguns dias atãa que o empe-
rador ouue a dar semtença, e a sentemça foy esta; disse: «Dom Fernam
»Rodriguez, eu vos dou por boo e por leall, ca este feito bem parece que foy
»mais cajam ca al, e assy sodes vós sem culpa, mais pero metesteme muy
»gram pesar no meu coraçom, mais porque era muy boa, ca por ser
»minha filha.»

(Edición de *Os Livros de linhagens*, publicada por Alejandro Herculano en los *Portugalliæ Monumenta Historica, Scriptores*, I, 266. *Olissi-
pone, typis Academicis*, 1860.)

«Cap. XXXIII. *De la desgraciada muerte de Doña Estefanía, hija del Emperador, mujer de Fernán Ruyz de Castro.*

»Visto queda en todas las escrituras que de algunos años a esta parte he citado, entre los ricos hombres, que confirman quán señalados y principales eran los dos hermanos Gutiérre Fernández, mayordomo del Rey, y Ruy Fernández, su hermano. Estos dos cavalleros son los que dieron principio a la casa de Castro en Castilla, tan cercana a la casa Real... De Rodrigo Fernández y de la mujer que (dizen) tuvo, llamada doña Estefanía, hija del emperador don Alonso, cuenta el infante don Pedro de Portugal en el libro de Genealogías lo siguiente, que para que se entienda pondré aquí con el mejor orden que pudiere:

«Sucedió una notable desgracia, y de mucho sentimiento a Ruy »Fernández de Castro, y fué en esta manera: Una camarera de doña »Estefanía tratava mal con un su aficionado, y a cierta hora de la »noche, después que dexaba a su señora acostada, salía a la huerta »por una puerta, cuya llave ella tenía, y iba cubierta siempre con »el pellote, que devía ser alguna ropa larga de su señora: esto se »atrevía a hazer quando su señor Ruy Fernández faltaua de casa. »Vieron esto algunas vezes dos escuderos, y que en el huerto en- »traba aquel hombre, saltando las paredes, y que se juntaban allí »los dos: entendieron verdaderamente que su señora doña Estefa- »nía era la que hazía este maleficio, y venido Ruy Fernández a casa, »zelando su honra, le dixeron que su mujer le hazía trayción ha- »ziendo lo que está dicho. Creyólo fácilmente Ruy Fernández, y »queriendo ver lo que le contaban y enterarse de la verdad, con- »certó con los criados que él fingiría un camino, y que le pusiesen »en aquel puesto para ver lo que passaba. Hízose assí, y puesto Ruy »Fernández con los escuderos en espía, a la hora acostumbrada vino »la camarera vestida con el pellón [1] de su señora, y el amigo en- »tró por do solía, y juntáronse sin recelo de quien los estaba mi- »rando. Ciego Ruy Fernández con la passión de tal caso, arremetió

---

[1] Aquí pone Sandoval una nota: «Pellón llaman en Castilla una ropa como mantellina, que ahora dizen rebozo.»

»para ellos con un puñal en las manos: y porque el hombre no se
»le fuesse, cerró con él, dándole de puñaladas. Embarazado en esto,
»tuvo lugar la camarera de huír, que los escuderos, entendiendo
»que era su señora, no la echaron mano: y assí ella pudo yrse, y a
»todo correr, como quien escapa de la muerte, volvió por donde
»había venido, y fuese para el aposento de su señora, y entró passo,
»que no la sintió como era el primer sueño, y metióse debaxo de
»la cama. Después que Ruy Fernández hubo muerto al malhechor,
»vino corriendo en seguimiento de la criada, que verdaderamente
»entendía que era su mujer; y como no advirtió cerrar las puertas
»de la huerta por donde había salido, Ruy Fernández pudo entrar
»sin ser tampoco sentido de su mujer, que muy sin cuidado estaba
»la inocente durmiendo con su hijo don Pedro, niño de poca edad,
»en la cama, donde llegó Ruy Fernández con el puñal sangriento,
»y sin reparar en cosa, dió de puñaladas a la pobre señora, y la
»mató, haziendo del sueño y la muerte una cosa, que ella no dixo:
»«Dios valme». Luego que hubo hecho tan mal recado, dió vozes
»pidiendo luz, que para todo la había bien menester su gran cegue-
»ra. Acudieron luego los de casa, y trayda la luz, vió a la pobre de
»su mujer en camisa, envuelta en su sangre, y al niño junto a ella.
»Maravillóse Ruy Fernández como la vió desnuda, y mirando el
»aposento, sintió debaxo de la cama a la alevosa causadora de tanto
»mal. Ella confesó luego su culpa y la inocencia de su señora. Pas-
»mado quedó Ruy Fernández y fuera de su juyzio con tan extraño
»caso, y le atravessaba el alma la muerte tan sin culpa de su queri-
»da mujer: no hallaba poder tener consuelo jamás, pues el daño era
»tan sin remedio. Públicamente mandó quemar a la criada, y ha-
»biendo llorado la muerte y desastrado suceso, vistióse de sayal con
»una soga al cuello, y el puñal con que había muerto a su mujer
»en las manos, y presentóse ante el Emperador, su suegro, y lo
»que le dixo diré como lo dizen: «Señor, he sido casado con doña
»Estefanía vuestra hija, buena señora que era ella según su mereci-
»miento: y por esto me digo alevoso, que, no teniendo ella culpa,
»ciega y torpemente la maté.» Contóle cómo había passado con
»muchas lágrimas y sentimiento, que movía a compassión a todos

»los que allí estaban, y al Emperador dió mortal pena, lo uno por
»ser la desgracia tan grande, lo otro porque era su hija, que amaba
»como a tal. Mandó el Emperador que Ruy Fernández estuviese al
»juicio de los que juzgassen su culpa: y tomando el Emperador el
»parecer de hombres sabios, mandó que viniesse ante él Ruy Fer-
»nández, y con semblante triste le dixo: «Ruy Fernández de Cas-
»tro, yo os doy por bueno e por leal. Este fecho bien parece fué
»más caso que otro, y assí sois vos sin culpa; mas empero metistes
»muy gran pesar, e muy gran cuita en mi corazón, más porque era
»muy buena que porque era mi hija.» Dize más el conde deste ca-
»ballero: «Este Ruy Fernández ovo virtud en quantas lides entró,
»todas las venció, e venció al conde don Manrique de Lara, e ma-
»tólo, e prendió al conde don Nuño, su hermano, e assí hizo con
»quantos christianos e moros lidió.»

«Agora que he dicho la historia deste desgraciado caso, como la
cuentan mal concertada, y sin dezir el año y tiempo en que fué,
diré lo que siento. De una dama que se llamó doña María, hubo
el Emperador esta señora doña Estefanía; no hallo quien diga de
qué gente era. El casamiento de doña Estefanía no fué con Ruy
Fernández, sino con Fernán Rodríguez su hijo, y este matrimonio no se hizo en vida del Emperador, sino del rey don Fernando
de León, hermano de doña Estefanía, los que casó, y en su tiempo sucedió esta desgracia. Consta de la vida de doña Estefanía
en una donación que la infanta doña Sancha hizo a la iglesia
de Astorga de las heredades que tenía en Valcavado, riberas de
Orbigo, por el remedio de su alma y la de sus padres, y de su
hermano el emperador don Alonso, a 19 de Noviembre, era 1196.
Confirman *Regina Hurraca, Stephania Infantissa filia Imperatoris*,
que son las dos hijas de ganancia que el Emperador hubo, y no
estaban en Castilla, sino con su hermano el rey don Fernando de
León: y assí viene bien lo que dizen, que don Fernando casó esta
señora con Fernán Ruyz de Castro, que fué un bravo caballero.» [1]

---

[1] *Chronica del ínclito Emperador de España, Don Alonso VII deste
nombre Rey de Castilla y León, hijo de don Ramón de Borgoña, y de doña*

Con este asunto capital de su drama ha entretejido Lope otros pasos de la historia del Emperador, por ejemplo, la venida del Rey de Francia Luis VIII en romería a Santiago. [1] Ingeniosamente saca partido, para presentar en escena a la bella Este-

---

Hurraca, Reyna propietaria de Castilla. Sacada de un libro muy antiguo escrito de mano con letras de los Godos, por relación de los mismos que lo vieron, y de muchas escrituras y privilegios originales del mesmo Emperador, y otros. Por Fr. Prudencio de Sandoval, Predicador de la Orden de San Benito... Año 1600. Con privilegio. En Madrid, por Luis Sánchez. Folios 80-83.

Cf. *Tragedias de amor, de gustosso y apacible entretenimiento, de historias, fábulas, enredadas marañas, cantares, bayles, ingeniosas moralidades del enamorado Acrisio y su zagala Lucidora. Compuesto por el Licenciado Juan Arze Solórzano...* Valladolid, 1604.—Zaragoza, por Pedro Verges, 1647. Folios 76 a 77.

1 «Algunos malsines, deseando mal entre el Emperador y Rey de Francia, su yerno, hiciéronle creer que la Infanta de Castilla Doña Constanza, su mujer, no era hija legítima, sino bastarda, del Emperador. Queriendo el Rey de Francia enterarse desto, pasó a España con color que venía a Santiago: nuestro Emperador creyó ser ésta, y no otra, la causa de su venida, y salióle a recebir en Burgos acompañado de sus hijos y de todos los ricos-hombres de su Reyno, hallándose con él Don Sancho, Rey de Navarra, que aun no era casado. Fué tanta la magestad con que el Emperador recibió al Rey, que le causó admiración ver su grandeza y caballería de su corte. Hiciéronse muchas fiestas y pruebas de armas, donde se mostraron tanto los caballeros españoles, que dieron bien que ver a los franceses; porque, sin duda, con el largo curso de las armas, que tantos años habían seguido, y con que parece que qual es la inclinación del Rey, tales salen los suyos, los caballeros castellanos eran de los más valientes que en su tiempo hubo en el mundo, como en tantas y tan desiguales batallas lo mostraron. De Santiago vinieron a Toledo, donde el Emperador hizo llamamiento general de todos sus Reynos christianos y de moros: que fué mucho de ver tanta caballería y nobleza como se juntó en esa ciudad, que aun espantó más al Rey de Francia, que no había él imaginado tan poderoso al Emperador.» (Sandoval, *Crónica de los cinco reyes.* Pamplona, 1615; pág. 210.)

Sandoval pone en el año 1154 este viaje, del cual nada dicen las escrituras de aquel tiempo, aunque sí el arzobispo D. Rodrigo y los demás cronistas.

fanía, del fabuloso rumor consignado por el arzobispo D. Rodrigo, de que la intención secreta del viaje del Rey de Francia era averiguar si su mujer, Doña Constanza (que otros llaman Doña Isabel), era hija legítima del Emperador, o bastarda, como algunos malsines habían susurrado. La primera escena de la comedia de Lope es casi una paráfrasis del texto de la *Crónica General*, que a su vez traduce, amplificándolas mucho, según su estilo habitual, las palabras de D. Rodrigo:

«Quando el Emperador era entre tantas buenas andanzas como sobre moros avíe, e entre sus christianos..., unos omes malos e avóles e de mala parte, según dize el arzobispo don Rodrigo, queriendo meter mal e desavenencia e desacuerdo e desamor entre el Emperador don Alfonso, e don Luis, rey de Francia, murmugeaban a la oreja a esse Rey don Luis, diziendol que su muger la Reyna doña Elisabet que non la oviera el Emperador don Alfonso en su muger la Emperatriz, mas que la fiziera en su barragana, e non en fijadalgo, más en vil muger. E el Rey don Luis diziendol aquellos viles e malos esta razón muchas vezes, pesol, e ovo de tornar la cabeza en este fecho; e pensó de provar cómo lo podríe fazer: e guisóse como romero para venir a provar si era assí, e metióse en el camino desta guisa, e vínose para España como romero, en voz que yva en romería a Sanctiago de Galizia, e vínose por el camino por do los otros romeros van su romería para aquel Apostol. E sopo de antes el Emperador aquella venida del Rey don Luis de Francia, e embió por todos sus ricos omes e infanzones e cavalleros, e díxoles como el Rey de Francia veníe a Sanctiago en romería, e que se guisass entodos muy bien para salir a rescebirle con él, ca gran debdo avíen todos en fazerlo. E ellos guisáronse todos muy bien de muchos paños e muy nobles, e de muy buenos cavallos e mulas; e según dize el arzobispo don Rodrigo, e las otras estorias con él, que ya era estonces con el Rey de Navarra, e ayuntáronse todos en Burgos, e salieron todos mucho apuestamente guisados a gran maravilla; e cada uno, con sus acémilas muy buenas, e muchas dellas, e cargadas de muchos buenos repuestos, e salieron desta guisa a recebir don Luis, rey de Francia.

»Aquí dize el Arzobispo que quando el Rey de Francia vió aquel rescebimiento que el Emperador le fazíe, e vió tantos omes buenos e honrados, quier en buen caballo, quier en bnena mula, e vió otrosí tanta cavallería de cavalleros mancebos, todos apuestos e grandes e guisados para todo bien, e los guisamientos tantos e tan grandes, que se maravilló mucho que non sabíe a quien catar... E si grandes maravillas vió con el Emperador quando lo salió a rescebir con mucha cavallería e con muchos Prelados, assí vió más que non menos en casa de la Emperatriz, tanta nobreza de dueñas con esta Emperatriz, las unas Reynas, e las otras Infantas, e las otras ricas fembras, e las otras Condessas, e otras Infanzonas, e otras dueñas tantas, que seríen mucho de contar; e todas bien guisadas. Las siervas semejauan señoras. E allí entendió el Rey don Luis que aquellos omes malos que le dixeron que doña Isabel su muger que non era fija de la Emperatriz Berenguela, que le mentieran, e que le dixeran gran falsedad, e que non lo fizieran por ál, sinón por entrar en la su privanza, e lisonjarle e llevar dél algo. E desde allí tovo por muy mejor e más alto el fecho de doña Isabel su muger, que non fazíe antes, e la preció mucho más el Rey don Luis, e toda Francia, e la honraron e le ovieron más vergueña de allí adelante. E assí fué honrado el Rey don Luis en Burgos en esta guisa. E comprió el Emperador a quantos vinieron con él de todo aquello que les fué menester todos estos días que en Burgos moraron. E quantas maneras e adobos de manjares sabíen fazer los officiales e los servientes que con el Rey don Luis veníen e los servientes del Emperador, todos los fazíen e adobaban allí muy gran abondo, e a lanzar tablados, e tornear con armas, e lidiar toros, e jugar Axedrezes e tabras e otros muchos juegos; e todos aquellos solazes e instrumentos que por España se pudieron fallar, e de Francia veníen, de todos fué la cibdad de Burgos comprida aquellos días que los Reyes y fincaron... E quando el Rey don Luis de Francia cató e vió tan nobre corte, e que todas las cosas tan nobremente se fazían en ella, maravillóse dello mucho, e dixo ante todos por corte, jurándolo e testiguándolo, según cuenta el Arzobispo, que tan nobre corte nin tal guisamiento non la avíe a ninguna parte en el cerco de la tierra, nin nunca tal nobreza viera de cosas, e tantas e tan nobres todas. Estonces el Emperador tovo que teníe sazón, e descobrióse aquí en la razón que vos diremos ante el Conde de Barcelona, que veniera y muy guisado a aquellas cortes e con muy gran gente e mucho honrada; e dixo al Rey don Luis: «Ved »e sabed, Rey, que en la Emperatriz doña Berenguela, hermana »deste Conde de Barcelona, fiz yo la mi fija doña Elisabet, que »yo vos di por muger e con quien oy sodes casado.» E estonces el Rey don Luis a esta razón del Emperador alzó las manos al cielo, faziendo gracias a Dios por ello, e dixo: «Bendicho seas, señor, »que fija de tan gran señor como es don Alfonso, emperador, e »hermana de tan gran Príncipe como es el Conde don Remón de »Barcelona, yo merescí aver por muger linda.» [1]

En la comedia de Lope el Emperador, para acabar de desengañar al Rey de Francia, le confiesa que realmente había tenido una hija bastarda, pero que ésta era la bella Estefanía, nieta, por su madre, del conde Alvar Fernández de Castro, sobrino del *Cid*, y de doña Mencía Ansúrez, hija del valeroso conde D. Pedro Ansúrez de Carrión; genealogía idéntica a la que del libro del conde D. Pedro copia Sandoval.

La leyenda no presentaba más que una situación: trágica en verdad y terrible, idéntica en sumo grado a la de Otelo. El prepararla tocaba enteramente al arte del poeta, que tenía que inventar nuevos motivos dramáticos más interesantes que el engaño de la criada, aunque fuese indispensable conservar éste. Así lo hizo Lope con su habilidad acostumbrada, imaginando desde el principio una competencia de amor y celos entre Fernán Ruiz de Castro y Fortún Ximénez, que aspiran uno y otro a la mano de Doña Estefanía, la cual prefiere al primero, al paso que su doncella Isabel está en secreto enamorada de Fortún, a quien no se atreve a declarar su pasión, para satisfacer la cual urde su

---

[1] *Crónica general*, edición de 1604, folios 323 vto., a 326 Cf. don Rodrigo, *De rebus Hispaniæ*, lib. VII, cap. IX.

trama, si algo menos odiosa que la de Yago, no menos funesta en sus resultas.

La acción camina con bastante lentitud en los dos primeros actos, ocupados en gran parte con el reto de Fernán Ruiz de Castro a su rival, que no comparece en Fez, donde les había ofrecido campo y seguridad el Emperador de Marruecos;[1] pero empieza a animarse en las últimas escenas del segundo, desde que forman nefanda e invisible alianza el despecho de Fortún y la liviandad de Isabel:

> ¡Hoy me vengo, Ruiz de Castro;
> Fortún, hoy gozo de ti!

Los presagios lastimosos con que este acto finaliza, despiertan ya en el ánimo las impresiones sombrías que han de dominar hasta el instante de la catástrofe.

La inspiración trágica del tercer acto puede honrar al mayor poeta del mundo. Ni aun la oscurece del todo el recuerdo abrumador de la tragedia shakespiriana. Cierto que en la obra de Lope, medio improvisada y completamente legendaria en su estructura, se echan de menos la profundidad de observación moral, la anatomía desgarradora de la pasión celosa y de la perversidad innata que hace inmortales la figura de Otelo y la de su diabólico amigo; cierto que el carácter de Estefanía, aunque presenta un matiz dulce y resignado, algo semejante al de Desdémona, no puede considerarse más que como un rasguño, en que falta toda la poesía anterior que envuelve la gentilísima figura de la enamorada y resuelta doncella veneciana, y aquel candor fatal que convierte cada uno de sus actos en un paso más hacia su ruina. La comedia de Lope es una novela dramática, no es una obra de análisis. Acepta la tradición sin modificarla apenas, pero interpretándola con mucho nervio, con mucha sinceridad humana, de lo cual

---

[1]   Parece reminiscencia del desafío histórico de D. Alonso de Aguilar y el conde de Cabra, en tiempo de Enrique IV. (*Relaciones de algunos sucesos de los últimos tiempos del reino de Granada, que publica la Sociedad de Bibliófilos españoles.* Madrid, 1868; páginas 69-145.)

puede ser muestra la escena en que los dos escuderos revelan a Fernán Ruiz de Castro, al volver de la guerra, su supuesta deshonra. Y cuando el horror trágico llega a su colmo, cuando no depende ya del carácter, sino de la situación, Lope y Shakespeare se encuentran como espíritus gemelos, y en la muerte de Estefanía corre, aunque menos impetuoso, el mismo raudal de elocuencia apasionada que en la de Desdémona.

CASTRO

(Con la espada desnuda.)

¡Muere, cruel!

ESTEFANÍA

(En la cama herida.)

¡Dios mío! ¡Jesús mío!
¿Qué es esto? ¿Quién me ha muerto?

CASTRO

¡Yo, traidora!

ESTEFANÍA

¿Tú, mi señor, tan grande desvarío?

CASTRO

¿Quién llora aquí también?

ESTEFANÍA

Tu hijo llora.
Abriguéle en mis brazos por el frío;
No me acosté por esperarte. ¿Ahora
Me matas, y hoy me has hecho tantas fiestas?

CASTRO

¿Qué voces son tan diferentes éstas?
Mujer, ¿no estabas con aquel que he muerto
Ahora en el jardín?

ESTEFANÍA

¿Quién te ha engañado?

CASTRO

Yo, ¿no te vi con él?

ESTEFANÍA

¡Qué bien, por cierto,
Mi amor y obligaciones has pagado!

CASTRO

¡Válgame todo el cielo! ¿Estoy despierto?

ESTEFANÍA

Si en Córdoba mi padre te ha enojado,
¿Qué culpa tuve yo, dulce bien mío,
Cuando tu hijo entre mis brazos crío?

CASTRO

¿Cómo respondes eso?

ESTEFANÍA

¡Ah, Castro! ¡Ah, Castro!
¿En mí te vengas de pasiones vanas?

CASTRO

¿Qué sangriento dolor, qué influjo de astro
Me ha puesto aquí, qué furias inhumanas?
¿Yo no entré en el jardín siguiendo el rastro
De tus pisadas torpes y livianas?
¿Yo no le vi en tus brazos, tú en los suyos?

ESTEFANÍA

¿Yo he estado en otros brazos que en los tuyos?
. . . .

BERMUDO

La cama tiembla.

CASTRO

De mi honor culpada.

MUDARRA

Mira lo que hay aquí.

(Sacan a Isabel detrás de la cama.)

CASTRO

Pues ¿qué es aquesto?

ISABEL

¡Echó fortuna a mi desdicha el resto!
    ¡Tarde o temprano, al mal castigo viene!

CASTRO

¿Es Isabel?

MUDARRA

    ¿No escuchas lo que dice?

ISABEL

Amor, que no hay cordura que le enfrene,
Aunque al mundo mi engaño escandalice,
Aunque disculpa en sí y en otros tiene,
No la quiero tener del mal que hice.
Yo soy quien, de Fortunio enamorada,
Le gocé de esta suerte disfrazada:
    Fingí ser mi señora Estefanía.
Huyendo tu furor, aquí me he puesto.

CASTRO

¡Ángel del cielo, amada esposa mía,
Este demonio fué la causa de esto!
¡Maldiga Dios de mi venida el día!

ESTEFANÍA

¿Cómo que diste crédito tan presto
A quien te puso en tan notable engaño?

CASTRO

¡Ay, infames testigos de mi daño!
. . . .

ESTEFANÍA

¡Abrázame, y adiós, hijo querido!
¡No os puedo ya criar; mi sangre os queda,
Que de una desdichada habéis nacido!
. . . .

Para que todavía sea mayor la semejanza entre este final y el de *Otelo*, la culpada Isabel viene aquí a dar testimonio de la inocencia de su ama, como la fiel Emilia en la tragedia inglesa. Y rasgos son enteramente shakespearianos éstos, sin otros que se habrán notado en el trozo transcrito:

> Tu hijo llora.
> Abriguéle en mis brazos por el frío...
> No me acosté por esperarte...
> . . . .
> ¿Yo he estado en otros brazos que en los tuyos?
> . . . .
> ¡Ángel del cielo, amada esposa mía,
> Este demonio fué la causa de esto!
> ¡Maldiga Dios de mi venida el día!

La progresión angustiosa de la escena, lo rápido y entrecortado del diálogo, asimilan profundamente ambas escenas; pero aun en las palabras hay alguna casual semejanza:

> *O, the more angel she,*
> *And you the blacker devil!*
> . . . .
> *And have you mercy too!—I never did*
> *Offend you in my life...*

Grande y maravilloso debió de ser el efecto que esta tragedia de Lope, hoy tan olvidada, hizo en los espectadores de su tiempo. Paréceme que a ella alude Vicente Carducho, cuando en sus *Diálogos de la Pintura* (1633), al tratar del poder pictórico de la poesía, especialmente de la dramática, declara como testigo de vista lo siguiente: «... yo me encontre en un teatro donde se descogió una pintura suya *(de Lope de Vega)*, que representaba una tragedia tan bien pintada, con tanta fuerza de sentimiento, con tal disposición y dibujo, colorido y viveza, que obligó a que uno de los del auditorio, llevado del enojo y piedad, fuera de sí se levantase furioso dando voces contra el cruel homicida, que al parecer degollaba una dama inocente; que causó no poca admiración a los circunstantes, como vergüenza al que llevado del oído, y movido de la afectuosa pintura, le dió en público el efecto que el poeta había pretendido, viéndose engañado de una ficción». [1]

La popularidad de esta comedia movió sin duda a otro dramaturgo, insigne entre los de segundo orden y uno de los que mostraron cualidades más análogas a las de Lope, a volver a tratar el mismo argumento en nueva forma, concentrando más la acción trágica, cuyo interés consiste en la persona de Estefanía, y cercenando los elementos accesorios que la obra de Lope de Vega contenía. Fué Luis Vélez de Guevara el poeta a quien aludimos; y su obra, muchas veces reimpresa en ediciones sueltas, lleva por título *Los celos hasta los cielos, y desdichada Estefanía*. No hay en la refundición de Vélez de Guevara tanta frescura y naturalidad de dicción como en el original de Lope, y, por el contrario, abundan los rasgos enfáticos y culteranos, pero hay más artificio teatral y algunas innovaciones felices. Si alguien intentara poner de nuevo en escena tan patética fábula, haría bien en aprovechar juntamente el drama de Lope y el de Luis Vélez. Éste ha graduado mejor los tormentos celosos porque pasa el alma de Fernán Ruiz en la escena con los escuderos, sus angustias, sus dudas, el esfuerzo que hace sobre sí mismo para disimular con su esposa, cuando ésta sale a recibirle, su desesperación, sus proyectos de venganza. La escena del jardín está conducida con más arte. En la de la muerte de Estefanía, el genio de Lope lleva la ventaja; pero el talento de Luis Vélez se manifiesta en dar a Fernán Ruiz un momento de indecisión antes de herir, contemplando a su mujer dormida; un momento de lucha entre el amor y la honra, que él cree ofendida:

> ¡Oh, engaño hermoso dormido!
> ¡Oh, veneno lisonjero!
> Mas ¿a qué aguardo, a qué espero,

---

[1] *Diálogos de la Pintura, por Vicente Carducho. Segunda edición, fielmente copiada de la primera*, etc., por D. G. Cruzada Villaamil. Madrid, 1865; páginas 147-148.

Que estoy, estando agraviado,
Con luz tan desalumbrado,
Y ocioso el desnudo acero?

Otra modificación de muy buen efecto consiste en prolongar la agonía de la esposa, para que muera con el consuelo de ver reconocida su inocencia. Sus últimas palabras son:

..... esposo, adios;
Que la voz de Dios me llama.

También ha alterado Luis Vélez otro pormenor de la catástrofe. La infiel esclava no muere quemada, como en la antigua leyenda y en la comedia de Lope, sino que ella misma se arroja al Tajo después de haber confesado su crimen. [1] Dice Lista [2] que este incidente está tomado del Ariosto, pero no hemos acertado a encontrarle en el *Orlando Furioso:* lo que sí es cierto que el episodio de Ariodante y Ginebra (canto V) tiene alguna semejanza con la historia de Fernán Ruiz de Castro, si bien no procede directa ni indirectamente de ella.

Dos poetas modernos han vuelto a tratarla. El P. Arolas, en su leyenda *Fernán Ruiz de Castro,* [3] vertió fielmente el relato de Sandoval, en redondillas fáciles y suaves, pero tocadas de cierta dejadez prosaica y afeminada, que es el principal defecto de su manera, sobre todo cuando le falta el apoyo de las descripciones. Más adelante, nuestro ilustre compañero D. Ramón de Campoamor, en uno de los episodios de su poema simbólico y dantesco *El Drama Universal* (1867), resumió rápida y vigorosamente el mismo episodio, teniendo indudablemente a la vista la comedia

---

[1] Por no conocer o no recordar acaso la comedia de Lope, Schack ensalza demasiado la de Luis Vélez, de la cual dice que «es tan excelente en la pintura de tiernos afectos, como en la de las pasiones violentas, y en muchas escenas se levanta a la mayor altura del trágico coturno».

[2] *Ensayos literarios y críticos.* Sevilla, 1844; pág. 147.

[3] *Poesías caballerescas y orientales.* Cuarta edición. Valencia, 1871; páginas 74-84.

de Luis Vélez de Guevara, de la cual tomó los nombres del conde
D. Vela (a quien Lope llamó Fortún Jiménez) y de la doncella
Fortuna (en Lope Isabel), y el suicidio de ésta en las aguas del
Tajo.

XXV.—EL PLEITO POR LA HONRA

Al terminar *La desdichada Estefanía* anunció Lope de Vega
una continuación:

> Aquí la tragedia acaba,
> Aunque Belardo os convida
> A lo que la historia falta,
> Para segunda comedia;
> Que esta primera se llama
> La desdichada inocente
> Que lloran Castros y Andradas.

Aparece, en efecto, en una de las *partes* del Teatro de Lope
llamadas *extravagantes* o *de fuera de Madrid*, en la que se numera
como segunda, y suena impresa en Barcelona por Jerónimo Margarit, en 1630, una comedia titulada *El pleyto por la honra*, que se
da allí como segunda parte de *La desdichada Estefanía*, a continuación de la cual está impresa. Esta misma comedia. algo menos
incorrecta, aunque no mucho, y con el rótulo de *El Valor de Fer-
nandico*, se halla en un manuscrito de la Biblioteca Nacional,
procedente de la de Osuna. Son tan disparatados ambos textos,
que en algunos casos, ni aun con ayuda de los dos puede sacarse
sentido. Hay pocos versos dignos de Lope, y hay, en cambio,
tales desconciertos y necedades, que en conciencia es imposible
atribuírselos. La descripción archiculterana del alcázar de Toledo,
parece intercalación de algún cómico, y realmente, la mayor
parte de estos versos faltan en el manuscrito. La ridícula escena
del pleito, erizada de términos forenses, es imposible que Lope
la escribiera de aquel modo. Pero al mismo tiempo se ve en la
obra un tema interesante y poético, aunque pésimamente mane-

jado. La competencia de honor entre el padre y el hijo, el litigio que éste suscita contra aquél para acrisolar la buena memoria de su madre, que no juzga bastante satisfecha con la absolución del Emperador al reo, la lucha de encontrados afectos que de todo esto nace, podían ser un germen de situaciones noblemente caballerescas, como lo fueron más adelante en manos de Cañizares, que renovó con mucha fortuna este argumento en su notable comedia *Por acrisolar su honor, competidor hijo y padre*. [1] Da grima, por lo mismo, ver que el primitivo autor sacase tan poco partido de un tema tan bello; y como, por otra parte, parece duro atribuir tal inferioridad a Lope en cotejo con un autor tan de segundo orden como Cañizares, que debió siempre a la imitación, cuando no al plagio, sus mayores aciertos, cabe suponer que el ingenioso dramaturgo (cuyo repertorio, salvo las farsas, es una serie de *hurtos honestos*) tuvo presente la genuina y auténtica segunda parte de *La desdichada Estefanía*, de la cual quedaron hermosos vestigios en la suya; y que, por el contrario, la impresa en Barcelona en 1630 es una infame rapsodia de cualquier poetastro hambriento o comediante de la legua, que quiso especular con el gran nombre de Lope para perpetuar de molde sus propias sandeces. Algún grano del oro de la inspiración de nuestro poeta andará perdido entre ellas; verbigracia, estas palabras del aprisionado Fernán Ruiz de Castro:

¡Ya me imagino, señor,
Entre la algazara y grita,
Cortando cabezas moras
Como el segador espigas!

Y no niego que el estilo, en los raros puntos en que deja apreciarle el deplorable estado de los textos, se asemeje un tanto al de Lope en sus obras más informes y desaliñadas, así como también puede parecer suyo el desorden de la traza. Pero, en cambio, la

---

1   Se han impreso muchas veces suelta, a veces con el título de *A lo que obliga el honor, y duelo contra su padre*.

obra de D. José de Cañizares tiene mucho de Lope, no por su estilo, que es calderoniano puro; no por la regularidad de la acción, que es prenda que sobresale en estos cultos, aunque poco originales, ingenios de fines del siglo XVII, sino por la manera de comprender la poesía heroica y caballeresca del argumento y por la franqueza con que está realizada, especialmente en la escena del palenque, con las ceremonias de partir el sol y el juramento del mantenedor y el retado. Esta *objetividad* es muy de Lope y recuerda en seguida el final de *El testimonio vengado*. La idea del *juicio de Dios* nos parece tan superior en elevación poética a la del pleito, tal como aparece en la rapsodia atribuída a nuestro poeta, que nos cuesta mucho trabajo creer que la inventase Cañizares.

XXVI.—EL GALLARDO CATALÁN

Impresa en 1609 en la *Segunda parte* de Lope. Si es, como parece, la misma pieza que *El catalán valeroso*, citado en la primera lista de *El Peregrino*, tiene que ser anterior a 1604.

El tema, libre y poéticamente tratado por Lope de Vega en esta romántica pieza, es la leyenda de la Emperatriz de Alemania, defendida por un conde de Barcelona. Esta leyenda, que nada tiene de indígena, sino que es un lugar común de los más explotados en toda Europa por la poesía caballeresca, había penetrado ya en las crónicas catalanas del siglo XIV, puesto que se la encuentra, aunque con visibles muestras de intercalación, en algunas copias de la de Bernardo Desclot. Hállase, por lo menos, en la de París que sirvió de texto a Buchon [1] para su edición (que, en rigor, es hasta ahora la única que tenemos), y hállase también en un manuscrito de la Biblioteca episcopal de Barcelona, cuyo texto, que, según creemos, no ha sido aprovechado hasta ahora, va

---

[1] En el tomo del *Panthéon Littéraire*, titulado *Chroniques étrangères relatives aux expéditions françaises pendant le XIIIe siècle*. (París, 1841.)

impreso al pie de estas páginas, conforme a la copia que de él sacó nuestro docto y venerado maestro D. Manuel Milá y Fontanals.

Este largo episodio aparece intercalado muy inoportunamente en la *Crónica* de Desclot, que, como es sabido, tiene por principal asunto la historia de Don Pedro III, y sólo muy ligeramente habla de sus antecesores. Al tratar, pues, de la razón por qué el Rey Don Pedro II *el Católico* tuvo el señorío de Provenza, viene el cuento de la Emperatriz en la forma que vamos a transcribir, poniendo en nota el original catalán y en el texto su versión, que hemos procurado hacer lo más literal posible, para que conserve algo de la gracia de la narración primitiva.

«Capítulo séptimo.—Del Emperador de Alemania, que tomó por mujer a la hija del Rey de Bohemia, y cómo fué acusada de adulterio por dos honrados hombres de la corte del Emperador. [1]

---

[1] Capítulo VII. «*Del emperador dalamanya qui pres muyler la fila del Rey de boemja e fo acusada de adulteri per ij honrats homens de la cort del emperador.*

»Diu lo Comte que j Rey hauja en alamanya e era molt noble e prous de ses armes e larc hom de donar e les iiij prjinceps dalamanya per manament del apostolj confirmalo e puys coronalo e puys pres muyler la fila del Rey de boemia quj era molt bella dona e agradabla. E esdevench se que en la cort del emperador hauja j cauler de gran paratge e de gran proesa darmes e era molt bel hons e joue e infant. E la emperedriu enamoras daqueyl cauler si que .ij. honrats homens del Conseyl de emperador si que fesen guarda de quayla cosa se dixeren la u alautre: certes aquesta cosa no es de sofferir que pus traydors siam nos que el si nos celauem nulla res qui fos desonor del emperador senyor nostre que nos vesem tal comensament en aquest feyt qui si pus o celauem vendria affi empero nos no som certs que y aya anantat res. Sobre asso anaren sen al emperador e dixeren li: senyor, nos nous volem celar nulla cosa qui dan ni desonor fos vostra: fem vos saber que madona la emperadriu, segons que nos hauen apercebut, es enamorada daytal cauler e que fan contrasenys abdos: daqui anant nos no sabem si res sia enantat e per tal que myls o coneguats prenets vos en guarda e coneyxerets que nos res disom veritat. Ab tant lemperador se pres puxes guarda daqueyla cosa, e viu e conech que era veritat so que aqueyls li hauien dit e feu venir la emperadriu. E com fo deuant syl axi com hom jrat e despaguat

»Dice el Conde que había un Rey en Alemania que era muy noble y valeroso en armas y muy generoso y magnánimo en sus donaciones. Los cuatro Príncipes de Alemania, por mandamiento del Apostólico (el Papa), le eligieron Emperador; el Apostólico le confirmó y le coronó. Y después tomó por mujer a la hija del Rey

---

per so con eyl la amaua mes que nulla res parla lj molt felonament. Dona, dix el, molt son jrat de vos que jom pensaua la milor dona e la pus lial a son marit que fos al mon, mas parme que nom val honor ni tresor ni paratge ni enfortiment que vos non ajats tot menys presat e desonrat. E certes que vos sots venguda que segom costuma de emperi vos ho comprarets lai si no hauets qui us en deffena per batayla vos sarets cremada. Certes, dix lemperador, jom son apersebut del vostre feyt que vos amats aytal caualer daqui anant crerem que del feyt hi aja enantat. Certes dix lamperadriu senyor salua sia la vostra honor e la vostra gratia no es pas ver, vos podets dir com senyor so quem volets mas si nuyl altre hom ho diu e sia qual se vuyla avol ment e falsa o dju e deslial que anch nom vench en cor ni en voluntat nuyla res que a vos tornas a desonor. sobre asso vengueren aquels dos barons quj asso agueren manifestat al emperador e dixeren: aquesta cosa que nos vos auem dita es veritat e nos combatrem ho a ij caualers per ij que eyla no sen poyra escondir. Dona dix lemperador dasso que jous he afer som molt despagat ab tant lemperador la feu metre en preso en una cambra e ben guardar. la dona feu cercar caualers qui la desencolpasen per batayla e no podia trobar qui per eyla se volgues combatre e li hauia a molts caualers grans dons donats e gran honor feyta e en aqueyla saho tot la descoguaren.»

Capítulo VIII. «*Del joglaret qui parti de la emperadriu dalamanya e vench al conte de barchinona el comte ana en alamanya e feu la batayla per ella.*

»E deuench se que en la cort del emperador hauia un juglar que era molt couinent hom. E quam viu que la emperadriu fo en preso e que no trobaua caualer que la desencolpas fo molt irat e exii de la cort e ana de terra en terra dient com la emperadriu dalamanya hauien falsament acusada daytal cosa tant quel joglaret vench en la nobla ciutat de barsalona e anassem en lo palau hou lo Comte de barchinona estaua e presents (presentas) auant lo Comte e estech com hom irat e molt despagat e lo Comte demanalj quin hom era. senyor dix eyl yo son juglar de molt longa terra e son vengut per la gran anomenada que he de vos ausida lonch temps ha. Amich dix lo Comte ben siats vos vengut e prech vos quem diguats per que estats vos irat; senior dix lo joglaret si vos sabiets la raho ja nousen marauelairetz de mi com som cosiros ni felo. Amich dix

de Bohemia, que era muy bella y agradable. Y aconteció que en la
corte del Emperador había un caballero de alta prosapia, y muy
hazañoso y muy gallardo hombre, y era muy joven, casi niño. Y la
Emperatriz se enamoró de aquel caballero, de tal suerte, que los
honrados hombres del Consejo del Emperador hubieron de reparar

---

lo Comte prech vos que mo digats, que si yo vos puch en res ajudar yo
ho fare volenters. Senyor dix lo joglaret yo he estat lonch temp en la
Cort del Emperador dalamanya. Ara falses lausengers han acusada
Madona lamperadriu ab lemperador de un caualer qui era de la cort del
emperador e ala mesa em preso e a li donat terme de i any e j dia se que
aja trobat qui la desencolpe per batayla de ii caualers per ij sino que la
fara cremar e ha ja pasats VI meses e no troba caualers qui per eyla se
combatan, per que yo, senyor, ne son molt despagat que molt es bella
e francha e couinent e de gran linyatge fyla del Rey de boemja e aqueyla
qui ha feyt gran be e gran honor a caualers, e a dones e a juglars, e nuyl
mal no po hom dir deyla mas per enveya e per mal que volon al rey de
bohemia aquels qui la han acusada qui son dels honrats homes dalamanya la han encolpada daquesta cosa nengun caualer no la ha gosada
defendre per temor dels. Guarda dix lo Comte que sia veritat axi com
o dius. E certes dix lo joglar que vul perdre la testa si axi no es. Ab tant
lo Comte mana corts a Barchinona e ajusta sos caualers e dix los: baros
yo he auides noueyles del emperadriu dalamanya que es encolpada de
richs homes dalamanya de un caualer de la cort del emperador per enveya
e per mala voluntat e deu esser cremada si no ha trobat a j any e j dia
qui la defens per batayla e no troba qui la defens e yo vul hi anar ab
j. caualer solament aquel que yo demanare e coman vos ma terra els
meus jnfans quem dejats guardar e saluar ayxi com la vostra propia.
Senyor dixeren los caualers molt volets asayar foyl asag que axi anets
ab un companyo solament que nos vos seguirem ab j o ab ij caualers
a nostra messio e farem la batayla per ij o x per x o cent per c axi com vos
manets. No placia a deu dix lo Comte noy sia negu mas j companyo
solament ab mj e x escuders quin seruisquen que si a deu plau jom
sare la lo dia de la batayla e combatren per la dona e no vuyl que sia
conegut. E si volets saber lo caualer qui ana ab lo Comte eyl hauia nom
bertran de Rochabruna e fo de proensa e honrades gens e bon caualer
de ses armes, e lemperador hauia lo exilat de sa terra per so quar li fo
carregat que eyl hauia estat a la mort de un seu senescal qui estaua en
proensa per lemperador. Quant lo comte fo apareylat caualca ab son
companyo e ab x escuders a grans jornades molt cuytosament que gran
temor hauia que no faylys al jorn de la batayla | quant ffo en alamanya

en ello, y se dijeron el uno al otro: «Ciertamente, no se ha de sufrir
»esto, porque más traidores seríamos nosotros que él si ocultásemos
»alguna cosa que pudiese redundar en mengua o desdoro del Em-
»perador nuestro amo. Y tal principio vemos en este hecho, que si
»le dejamos seguir adelante, tendría muy vergonzoso y desastrado

---

en una ciutat que ha nom colonia e aqui ffo lemperador. El comte mes
se en i rich hostal e de pus que eyl fo aqui no avyen a anar al jorn de
la batayla mas ij jorns. E encara la emperadriu no ac trobats caualers
qui la desencolpassen. E comte con hac reposat, jorn lendema ana parlar
ab lemperador el e son companyo mas no que nuyl hom o sabes qui era
ni que no | e el quin habia castigada sa companya. E quant fo deuant
lemperador saludalo e lemperador aculi lo molt gent per tal com li sembla hom honrat senyor dix lo comte jo son un caualer despanya e he
ausit dir en ma terra que madona lamperadriu era reptada de un caualer
de vostra cort e si a j any e j dia no hauia trobat qui la deffenes per batayla que seria cremada e per lo gran be que yo he ausit della son vengut
de ma terra ab mon companyo per fer la batayla per ela. Senyor dix
lemperador ben siats vos vengut certes gran amor y gran honor li hauets
feyt e non vos hauiets obs mes a mes a tardar que dassi a ij jorns deuja
eser cremada segons la costuma del emperi. Senyor dix lo Comte diguats
donchs a aqueyls caualers qui lan reptada que s'apareylen e que sien
al jorn de la batala que gran pecat seria si sol per lo lui parlar era aytal
dona cremada abans costaria a la una part ho a lautra mes. E prech vos
senyor que layxets parlar ab madona lamparadriu que yo coneyxere
be en les sues paraules si mir mal en aquesta cosa que certes si eyla es
colpabla yo non combatria ja per ella. E si yo conoch no mjra mal jon
combatre ardidament per ella nos .ij. per altres ij caualers qual se vulla
de tota alamanya. | Senyor dix lemperador bem plau. | Ab tant lo Comte
ana parlar ab lemperadriu e mes la en raho daquel feyt de que era reptada. Madona dix lo Comte yo son vengut de longa terra ab mon companyo per vos a deffendre per lo gran be que yo he aussit dir de vos
perque yous prech que vos me deiats dir la veritat daquest feyt que yous
promet per la fe que yo deg a deu e per la caualeria que yo he rehebuda
que yo no falire a la batayla ni sarets dexelada per mi. Senyor dix lem-
peradriu be siats vos vengut prech vos quem digats vos qui sots | Madona
dix lo Comte si fare ab que nom dexelets menys de ma volenta | A bona
fe dix la dona no fare | Yo dix lo Comte madona son un Comte despanya
que hom apela lo Comte de barchinona. Quant la emperadriu entes
que eyl era lo Comte de barchinona qu ela auia moltes vegades hoit
parlar per la gran noblesa que en el era, fo alegra e molt pagada e con-

»fin. Y aun nosotros mismos no estamos muy seguros de que las
»cosas no hayan pasado a mayores.»

»Fuéronse, pues, al Emperador, y le dijeron:

»—Señor, no queremos ocultaros ninguna cosa que pueda
redundar en daño o deshonor vuestro. Y, por tanto, os hacemos

---

fortase molt en el e mes mans a plorar fortment. Senyor dix ela yo nul
temps nous pore guaserdonar aquestes amor nj aquest seruesi que vos
mauets feyt e sapiats que jous dire la veritat del meu feyt. Be es ver
que j caualer hauia en la cort del emperador molt prous e agradable
en tots ses feyts e de grand linyatge e per la gran proea que en el era
certe yo amaual molt ses ma enteniment e sens altre feyt que no ha
haut ni parlat e ij caualers conseylers del emperador per enveya han me
acusada ad lemperador. E per so con eyls son honrats homes e nobles
negun caualer no gosa de escusar | Madona dix lo Comte ben plau so que
mauets dit, e si a deu plau nos los farem penedir de la deslialtat que
han dits. E prech vos madona que tenga alcunes joyes vostres per tal
que yo sia vostre caualer | Senyor dix ela tenit aquest anell e tot quant
vullats de mi | Madona dix lo Comte grans merces | Ab tan turnassen lo
Comte a lemperador | e dix li Senyor emperador yo he parlat ab madona
la emperadriu e so mol paguat dasso que ella me dit e sens tota fayla
yo puch ardidament fer la batayla per ella, e retre morts e vensuts ad
la volentat de deu e ab la sua merce a dretura aquels qui falsament la
an encolpada. Senyor dix lemperador molt son pagat dasso que vos
disets sol que ayxi sia e dema siats apareylat de la batayla | Ab tant
lo Comte se parti del emperador e anassen a son hostal. E lemperador
trames per aqueyls caualers qui hauien reptada la emperadriu. E dix
los barons apareylats vos dema de la batayla a fer que a la emperadriu
ha venguts ij caualers de la terra de Catalunya qui escondiran la emperadriu. Senyor dixeren ells nos ne som apareylats. Quant vench lendema
lemperador hac feyt fer lo camp hon se combatessem. Ells ij caualers
qui eren contra la emperadriu foren apareylats de fer la batayla e de
entrar en lo camp. E lemperador trames | missatge al Comte si eren
aparelats el e son companyo | e que entrassen al camp | Esdevench se
que quant vench al matí aquel caualer que lo comte hauia menat per
companyo que fues ab el a la batayla s'en fugi que anch lo Comte no
sabe ques fo feyt. E esperaba que vengues tant que ja era lo terç del
jorn passat. El Comte conech quel companyo li era falit fo molt irat
e garnis molt gent e s apareyla e pueys anassen al emperador. E lemperador dix li s'era apareylat dentrar al camp. Senyor dix el jorn dire com
es esdevengut: lo companyo que yo hauia amenat ab mi mes falit per

saber que la señora Emperatriz, según hemos claramente visto, está enamorada de un cierto caballero y que se hacen señas entre los dos. Que hayan pasado más adelante, no podemos afirmarlo. Y para que lo creáis mejor, poneos en acecho y conoceréis que os decimos verdad.

----

que no es raonabla cosa que jo m'combata ad ij caualers ensemps mas combatrem ab un e puys ab laltre. Si deus majut dix lemperador axom par cosa de raho | E lemperador trames ho a dir a ji caualers qui reptaren la emperadriu so que era esdevengut al Comte e ques combatria ab la un dels e pueys ab laltre e quels paria raho. E los ij caualers atorgaren la | e dixeron la u alaltre qual que sia melor caualers de nos e pus fort e combata prjmer e aso fo empres entre los .ij. caualers. El emperador dix al Comte que entras al camp | e ques combates ab la un e puxes ab laltre si tant era que tan duras la batayla. Ab tant lo Comte entra al camp primer | axi com era acostumat e puis vengren los ij caualers mas nul hom no sabia que ell fos lo Comte de barchinona. Quant vench quels .ij. caualers forem al camp | so es lo Comte e el cauler alamayn lo Caualer alamayn se moch prjmerament per escometre lo Comte axi com es acostumat deu escometre aquell quj es reptat. El Comte punyi des esperons son cavayl e mes sa lansa dauants e ana ferir lo cauler alamayn de tal vertut que la lansa li pasa per mig lo cors del autra part e abatelo mort a terra. E puis pres lo cauayl per les regnes meteyxes e ligualo al murayl del camp. El Comte dix adaqueyls qui guardauen lo camp que fessen venir laltre cauler que ab aquel ahuja encantat so que deuja. E aquels dixeren ho al emperador. E lemperador mana a aquel cauler que entras en lo camp que eyl vesia que son companyo era mort. Senyor dix lo cauler noy entrevia qui su donaua tot lo mon e fets de mi so queus placia que mes am estar a merce de vos e madona lamperadriu que del cauler estrayn qui molt es noble cauler. E yo diu dauant tota la cort que so que nos hauem dit de madona la emperadriu diguem per enveya e per mala volentat | e prech vos senyor que ayats merce de mi. Certes dix lemperador vos no aurets merce si no aytal com la emperadriu volra | Ab tant mena lo hom dauant la emperadriu qui estaua en una casa de fusta que hom li hauia feyta dauant lo camp | E qui apres hauia bastig un gran foch que sil Comte fos vençut que fos cremada la emperadriu. E com lo cauler fo devant la emperadriu deuala de son caual e fica los genyols en terra e dixli que li hagues merce que falsament e deslial hausen dit so que hauien dit e que fees deyl so que li plagues | Amich dix lamperadriu Anat vos en sa e sals que yo de vos no pendre

»Con esto el Emperador puso atención en aquellas cosas, y entendió que aquellos barones le habían dicho verdad en todo. E hizo venir ante sí la Emperatriz, y cuando la tuvo delante, mostrándose airado y malcontento de ella, por lo mismo que la amaba más que a ninguna otra cosa del mundo, la habló con palabras de mucho vituperio.

---

venjansa ni len fare pendre mas Deu lan prengua quant que eyl placia e partits vos deuant. Ab tan lo caualer se part deuant la emperadriu e anassen a son hostal. E lemperador fo molt alegre e entra al camp e dix al Comte: Senyor dix el laltre caualer nos vol combatre ab uos e es vengut a la emperadriu clamar merce e la emperadriu a li perdonat e ha dit que falsament e deslial l'auia acusada per so com deus e vos li hauets fayta tanta donor a lj perdonar e al lexar anar. Senyor dix lo Comte pus axi es bem plau. el emperador pres lo per les regnes del caual, e menal dauant la emperadriu: dona dix lemperador veus assi lo caualer quj su ha defessa de mort non se partescha de uos | e fets li tant donor com puscats e non guardets res que mester hajats de ma terra | e fets li tota aquela honor que vos li puxats fer e menats lo al nostre palau e menjarem emsemps. senyor dix lamperadriu axi com vos placia sia. lemperador sen ana a son hostal e lemperadriu entrassen e menarensen lo Comte ab molt gran honor e aqui menyaren ensemps.»

«Com lo Comte se parti secretament dalamanya que no sabe lemperador ni la emperadriu e tornassen a Barcelona.

»E puys lo Comte anasen al seu hostal e quan vench a la muyt (nuyt) el feu donar civada ab jorn e mantinent que fo envesprit caualca ab sos escuders tota la nuyt per tornar en Catalunya. Quant vench lendema lemparador trames missatges al Comte que vengués al palau mas lemperador no sabia pas que eyl fos lo Comte de barsalona | mas que el fos un altre caualer estrayn. El senyor del hostal dix que anat sen era ja la nit qui passada era | que ben podia hauer caualcades x legues | el missatger sen torna al emperador | e dix senyor: lo caualer qua feyta la batayla per madona sen es anat que be pot hauer caualcades x legues. Quant lemperador o hac ausit fo molt irat e parla ab la emperadriu. Dona dix ell lo caualer qui ha feyta la batayla per vos senen anat menys de ma sabuda | e no se si a pres comiat de vos que molt ne son despagat | cuant la emperadriu sabe que el comte sen era anat per poch no exi de sen. A senyor dix ela malament som estat escarnita que vos pas no sabets aquest caualer qui era | certes dix lemperador no pas si no que el me hauia dit que era un caualer despanya. Senyor dix la emperadriu aqueste

»—Señora—dijo el Emperador—. Muy airado estoy contra vos, porque yo pensaba tener la mejor dueña y la más leal a su marido que en el mundo hubiese; pero paréceme que no hay honor, ni tesoro, ni prosapia, ni nobleza que no hayáis menospreciado y deshonrado. Y ciertamente, habéis llegado a tal punto que, según

---

caualer que vos hauets vist que ha feyta la batayla per mi, es lo bon Comte de barsalona, de qui moltes vegades hauets be ausit parlar de la gran proesa que en eyl es e de les grans feyts e de les grans conquestes que eyl ha feites sobre sarrayns. Com dona dix lemperador es ver que aquest fos lo bon Comte de barsalona | si majut deus la corona del emperi | no pres anch tan gran honor com es aquesta | que de tan longa terra sia vengut tan honrat Comte per deffensar tan gran deslialtat la qual era gran | e gran dan e vergonya de vos e de mi | e la merce de deu es vengut aldessus daquels quj us hauien acusada y per que a vos es curt terme que jamas lin pusca retre guarardo | E yo vos dich que ja ma amor ni ma gracia no haurets si nol cercats tant tro quel ajats trobat e qu el amanets ab vos. E apareylats vos als mielj que puxats que anats honradament axi con vos pertany e asso no triguets guayre.»

«Com la emperadriu dalamanya vench en barchinona ab Comte el Comte seu ana ab ela en alamanya.

»La Emperadriu se apareyla de anar per cercar lo Comte de barchinona e mena .C. caualers honrats e .C. donzels e .C. dones e .C. donzeles e escuders e altra companya aytant com mester nauja e caualcaren tan que vingueren en la noble ciutat de barsalona. El Comte que sabe que una dona emperadriu dalamanya venia a barchinona fo molt maraveylos qui era e caualca e exili a carrera. E ay tantost com eyl lach vista el conech que aqueyla dona era per qui eyl hac feita la batayla. E la emperadriu conech ell | e abdos abrassaren se e agueren cascuns amistat e gran gaug e entraren en barchinona e en un alberch la emperadriu posa | El Comte demanali qual venture la hauja menada en la terra. Senyor dix la emperadriu yo no gosaría dauant lo emperador tornar menys de vos, ni puch hauer la sua amor ni sa gracia | car ço eyl hac entes que vos erets lo Comte de barchinona | qui tanta de honor hauiets feyta a mi e a eyl se que de tant longua terra erets vengut per mi a deffendre | dix que james no seria alegre tro queus agues retut guasardo de la honor que feyta hauiets a la corona del emperi | hon yo senyor qui son serua vostra | vos prech humilment quem dejats acompanyar | dauant lemperador si volets que yo sia apeyllada emperadriu | Madona dix lo Comte per so cor tant de mal ne hauets treyt | e per fer honor a vos que ho fare volenter | e da qui auant feu li gran honor de mentre que fo en sa terra | E puys

la costumbre del Imperio, os ha de costar caro si no encontráis quien os defienda en batalla.

»Y añadió el Emperador:

»—Me he enterado de vuestro hecho: que amáis a tal caballero. Y creed que con él he de hacer otro tanto.

»—Ciertamente—dijo la Emperatriz—, salva vuestra gracia, eso no es verdadero. Vos podéis decir, como señor mío, lo que queráis; mas si algún otro lo dice, cualquiera que sea, miente falsamente y como desleal, pues nunca me ha pasado por el pensamiento ni por la voluntad ninguna cosa que pudiera ser en deshonor vuestro.

---

o Comte separeyla molt honradament al myls que poch ab CC cauaers | e segui la emperadriu tro que fo en alamanya. E lemperador qui abe que la emperadriu venia e quel Comte venia ab ella exilos a carrera , menasen a sou palau e ach gran gauch de la lur venguda | e tota la rent de terra faeren be VIII jorns molt gran festa e foren molt alegres. C lemperador acuylí lo Comte molt gent al mils que el poch | e dixoli enyer en Comte molt vos hauen que grasir del gran honrament que eyts nos hauets e si deus me ajut tots temps hauia ausit parlar gran »e de vos mes encara ni ha cent tants que hom no poria dir. E es obs que yo en fasa tal guasardo que a my sia honor de donar e a vos de pen_ trey | o he una terra assats prou de la vostra que es nostra e del nostre mperi.»

«Com lemperador dalamanya dona lo contat de proensa al Comte de archinona.

»E yo la don a vos e als vostres e siats marques de proensa e yo fas os en bonas cartas jurades de mi e dels princeps dalamanya. Senyor lix lo Comte assi ha bel do gran merces | daqui auant les cartes se feren urades e fermades molt be e sageyçades ab lo sageyl del emperador Cant lo Comte ach estat en la terra un gran temps | e tots los barons alamanya lo agueren vengut veser el pres comiat del emperador e de a emperadriu qui li dona molts richs presens e vench seu en proensa entre en pusesio de la terra. E la gent de proensa agueren ne molt gran aug e feren li molt gran honor e daqui auant tengren lo per senyor.»

Antes hablando de D. Pedro *el Católico:*

«E si volets saber com era marches de proensa ayxi adauant trobarets n qual manera lo bon Comte de barchinona la guasanya per proesa.

»Del emperador dalamanya...», etc.

»Vinieron entonces aquellos barones que habían manifestado el caso al Emperador, y le dijeron:

»—Señor, aquella cosa que os hemos dicho es verdadera, y lo defenderemos en combate de dos contra dos, y la verdad quedará patente y manifiesta.

»—Señora—dijo el Emperador—, mucho me duele lo que tengo que hacer. Pero sabed que si de aquí a un año y un día no habéis encontrado caballeros que de tal acusación os disculpen por batalla, seréis quemada delante de todo el pueblo.

»—Señor—dijo la Emperatriz—, yo ruego a Dios que me ayude; que de lo que estos falsos lisonjeros me acusan ante vos, no me importa nada.

»Después de esto el Emperador la encerró en una cámara y la hizo guardar con la mayor vigilancia. La dama envió a buscar caballeros que la disculpasen por batalla, y no podía encontrar quien por ella quisiese combatir. Y eso que en otro tiempo había hecho grandes dones y grande honor a muchos caballeros; pero en aquella sazón todos la desconocieron.

»Y aconteció que en aquella corte del Emperador había un juglarcillo muy buen hombre. Y cuando vió que la Emperatriz estaba presa y que no encontraba caballero que la quisiese defender, fué muy airado, y salió de palacio, y anduvo de corte en corte diciendo cómo la Emperatriz de Alemania había sido falsamente acusada. Y llegó el juglarcillo a la noble ciudad de Barcelona y presentóse ante el Conde, con talante de hombre airado y malcontento. El Conde le preguntó quién era.

»—Señor—dijo él—, yo soy juglar, y he venido de luengas tierras por la gran nombradía que de vos he oído largo tiempo ha.

»—Amigo—dijo el Conde—, bien venido seáis. Y ruégoos que me digáis por qué habéis venido y por qué os mostráis tan airado

»—Señor—dijo el juglar—, si supieseis la razón, no os maravillaríais de mi enojo.

»—Amigo—dijo el Conde—, ruégoos que me lo digáis; y si yo os puedo ayudar en algo, lo haré con mucho gusto.

»—Señor—dijo el juglar—, yo he estado largo tiempo en la corte del Emperador de Alemania, y ahora falsos lisonjeros han acusado a la señora Emperatriz ante el Emperador por causa de un caballero de la corte imperial. Y él la ha puesto en prisión y la ha dado término de un año y un día, hasta que encuentre algún caballero que quiera disculparla por batalla de dos contra dos, y si no, que la hará quemar. Y han pasado ya seis meses y no encuentra caballero que combata por ella. De lo cual yo, señor, estoy muy descontento, porque la Emperatriz es muy bella, y franca, y cortés, y de gran linaje, hija del Rey de Bohemia, y ha dado grandes bienes y honores a muchos caballeros y juglares. Y ningún hombre puede decir mal de ella. Pero por envidia y por malquerer contra el Rey de Bohemia y porque los caballeros que la han acusado son de los más honrados hombres de Alemania, no hay ningún caballero que se atreva a defenderla, por temor de ellos.

»—Piensa bien—dijo el Conde—si es verdad todo eso que dices.

»—Tan cierto es—contestó el juglar—, que quiero perder la cabeza si no es verdad todo lo que he dicho.

»Oído esto, el conde de Barcelona juntó en Cortes a sus caballeros.

»—Barones—dijo el Conde—, tengo nuevas de que la Emperatriz de Alemania es inculpada por algunos ricos hombres de tener tratos con cierto caballero del Emperador, y que todo esto es falsa acusación, nacida de la envidia y mala voluntad que la tienen; y que ha de ser quemada si no encuentra dentro de un año y un día caballero que la defienda en batalla. Y no ha encontrado ninguno. Y yo quiero ir con un caballero solamente, aquel que yo elija. Y cuidad vosotros de mi tierra y de mis hijos, y guardadlos y tenedlos en salvo, lo mismo que a vosotros mismos.

»—Señor—dijeron los caballeros—, con mucho placer lo haremos. Pero nos parece una locura que vayáis con un compañero solamente, porque nosotros estamos dispuestos a seguiros con quinientos o con mil caballeros a nuestro sueldo, y haremos la batalla dos por dos, o diez por diez, o ciento por ciento, o lo que vos mandéis.

»—¡No lo quiera Dios!—dijo el Conde—. Conmigo no ha de ir más de un compañero y dos escuderos que me sirvan. Y si a Dios place, estaré allí el día de la batalla y combatiremos por ella. Y no quiero ser allí conocido.

»Y si queréis saber quién fué el caballero que acompañó al Conde, sabed que tenía por nombre D. Beltrán de Rocha Bruna y que era de Provenza, de honrado linaje y buen caballero de armas; y que el Emperador le había desterrado de sus tierras porque le habían acusado de haber tenido parte en la muerte de un senescal que estaba en Provenza por el Emperador.

»Cuando el Conde estuvo aparejado para el viaje, cabalgó con su compañero y con dos escuderos, y anduvo a grandes jornadas, con mucho recelo y temor de faltar al día de la batalla. Y cabalgó hasta Alemania, y llegó a una ciudad que tiene por nombre Colonia, en la cual estaba el Emperador. Y el Conde se albergó en una rica hospedería. Y cuando llegó no faltaban para el plazo de la batalla más que tres días, y todavía la Emperatriz no había encontrado caballeros que la disculpasen por batalla.

»El Conde, después de haber reposado un día, fué al siguiente, en unión con su compañero, a hablar con el Emperador; pero no quiso que nadie supiese quién era él, y sobre esto tenía bien advertido a su séquito. Y cuando estuvo delante del Emperador, le saludó; y el Emperador le acogió muy gentilmente, porque le parecía hombre honrado y principal.

»—Señor—dijo el Conde—, yo soy un caballero de España. He oído decir en mi tierra que la señora Emperatriz estaba retada por un caballero de vuestra corte, y que si dentro del plazo de un año y un día no había encontrado caballero que la defendiese por batalla, sería quemada. Y por el gran bien que he oído decir de ella, he venido de mi tierra con mi compañero para combatir por ella.

»—Señor—dijo el Emperador—, ¡bien venido seáis! Ciertamente que la habéis dado grande honor y gran prueba de amor;

y no podíais retardarlo más, puesto que de aquí a dos días tendría que ser quemada, según costumbre del Imperio.

»—Señor—dijo el Conde—, decid a aquellos caballeros que la han retado que se aparejen y que estén presentes el día de la batalla, pues gran pecado sería que por falsa habla suya fuese quemada tal mujer, lo cual no sabemos si costaría más a la una parte o a la otra. Y os ruego, señor, que me dejéis hablar con la Emperatriz, que yo conoceré bien en sus palabras si ha tenido alguna flaqueza en esto. Que, ciertamente, si es culpable de algún modo, yo no combatiré por ella. Y si conozco que es inocente, combatiremos yo y mi compañero contra otros dos caballeros cualesquiera que sean, de toda Alemania.

»—Pláceme mucho todo eso—dijo el Emperador.

»Fuése, pues, el Conde a hablar con la Emperatriz, y la preguntó sobre aquel hecho por el cual era acusada.

»—Señora—dijo el Conde—, he venido de lejanas tierras con mi compañero para defenderos, por el gran bien que he oído decir de vos. Por lo cual os ruego que me digáis la verdad de este hecho, y yo os prometo, por la fe que debo a Dios y por la orden de caballería que he recibido, que no faltaré a la batalla y que no seréis desamparada por mí.

»—Señor—dijo la Emperatriz—, ¡bien venido seáis! Os ruego que me digáis quién sois y de qué tierra.

»—Señora—dijo el Conde—, así lo haré, con la sola condición de que vos no lo declaréis sin consentimiento mío.

»—En buen hora—dijo la dama—; así lo haré.

»—Yo soy un conde de España, a quien dicen el conde de Barcelona.

»Cuando la Emperatriz oyó que aquel caballero era el conde de Barcelona, de quien ella había oído hablar muchas veces por la gran nobleza que en él había, quedó muy alegre y satisfecha, y se consoló mucho, aunque lloraba muy fuertemente, y le dijo:

»—Señor, nunca os podré galardonar este honor y este servicio que me habéis hecho. Mucha verdad es que había en la corte del Emperador un caballero muy valeroso y agradable en todos sus hechos y de gran linaje. Y por la gentileza que en él había, yo le amaba mucho, sin mala intención y sin ninguna otra obra ni palabra. Y dos caballeros, consejeros del Emperador, me han acusado. Y como son hombres honrados y nobles caballeros, ninguno se atreve a salir en mi defensa.

»—Señora—dijo el Conde—, mucho me place lo que me habéis dicho, y estoy muy alegre por ello. Estad tranquila que, si Dios quiere, ya les haremos desdecirse. Y ahora os pido, señora, que me deis alguna joya vuestra para que yo sea vuestro caballero.

»—Señor—dijo ella—, recibid este mi anillo y todo cuanto queráis de mí.

»—Señora—dijo el Conde—, gran merced me hacéis.

»Con esto se volvió el Conde al Emperador, y le dijo:

»—Señor Emperador, yo he hablado con la señora Emperatriz y quedo muy pagado de lo que me ha dicho. Y, sin temor de errar, puedo hacer atrevidamente la batalla por ella, y salir muertos o vencidos, con la voluntad y justicia de Dios, los que falsamente la han inculpado.

»—Señor—dijo el Emperador—, muy contento estoy de lo que me decís; sólo falta que así sea. Y mañana estad aparejado para la batalla.

»Después de esto, el Conde se apartó de la presencia del Emperador y se fué a su posada. Y el Emperador envió a llamar a aquellos caballeros que habían retado a la Emperatriz, y les dijo:

»—Barones, aparejaos para hacer batalla mañana, porque han venido dos caballeros en defensa de la Emperatriz.

»—Señor—le dijeron—, apercibidos estamos.

»Al día siguiente, habiendo el Emperador mandado hacer el campo para que se combatiesen, y estando apercibidos para entrar en batalla los dos caballeros que acusaban a la Emperatriz, envió el Emperador mensaje al conde de España para saber si él y su compañero estaban dispuestos para entrar en el campo. Y sucedió que aquella mañana el caballero que el Conde había traído por compañero para la batalla huyó dél, sin que el Conde pudiese sospechar su paradero. Y esperaba que viniese, hasta que pasó el tercer día. El Conde entendió que el compañero había huído y que le había faltado a la palabra, y se enojó mucho por ello, y se armó y aderezó muy gentilmente, y se presentó al Emperador, que le preguntó si estaba aparejado para entrar en el campo.

»—Señor—dijo él—, yo os diré lo que me ha sucedido. El compañero que yo había traído, me ha faltado a la palabra y ha huído. Y como no es cosa razonable que yo combata con dos caballeros juntos, combatiré primero con el uno y después con el otro, si es que la batalla dura tanto y si Dios me ayuda.

»—Muy justo es eso—contestó el Emperador.

»Y envió el Emperador mensaje a los caballeros que retaban a la Emperatriz, diciéndoles lo que le había sucedido al Conde, por lo cual quería combatir primero con el uno y luego con el otro, lo cual al Emperador parecía muy razonable. Los dos caballeros consintieron en ello, y se dijeron el uno al otro: «El que de nos-»otros dos sea mejor caballero y más fuerte, debe combatir el »primero.» Y así se convino entre estos dos caballeros. Y el Emperador dijo al Conde que entrase en el campo y que combatiera primero con uno de los caballeros y después con el otro.

»Y el Conde entró primero en el campo, como es costumbre, y después vinieron los dos caballeros; pero sólo entró en la liza uno, que era el mejor de los dos. Y nadie sabía en la tierra que el que entró primero era el conde de Barcelona.

»Cuando los dos caballeros estuvieron en el campo, el caballero alemán se movió el primero para acometer al conde de Barcelona. Y como es costumbre que el que reta debe acometer primero a aquel que es retado, el Conde picó las espuelas a su caballo, y puesta la lanza delante, fué a herir al caballero, de tal modo que la lanza le pasó hasta la otra parte por medio del cuerpo, y le derribó muerto por tierra; y después el Conde tomó el caballo por las riendas y le llevó a una parte del campo; y después volvió sobre el caballero, y vió que estaba muerto del todo.

»El Conde dijo a los que guardaban el campo que hiciesen

venir al otro caballero que con aquél había sustentado su dicho, y ellos se lo dijeron al Emperador. Y el Emperador envió a decir a aquel caballero que entrase en el campo, puesto que veía que su compañero había muerto en la liza.

»—Señor—dijo el caballero—, yo no entraría en ella aunque me diesen todo el mundo; y haced de mí lo que os plazca, pues más quiero estar a vuestra merced o a la de la señora Emperatriz, que a la del caballero peregrino. Muy noble caballero es, y yo digo delante de toda la corte que lo que hemos dicho de la señora Emperatriz lo hemos dicho por envidia y mala voluntad. Y os ruego, señor, que tengáis piedad de mí.

»—En verdad—dijo el Emperador—, que no puedo tener de vos más piedad que la que la Emperatriz os otorgue.

»Y después de esto llevó a aquel hombre ante la Emperatriz, que estaba en una casa de madera que habían hecho delante del campo; y allí cerca estaba preparada una grande hoguera, en la cual hubiese sido quemada en caso de haber sido vencido el Conde. Y cuando el caballero estuvo delante de la Emperatriz, se apeó de su caballo e hincóse de hinojos por tierra, y la dijo que tuviese misericordia de él por lo que falsa y deslealmente había dicho de ella, y que se vengase como quisiera.

»—Amigo—dijo la Emperatriz—, podéis iros sano y salvo, porque ni yo tomaré venganza de vos, ni haré que ningún otro la tome, sino que Dios la tomará cuando su voluntad sea, y entretanto alejaos de mi presencia.

»Con esto el caballero se partió de la presencia de la Emperatriz y se fué a su posada. Y el Emperador quedó muy alegre, y, entrando en el palenque, dijo al Conde:

»—Señor, el otro caballero no quiere combatir con vos; ha ido a pedir merced a la Emperatriz, y ha dicho que falsa y deslealmente la han acusado. Y la Emperatriz le ha perdonado francamente por lo mismo que Dios y vos la habéis restituído el honor.

»—Señor—dijo el Conde—, mucho me place que las cosas hayan pasado assí.

»Y el Emperador tomó su caballo por las riendas y le llevó delante de la Emperatriz.

»—Señora—dijo el Emperador—, aquí tenéis al caballero que os ha salvado de la muerte. Que no se aparte de vos sin que le hayáis hecho todo el honor que podáis, y llevadle a vuestro palacio y allí comeremos juntos.

»—Señor—dijo la Emperatriz—, así será como lo habéis dicho.

»El Emperador se fué a su posada y la Emperatriz también; y llevaron con gran honor al Conde a su palacio. Y allí comieron juntos. Y después el Conde se fué a su posada, y cuando empezaba a anochecer, hizo dar cebada para día y medio a su rocín y cabalgó con sus escuderos toda la noche para volver a Cataluña.

»Al día siguiente envió el Emperador mensaje al Conde para que viniese a palacio; pero no sabía que fuese el buen conde de Barcelona. El amo de la posada dijo al mensajero que el Conde se había ido la noche pasada y que ya podía haber cabalgado diez leguas. Los mensajeros volvieron al Emperador, y le dijeron:

»—Señor, el caballero que hizo la batalla por vuestra esposa se ha ido, y bien puede haber ya cabalgado hasta diez leguas.

»Cuando esto oyó el Emperador, enojóse mucho y habló con la Emperatriz.

»—Señora—dijo él—, vuestro caballero se ha ido sin noticia mía, y no sé si se ha despedido de vos; por lo cual, estoy muy descontento.

»Cuando la Emperatriz oyó que el Conde se había ido, poco la faltó para perder el juicio.

»—¡Ah, señor!—dijo ella—. Malamente nos ha burlado, porque no sabéis quién era aquel caballero.

»—Ciertamente—contestó el Emperador—, no sé más sino que era, según él me dijo, un caballero de España.

»—Señor—dijo la Emperatriz—, el caballero que habéis visto y oído y que ha hecho la batalla por mí, es el buen conde de Barcelona, de quien muchas veces habéis oído hablar por la gran nobleza y el gran valor que hay en él, y por sus grandes hechos, y por las grandes conquistas que ha logrado en tierras de sarracenos.

»—¡Cómo!—dijo el Emperador—. ¿Será verdad, señora, que éste es el conde de Barcelona? ¡Así Dios me valga, que nunca la corona del Imperio logró tan grande honor como éste: que de tan lejanas tierras haya venido tan honrado Conde para combatir tan gran deslealtad, la cual era gran daño y gran vergüenza para vos y para mí! ¡Y por gran merced de Dios y del Conde, nos ha sido quitada de encima! ¿Cuándo se lo podré yo pagar? Por lo cual os digo que nunca volveréis a entrar en mi amor ni en mi gracia si no le buscáis hasta encontrarle y no le traéis aquí con vos. Aparejaos, pues, lo mejor que podáis, e id honradamente, como conviene a vos y a mí. Y no pongáis tardanza en esto.»

«Cómo la Emperatriz de Alemania fué a buscar al buen conde de Barcelona, y cómo el Emperador le dió el condado de Provenza.

»La Emperatriz se apercibió para ir a buscar al buen conde de Barcelona, y llevó consigo cien caballeros honrados y cien damas, y cien doncellas y escuderos, y todos los demás compañeros que eran menester; y caminó hasta llegar a la noble ciudad de Barcelona. Y el Conde, cuando supo que la señora Emperatriz de Alemania era venida a Barcelona, quedó muy maravillado; y cabalgó y fué a verla en su posada. Y tan pronto como la hubo visto, conoció que aquella era la dama por quien había hecho la batalla. Y la Emperatriz también le conoció a él inmediatamente. Y abrazáronse entonces el uno con el otro, sintiendo cada cual de ellos gran gozo. Y el Conde la preguntó qué ventura la había traído a aquella tierra.

»—Señor—dijo la Emperatriz—, mientras yo viva no me atreveré a volver ante el Emperador sin ir acompañada de vos, y sin esto no puedo tener su amor ni su gracia. Porque en cuanto él entendió que vos, el buen conde de Barcelona, érais el que tanto honor nos había hecho a mí y a él, y que de tan luengas tierras habíais venido para defenderme, díjome que jamás estaría alegre hasta que os hubiese dado el debido galardón por la honra que habíais hecho a la corona del Imperio. Por lo cual, señor, yo que soy sierva vuestra, os ruego humildemente que me dejéis acompañaros ante el Emperador, si queréis que yo sea llamada Emperatriz.

»—Señora—dijo el Conde—, por tan gran trabajo como os habéis tomado, y por haceros honor, lo haré con gusto.

»De aquí en adelante la hizo grande honor mientras estuvo en su tierra; y después apercibióse muy honradamente lo mejor que pudo, y con doscientos caballeros siguió a la Emperatriz hasta que estuvo en Alemania. Y el Emperador, cuando supo que la Emperatriz venía, y el Conde con ella, salió a toda prisa y los llevó a su palacio, y tuvo gran júbilo por su venida. Y toda la gente de la tierra hizo gran fiesta por más de ocho días, y estuvieron muy alegres. Y el Emperador acogió al Conde muy gentilmente y lo mejor que pudo. Y después le dijo el Emperador:

»—Señor, mucho tenemos que agradeceros el buen servicio y honra que nos habéis hecho. Y ¡así Dios me ayude! siempre había oído hablar muy bien de vos; pero es cien veces más lo que se puede decir. Y es menester que yo os dé tal galardón que a mí me honre el darlo y a vos el recibirlo. Yo tengo una tierra que confina con las vuestras, y que es nuestra y de nuestro Imperio. Y yo os la doy a vos y a vuestros sucesores; y quiero que seáis marqués de Provenza. Y os lo hago bueno en carta firmada y jurada por Nós y por nuestros Príncipes de Alemania.

»—¡Señor—dijo el Conde—, gran merced es ésta!

»Y después se hicieron las cartas juradas, y firmadas, y muy bien selladas con el sello del Emperador. Y cuando el Conde hubo estado en la tierra gran tiempo, y todos los barones de Alemania le habían venido a ver, se despidió del Emperador y de la Emperatriz, que le dió muy ricos dones y presentes, y vino a Provenza y entró en posesión de la tierra. Y la gente de Provenza se alegró mucho, y le hicieron grande honor y le tuvieron por señor.»[1]

---

[1] Páginas 565-736. La leyenda de la Emperatriz de Alemania ocupa los capítulos VII, VIII, IX y X (páginas 577-582). El códice de que se

Casi todos los historiógrafos catalanes posteriores (Turell, To-
mich, Diago, Pujades...) repiten con más o menos extensión la
misma conseja, bastando para el caso citar al famoso archivero y
notario de Barcelona, Pere Miquel Carbonell, de cuya famosa
compilación *Chroniques d'Espanya,* tan vulgarizada en el siglo XVI,
es verosímil, aunque no seguro, que tomase Lope de Vega su argumento, y antes de él le había tomado sin duda el autor anónimo
de un largo y prosaico romance juglaresco, inserto en la *Rosa
gentil,* de Juan de Timoneda (núm. 1.228 de la colección de Durán):

En el tiempo en que reinaba,—y en virtudes florecía,
Este conde don Ramón,—flor de la caballería,
En Barcelona la grande,—que por suya la tenía,
Nuevas ciertas de dolor,—de un extranjero sabía,
Que allá, en Alemania,—grande llanto se hacía
Por la noble Emperatriz,—que en virtud resplandecía.
Que dos malos caballeros—la acusan de alevosía
Ante el gran Emperador,—que más que a sí la quería,
Diciendo: —Sepa Tu Alteza,—gran señor, si te placía,
Que nosotros hemos visto—a la Emperatriz un día
Holgar con su camarero,—no mirando que hacía
Traición a ti, señor,—y a su gran genealogía—.
L'Emperador, muy turbado,—d'esta suerte respondía:
Si es verdad, caballeros,—esa tan gran villanía,
Yo haré un tal castigo,—cual conviene a la honra mía—.

---

valió Buchon pertenece a la Biblioteca Nacional de París, fondo de
St.-Germain, 1581; en el catálogo general de los manuscritos españoles
de aquella Biblioteca, formado por Morel-Fatio, tiene el núm. 388.

De esta edición es copia servil la siguiente, que, con tanto catala-
nismo como ahora se afecta, es la única que los catalanes han hecho
de este precioso monumento de su historia: *Crónica del Rey En Pere
e dels seus antecessors passats, per Bernat Desclot, ab un prefaci sobre'ls
cronistas catalans de Joseph Coroleu... Barcelona, impremta «La Re-
naixensa»,* 1885. El prólogo, a pesar de la respetable firma de su erudito
autor, es insignificante, y la edición pobrísima, aun bajo el aspecto meramente tipográfico, que no suele descuidarse en Barcelona.

No entra en cuenta la traducción castellana de Rafael Cervera (Barcelona, 1616), porque más bien que traducción es un extracto, bastante
infiel en ocasiones.

Mandóla luego prender,—y en prisiones la ponía
Hasta ser cumplido el plazo—que la ley le disponía.
Búscanse dos caballeros—que defiendan la su vida
Contra los acusadores,—que en el campo se vería
La justicia cúya era, y a quién Dios favorecía.
Pues sabido por el Conde—la nueva tan dolorida,
Determina de partir—a librarla si podía,
Con no más de un escudero,—de quien él mucho se fía.
Andando por sus jornadas,—sin parar noche ni día,
Llegado es a las Cortes—que el Emperador tenía
Para dar la gran sentencia,—de allí al tercero día,
De quemar l'Emperatriz,—!cosa de muy gran mancilla!
Pues no había caballero—en tan gran caballeria,
Que por una tal señora—quiera aventurar su vida,
Por ser los acusadores—de gran suerte y gran valía
Pues el Conde, ya llegado,—preguntó si ser podría
Hablar con la emperatriz—por cosa que le cumplía.
Supo que ninguno entraba—do estaba su Señoría,
Si no es su confesor,—fraile de muy santa vida.
Vase el Conde para él,—d'esta suerte le decía:
—Padre, yo soy extranjero—de lejas tierras venía
A librar, si Dios quisiese—o morir en tal porfía,
A la gran Emperatriz,—que sin culpa yo creía;
Mas primero, si es posible,—gran descanso me sería
Hablar con Su Majestad—si esto hacerse podía—.
—Yo daré orden, señor,—el buen fraile respondía
Tomará vuestra merced—hábito que yo tenía,
Y vestirse ha como fraile,—e irá en mi compañía—.
Ya se parte el buen Conde—con el fraile que lo guía:
Llegados que fueron dentro—en la cárcel do yacía,
Las rodillas por el suelo,—el buen Conde así decía:
—Yo soy, muy alta señora,—de España la ennoblecida,
Y de Barcelona Conde,—ciudad de gran nombradía.
Estando en la mía corte—con gran solaz y alegría,
Por muy cierta nueva supe—la congoja que tenía
Vuestra real Majestad,—de lo cual yo me dolía,
Y por eso yo partí—a poner por vos la vida—.
La Emperatriz, qu'esto oyera,—de gozosa no cabía;
Lágrimas de los sus ojos—por su linda faz vertía:
Tomárale por las manos,—d'esta suerte le decía:
—Bien seáis venido, Conde,—buena sea vuestra venida:
Vuestra nobleza y valor,—vuestro esfuerzo y valentía,

Ya me hacen ser muy cierta—que mi honra librarían.
Vuestra vida está segura,—pues que Dios bien lo sabía
Que es falsa la acusación—que contra mí se ponía—.
Ya se despide el buen Conde;—ya las manos le pedía
Para haberlas de besar,—mas ella no consentía.
Vase para su posada,—ya qu'el plazo se cumplía;
Armado de todas armas,—bien a punto se ponía,
Y él, como era muy discreto,—¡oh, cuán bien que parecía!
Su escudero iba con él—bien armado, que salía
En un caballo morcillo—muy rijoso en demasía.
Yendo por la grande plaza,—con orgullo que traía,
Encontró con un muchacho—que de vello era mancilla,
En ver que luego murió—sin remedio de su vida.
L'escudero qu'esto vido,—con temor que en él había,
Comenzó luego a huir—cuanto el caballo podía;
Y quedóse el Conde solo,—no de esfuerzo y valentía.
Y como era valeroso,—no dejó de hacer su vía,
Y puesto entre los júeces,—dijo que él defendería
Ser maldad y traición,—ser envidia y ser falsía
La acusación que le ponen—a su alta Señoría;
Y que salgan uno a uno,—pues está sin compañía.
Estas palabras diciendo,—ya el acusador venía,
Con trompetas y atabales,—con estruendo y gallardía.
Parten el sol los júeces,—cada cual tomó su vía;
Arremeten los caballos,—gran estruendo se hacía;
Del acusador la lanza,—en piezas volado había,
Sin herir a don Ramón—ni menearlo de la silla.
Don Ramón a su contrario,—de tal encuentro lo hería,
Que del caballo abajo—derribado lo había.
El Conde, que así lo vido,—del caballo descendía;
Va para él con denuedo—donde le quitó la vida.
El otro acusador,—que vió tanta valentía
En l'extraño caballero,—gran temor en sí tenía,
Y viendo que falsamente—el acusador hacía,
Demandó misericordia—y al buen Conde se rendía.
Don Ramón, con gran nobleza,—d'esta suerte respondía.
—No soy parte, caballero,—para yo daros la vida;
Pedidla a Su Majestad,—que es quien dárosla podía—.
Y preguntó a los júeces—si más hacer se debía
Por librar la Emperatriz—de lo que se l'imponia,
Respondieron que la honra—él ganada la tenía,
Que en su libertad estaba—de hacer lo que querría.

Desque aquesto oyera el Conde,—del palenque se salía;
Vase para su posada;—no reposa hora ni día;
Mas encima su caballo,—desarmado se salía;
El camino de su tierra,—en breve pasado había.
Tornando al Emperador,—grande fiesta se hacía;
Sacaron la Emperatriz—con grandísima alegría;
Con los juegos y las fiestas,—la ciudad toda se hundía:
Todos iban muy galanes,—cada cual quien más podía.
L'Emperador, muy contento,—por el vencedor pedía,
Para hacerle aquella honra—que su bondad merecía.
Desque supo que era ido,—gran dolor en sí tenía;
A la Emperatriz pregunta—le responda, por su vida,
Quién era su caballero,—que tan bien la defendía.
Respondiérale: —Señor,—yo jurado le tenía
No decir quién era él—dentro del tercero día.
Mas después de ser pasado,—ante muchos lo decía
Como era el gran Conde—flor de la caballería.
Y señor de Cataluña—y de toda su valía.
El Emperador que lo supo,—de contento no cabía,
Viendo que tan gran señor—de su honra se dolía.
La Emperatriz determina,—y el Emperador quería,
De partirse para España,—y así luego se partía
Para ver su caballero,—a quien tanto ella debía.
Con trescientos de a caballo—comenzó de hacer su vía;
Dos cardenales con ella—por tenerle compañía;
Muchos duques, muchos condes,—con muy gran caballería.
El buen Conde que lo supo,—gran aparato hacía,
Y cerca de Barcelona—a recibirla salía
Acompañado de Grandes,—de su grande señoría;
Y una legua de camino,—y otros más dicen que había,
Mandó poner grandes mesas,—de comer muy bastecidas.
Pues recibida que fué—con muy grande cortesía,
Entraron en Barcelona,—la cual estaba guarnida
De muy ricos paramentos—y de gran tapicería.
Hacen justas y torneos—y otras fiestas de alegría.
D'esta manera el buen Conde—a la Emperatriz servia,
Hasta que para su tierra—de tornarse fué servida. [1]

---

[1] Cf. *Chroniques de Espanya fins aci no diulgades: que tracta dels Nobles e Invictissims Reys dels Gots, y gestes de aquells, y dels Côtes de Barcelona, e Reys de Arago, ab moltes coses dignes de perpetua memoria. Compilada per lo honorable y discret mossen Pere Miquel Carbonell, Es-*

El autor del romance suprime el nombre del caballero que acompañó al conde de Barcelona a Alemania, el cual, según Desclot y Carbonell, se apellidaba *Rochabruna*. Lope conservó este nombre, lo cual es prueba indirecta de que se valió de una de estas dos crónicas catalanas, seguramente de la segunda, puesto que la primera no estaba impresa aún, ni lo ha sido hasta nuestro siglo, y aun la traducción castellana de Rafael Cervera es bastante posterior a la fecha, no ya de composición, sino de impresión de la comedia de nuestro poeta.

El hecho que este romance cuenta del conde de Barcelona (dice Milá y Fontanals) se atribuye al conde de Tolosa en un *Lay* inglés y al de Lyon en un libro francés de Caballerías. Cree Wolf [1] que el fondo de esta narración, como el de otras heroicas, pasó de los anglo-daneses a los galeses o bretones, de éstos a los anglo-normandos, y de ellos se extendió a Lyon, Provenza, Tolosa, Cataluña, y más recientemente a Italia; [2] cree también que hubo una versión provenzal, base del *Lay* inglés. Facilitarían la atribución a un conde de Barcelona, tratándose de una Emperatriz de Alemania, las relaciones feudales que mediaron entre el Imperio alemán y la Provenza, cuyo condado estuvo unido al de Bar-

---

criua y Archiver del Rey nostre senyor, e Notari publich de Barcelona. Novament imprimida en lany M.D.XLVII.

Folio xxxxiii vto. «*Del Xj Comte de Barcelona Ramon Berenguer que aeslliura la emperatriu de Alamanya del crim de adulteri falsament imposat.*»

[1] *Ueber die Lais, Sequenzen und Leiche* (Heidelberg, 1841), pág. 217.

[2] Véase lo que sobre este punto discurre larga y doctamente, a propósito del episodio de Ariodante y Ginebra en el Ariosto, el profesor Pío Rajna en su hermoso libro *Le fonti dell' Orlando Furioso* (Firenze, 1876), páginas 132-140. Rajna opina que el Ariosto tomó la idea de *l' aspera legge di Scozia*, de estas palabras del *Amadís de Gaula* (pág. 4, edición Rivadeneyra): «En aquella sazón era por *ley* establecido que cualquiera mujer, por de estado grande e señorío que fuese, si en adulterio se hallaba, no se podía en ninguna guisa escusar la muerte; y esta tan cruel costumbre e *pésima* duró hasta la venida del muy virtuoso rey Artús.» Y el autor del *Amadís* la había tomado, a su vez, de la novela francesa *Roman de Bret.*

elona. [1] Conviene añadir que en la poesía popular catalana no ay el menor rastro de este exótico argumento.

Se trata, por consiguiente, de uno de los lugares comunes e la poesía caballeresca, el de la dama falsamente acusada de dulterio y defendida en batalla campal por uno o más caballeros. in salir de nuestra historia poética, podemos recordar la defensa e la Reina de Navarra, mujer de Don Sancho *el Mayor*, por su ntenado Don Ramiro (asunto de la comedia de Lope *El testi- onio vengado*), y la defensa de la Reina mora de Granada por uatro caballeros cristianos, en las *Guerras civiles* de Ginés Pérez e Hita. Y ya antes de Lope de Vega había presentado en nuestra scena un argumento muy análogo el famoso representante Alon- o de la Vega, en su *Comedia de la duquesa de la Rosa*, tomada e la novela 44, parte segunda de las de Bandello, que también izo español a su protagonista *(Amore di don Giovanni di Men- ozza e della Duchessa di Savoia, con varii e mirabili accidenti che intervengono)*. De la comedia de Alonso de la Vega procede, a su ez, el cuento séptimo del *Patrañuelo* de Juan de Timoneda.

Para mí es indudable que Lope conoció lo mismo la novela del bispo Bandello, en cuya lectura estaba tan versado, y de quien có tantos argumentos, que la comedia de Alonso de la Vega, ue es uno de sus más caracterizados precursores en el drama de venturas caballerescas. Si no estuviese escrita en prosa, la come- ia de Alonso de la Vega, más que del tiempo y de la escuela de ueda y Timoneda, parecería de nuestro Lope o de alguno de sus ntemporáneos.

Salvo el fondo tradicional del asunto (si bien no se trate de adición primitiva, sino moderna y superpuesta), *El catalán vale- so*, más que entre los dramas históricos de Lope, pudiera clasi- arse entre los puramente novelescos. Tal es el abandono de la storia que en esta ocasión hace nuestro poeta, que no duda dar a D. Ramón Berenguer el apellido de Moncada, muy ilus- e, sin duda, en Cataluña, pero que nunca perteneció a la casa

---

[1] *De la poesía heroico-popular castellana*, pág. 394.

de los condes soberanos de Barcelona. Pero si consideramos esta pieza meramente como una novela dramática, como un libre juego de la fantasía sobre un tema caballeresco, pocas hallaremos tan agradables y entretenidas, tan llenas de raros e interesantes lances de amor y cortesía. La versificación, generalmente, es muy gallarda; el estilo, florido y elegante; la estructura de la fábula, ingeniosa, aunque excesivamente complicada en los dos primeros actos, que poca o ninguna relación tienen con el desenlace, es decir, con la falsa acusación y la libertad de la Emperatriz de Alemania, que parece que debía de ser el principal asunto, y que, por el contrario, es lo que se trata más atropelladamente y con menos arte y habilidad escénica. A pesar de tan sustancial defecto, esta comedia es de muy sabrosa lectura, porque reina en ella una animación poética continua y se siente dondequiera aquella vitalidad riquísima, que es el mayor encanto de la musa de Lope, como advirtió muy bien Grillparzer. [1]

La fecha de esta comedia puede fijarse, aproximadamente, por un baile de carácter muy popular y villanesco, en el cual manifiestamente se alude a las dobles bodas de Felipe III con Margarita de Austria, y de la Infanta Isabel Clara Eugenia con el Archiduque Alberto, en 1599:

> Mozuela del baile,
> Toca el panderico, y dale,
> Porque suenen los cascabeles,
> Hasta que se rompa el parche.
>   *A la Reina bella*
> *Que del agua sale,*
> *La tierra bendice,*
> *Como el sol que nace.*
> Venga enhorabuena:
> Bien haya la nave
> Que la trujo a tierra,
> Sin rogar a nadie,
> Y al Emperador,

---

[1] *Lebendigkeit und Fülle ist der Charakter seiner Poesie (Studien,* 62)

San Antón le guarde,
Pues sus aguiluchos
Cazaron un ángel,
Y aunque están de espaldas,
Son armas que traen:
Estén pico a pico,
Que no haya más Flandes.
　Mozuela del baile, etc.

　Estos dos viudos
Es bien que se casen,
Porque nos engendren
A los Doce Pares.
Tantos hijos tengan,
Que apenas alcancen,
Aunque son tan ricos,
Zapatos ni guantes.
Dellos vean Papas,
Dellos sacristanes,
Y dellos Gran Turcos,
Y ninguno sastre.
Tengan todos ellos
La nariz delante,
Y ninguno tenga
Cara con dos haces...

Varios poetas catalanes modernos han renovado, ya en su lengua nativa, ya en castellano, la leyenda de la Emperatriz de Alemania. Entre ellos, recuerdo al escolapio P. Juan Arolas (barcelonés de nacimiento y familia; valenciano por educación y larga residencia), que, con el título de *Ramón Berenguer, Conde de Barcelona,* tiene una leyenda, que no es de las mejores suyas; [1] y al venerable profesor D. Joaquín Rubió y Ors *(Lo Gayter del Llobregat),* que, siguiendo discretamente la manera y estilo de los capítulos de la Crónica de Desclot relativos a esta materia, compuso en agradable prosa una *gesta cavalleresca,* que obtuvo premio en los Juegos Florales de 1862. [2]

---

[1] *Poesías Religiosas, Orientales, Caballerescas y Amatorias* (Valencia, 1885), páginas 442 y 461.

[2] *Assi comensa la historia de un fet de cavallería que portá a venturós*

XXVII.—El Caballero del Sacramento

Lord Holland poseía el original autógrafo de esta comedia, fechado en 27 de abril de 1610. Lope la imprimió en la *Parte décimaquinta* de sus comedias (1621), dedicándola a D. Luis Bravo de Acuña, embajador de España en Venecia, hermano del D. Pedro de Acuña, gobernador de Filipinas, cuyas hazañas en el extremo Oriente eternizó con clásico estilo el doctor Bartolomé Leonardo de Argensola en su *Conquista de las islas Malucas* (1609).

Nada de particular ofrece esta comedia, que quizá debiera ponerse entre las leyendas piadosas más bien que entre las históricas, puesto que tiene por principal objeto inculcar la devoción al Santísimo Sacramento. La he reservado, sin embargo, para este lugar, porque, al parecer, se funda en una leyenda relativa al linaje de los Moncadas, de la cual, sin embargo, no he encontrado rastro en los libros genealógicos que he visto hasta ahora.

Hay de D. Agustín Moreto una comedia titulada *El Eneas de Dios y Caballero del Sacramento*, impresa en la *Parte segunda* de las suyas (Valencia, 1676), y antes en la *Parte quince de Varios* (1661). El señor D. Luis Fernández-Guerra, en su excelente catálogo cronológico de las comedias de Moreto *(Biblioteca de Autores Españoles)*, dice que esta comedia y la de Lope *han de estimarse rasgos muy diferentes*. Diferentes son, puesto que están escritas con diversas palabras, y en los dos últimos actos se apartan bastante, pero no en el primero, como puede juzgarse por el extracto que el mismo señor Fernández-Guerra hace de la Comedia de Moreto:

«Un Moncada, conde de Barcelona, promete en matrimonio su hija D.ª Gracia a Manfredo, rey de Sicilia. Ciega de amores la

---

acabament lo compte de Barcelona Ramon Berenguer, anomenat lo Gran, salvant en judici de Deu per batalla a la Emperatriu de Alemanya. *(Lo Gayter del Llobregat. Edició poliglota)*, Barcelona, 1889; III, 273, 303.

novia por D. Luis de Moncada, su primo, le cita la víspera de la
boda para huir con él aquella misma noche a Castilla. Acude el
venturoso amante; pero viendo arder una iglesia inmediata al
palacio, abandona el puesto, se lanza en medio de las llamas,
y salva el cofrecillo donde estaba custodiado el Santísimo, sacrificando a esta piedad el logro de su amor. Frustrada la fuga,
tiene que casarse la ilustre dama, y parte con su esposo a Sicilia
en compañía de su prima y rival Celia. Sin más objeto que vin-
dicarse, D. Luis sigue a la Reina, entra en su palacio disfrazado
de peregrino, y en sus manos pone un billete, que más tarde
ella misma entrega por equivocación a su marido. Júzgase deshonrado Manfredo; encierra en una torre a su mujer, y en otra a don
Luis; pero éste se salva con auxilio de Celia; refúgiase en Barcelona, junta un ejército poderoso, vuelve a Sicilia, y mata a Manfredo en el campo de batalla. La mano de la augusta viuda es el
premio de su valor.»

«Obra disparatada (añade el sesudo crítico): en vez de enredo,
hay confusión y embrollo; en vez de interés, produce cansancio,
y el desenlace es atropellada violencia.»

Poco más o menos puede decirse de la de Lope, todavía más
informe y desordenada que la de Moreto, aunque mejor escrita.

Como curiosa muestra de lo que era el aparato escénico en el
siglo XVII, pueden citarse estas acotaciones: «Salga D. Luis, en la
cabeza algunas llamas, *que se hacen con aguardiente de quinta
esencia.*» «*Estarán dos maderos de invención bajos, y las cabezas de
ellos tendrán el hierro, donde, puestas las hebillas con que los atan,
no se eche de ver.*»

XXVIII.—LA LEALTAD EN EL AGRAVIO

Con el título de *Las Quinas de Portugal* había compuesto Lope
de Vega, antes de 1604, una comedia, que cita en la primera lista
de *El Peregrino*. Es, probablemente, la misma que en la *Parte
veintidós* de Lope y otros (Zaragoza, 1630), lleva el título de *La*

Lealtad en el agravio, y que también se encuentra en ediciones sueltas con el largo encabezamiento de *En la mayor lealtad, mayor agravio, y favores del cielo en Portugal*.

Otra comedia de *Las Quinas de Portugal*, inédita todavía, compuso en 1638 el maestro Tirso de Molina, y fué, probablemente, la última de sus obras escénicas. Existe manuscrita en la Biblioteca Nacional (Vv-617), y es autógrafa, a lo menos en parte. Lleva al fin la siguiente nota, en que Fr. Gabriel Téllez indica sus fuentes:

«Todo lo historial de esta comedia se ha sacado con puntualidad verdadera de muchos autores, así portugueses como castellanos, especialmente del *Epítome* de Manuel de Faria y Sousa, parte tercera, cap. I, en la vida del primero conde de Portugal D. Enrique (página 339), y cap. II, en la del primero rey de Portugal D. Alfonso Enríquez, pág. 349 *et per totum*.—Ítem, del librillo en latín, intitulado: *De vera Regum Portugalliae Genealogia*, su autor Duarte Núñez, jurisconsulto, cap. I, *de Enrico Portugalliae comite*, fol. 2, et cap. II, *de Alfonso primo Portugalliae rege*, fol. 3... En Madrid, a 8 de marzo de 1638. Fr. Gabriel Téllez.»

Siendo tan antigua la comedia de Lope, claro es que no pudo utilizar para ella el *Epítome de las Historias portuguesas* de Manuel de Faria, que no se imprimió hasta 1628, aunque sí el opúsculo de Duarte Núñez de León, estampado por primera vez en 1585, y que se reprodujo después en la *Hispania Illustrata*. De todos modos, los hechos, ya históricos, ya tradicionales, que sirven de apoyo a esta comedia, son tan vulgares y corrientes en las crónicas castellanas y portuguesas, que es difícil determinar cuál de ellas es la que Lope tuvo presente, siendo verosímil que no se remontase a las más antiguas, ni siquiera a la de Duarte Galvam, que es del tiempo del Rey Don Manuel.

La lealtad en el agravio es una especie de crónica dramatizada del primer Rey de Portugal, Alfonso Enríquez, aceptando todas las leyendas de que ha dado buena cuenta la crítica moderna por boca del príncipe de los historiadores peninsulares de nuestro siglo: «Como la de Carlo Magno, como la de Artús, como la de casi todos los fundadores de antiguas monarquías (escribe Alejandro Herculano), la vida de Alonso Enríquez fué, desde la cuna del héroe, poblada de maravillas y milagros por la tradición popular. Infelizmente, los inexorables monumentos contemporáneos destruyen, o con su testimonio en contra, o con su no menos severo silencio, esos dorados sueños, que una erudición más patriótica y piadosa que ilustrada, recogió y perpetuó. La historia es hoy cosa bastante grave para no entretenerse en perpetuar leyendas nacidas y derramadas en épocas muy posteriores a los individuos a quienes se refieren.» [1]

El primer hecho que en la comedia se presenta, es la guerra de Alfonso Enríquez contra su madre Doña Teresa y su padrastro el conde D. Fernando Pérez de Trava. Esta guerra es histórica, y aconteció entre 1127 y 1128, según la cronología de Herculano, que, por otra parte, no admite el segundo consorcio de Doña Teresa, y estima que el Conde no fué más que su amante. Vencida Doña Teresa, y perseguida en su fuga por las gentes de su hijo, cayó prisionera con muchos de sus parciales. La tradición refiere, y Lope admite, que Alfonso Enríquez la encerró, cargada de cadenas, en el castillo de Lanhoso. «Esta tradición no desdice de las costumbres feroces de aquel tiempo, pero no se encuentra autorizada por los monumentos coetáneos.»

Alúdese también en esta pieza al hábil y capcioso homenaje hecho por Alfonso Enríquez al Papa, y a la confirmación del título de Rey que le otorgó Alejandro III en 1179, materia oscura y disputada; [2] y se pone en acción la jornada de Ourique, y en narración, por boca del mismo Rey, la aparición del Crucifijo, sin omitir el fabuloso origen de las armas de Portugal, con las cinco llagas y los 30 dineros.

De estas invenciones tardías y poco dramáticas [3] ningún pro-

---

[1]   *Historia de Portugal.* Lisboa, 1863; I, 277.

[2]   *Historia de Portugal,* 516-525 y 535-536.

[3]   Vid. la famosa nota XVI de Herculano (505-510), que produjo una tan larga y tan extraña polémica, cuyos incidentes son ajenos de este lugar.

vecho podía sacar el poeta, por lo cual las relegó a segundo té
mino, colocando en el centro de su cuadro la caballeresca figur
de Egas Moniz (a quien llamó Egas Núñez), y cuya heroica leal
tad pasa por auténtica en la opinión de los críticos más severo
si bien andan discordes en cuanto a la fecha que debe asignars
a esta hazaña. Queda, sin embargo, lo sustancial del hecho, e
a saber, que Egas Moniz, hidalgo poderoso en la ribera alta de
Duero, quedó por fiador de la promesa de vasallaje hecha al Em
perador Alfonso VII por Alfonso Enríquez y sus barones cerca
dos en Guimaraens; y que, habiendo faltado el de Portugal a s
palabra, Egas Moniz, seguido de su mujer e hijos, se presentó e
la corte imperial de Toledo, descalzo y con una cuerda al cuellc
solicitando la muerte como desempeño de su palabra nunca vic
lada. Alfonso VII, Príncipe magnánimo si los hubo, se mostr
digno de entender tal súplica, y no sólo dejó libre a Egas Moniz
sino que dió testimonio de su fidelidad sin tacha a la religión de
juramento. Lope tomó esta leyenda del *Valerio de las historias*
el cambio de *Egas Moniz* en *Egas Núñez* basta para probarlc
Dice así el arcipreste Almela:

«El Emperador Don Alfonso de España, sintiéndose mucho de
Príncipe Don Alfonso Enríquez, que fué el primero Rey de Por
tugal, por la guerra y daño que en su tierra avía fecho, y assi
mismo porque no le quería conocer Señorío en venir a sus Cortes
ayuntó su hueste, y fué sobre él, y cercólo en Guimaranes. E com
la Villa no estoviesse bastecida como complía, de guissa que a
pocos días la tomara el Emperador, si ende estoviera; viendo esto
Don *Egas Núñez*, amo del Príncipe Don Alfonso, con gran temo
que su Señor fuesse allí presso, andando un día el Emperado
enderredor de la Villa mirando el lugar por donde la pudiess
más aina tomar, Don Egas Núñez salió de la Villa en su caball
solo al Emperador, y el Emperador quando lo vido, rescibiól
bien. E Don Egas Núñez besóle las manos, y el Emperador l
dixo que a qué era venido; y Don Egas Núñez, como era eloquent
y sabidor de guerra, díxole que le quería fablar cosas que era
en su servicio, y qué era la causa por qué avía venido allí; él l

dixo que por tomar a su primo el Príncipe, porque no le conoscía Señorío; y Don Egas Núñez le dixo: «*Señor, no feciste cordura de* »*venir acá. Ca si alguno vos dixo que ligeramente podíades tomar* »*esta Villa, no vos dixo verdad, ca cierto so que ella está bien baste-* »*cida de lo que ha menester para diez años; y mayormente que está* »*dentro el Príncipe vuestro primo con muchos Caballeros y gente* »*bien armada; assí no podréis facer lo que queréis, y estando aquí,* »*podéis rescebir daño de los moros en vuestra tierra: quanto es de os* »*conoscer Señorío, e ir en vuestras Cortes, do vos mandáredes, desto* »*yo os faré omenage.*» Estas palabras y otras muchas dixo Don Egas Núñez al Emperador por le facer levantar de sobre la Villa. Y el Emperador dixo: «Don Egas Núñez, quiero creer vuestro »consejo con esta condición, que me fagades omenage de le facer »ir a mis Cortes a Toledo, y me faga conoscimiento qual debe.» E Don Egas Núñez le fizo omenage, assí como el Emperador lo pidió; e firmando su pleyto Don Egas Núñez, tornó a la Villa, y el Emperador fizo levantar el Real, y tornósse para Castilla. E quando supo el Príncipe lo que Don Egas Núñez avía fecho, ovo muy gran pesar, y dixo: «Cierto yo querría antes ser muerto de »mala muerte.» E Don Egas le dixo: «Señor, no vos aquexéis, ca »yo pienso que vos fice mucho servicio, ca non avíades aquí sino »poco mantenimiento, y fallescido tomaránvos la villa, y vos fuéra- »des muerto o presso, y el Señorío de Portugal dado a otro; y no »os debéis quexar, ca tengo que vos libré de muerte, y de ser des- »heredado: e quanto al omenage que yo fice sin vuestro consejo y »mandado, si plasce a Dios yo lo libraré, assí como vos bien po- »dréis ver, ca aunque vos allá quisiéssedes ir, no vos lo consen- »tiría.» E quando el plazo fué venido quel Príncipe avía de ir a las Cortes de Toledo, según el omenage que Don Egas Núñez ficiera, aparejóse el Príncipe de todo lo que avía menester para ir, mas Don Egas Núñez no lo quiso consentir, antes tomó sus fijos y su muger, y todas las cossas que le complían y fuesse para Toledo. E como llegassen el día que fuera puesto, descen- dió de las bestias, y desnudósse todos los paños, sino los de lino; y descalzáronse, salvo la dueña, que llevaba un pellote, y pusieron sendas sogas a las gargantas, y assí entraron por el palacio de Galiana, donde estaba el Emperador con muchos nobles y ricos hombres. E quando fueron antél, pusiéronse todos de hinojos; entonces dixo Don Egas Núñez: «Señor, estando vos en Gui- »maranes sobre vuestro primo el Príncipe Don Alfonso Enríquez, »vos fice omenage como sabéis; esto fice yo, porque su fecho »estaba aquella sazón en muy grande peligro, que no avía mante- »nimiento sino para pocos días, de guisa que muy ligeramente »lo podiérades tomar, y yo porque lo crié, quando lo vi en tal »priesa, fuy a estar con vuestra Real Magestad, sin lo él saber»; e dixo: «Señor, estas manos con que fice el omenage, vedlas aquí, »y la lengua con que os lo dixe: otrossí tráigovos aquí esta mi »muger y dos mis fijos; de todos podéis tomar tal emienda qual »fuere vuestra merced.» E quando el Emperador esto oyó, fué muy sañudo, y quisiéralo matar, ca le dixo que lo engañara; pero con gran moderación y templanza, con acuerdo de sus Caballeros y ricos hombres, viendo que Don Egas Núñez ficiera todo su deber, como bueno y leal Caballero que él era, y que si él fuera enga- ñado, que no lo fué sino por sí mismo, dióle por quito del omenage, y fízole muchas mercedes, y assí lo embió a su tierra. Muy sabia y discretamente se ovo Don Egas Núñez en salvar su señor como es dicho, y mucho más en salvar assí de lo que avía prometido al Emperador. Pero muy gran nobleza y moderación fué del Emperador perdonarle, aviéndole assí fecho descercar aquella Villa.» *(Valerio de las historias*, lib. IV, tít. II, cap. V). [1]

Para realzar el efecto de esta situación, ya de suyo tan noble y poética, imaginó Lope, abusando un poco de la complicación de recursos a que su temperamento dramático le llevaba, suponer a Egas Moniz, en el momento mismo de cumplir su compromiso de *lealtad*, agraviado por el Rey Alfonso Enríquez, que livianamen- te requiere de amores a su esposa doña Inés de Vargas. La pre-

---

[1] Seguramente fué también el *Valerio* la fuente de un romance de Juan de la Cueva *(Coro Febeo)* sobre la lealtad de Egas *Núñez* (núme- ro 1.235 de Durán).

tensión del Rey y la honesta esquivez de la dama ocupan gran parte de la comedia, que está muy bien escrita, aunque no sea de mérito sobresaliente entre las de su autor por lo trivial del juego de pasiones, y por el contraste que ellas ofrecen con el fondo épico del argumento, que por sí propio merecía haber obtenido de tan gran poeta una realización amplia y viviente, que tampoco logró de la soberana musa de Tirso.

Lo que sí se observa en uno y en otro ingenio, y aun podemos añadir en todos los que dentro de la edad de oro de nuestra poesía trataron asuntos históricos del reino vecino, es no sólo una completa ausencia de todo linaje de hostilidad contra los portugueses, aun en aquellos casos en que el pundonor o la vanidad de Castilla podían parecer interesados, sino una franca y cordial simpatía, más que de hermanos, como quiera que la fraternidad étnica no hubiera bastado a crearla. Para nuestros poetas de aquel tiempo, Portugal era uno de los varios reinos de España, y en sus glorias encontraban motivo de regocijo, y motivo de duelo en sus tribulaciones, y en todo ello inspiración para el canto, hasta cuando eran logradas las palmas del triunfo en luchas fratricidas y a nuestras propias expensas, puesto que ni siquiera al condestable Nuño Álvarez, vencedor en Aljubarrota, le faltaron egregios panegiristas castellanos en prosa y en verso, como ha advertido recientemente el Sr. Sánchez Moguel. Sólo en el siglo pasado empezamos a considerarnos como extraños los unos a los otros, para inmensa calamidad de todos. Si alguna sombra anubla la frente del Alfonso Enríquez de Lope, mayores son aquellas que sobre él amontona la historia: por crueldades y perfidias, por quebrantamientos de la fe jurada, por ambición solapada y cautelosa, que en vano intentaron disimular los milagreros autores del diploma de Ourique, de las cortes de Lamego y de otras patrañas semejantes.

La persona de Egas Moniz da unidad de interés al drama de Lope, a pesar de la excesiva materia histórica que en él se acumula, pero que está distribuída con habilidad en los intermedios de la fábula principal. Hay mucho que alabar en el diálogo, y la locución es constantemente noble y correcta, [1] siendo de notar que el texto ha llegado a nosotros con bastante integridad y pureza, a pesar de haber sido impreso fuera de la colección general de Lope, y en una de las *partes* más incorrectas entre las que llamamos *extravagantes*.

Tanto las hazañas de Alfonso Enríquez, como la generosa devoción de Egas Moniz, han sido cantadas en todos los tonos por las musas portuguesas, si bien lo que verdaderamente vincula estos hechos en la inmortalidad poética, son las octavas del canto III de *Os Lusiadas*. La fastidiosa *Henriqueida* del conde da Ericeyra (1741), más preceptista que poeta, hombre erudito, pero de flaca imaginación y exiguo numen, está completamente olvidada, y si algo de ella se puede leer, es la introducción teórica o *Advertencias preliminares*, como muestra curiosa de la crítica de aquel tiempo.

---

[1] Véanse, por ejemplo, estas palabras del Emperador Alfonso VII a Egas Moniz, tan honrosas para el uno como para el otro:

> Alzad, capitán insigne,
> Alzad, soldado famoso,
> Que de que estéis a mis pies
> Con esa humildad, me corro.
> Y ¡vive Dios, que he quedado
> De vuestra lealtad absorto,
> Y por ser vuestro Rey diera
> Mis riquezas y tesoros!...
> Quitad ese lazo infame,
> Porque no han de ver mis ojos
> Cuello que vence a la envidia
> Afrentado de ese modo...
> Por vos, desde hoy las injurias
> De mi sobrino (*) perdono;
> Que a quien tiene tal vasallo,
> Justo es que le sirvan todos...
> Si de los cielos tenemos
> Los estados populosos,
> El Rey que al cielo no imita
> Tiene de rey nombre impropio.

(*) Alfonso Enríquez era realmente primo carnal del Emperador, y no sobrino.

XXIX.—Las paces de los reyes y judía de Toledo

Impresa en la séptima parte de las comedias de Lope (1617) en el tomo III de la colección selecta de Hartzenbusch.

Esta crónica dramática abarca una gran parte del reinado de Alfonso VIII, aunque los dos últimos actos se contraen más especialmente al trágico episodio de los amores y muerte de la hermosa judía Raquel. En el primero, que pudiéramos titular *Las niñeces de Alfonso VIII*, se presentan en forma dramática su entrada furtiva en Toledo, su aparición en la torre de San Román y la toma del castillo de Zorita por la estratagema del truhán Dominguillo, idéntica a la que del persa Zopiro cuentan las historias clásicas.

La fuente única de Lope para esta comedia ha sido la *Crónica general*, en los trozos que a continuación transcribo, porque sirven de perpetuo comentario histórico al texto del poeta, que la sigue paso a paso, a veces con las mismas palabras:

«Quando *este Rey niño don Alfonso, fijo del Rey don Sancho desseado de Castiella e nieto del Emperador de España*, era en esto, porque el Rey don Ferrando Alfonso de León, su tío, fazíe mucho daño e mucha discordia entre los Castellanos, señaladamente *entre los Condes de Lara e los de Castro, sobre la tenencia de este Rey niño*..., començaron a venir nuevas de muchas partes de su reyno, que si al niño Rey don Alfonso, su señor natural e su Rey, ellos viesen o y allegase, que le acogeríen et les prazeríe mucho con él, e que lo agradesceríen mucho a Dios. E muchos otrosí estavan rebeldes *fasta los quinze años que su padre mandara*, e muchos avíen miedo del Rey don Ferrando de León, su tío, e quien eran mucho despagados. Pero que los Condes e los otros que lo aconsejavan al Rey, conoscieron que era tiempo e bien de salir, e *los de Auila con ellos otrosí*, e acordaron de dar guardas al Rey, que se andouiesse con ellos fasta que fuesse bien criado e cobrado en su facienda, e escogieron ciento e cinquenta caualleros para esto, que estoviessen con él fasta que fuesse criado e bien obrado, con que andouiesse por el su reyno. E éstos mouieron con él e con los otros que acompañarle quisieron, el Conde don Malrique, que con los otros omes buenos, comenzaron de andar por el reyno con su Rey e señor, cobrando algunos logares que se dauan al Rey luego que y llegaua, reconosciendo su verdad... E assí andando desta guisa por el reyno, non muy ascondidamente..., ovo el Conde don Malrique en su poridad nueuas de Toledo, que si se contra allá fuessen acostando con el Rey, que guisaríen como metiessen el Rey en la villa, e que gela daríen sin ninguna contienda, e lo apoderaríen en ella. E el Conde queríe gran mal a *don Ferrán Ruyz de Castro que la teníe*, e plogol mucho con estas nueuas, e fuéronsse acostando contra Toledo; e cavalleros de allí, de Toledo, que en esta preytesía andauan e querían entregar la villa al Rey, e señaladamente vno que llamauan por nombre *Esteuan Illán*, natural de la cibdad; éste, quando sopo cómo se yvan el Rey e el Conde contra allá acercando, salió para allá el Rey lo más encobiertamente que pudo *e fabró con el Conde*, e fízoles acercar a Maqueda e apercibió aquellos que él se atrevió a meter en su poridad, e bastecieron la torre de San Román; como quier que *el Conde don Ferrán Ruyz la villa e el Alcázar teníe*, en lo cual él otrosí fazíe derecho e verdad en lo defender fasta el tiempo de los quinze años que le fuera mandado que lo entregasse a este Rey don Alfonso, e ante non, mas por razón que era villa *tributada por el Rey don Ferrando de León, su tío, que llevaba ende las rentas della...*, por salir de este apremiamiento, pugnauan los caualleros ya dichos en cobrar su Rey e su natural lo más cedo...

»E estando en esta discordia todos, vnos con los otros, los vnos con Ferrán Ruyz e los otros con la otra parte, todos manteníen verdad. E este Esteuan Illán, de quien fabramos, con consejo e con ayuda de los que en la poridad eran, como buen fidalgo castellano, salió de Toledo, e fuese para el Rey, e traxéronlo ascondido..., e metiéronlo en la villa de Toledo tan encobiertamente, que ome del mundo non lo sopo, si non los de la poridad, non lo entendiendo;

e metiéronlo en la torre de San Román, que teníen bastecida;
e pusieron el su pendón encima de la torre, llamando a grandes
vozes real por su señor el Rey don Alfonso que y era. E el roydo
fué muy grande por toda la villa, e rebato en todas partes, venien-
do todos armados contra la torre, los vnos por combatirla, e los
otros por defenderla, e ovieron de rebolverse de mala guisa: pero
a la cima vieron e sopieron cómo su señor el Rey era, e fuéronse
cada uno a su mesón, e quisieron asossegar. E don Ferrán Ruyz
de Castro, que estaua en el Alcázar, de que vió el pleyto mal parado, sabiendo muy bien cómo lo desamaua muy mortalmente el
Conde don Malrique, e que non le podíe aprouechar defensión,
nin era ya tiempo..., e non osó más assosegar nin atender, e salióse
luego de la otra parte de la villa por las espaldas del Alcázar,
que es contra la puerta, e acogióse a más andar, e fuese meter en
Huete.» [1]

Las frases subrayadas reaparecen casi textualmente en los
versos de Lope, el cual prescinde del largo capítulo de la crónica, relativo a la batalla de Huete, en que sucumbió D. Manrique
de Lara, vencido por Fernán Ruiz de Castro. Nuestro poeta
se limita a anunciar sobriamente la lid aplazada entre ambos
caudillos:

> Yo te buscaré.
> —Ya sabes
> Que te aguardaré, Manrique...;

y en relación puesta al principio de la jornada segunda en boca
de Garcerán Manrique, hijo del muerto, consigna el resultado
de la batalla. En cambio dedica la mayor parte de las escenas
del primer acto al cerco de Zorita, sin cercenar cosa alguna de
la extensa narración de la *Crónica General:*

«El Rey, andando assí apoderándose..., salvo de algunos logares que teníe su tío el Rey don Fernando de León, llegól mandado
cómo Lope de Arenas se era alzado en Zorita, que la teníe por

---

[1]   Edición de Valladolid, 1604; folios 338-341 vto.

Gotier Fernández de Castro, cuyo vassallo era..., por non le entregar el castiello fasta que oviesse el Rey los quize años compridos. E quando el Rey estas nueuas oyó, pesól mucho: e el Conde don Nuño [1] pugnó mucho de lo meter en el pesar, e fué muy sañudo, e fizo llamar los Condes, e los ricos omes, e los cavalleros, e las otras gentes de la tierra..., e fizo su hueste, e fué cercar a Zorita con muy gran gente que le crescíe cada día. E en llegando mandóla combatir muy de rezio, e fiziéronlo assí, mas el castiello e la fortaleza dél era tan fuerte, que le non podíen empecer...

»Et en el castiello avíe un ome con Lope de Arenas, que se criara con él pequeño e sabía mucho de la fazienda del castiello e de la suya, e dezíanle Dominguiello por nombre: e éste salió del castiello muy encubiertamente, e fuese para el Rey, e dixól que si le diesse en que visquiesse en toda su vida e le fiziesse algo e merced, que le faría aver el castiello sin embargo ninguno: et el Rey le dixo que le prazíe mucho, e que lo faríe. «Pues, señor, »dixo Dominguiello, esto ha menester que se faga: mandad a un »ome qualquier que me atienda qualquier golpe que yo le dé, »e desque lo oviere fecho, pugnaré de me acoger fuyendo quanto »más podíer contra el castiello: e luego las gentes mueuan empos »de mí, dando vozes muy grandes, e segundándome quanto podie- »ren, assí como si me quisiessen prender o matar fasta dentro en »las puertas, e yo desque fuere acogido dentro, fazer les he creer »que maté un ome de los buenos de la hueste, e sobre aquéllo »cuydo yo assí ser recebido, e en tal priuanza entrado, e assí »guisallo que se vos non tardará de aver vos el castiello sin otro »afán, luego, a pesar de los que y fueren.» E el Rey le dixo que non sabía y tal ome que se le quisiesse dar a ferir, de tal guisa: e vn escudero estaua y, que era de Toledo, que auíe nombre Pero Díaz, que le dixo: «Señor, non dexedes vos por esto de cobrar el »castiello, nin de lo auer, ca yo le atenderé el golpe, o cualquier »peligro de muerte o de ál que me ende auenga, en tal que vos »el castiello ayades». E luego tiróse aparte, e dixól que le firiesse

---

[1]   De Lara, hermano de D. Manrique.

sin miedo: e Dominguiello traía vna azconilla muy malilla en la
mano, e dexól correr estonces, e firió al escudero; pero guardól
de ferir en logar onde podiesse morir, e comenzó de se acoger
contra el castiello apellidando, e luego toda la hueste movió empos de él dando muy grandes vozes, e diziendo los vnos «muera»,
e los otros «prendelde, non se vos vaya assí», e Dominguiello fuese
meter en el castiello.

»Lope de Arenas, que estava en el andamio, desque él vió assí
entrar fuyendo a Dominguiello, espantado preguntól cómo venía
o qué le acaesciera, e él dixo que venía de fazer seruicio e non tan
pequeño, ca matara a uno de los buenos omes de la hueste. Lope
de Arenas le dixo que si era verdad, e él le dixo que sí sin falla,
e si non que bien lo podríen entender en el alborozo de la hueste:
e Lope de Arenas que metió mientes y, e vió el gran roydo que
por la hueste yba et que adrede fazíen los que él perseguieran,
touo que era verdad, e tóvose ya por seguro dél de allí adelante, teniendo que non avríe por qué recelarse dél, nin erraríe desde allí en ninguna guisa, e començól a falagar e de gelo loar quanto pudo, e de le prometer galardón e algo muy granadamente,
e de allí adelante Lope de Arenas començól a lo meter en pri-
vança del su castiello muy fuertemente, e a fiar dél, de guisa
que le fizo su sobrecata mayor de todas las velas, e mayoral
en todo.

»Andando assí Dominguiello tan amado e tan priuado de su
señor, e fiando assí dél, acaesció que Lope de Arenas se estaua
afeytando e faciendo la barua: e estando assí, Dominguiello entró
por la puerta como espantado, e de mal contenente, e don Lope
de Arenas que lo vió, preguntól cómo venía assí, e Dominguiello
le dixo: «Señor, vengo apriessa por una vela que se cayó: e ome
»del mundo non puede y estar, e es menester que la adobedes
»apriessa.» «Dexa estar, dixo Lope de Arenas, agora un poco, ca
»se adobarán desque esto acabemos», e con Lope de Arenas non
estaua ome del mundo aquella hora fuera aquel que lo estaua
afeytando: e Dominguiello que se vió en sazón e en tiempo para
comprir su trayción e lo que teníe cuydado, ca vió que non estaua

quien le contrallase, traya un venabro en la mano; e diól tal feri-
da por los pechos, que gelo echó por las espaldas e Lope de Arenas
cayó luego muerto en tierra... E ante día avíe fecho en el comienço
del muro un forado encobierto, por do salió luego, otros dizen
que salió por somo del muro con una cuerda, otros que por la
puerta. Si le mató con venabro, o con porra, o con canto, o si
salió por la puerta, o por el muro, o por el forado, lo vno desto
fué, mas de guisa que Lope de Arenas fué muerto, e Dominguiello
se acogió para la hueste, e fuesse para el Rey. E él preguntól
que cómo veníe o qué avíe fecho, e él le dixo: «Señor, he comprido
»lo que por vos prometí: mandad de aquí adelante entrar el cas-
»tiello quando vos quisierdes, ca non ay quien lo deffienda, ca
»maté aquel que vos lo contrallaua fasta aquí, e non dudedes y, ca
»nunca vos jamás Lope de Arenas contrallamiento fará»: e contól
todo como le avíe acontescido. E el Rey, si ovo ende prazer o
pesar *non lo cuenta la estoria,* mas diz que yaziendo Lope de Arenas en tierra ferido e el venabro en sí, ante quel ánima osasse
salir, estando las gentes todas enderredor dél, que recudieron y al
ruydo, e a las vozes que diera el que estaua afeytando, quel estaua y ante él, e vn sobrino de Lope de Arenas de que se él fiaua
mucho; e auiendo ya la palabra perdida e non podiendo fabrar,
fizo señal que le diessen las llaues del castiello, e diérongelas,
e desque las tomó, tendió la mano e diólas a aquel su sobrino,
faziendo señal con los ojos e con la boca que las entregasse al Rey:
e él tomó las llaves e entrególas a su rey e a su señor natural
cuyo el castiello era. E fueron los Condes sueltos, e el castiello
entregado al Rey, e Lope de Arenas e su sobrino quitos. E desta
guisa cobró el Rey don Alfonso a Zorita, como quier que se la él
cobrada teníe, ca para él la guardauan.

»Dominguiello, que mucho se preciaua de su trayción, andando
muy laso (?) e muy desvergonçado por la hueste, pidió al Rey
que le mandasse dar el galardón que le prometiera; el Rey dixo
que era bien e que lo queríe fazer. Estonces mandó saber quanto
le abondaríe para su dispensa, e para su vestir, e mandógelo
cada año dar, e mandól sacar los ojos. E aun después a tiempo

siguiendo, por su mala voluntad, como quier que ciego era, pre-
ciávase de su maldad alabándose dende: e sópolo el Rey, e mandól
destorpar e fazer muy cruda justicia dél. Assí escapen quantos
tal obra remedaren, e tal galardón ayan ende.» [1]

La bella escena en que el Rey de Castilla es armado caballero
pertenece íntegra a nuestro poeta, y lo mismo hay que decir del
extravagante capricho de llevar a Alfonso VIII, como cruzado y
conquistador, a Palestina: aprensión vieja de Lope, que, tímidamente indicada en algunos versos de esta comedia, sirve de máquina al poema de la *Jerusalén conquistada*, merced al cual se
propagó esta fabulosa especie, que graves historiadores no se
desdeñaron de impugnar, y de la cual todavía quedan vestigios
en la entrada de la *Raquel* de Huerta.

Precisamente los amores de la hermosa judía son, como queda
dicho, la tela casi única de los actos segundo y tercero de esta
comedia de Lope. Dice así la *General*, tratando del *Casamiento
del Rey de Castiella:*

«En estas cortes de Burgos vieron los concejos e ricos omes del
reyno que era ya tiempo de casar su rey, e acordaron de embiar a
demandar la fija del rey don Enrique de Inglaterra, que era de
doze años, porque sopieron que era muy hermosa e muy apuesta
de todas buenas costumbres. E en esto acordaron todos que le
embiasse pedir a su padre, e ella avíe nombre doña Leonor: e los
mensageros fueron luego escogidos de los mejores e más honrados

---

1   Folios 342-343 vto.
Sobre la cronología, harto embrollada, de estos sucesos, pueden con-
sultarse las dos historias particulares que tenemos de Alfonso VIII,
harto desiguales en mérito crítico, que es notable en la segunda y exiguo
en la primera:
*Coronica de los Señores Reyes de Castilla, Don Sancho el Deseado,
Don Alonso el Octavo y Don Enrique el Primero... Por Don Alonso Núñez
de Castro. Madrid, por Pablo del Val,* 1665. Páginas 57-61, 67-71.
—*Memorias históricas de la vida y acciones del Rey D. Alonso el Noble,
Octavo del nombre, recogidas por el Marqués de Mondéjar, e ilustradas
con notas y apéndices por D. Francisco Cerdá y Rico. Madrid, imprenta
de Sancha,* 1783. Páginas 44-50.

de la Corte: e éstos fueron dos ricos omes e dos obispos, omes buenos e de grand sesso, e de muy grande entendimiento, bastantes assaz para tal mensagería. E estos metiéronse en el camino, e entraron en la mar, e pasaron a Inglaterra. E el Rey de Inglaterra, desque sopo aquello por que los mensageros yuan, plogól mucho, e recibiólos muy bien, e fízoles mucha honra él e sus fijos que adelante contaremos: e los mensageros pidiéronle su fija para el rey don Alfonso su señor, e él se la otorgó, e dióles de sus dones: e embióla con ellos mucho honradamente: e ellos la troxeron con muy gran honra al rey don Alfonso a Burgos. Las bodas luego fueron fechas muy ricas e muy honradas, e fueron luego yuntadas muchas gentes de todas partes de los reynos de Castiella e de León e de todos los reynos de España, e fueron fechas muchas nobrezas e dadas grandes donas. Estas bodas de este nobre rey don Alfonso de Castiella, e de la nobre Infanta doña Leonor, fija del Rey de Inglaterra, fueron fechas en la Era de mil e ciento e noventa e ocho años. E andaua entonces el año de la nascencia del Señor, en mil e ciento e sesenta años.

. . . .

»Pues el rey don Alfonso ouo passados todos estos trabajos en el comienço quando reynó e fué casado, según que auedes oydo, fuese para Toledo con su muger doña Leonor: e estando y, pagóse mucho de vna judía que avíe nombre *Fermosa*, e olvidó la muger, e encerróse con ella gran tiempo, en guisa que non se podíe partir della por ninguna manera, nin se pagaua tanto de otra cosa ninguna: e estovo encerrado con ella poco menos de siete años, que non se membraua de sí nin de su reyno nin de otra cosa ninguna. Estonces ovieron su acuerdo los omes buenos del reyno como pusiessen algún recado en aquel fecho tan malo e tan desaguisado; e acordaron que la matassen: e que assí cobraríen su señor que teníen por perdido: e con este acuerdo fuéronse para allá, e entraron al Rey diziendo que queríen fabrar con él: e mientras los vnos fabraron con el Rey, entraron los otros donde estaua aquella judía en muy nobres estrados, e degolláronla a ella, e a quantos estauan con ella, e desí fuéronse su carrera. E desque el Rey lo sopo, fué muy cuytado que non sabíe qué se fiziesse: tan grande era el amor que della avíe. Estonces trauaron con él sus vassallos e sacáronlo de Toledo, e llegaron con él a vn logar que llaman *Iliescas*, que es a seys leguas de Toledo. E allí estando el Rey en la noche en su cámara cuydando en la judía, fabran las gentes quel aparescíol el ángel, e quel dixo: «Alfonso, ¿aun cuydas en el »mal que has fecho de que tomó Dios de ti deseruicio? Mal fazes, »e caramente te lo demandará Dios a ti e a tu puebro.» E diz que estonces demandól el Rey quién era el que le aquello dezíe. E él dixo como era ángel mensagero de Dios que veníe allí por su mandado a dezirle aquello. El Rey fincó los ynojos ante él, pediendol merced que rogasse a Dios por él. E el ángel le dixo: «Teme a Dios, ca cierto es que te lo demandará, e por este peccado »que tú fiziste tan sin zozobra, non fincará de ti quien reyne en »el reyno que tú reynas, mas fincará en el linage de tu fija, e de »aquí adelante pártete de mal fazer e mal obrar, e non fagas cosa »porque Dios tome mayor saña contra ti.» E estonces dizen que despareció: e que fincó la cámara llena de gran claridad e de tan buen olor e tan sabroso, que marauilla era. E el Rey fincó muy triste de lo que le dixera el ángel: e de allí adelante temió siempre a Dios e fizo siempre buenas obras, e emendó mucho en su vida e fizo mucho bien, según vos lo contará la estoria adelante.» [1]

Tanto la historia de Raquel, como la del cerco de Zorita y la de la entrada de Alfonso VIII en Toledo, pertenecen al número de aquellas cosas que los compiladores de la *General* agregaron a las narraciones del arzobispo D. Rodrigo y de D. Lucas de Túy, según ellos mismos tienen cuidado de declarar, [2] afirmando al

---

[1]   Folios 344-345 vueltos, cuarta parte del texto de Ocampo.

[2]   *Fasta en este logar dixo el Arzobispo don Rodrigo de Toledo...; mas porque el dicho Arzobispo quiso poner las sus razones tan breves e tan atajantes..., e non departe las razones suyas de muchos otros fechos que se fallaron e acaescieron en los tiempos que son passados que convienen más ser puestos en estoria, e non lo fueron, nos posímoslos aquí porque aquí derechamente se puedan seguir e ser más cumplidos... E porque sabemos, por prueua de otras estorias, que esto que fué assí e que es cierto, ponémoslo*

propio tiempo la veracidad de lo que añadían. El marqués de Mondéjar y el P. Flórez, poseídos de excesivo celo apologético por la memoria de Alfonso VIII, se empeñaron en dar por fábula tales amores, aunque sin apoyarse más que en el argumento negativo del silencio de D. Rodrigo y de D. Lucas, autores coetáneos, y en la inverosimilitud de haberse encerrado el Rey siete años con la judía, siendo así que en ese tiempo constan varios privilegios y otros actos públicos suyos, y consta, además, que tuvo sucesión de su legítima mujer. Pero con permisión de tan doctos y bien intencionados varones, atrévome a decir que los tales argumentos convencen muy poco, puesto que, tanto D. Lucas como D. Rodrigo, anduvieron muy diminutos en lo que toca a los primeros años de este reinado, y si se rechaza el testimonio de la *General* en lo que concierne a los amores de Raquel, la misma razón habrá para rechazarle en todo aquello que añade a los cronistas anteriores, y que el mismo Mondéjar admite sin más autoridad que la de Don Alonso *el Sabio*. Y en cuanto al segundo reparo, hay cierta candidez en tomar tan al pie de la letra lo del encerramiento, pues por muy embebecido que supongamos a Don Alonso VIII en su ilícita pasión, no había de faltarle tiempo para despachar algún privilegio ni para hacer alguna expedición contra moros y navarros, ni siquiera para tener algún hijo legítimo. Nada de esto implica contradicción, dada la flaqueza humana; y si acaso parece demasiado largo el plazo de los siete años que la *General* impresa marca para estos amores, redúzcase a *siete meses*, como quiere el *Valerio de las historias*. [1] Al cabo,

_____

aquí en la estoria en los logares que conuenie, non menguando nin cresciendo en ningunas de las razones que el Arzobispo don Lucas de Túy, nin los otros sabios e omes honrados, y pusieron; e queremos de aquí adelante poner entre las sus razones esto que ende fallamos, e después tornaremos a contar de lo que estos omes buenos e honrados ende dixeron.

[1] Libro II, título IV, cap. VI.

«Léese cómo después que el Rey don Alfonso, que fizo el monesterio de las Huelgas de Burgos, después de casado con la Reyna doña Leonor, fija del Rey de Inglaterra, estando en Toledo vió una judia mucho fermosa, y pagóse tanto della, que dexó la Reyna su muger y encerróse

lo que hay de más inverisímil y de más afrentoso en el cuento, no es que el Rey se prendase de una judía muy hermosa, sino que los ricos hombres de Castilla se conjurasen para asesinar a una infeliz mujer.

---

con ella un gran tiempo, de guisa que lo non podían della partir ni se pagaba tanto de otra cosa como della. E según cuenta el Arzobispo Don Rodrigo (*), dice que estovo encerrado con ella siete meses, que no se membraba de sí ni de su Reyno. E como los Condes y ricos hombres y caballeros viessen cómo el Rey estaba en tal peligro y desonor por tal fecho como éste, ovieron su acuerdo como pusiessen recaudo en este fecho tan malo y sin conciencia, y acordaron que la matassen. E con esta intención entraron a do estaba el Rey, fingiendo que le querían fablar. E como estoviessen con él fablando, fueron otros a do estaba la judía; y como la hallassen en muy nobles estrados degolláronla, y a quantos con ella estaban, y fuéronse luego. E como el Rey supo esto, fué muy cuytado que no sabía qué facer, que tanto la amaba que se quería por ella perder. Y como estoviesse una noche solo en su cámara, pensando en el fecho de aquella mala judía, aparescióle un ángel, y díxole: *Cómo, Alfonso, ¿aun estás pensando en el mal que has fecho, de que Dios ha rescebido grande deservicio? Faces mal, y serte ha demandado caramente a ti y a tu Reyno.* Y el Rey le preguntó quién era, y dixo que era ángel de Dios a él embiado. E como lo oyó, hincó los hinojos en tierra y pidióle merced que rogasse a Dios por él, y díxole el ángel: *Por este peccado que feciste no quedará de ti fijo varón, que en tu lugar reyne, mas quedará del linage de tu fija, y de aquí adelante apártate de facer mal y faz bien.* E como esto ovo dicho, desapareesció, y quedó la cámara complida de maravilloso olor y con gran claridad. E dende allí adelante andovo los caminos de Dios el Rey, y fizo buenas obras...»

En el lib. VI, tít. IX, cap. V, repite más brevemente la misma historia, moralizando sobre ella:

«El Rey Don Alfonso Octavo de Castilla, siendo mozo, se dió a vicios de luxuria, no obstante que fuesse casado con la Reyna Doña Leonor, fija del Rey de Inglaterra, muy hermossa muger: tomó por manceba a una judía, y estovo encerrado con ella siete meses que no se acordaba de sí ni del Reyno, tanto estaba encendido en el amor della... Pero después que la judía fué muerta por sus vasallos, conosció el error que avía

(*) Ya hemos visto que no cuenta semejante cosa, pero el arcipreste Almela se refiere, sin duda, a alguna traducción interpolada de sus *Historias.*

Por otra parte, no se trata de una tradición poética ni de época muy remota de aquella en que fué consignada por escrito, puesto que no pocos contemporáneos de Alfonso VIII pudieron alcanzar el reinado de su bisnieto, en quien tampoco hemos de suponer el malévolo propósito de calumniar a uno de sus más ínclitos progenitores, que al mismo tiempo era uno de los más inmediatos. Lo que Alfonso *el Sabio* registra, es un hecho aprendido de la tradición oral, cuando no había tenido aún tiempo de alterarse. Y tan arraigada estaba en Castilla la idea de que los posteriores desastres del reinado de Alfonso VIII, especialmente el de Alarcos, habían sido providencial castigo de aquel pecado, así como la victoria de las Navas recompensa y corona magnífica del arrepentimiento y penitencia del Rey, que al amonestar Don Sancho *el Bravo* a su hijo, en el *Libro de los castigos e documentos*, para que se guarde de *pecados de fornicio*, cita, entre otros ejemplos históricos, y como uno de los más solemnes, el caso de la judía: «Otrosí para mientes, mío fijo, de lo que conteció al rey D. Alfonso de Castiella, que venció la batalla de Úbeda, que por siete años que viscó mala vida con una judía de Toledo, diól Dios gran llaga e gran ajamiento en la batalla de Alarcos, en que fué vencido, e fuyó, e fué mal andante él e todos los de su Reyno, e los que y mejor andanza ovieron, fueron aquellos que y murieron; e demás matól los fijos varones, e ovo el Reyno el rey D. Ferrando, su nieto, fijo de su fija. E porque el Rey se conoció después a Dios, e se repintió de tan mal pecado, como este que avíe fecho, por el

fecho, enmendósse, y ussó muy buenas costumbres de allí adelante. Ca después fundó el monesterio de las Huelgas de Burgos, y el hospital que llaman del Rey, y otros monesterios, y venció a Miramamolín de Marruecos en batalla campal, y ganó a Cuenca y Alarcón, y otras villas y castillos de moros, e fizo grandes fechos, y por esto fué llamado Don Alfonso *el Bueno*, e reynó cincuenta y un años. Los hombres en su mane cebía facer yerros de mocedad es mal, pero no tanto como después que los hombres dexan de ser mancebos. Este Rey, antes que cayesse en estyerro que ovo con la judía era virtuosso; fizo aquel yerro, pero muchas veces acaesce que los que mucho yerran, mucho se arrepienten. E si no errassen, por ventura no se emendarían en tanto grado.»

qual pecado por emienda fizo después el monesterio de las Huelgas de Burgos de monjas de Cistel, e el hospital, Dios diól después buena andanza contra los moros en la batalla de Úbeda.» [1]

Fué Lope, según creo, el primer poeta castellano que se apoderó de este asunto y también el que inventó el nombre de Raquel,
ignorado de nuestros cronistas, que llaman a la judía *Fermosa*,
convirtiendo en nombre propio el adjetivo. Ya en 1609, antes
de llevar esta leyenda a las tablas, la había tratado en forma
narrativa en el libro XIX de su *Jerusalem conquistada*, donde está
como bosquejado el poemita que luego dió tan justo renombre
a D. Luis de Ulloa. En los discursos puestos en boca de los conjurados, lleva Ulloa la ventaja, por ser más adecuados a su índole de poeta moralista y ceñudo, que a la blanda y amorosa de
Lope; [2] pero en la catástrofe tiene nuestro poeta rasgos muy

---

[1]   *Castigos e documentos,* cap. XX (edición Gayangos).

Don José Amador de los Ríos, en su *Historia de los judíos* (Madrid,
1875), tomo I, páginas 334-337, admite también como históricos los amores del Rey; pero supone, no sé por qué, de origen poético lo relativo
a la muerte de la judía, siendo así que la *Crónica General* consigna lo
uno y lo otro, y además no hay el menor indicio de que esta tradición
se cantase jamás, puesto que los dos únicos romances que a ella se refieren (números 928 y 929 de Durán) son literarios y modernísimos: el uno
de Lorenzo de Sepúlveda, versificando la prosa de la *Crónica;* y el otro
del famoso predicador culterano Fr. Hortensio Félix Paravicino *(Don
Félix de Arteaga)*, que, no contento con ser el Góngora del púlpito, tri-
butó a las musas profanas obsequios tan infelices como este romance,
que es una estúpida rapsodia en *fabla* antigua.

[2]   Sin embargo, aun aquí son visibles las imitaciones de Ulloa. Dice
Lope:

> ¿A vuestro Rey, famosos castellanos,
> Prende la red de unas lascivas manos?
> . . . .

y Ulloa, en tono más enfático y remontado:

> No la corona del mayor planeta
> Dejéis que asombre más planta lasciva,
> Que oprime, cuando finge que respeta,
> Y con mentidos lazos le cautiva...

ingeniosos y felices, como el cubrir uno de los conjurados con una toca el rostro de Raquel, sintiéndose ya casi vencido y desarmado por su hermosura. En la descripción de Raquel muerta, *bañando en caliente púrpura el estrado*, está engastada esta linda serie de comparaciones:

> Así la tersa y cándida azucena,
> Parece entre las rosas carmesíes;
> Así la joya de diamantes llena,
> Entre rojos esmaltes y rubíes;
> Así la fuente de cristal, serena
> Corre por encarnados alhelíes;
> Así tórtola blanca ensangrentada,
> Del esparcido plomo derribada.

Pero la inspiración de Lope, aunque profundamente épica, corría por su cauce más natural en la forma dramática, como lo prueba esta comedia de *Las paces de los Reyes*, que a Boileau hubiera parecido monstruosa, por ser de aquellas en que un personaje aparece «*enfant au premier acte et barbon au dernier*»; pero que a los ojos de Grillparzer es una de las mejores piezas *(eine der besten Stücke)* de Lope de Vega. Sin llegar yo a tanto, porque de su autor y en el mismo género las conozco mucho mejores, encuentro en ella, no sólo grandes bellezas de pormenor, sino una inspiración constante. Aun en el primer acto, que queda oscurecido por los otros dos, elogia Grillparzer, con razón, el suavísimo diálogo entre Lope de Arenas y su mujer doña Constanza, contándole entre aquellas perlas que despilfarradamente dejaba caer Lope por dondequiera. El segundo acto está lleno de color local toledano y de prestigio romántico. ¡Con qué habilidad coloca el autor la primera escena de los amores junto a las ruinas del palacio de Galiana, evocando la leyenda más antigua al paso que pone en acción la moderna, y juntando las dos en un mismo rayo de luz poética! ¡Qué gracioso el contraste entre *la nieve del Norte*, que dice Raquel hablando de la pálida hermosura de la Reina Doña Leonor de Inglaterra, y los ardores que la impetuosa judía quiere apagar en las aguas del Tajo! Ni siquiera falta un grano de poesía humorística en estas singulares escenas del baño y de la siesta. Lope, según su costumbre, se introduce en la fábula con el disfraz del rústico Belardo, moraliza a su modo sobre las necedades del mundo y las locuras del amor, y alude a los propios casos de su juventud «cuando era hortelano en las huertas de Valencia». El amor está presentado en este poema dramático como una demencia fatal e irresistible, la cual no cede ni ante los terrores de lo sobrenatural, que amagan a Alfonso en la primera noche en que va a llegar a los brazos de la hermosa judía:

> ¡Qué terrible oscuridad!
> ¡Qué relámpagos y truenos!
> Y están los cielos serenos
> Sobre la misma ciudad.
>
> Sólo en la huerta parece
> Que el cielo muestra su furia;
> Debe de ser que mi injuria
> Siente, riñe y aborrece.
>
> Hablan las nubes tronando,
> Y rasgándose los cielos...
> Los relámpagos, con fuego
> Muestran el que ya me espanta;
> El viento el polvo levanta
> Para decir que soy ciego.
>
> Brama el Tajo por salir
> A templar aqueste ardor;
> Pero no es fuego el amor
> Con quien puede competir.
>
> Tiemblan los árboles juntos,
> Sus hojas llaman a Alfonso,
> Como el último responso
> Que se dice a los difuntos.
>
> ¡Válgame el cielo! ¡Otra nube
> Tan negra desciende allí!...
>
> *(Una voz cantando triste dentro.)*
>
> Rey Alfonso, Rey Alfonso,
> No digas que no te aviso: [1]

---

[1] Reminiscencia de uno de los romances del cerco de Zamora:
> Rey Don Sancho, Rey Don Sancho,
> No dirás que no te aviso.

Mira que pierdes la gracia
De aquel Rey que Rey te hizo.
. . . .

ALFONSO

Dentro de la misma nube
Parece que la voz dijo
Que de aqueste atrevimiento
Estaba el cielo ofendido.

LA VOZ

Mira, Alfonso, lo que intentas,
Pues desde que fuiste niño,
Te ha sacado libre el cielo
Entre tantos enemigos.
No des lugar desta suerte,
Cuando hombre, a tus apetitos;
Advierte que por la Cava
A España perdió Rodrigo.

REY

¡Vive el cielo, que lo entiendo,
Y que todos son hechizos
De Leonor, para quitarme
El gusto que emprendo y sigo!
Los palacios son aquestos;
Yo entro.

(Cuando el Rey va a entrar, aparece una sombra con rostro negro,
túnica negra, espada y daga ceñida.)

¡Cielo divino!
¿Qué es esto que ven mis ojos?
¿Eres hombre? ¡Hola! ¿A quién digo?
¿No hablas?

(Desaparece la sombra.)

Desaparecióse.
Mas ¿de qué me maravillo?
¡Viven los cielos, que fué
Sombra de mi miedo mismo!
Entraré por la otra parte,

Saltando el arroyo limpio
De esta acequia. ¡Ay, cielo santo!

(Vuelve a aparecer la sombra.)

Otra vez la sombra he visto.
¿Qué quieres? ¿Qué me persigues?
¿Quién eres?

GARCERÁN

Tarde he venido.

REY

¿Eres sombra, o eres hombre?
Habla, y díme: «Yo te sigo»,
Que hombre soy para escucharte,
Ya seas muerto, ya seas vivo...

Es casi superfluo advertir la gran semejanza que esta escena ofrece, en cuanto al empleo de lo maravilloso, con otras de *El Infanzón de Illescas*, de *El duque de Viseo*, de *El marqués de las Navas* y algunas otras piezas de Lope, y más remotamente con *El burlador de Sevilla* y otros dramas ajenos, pero cuyos autores imitaron visiblemente su manera de tratar lo fantástico, muy concreta y en cierto modo plástica, pero al mismo tiempo muy sobria.

No me satisface tanto el tercer acto como el segundo, aunque hay en él muchos rasgos dignos del soberano ingenio de su autor. Lo es, desde luego, haber convertido en móvil principal de la catástrofe, no la odiosa venganza de los ricoshombres castellanos, sino la celosa pasión de la Reina, cumpliéndose así el vaticinio de Raquel en la primera jornada:

¿No puede haber algún fuego
En esa nieve escondido?

La Reina es, pues, quien llama a los ricoshombres, quien les cuenta sus agravios y los del Reino en un romance elocuentísimo y, finalmente, quien enciende sus ánimos para la venganza, presentándoles a su propio hijo. Con razón dice Mr. De Latour en su discreto análisis de esta comedia: «¡Cuánto prefiero este discurso enérgico, en que la pasión de la mujer, la majestad ofendida de la Reina, la indignación de la cristiana, hablan alternativamente tan hermoso lenguaje, a toda la metafísica política de D. Luis de Ulloa y de los que le han imitado! No es que yo condene en absoluto esta metafísica, ni mucho menos el sentido profundamente español que encierra, pero el grito de esta mujer, de esta Reina, es todavía más humano, y, como sale del alma, va al alma derecho. Este discurso admirable o, por mejor decir, este grito, es toda la pieza.» [1]

Tiene razón el mismo crítico en calificar de pueril la escena en que el Rey y Raquel aparecen entretenidos en la pacífica ocupación de pescar con caña en el Tajo; escena que no parece inventada sino para traer el funesto agüero del hallazgo de la calavera, que saca el Rey enganchada en el anzuelo. La escena de la muerte es muy rápida, y en ella sólo hay que advertir la novedad de hacer que Raquel se haga espontáneamente cristiana antes de morir; con lo cual pensó, sin duda, Lope aumentar la simpatía trágica que causa su lastimoso fin. En las escenas anteriores parece notarse un eco de los romances relativos a los amores de Doña Inés de Castro, en que basó Luis Vélez de Guevara su tragedia *Reinar después de morir:*

> Labrador honrado y noble,
> ¿Qué me dices? ¿Qué me cuentas?
> ¿Caballeros y con armas?
> ¡Ay, Dios! No vienen a fiestas...

El título de *Las paces de los reyes* se justifica al fin de la comedia por la reconciliación de Leonor y Alfonso, después de la aparición del ángel, en Illescas. Aquí lo maravilloso estaba en la

---

1 A. de Latour: *Tolède et les bords du Tage (Paris, Michel Lévy, frères),* 1860; páginas 231-302. Este trabajo abunda en errores cronológicos y de detalle, como todos los de su autor, que no presumía de erudito, pero que fué un *dilettante* ameno y simpático y un vulgarizador inteligente de nuestras cosas.

tradición, y el poeta no ha hecho más que recogerlo, cumpliendo la ley épica de su Teatro, porque lo maravilloso es esencial en la epopeya.

«Las bellezas de este drama—dice Latour—son de las que todos los ojos pueden ver, de las que conmueven todas las almas. El genio de la época, del país y del poeta brillan con un esplendor tal, que ninguna traducción, por débil que sea, puede oscurecerle. Una de las cosas que hay que aplaudir en Lope, es el carácter de Raquel, de la cual ha hecho una verdadera mujer, que ama a Alfonso y que tiene miedo de morir. Hartas veces encontraremos el papel de la favorita ambiciosa en los otros dramas compuestos sobre el mismo asunto.»

Y ahora conviene añadir algo acerca de las posteriores vicisitudes de este tema poético. Ticknor poseyó, manuscrita y autógrafa, con fecha de 10 de abril de 1635 (no 1605, como se lee por errata, que aquí pudiera ser grave, en la traducción española de su *Historia* y en el *Catálogo* de Barrera), una comedia del doctor Mira de Amescua. *La desdichada Raquel*. El mismo Ticknor afirma que esta pieza, en extremo mutilada por los censores, es la misma que, con el nombre de *La judía de Toledo*, anda atribuída a D. Juan Bautista Diamante en la *Parte 27 de comedias varias* (1667) y en repetidas ediciones sueltas. Aun sin haber visto el manuscrito de Mira de Amescua, por no ser fácil el viaje a Boston, en cuya Biblioteca actualmente se custodia, me atrevo a dudar de esta afirmación de Ticknor, cuya autoridad bibliográfica es para mí mucho más respetable que su pericia crítica. La comedia de Diamante, tal como está impresa, no puede ser de Mira de Amescua ni de ningún otro poeta del primer tercio del siglo XVII. Será una refundición, acaso muy servil, pero está escrita en el estilo propio de Diamante, autor de las postrimerías del siglo XVII y de los primeros años del XVIII. Diamante, como los demás dramaturgos de su época, no inventaba, se limitaba a refundir, y generalmente a estropear, originales antiguos. Su comedia no procede de la de Lope de Vega. Es muy verosímil, por consiguiente, que proceda de la de Mira de Amescua. Pero no de Mira de Amescua solo, porque hay en la comedia de Diamante muchas cosas evidentemente tomadas del poema de D. Luis de Ulloa y Pereyra, no impreso hasta 1650. [1] Los discursos políticos están servilmente calcados, sin más fatiga que convertir las octavas en romance. Y la prueba es muy fácil. Cotéjese una parte del razonamiento de Álvar Núñez en Ulloa y en Diamante:

ULLOA

Ya por vuestra desdicha, castellanos,
Del Hércules sabréis que os gobernaba
Cómo le cercan pensamientos vanos
De nueva Yole la prudencia esclava;
Y que olvidadas las robustas manos
Del peso formidable de la clava,
Lisonjeando de ninfas el estilo,
Al huso femenil tuercen el hilo.

. . . .

Con lastimosas lágrimas contemplo
Cuánto las obras de virtud se truecan,

---

1 De este año es la primera edición, sin nombre de autor, que lleva por título *Alfonso Octavo, rey de Castilla, Príncipe Perfecto, detenido en Toledo por los amores de Hermosa o Raquel. Hebrea muerta por el furor de los vassallos... En Madrid, en la Imprenta Real, año de 1650.* Reprodújose luego, ya con el nombre de su autor, en las dos colecciones de las poesías de Ulloa, publicada la primera por él en 1659 con el título de *Versos*, y la segunda, póstuma, por su hijo, en 1674. En el *Ensayo*, de Gallardo (II, 102), se da noticia de un curioso manuscrito, titulado *Censura de D. Gabriel Bocángel a las Rimas castellanas de Alfonso VIII, habiéndoselas remitido D. Luis de Ulloa para este efecto. Responde Don Luis de Ulloa a la censura que de algunos versos hace D. Gabriel Bocángel.* —*Retrato político del Rey Don Alfonso el VIII, que dedica a la S. C. R. M. del Rey Nuestro Señor Don Carlos II D. Gaspar Mercader y de Cervellón, Conde de Cervellón.* Libro culterano y conceptuoso a un tiempo, y escrito en el más pedantesco gusto de las postrimerías del siglo XVII, pero con chispazos de ingenio y fantasía amena. En la parte tercera trata larga y declamatoriamente el episodio de Raquel, interpolando discursos. Tuvo muy presente a Ulloa. (Vide *Varios eloquentes libros recogidos en uno... Madrid, por Juan de Ariztia, 1722; páginas 36-50.)

Y cómo llega la codicia al templo
Donde las fuentes de piedad se secan,
Obedeciendo todos al ejemplo;
Que los príncipes mandan cuando pecan,
Y en la vida culpable de los Reyes,
No son vicios los vicios, sino leyes.

. . . .

De una ramera torpe en la esperanza
Vivimos, o suspensos, o postrados,
Siendo el arbitrio de su fiel balanza
Los premios y castigos ponderados;
Sola la liviandad de su mudanza
Nos tiene desvalidos o privados;
Tanta paciencia en pechos varoniles,
No los hace leales, sino viles.

. . . .

No la corona del mayor planeta
Dejéis que asombre más planta lasciva,
Que oprime lo que finge que respeta,
Y con mentido culto lo cautiva;
Rayos que preste la virtud secreta
Del cielo a nuestra saña vengativa,
Cuando por nudos tan estrechos pasen,
Respeten el laurel, la hiedra abrasen.
Sacrifiquemos esta ofrenda impía
En gracia de los Reyes ofendidos,
Que fueron con violenta tiranía
En voluntarios lazos oprimidos,
Hallará en este ejemplo la osadía
Con que les embaraza los sentidos,
Para recelo del osado intento,
Esmaltado de sangre el escarmiento.

DIAMANTE

Ya el Hércules que os regía,
A nueva ley le sujeto;
Trueca el uso de la clava
Por el huso en que torciendo
Va a sus victorias el hilo
Que hizo su renombre eterno.
Con llanto notan los míos

El penoso cautiverio,
Y cuán licencioso el vicio
Se aumenta con el ejemplo,
Porque los príncipes mandan
Cuando pecan, advirtiendo
Que la adulación permite,
Por hacer al Rey obsequio,
Que se bauticen las culpas
Por leyes; que en el exceso
De sus vicios, no son vicios
Los vicios, sino preceptos.
. . . .
Mirad que en los corazones
Que anima heroico ardimiento,
Parece mal tanto olvido,
Y que al varonil esfuerzo
El disimulo le hace
Cobarde más que no atento.
No permitais que al laurel
Que corona sacro imperio,
Planta lasciva le cerque
Con mentido culto, haciendo
Lo que es traición agasajo,
Favor lo que es cautiverio,
Que hasta su virtud nos niega
Cuando por nudos estrechos
Pasa mentida lisonja
En el verdor de su aseo.
Respete el laurel el brazo,
Y abrase la hiedra al fuego...
Y sacrifiquemos esta
Ofrenda impía al eterno
Simulacro de los Reyes
Que en el siglo venidero,
Con violenta tiranía,
Fueren en sus lazos presos,
Dejando nuestra lealtad,
A su vicio por trofeo,
Esmaltado el escarmiento.

La misma comparación podíamos hacer en el discurso de don
Fernando Illán, pero basta con lo transcrito. Se dirá que Ullo

pudo tomar estos conceptos y estas imágenes de Mira de Amescua, pero ¿quién ha de creer tal plagio de un poeta como Ulloa (original no sólo como poeta, sino como hombre), cuando estas octavas son precisamente tan geniales suyas, cuando expresan lo más hondo de su pesimismo político y cuando están hechas de tan noble y valiente manera que excluyen hasta la sospecha de que puedan ser perífrasis del adocenado romanzón que va al frente? Y ¿quién que haya leído versos líricos o dramáticos del doctor Mira de Amescua, cuya lozanía y gala sólo admiten parangón con las del estilo de Lope, ha de atribuirle esos prosaicos y desmañados octosílabos, que a voz en cuello están diciendo haber salido de la pluma de un pedestre versificador de los tiempos de Carlos II? Creemos, por consiguiente, que el manuscrito de *La desdichada Raquel* que tuvo Ticknor, no puede ser *La judía de Toledo*, de Diamante, sino otra comedia sobre el mismo tema, de la cual Diamante quizá aprovechó algo para la suya.

Incidentalmente hemos hablado ya de la *Raquel*, de Ulloa, que Quintana llamó, no sin alguna hipérbole, «el último suspiro de la antigua musa castellana». Don Luis de Ulloa y Pereyra, caballero de Toro, cuyas memorias inéditas quizá publicaremos algún día, fué poeta de elevados pensamientos y de robusta entonación, moralista estoico al gusto de su tiempo, político pesimista y desengañado, con ánimo libre para decir duras verdades a reyes y poderosos, en un estilo cuyo nervio y adusta sequedad recuerdan, a veces, el áspero decir de Alfieri, con toda la diferencia que puede haber entre un poeta del siglo XVII y otro del final del XVIII. Ulloa, que estaba en la *oposición* (como hoy diríamos) cuando compuso este poema, puesto que había sido amigo fidelísimo del conde-duque de Olivares, a quien acompañó en su destierro, tomó el asunto de *Raquel* desde el punto de vista político, como una lección a los reyes viciosos y negligentes.

¿Esto acontece, y duermen los tiranos?

Tal es la originalidad de este poema, y de ella nacen sus mayores bellezas. El aliento, más oratorio que poético, que en estas octavas se respira, es de una arenga tribunicia vehementísima, inflamada, sincera, y por lo mismo elocuente. El autor piensa menos en Alfonso VIII y en Raquel, que en Felipe IV y en sus mancebas. Por eso hizo una obra apasionada y viva en lo político y sentencioso, y muy fría en la parte afectiva y desinteresadamente poética del argumento, que es, por el contrario, aquella en que su gusto flaquea más y en que hizo mayores concesiones al depravado estilo de su tiempo. ¡Oh, si toda esta parte hubiese sido escrita en el mismo lozano estilo en que lo fué esta octava, imitada del Ariosto:

> No rumores de bélicos clarines
> Dieron principio al amoroso asalto:
> El aura, sí, movida en los jazmines
> Que coronan el álamo más alto;
> Y el eco derramado en los jardines,
> Nunca al aplauso del deleite falto,
> Que repite de dulces ruiseñores
> Ansias de celos, lástimas de amores.

Con todos sus resabios de amaneramiento, debidos unos al sutil contagio del culteranismo, cuya influencia alcanzaba aún a los escritores más sensatos, y que más se resistieron a su influjo; e hijos los otros de la tendencia conceptuosa, que era también moda de aquel tiempo y muy propia del ingenio y estudios del escarmentado y meditabundo poeta castellano, la *Raquel*, de Ulloa, vale mucho, no sólo por la gravedad de su estilo y doctrina y por el número no corto de versos admirables que pueden entresacarse de ella, sino por haber servido de tipo y dechado, primero a *La judía de Toledo*, de Diamante, y luego a la *Raquel*, de Huerta.

Aunque la comedia de Diamante, por la flojedad de su estilo, desmerece mucho puesta en cotejo con el poema de Ulloa, no es obra despreciable, ni mucho menos, siquiera deba sus mayores aciertos a su predecesor inmediato, y acaso algunos a la comedia inédita y desconocida hasta ahora de Mira de Amescua. La comedia de Diamante en nada se asemeja a la de Lope, la cual no

parece haber leído siquiera. Su Raquel no es la mujer apasionada que arde en súbito amor por Alfonso VIII cuando le ve entrar
triunfante en Toledo y que muere invocando el nombre del Dios
de su amante. Es una especie de Ester degenerada, a quien los
judíos de Toledo emplean como instrumento para que sus lágrimas y su hermosura desarmen la ira del Rey y detengan el edicto
de proscripción que contra ellos iba a fulminarse. También esta
idea es original de Ulloa, que la presentó con más nobleza, no
haciendo intervenir al padre de la judía, que en Diamante resulta
cómplice del deshonor de su hija, sino al gran rabino o pontífice
Rubén, en quien está más justificado el fanatismo de ley y de
raza. Pero Diamante, aunque inferior a Ulloa por todos los demás
conceptos, tiene más jugo de sentimiento que él; y su obra, con
estar medianamente escrita, triunfó en el teatro por su efecto
patético. Y este efecto continuaba aún en el siglo pasado, según
nos informa el crítico italiano Napoli Signorelli, que hace de la
pieza todo el elogio que podía hacer dentro de su criterio de preceptista clásico: «Todas las primeras damas del Teatro español
aprenden, para muestra de su talento, el papel de *La judía de
Toledo* en la comedia de Diamante... Las extravagancias de su
estilo, su irregularidad y las bufonadas que se entremezclan en
las escenas trágicas, no perjudican, sin embargo, a la verdad y
energía de los afectos, ni al mérito de los caracteres de Alfonso,
fascinado por el amor, y de la judía Raquel, tan ambiciosa como
amada por el Rey.»

Todavía estaba en posesión de las tablas la comedia de Diamante, cuando un hombre de más ingenio que juicio, de mejor
instinto que gusto, de más fantasía que doctrina, pero de ningún
modo vulgar ni *tonto* (como en nuestros días hemos visto impreso), D. Vicente García de la Huerta, en quien hervía alguna parte
del estro de Calderón y de Góngora, convocaba a la muchedum-
bre en el teatro para escuchar en una nueva *Raquel* los acentos
de la Melpómene española,

> No disfrazada en peregrinos modos,
> Pues desdeña extranjeros atavíos;

Vestida, sí, ropajes castellanos,
Severa sencillez, austero estilo,
Altas ideas, nobles pensamientos,
Que inspira el clima donde habéis nacido.

El estreno de esta tragedia, en 1778, fué uno de los mayores acontecimientos teatrales del reinado de Carlos III. En los pocos días que corrieron desde la representación hasta la impresión, se sacaron dos mil copias manuscritas para España y América; todo el mundo la sabía de memoria y la repetía en los teatros caseros. La *Raquel* se hizo popular, en el más noble sentido de la palabra. Su autor, que como crítico era una especie de romántico inconsciente y venido antes de tiempo, sentía confusamente, pero con grande energía, el valor de la antigua poesía castellana; y aunque procuró acomodarse en lo exterior a las formas de la tragedia neoclásica, sometiéndose al dogma de las unidades, a la majestad uniforme del estilo y a emplear una sola clase de versificación, hizo en el fondo una *comedia heroica*, ni más ni menos que las de Calderón, Diamante o Candamo, con el mismo espíritu de honor y de galantería, con los mismos requiebros y bravezas expresados en versos ampulosos, floridos y bien sonantes, de aquellos que casi nadie sabía hacer entonces sino Huerta, y que por la pompa, la bizarría y el número, tan felizmente contrastaban con las insulsas prosas rimadas de los Montianos y Cadalsos. Hasta el romance endecasílabo adoptado por Huerta (en vez del verso suelto, de la silva o de los pareados, que con infeliz éxito habían usado los autores del *Ataulfo*, de la *Hormesinda* y del *Sancho García*) contribuyó a poner sello nacional en la pieza, siendo, por decirlo así, una ampliación clásica del metro popular favorito de nuestro teatro, dilatado en cuanto al número de sílabas, pero conservando el halago de la asonancia, tan favorable a la recitación dramática. Tal como está, la tragedia de Huerta es la mejor del siglo XVIII, lo cual puede no ser un gran elogio (puesto que las demás, salvo alguna de Cienfuegos, apenas pasan de la medianía y carecen, no sólo de interés poético, sino hasta de intención dramática), pero es, sin duda, un mérito relativo cuando entre los cultivadores de este género exótico vemos figurar los nombres más calificados de la literatura de entonces: D. Nicolás Moratín, Cadalso, Ayala, Jove Llanos... Para juzgar bien de la *Raquel* hay que verla en su propio momento, y no aplastarla bajo el peso de un coloso como Lope de Vega, o de un artista dramático tan consumado como su imitador, el poeta austríaco Grillparzer, que tiene en *La judía de Toledo* un acto final de grandeza casi shakespeariana. [1] El pobre Huerta no podía ascender a tales alturas, y aun puede añadirse que mucho de lo bueno que hay en la *Raquel* no es suyo, sino de Diamante y de D. Luis de Ulloa. Pero las buenas condiciones de la *Raquel* no consisten tanto en su estructura dramática, que es, sin duda, bastante endeble, cuanto en la elocuencia poética con que está escrita, en el énfasis y la gala de dicción, cuyo efecto sobre oyentes españoles es infalible, y debía de serlo mucho más cuando se llegaba a ella después de pasar por los sedientos arenales de la *Virginia*, de la *Lucrecia* y de la *Numancia*. Siquiera los endecasílabos de Huerta eran versos y sonaban como tales, y llenaban el oído con la suave y familiar cadencia de los asonantes, y hablaban de pasión y de galantería caballeresca, y no eran insípida prosa de *Mercurios* y *Gacetas*, como casi todo lo que se oía en el teatro, gracias a la tutelar solicitud del conde de Aranda y de la Sala de Alcaldes, que eran los Aristarcos y los Quintilios de entonces. Quintana, cuyo juicio en materia de poesía española algo vale, tuvo esta tragedia en grande estima, y por mi parte no encuentro motivo para separarme de su opinión.

No creo que Huerta tomara nada de *Las paces de los reyes*, de Lope de Vega, cuyas obras dramáticas conocía muy poco, y de las cuales ni una sola inserta en su famoso *Theatro Hespañol*. Conoció, sí, la *Jerusalem conquistada*, y en ella aprendió la fábula histórica del viaje de Alfonso VIII a Palestina:

---

[1] Sobre esta tragedia de Grillparzer, véase el magistral estudio de A. Farinelli, *Grillparzer und Lope de Vega* (Berlin, 1894), páginas 143-171.

> Hoy se cumplen diez años que triunfante
> Le vió volver el Tajo a sus orillas,
> Después de haber las del Jordán bañado
> Con la Persiana sangre y con la Egypcia...

De Ulloa y de Diamante aprovechó tanto, que sus contemporáneos llegaron a acusarle de plagio. Hasta aquel famoso apóstrofe, tan citado por los retóricos como modelo de la figura llamada *corrección:*

> ¡Traidores!... Mas ¿qué digo? Castellanos,
> Nobleza de este reino...,

tiene su origen en este final de una octava de la *Raquel*, de Ulloa:

> *Traidores*, fué a decir; pero turbada,
> Viendo cerca del pecho las cuchillas,
> Mudó la voz, y dijo: «Caballeros,
> ¿Por qué infamáis los ínclitos aceros?» [1]

Entre los poetas que han tratado este argumento, [2] sólo Grillparzer ha seguido las huellas de Lope en su *Jüdin von Toledo* (1824).

XXX.—LA CORONA MERECIDA

En el archivo de la Casa de Sessa existió el original autógrafo de esta comedia, con fecha de 1603, según el testimonio de un índice manuscrito de D. Agustín Durán. Lope la publicó en

---

[1] Sobre los defectos y las excelencias de la *Raquel*, considerada principalmente como obra escénica, hay poco o nada que añadir a las consideraciones que expuso Martínez de la Rosa en su *Apéndice sobre la Tragedia. Obras literarias...* (París, 1827; t. II, páginas 265-284.)

[2] A las obras citadas en el texto, pueden añadirse *The Fair Jewess*, de Trueba y Cosío en su *España novelesca (The Romance of History Spain)*, leyenda en prosa, fundada casi únicamente en la tragedia de Huerta, y *La Judía de Toledo o Alfonso VIII*, *drama en cuatro jornadas y en verso*, por Don Eusebio Asquerino (Madrid, 1842).

la *Parte catorce* de las suyas (1620), dedicándosela a su amiga de
Sevilla doña Ángela Vernegali, a quien en 1603 había dirigido
la segunda parte de sus *Rimas*, confesándose muy obligado a
ella por haberle asistido en dos penosas enfermedades.

Hállase reimpresa en el tomo I de la colección selecta de don
Juan Eugenio Hartzenbusch.

Contiene esta comedia, según el mismo Lope tiene cuidado de
advertir, «la historia de una señora tan celebrada por *La corona*
merecida, que con ella dió honor a España, gloria a su nombre y
nombre a sus descendientes». Trátase, en efecto, de doña María
Coronel, y no se comprende por qué extraño capricho, en esta
comedia, escrita en Sevilla y sobre una tradición sevillana que
hoy mismo persevera constante y viva, se entretuvo Lope en
cambiar el nombre a la protagonista, llamándola Doña Sol, en
llevar la escena a Burgos y en achacar a Alfonso VIII (Príncipe
a quien, por otra parte, admiraba tanto, que no sólo le cantó en
versos épicos y dramáticos, sino que quiso hasta beatificarle) un
desmán tiránico, que la historia ha atribuído siempre al Rey
Don Pedro. Baste para el caso la puntual narración de Ortiz de
Zúñiga en sus *Anales de Sevilla:*

«Era 1395, año 1357.

»Pasó el Rey a las fronteras de Aragón a los fines del año
pasado o principios de éste, siguiéndole los Señores Andaluces,
entre ellos Don Juan de la Cerda y Don Alvar Pérez de Guzmán,
casados con Doña María y Doña Aldonza Coronel, hijas de Don
Alonso Fernández Coronel, ambas extremadamente hermosas, y
una y otra sequestradas del apetito lascivo del Rey, a que resis-
tían honestas, como nobles. Sangrienta y reñida era la guerra,
militando de la parte de Aragón el Conde Don Henrique, que
había venido de Francia, quando Don Alvar Pérez de Guzmán
supo que peligraba su honor, tratándose de llevar su esposa el
Rey desde Sevilla, donde la había dexado en el convento de Santa
Clara; con que seguido de su cuñado Don Juan de la Cerda, que
por ventura padecía iguales recelos, se volvió a Andalucía, dando
con su venida sin licencia público pretexto al Rey para proceder

contra ambos y enviar repetidas órdenes a Sevilla para que no fuesen admitidos, porque estaban fuera de su gracia y faltaban a su servicio; esta repulsa infundió mayor temor en Don Alvar Pérez, que huyó a Portugal; pero el Cerda, más atrevido, se encastilló en Gibraleón, de que era señor, y no sólo para defenderse, sino aun para ofender, convocaba gente, hasta que salió en su contra el Concejo y Pendón de Sevilla, con el Señor de Marchena, Don Juan Ponce de León y el Almirante Micer Egidio Bocanegra, y peleando entre las villas de Veas y Trigueros, fué vencido y traído prisionero a la torre del Oro, según se lee en memorias de aquellos tiempos; esta vez peleó el pendón de Sevilla contra su Alguacil mayor, que era Don Juan de la Cerda...

»La prisión de Don Juan de la Cerda, y voz de que no saldría de ella con vida, obligó a su mujer Doña María Coronel a partir a implorar su perdón; halló al Rey en Tarazona, que cierto de que quando ella volviese con el perdón lo hallaría muerto, como había enviado a mandar que se executase con Rui Pérez de Castro, su Ballestero, se lo concedió. Volvió la heroyca matrona alegre con el engañoso despacho, pero halló muerto ya a su marido, y confiscada su hacienda y casa, con que afligida, pobre y desamparada, se retiró a una ermita y casa, fundación de sus pasados, en la parroquia de Omnium Sanctorum, intitulada de San Blas, y en que habían dexado una insigne reliquia del Santo Mártir, donde retirada vivió algún tiempo, hasta que se entró monja y profesó en el convento de Santa Clara, de que la veremos salir el año 1374 para fundar el de Santa Inés. De su casta resistencia al amor lascivo del Rey se refieren notables sucesos, de que ni el tiempo, ni si fueron antes o después de su viudez, se señalan. Que perseguida de la afición real, que temió violenta, se retiró al convento de Santa Clara de esta ciudad, y que aun en él no segura, porque fué mandada entrar a sacar por fuerza, se encerró en un hueco o concavidad de su huerta, haciendo que lo desmintiesen con tierra, que, diferenciándose de la demás por la falta de yerbas, la dexaba en peligro de ser descubierta, a que asistió la piedad divina, permitiendo que naciesen improvisadamente tan iguales a lo restante, que bastaron a burlar la diligencia más perspicaz de los que entraban a buscarla. Libre esta vez con tal maravilla, se halló otra en mayor aprieto, en que lució más su valerosa pudicicia, que viendo no poderse evadir de ser llevada al Rey, abrasó con aceyte hirviendo mucha parte de su cuerpo, para que las llagas le hiciesen horrible y acreditasen de leprosa, con que escapó su castidad a costa de prolijo y penoso martirio, que le dió que padecer todo el resto de su vida; acción heroyca, cuya tradición la atestiguan manchas en el cutis de su cuerpo, que se conserva incorrupto, no indigno del epíteto de santo. Considere estas acciones quien a las de este Rey buscare críticas disculpas, que tan ciegamente corría tras de sus desenfrenados apetitos.» [1]

Tal es la versión que puede considerarse como histórica, y que todavía atestiguan a los ojos de la piedad las manchas que se observan en el cuerpo incorrupto de esta heroína de la castidad, el cual anualmente se expone, el día 2 de diciembre, en el monasterio de Santa Inés, que ella fundó. Pero ya desde antiguo, o por mala inteligencia del vulgo, o por confusión con alguna otra señora del mismo nombre, corrió una variante harto grosera, a la cual parece que aluden aquellos versos de las *Trescientas*, de Juan de Mena (copla 79):

> La muy casta dueña de manos crueles,
> Digna corona de los Coroneles,
> Que quiso con fuego vencer sus hogueras...

según la interpretación que en su glosa les da el comendador Hernán Núñez. [2]

---

[1] *Anales eclesiásticos y seculares de la ciudad de Sevilla...* Madrid, *Imprenta Real*, 1795. Tomo II, páginas 145-147, 200-201. (La primera edición es de 1677.)

[2] «La historia o caso de esta señora no se cuenta de vna manera Vnos dizen que don Alonso Hernández Coronel fué un gran señor, criado y servidor del rey don Alonso, que ganó el Algezira, y que éste houo por hija esta señora doña María Coronel; la qual casó con don Juan de la Cerda, nieto del infante don Hernando de la Cerda, heredero de Cas-

Lope siguió la tradición primitiva, aunque modificándola caprichosamente, según queda dicho, en lo tocante al nombre de la dama, al lugar de la escena y al reinado en que coloca la acción. Conservó, no obstante, lo más poético y esencial de la leyenda, concentrándola vigorosamente en estos versos, puestos en boca de doña María Coronel:

> Yo, por librar mi marido,
> Al Rey llamé, y con un hacha,
> Desnuda sobre la cama,
> Gasté la media en mi cuerpo,
> Cubriéndome de mil llagas,
> Cuya sangre sale ahora
> Por los pechos y las mangas.
> Entró el Rey; mostréle el cuerpo,
> Diciéndole pue yo estaba
> Enferma de mal de fuego,
> Mostrando el pecho mil ansias.
> Huyó el Rey, como si viera
> De noche alguna fantasma,
> Jurando de aborrecerme
> Con la vida y con el alma.....

Conservó también el apellido de la heroica mártir del honor conyugal, dándole la interpretación corriente entre los genealogistas:

---

tilla, hijo primogénito del rey don Alonso *el Sabio*, y estando su marido absente, vínole tan grande tentación de la carne, que por no quebrantar la castidad y fe deuida al matrimonio, eligió, antes, de morir: e metióse vn tizón ardiendo por su miembro natural, del qual murió: cosa por cierto hazañosa y digna de perpetua memoria, aunque la circunstancia del caso parezca algo escurecerla. La opinión de otros es que esta señora doña María Coronel fué muger de don Alonso de Guzmán, caballero muy notable y principal, el qual fué en tiempo del rey don Sancho el, quarto; e dize que estando él cercado en la villa de Tarifa de los moros, la dicha doña María Coronel, su muger, estava en Sevilla; y como le viniesse la dicha tentación, por no hazer cosa que no deuiesse, se mató de la manera que conté; destas dos opiniones siga el lector la que más verisímile le pareciere.» *(Copilación de todas las obras del famosísimo poeta Juan de Mena...* Sevilla, 1528; fol. 28.)

> Y porque el famoso hecho
> En memoria eterna viva
> De tu resistencia honrada
> Y de mi corona rica,
> Tú y cuantos de ti desciendan,
> Dejen de su casa antigua
> El apellido, pues hoy
> Tu virtud los apellida;
> Y por aquesta corona
> Se llamen desde este día
> *Coroneles* para siempre.

Todo lo demás es de pura invención, y repite con harta desventaja (salvo en la expresión, que es pura, correcta y nerviosa en todo el drama) situaciones que Lope, antes o después, presentó superiormente en otras comedias suyas, tales como *La estrella de Sevilla* y las varias relativas al Rey Don Pedro. Resulta insoportable (y tanto más, cuanto que está duplicado) el odioso carácter del cortesano, tercero en las intrigas amorosas de su señor, y cuya filosofía práctica se condensa en aforismos como éstos:

> Mirad si importa agradar
> A los reyes en su gusto.
> —Fuera de que hacello es justo,
> Es camino de medrar.
> . . . .
> Sabe Dios lo que me pesa
> De ayudarte en este engaño;
> Pero considero el daño
> De no salir con tu empresa;
> Que eres mi Rey en efeto.
> . . . .
> Sabe Dios que estoy corrido
> De aconsejarte tan mal;
> Mas veo a mi Rey mortal,
> Enfermo, loco y perdido,
> Y procuro su salud...

Tanta vileza repugna, aun tenidas en cuenta las convenciones teatrales (más que sociales) que en esta parte eran corrientes en el siglo XVII; repugna no menos la brutal lubricidad del Rey, que al ver por primera vez a doña Sol, a quien cree pobre labradora, manifiesta su propósito de *gozarla y dejarla*, y que, cuando la encuentra casada, anuncia sin ambages el propósito de imitar con su marido la conducta de David con Urías. A esta bárbara psicología o fisiología de la pasión amorosa, o dígase mejor del apetito carnal, corresponden lo tosco y lo primitivo de los resortes escénicos, entre los cuales no podía faltar el de las cartas falsificadas del Rey moro, que eran uno de los grandes recursos de los dramaturgos de aquel tiempo cuando se trataba de urdir traiciones y marañas contra un personaje inocente.

Si se añaden a estos sustanciales defectos los pueriles juegos de vocablos sobre el *sol* (que quizá fueron el único motivo que tuvo el poeta para cambiar el nombre de la heroína), quedará completa la enumeración de los reparos que pueden hacerse a esta pieza, que para mí, a pesar del dictamen de Hartzenbusch, no es de las mejores de Lope. El poeta volvió las espaldas a la tradición, y la tradición se vengó de él no otorgándole sus dones en el grado y medida que acostumbraba. Tiene, no obstante, esta comedia innegables aciertos. Su estructura es sencilla y regular. El carácter de la protagonista está presentado con mucha dignidad y nobleza, que contrasta con lo bajo y ruin de todo lo que la rodea. En lo episódico, son deliciosas las escenas villanescas del primer acto:

> No son las fiestas honradas
> De la menor aldegüela,
> Si no hay grana y lentejuela,
> Arroz y danza de espadas...

El mismo Lope de Vega, con nombre de Belardo, interviene en la fábula, según su costumbre, y convertido en alcalde de un lugarejo de Castilla, endilga a la Reina Doña Leonor de Inglaterra una salutación o perorata graciosísima.

Las situaciones trágicas y culminantes están afeadas por el abuso de una mala y pueril retórica. ¿A quién no empalaga la retahila de nombres mitológicos y de historia antigua que acumulan el Rey y su confidente en el pedantesco diálogo con que se abre el acto tercero? Ni ¿cómo sufrir que después de las sencillas y enérgicas palabras de doña Sol:

> Estoy llagada de fuego,
> Que ha que tengo casi un año,
> Por cuyo peligro y daño
> A mi marido no llego;
> Que aunque bizarra y vestida
> Me veis, y tan adornada,
> Soy manzana colorada
> En el corazón podrida.
> Mire estos brazos Su Alteza,
> Llenos de sangre y de llagas...

prorrumpa el Rey en aquella desaforada serie de comparaciones, *Sol eclipsado, falsa cadena dorada, roja adelfa y venenosa, espada sucia y mohosa con la guarnición dorada,* etc., etc.? Grima da ver caer en tales aberraciones de gusto, a quien en dos palabras había expresado antes toda la grandeza trágica de la acción de doña Sol:

ESCUDERO

¿Dónde vas, señora, ansí?

DOÑA SOL

Dios lo sabe, y yo lo sé.

Al final del primer acto se notará una coincidencia con versos, muy sabidos, de Cervantes en la novela de *El curioso impertinente:*

Dice Lope:

> Mas si es de una mujer bella
> Vidrio el honor que trabaja,
> ¿Quién pone el honor en caja
> Si después se quiebra en ella?

y Cervantes:

> Es de vidrio la mujer,
> Pero no se ha de probar
> Si se puede o no quebrar,
> Porque todo podría ser...;

y añade que estos versos los había *oído en una comedia moderna.*
La corona merecida es de 1603, y, por consiguiente, anterior a la
publicación de la primera parte del *Quijote;* pero dudo mucho
que sea la comedia a que Cervantes alude, no sólo porque las dos
redondillas que añade no tienen correspondencia en la comedia
de Lope, sino por la situación dramática que el novelista indica:
«Aconsejaba un prudente viejo a otro, padre de una doncella,
que la recogiese, guardase y encerrase.»

Más de una vez ha sido renovado en nuestros tiempos el tema
poético de la castidad de doña María Coronel, ya en leyendas
románticas, ya en obras teatrales; pero creemos que el lauro de la
prioridad, y también el del acierto, corresponde al docto y venerable académico D. Leopoldo Augusto de Cueto (hoy marqués de
Valmar), que en 1844 dió a la estampa un drama en cuatro actos y
en diferentes metros, representado con éxito, primero en Sevilla
y luego en Madrid, con el título de *Doña María Coronel, o no hay
fuerza contra el honor.* Muy posterior a este drama es otra *Doña
María Coronel,* escrita en colaboración por los señores D. Luis
de Retes y D. Francisco P. Echevarría. No teniendo estas obras
relación directa ni indirecta con la forma enteramente caprichosa
que Lope dió a la leyenda, no nos incumbe aquí su examen.

XXXI.—La Reina Doña María

Esta pieza de Lope, no citada en ninguna de las dos listas
de *El Peregrino* (por lo cual verosímilmente hemos de creerla
posterior a 1618), pero sí en los catálogos de Medel del Castillo
(1735) y de Huerta (1785), ha llegado a nosotros en un manus-

crito que el difunto duque de Osuna, D. Pedro Téllez Girón, regaló a su amigo el Príncipe de Metternich, famoso entre los diplomáticos de nuestro siglo. A la noble generosidad de la actual poseedora de este original, la Princesa Paulina de Metternich; a los buenos oficios del ilustre académico D. Juan Valera, embajador que fué de España en la corte de Viena, y a la reconocida pericia paleográfica del distinguido hispanista doctor Rodolfo Beer, debe la Academia esmerada copia de esta comedia inédita, sólo conocida hasta ahora por el análisis que de ella hizo Fernando Wolf en una Memoria presentada a la Imperial Academia de Ciencias de Viena en 1855. [1]

A pesar de la respetabilísima autoridad de Wolf, y a pesar del rótulo de la comedia, que dice literalmente así: *Comedia famosa de la Reina María de Lope de Vega Carpio. | A D. Juan Martínez de Mora | Original*, dudo mucho que esta comedia sea un verdadero autógrafo. Será, probablemente, copia autorizada con la firma de Lope. Así me lo persuaden las pocas enmiendas que tiene, y, sobre todo, ciertos yerros de escritura que sólo pueden achacarse a un amanuense.

Sirven de argumento a esta comedia las prodigiosas circunstancias que intervinieron en la concepción y en el nacimiento del Rey Don Jaime *el Conquistador*, y de las cuales ya se apunta algo en la Crónica o Comentarios de su vida, escritos por el mismo Monarca. Dice así su texto, traducido literalmente al castellano:

«Ahora contaremos de qué manera fuimos engendrado, y cómo fué nuestro nacimiento. Nuestro padre el rey D. Pedro no quería ver a nuestra madre la Reina, y aconteció que una vez el Rey nuestro padre estaba en Lates y la Reina nuestra madre estaba

---

[1] *Über Lope de Vega's Comedia Famosa de «la Reina María». Nach dem Autograph des Verfassers (Im Besitze S. D. des Herrn Fürsten v. Metternich). Von Ferd. Wolf, Wirklichem Mitgliede der Kais. Akademie der Wissenschaften. Wien...,* 1855.

El manuscrito, según Wolf lo describe, consta de 58 hojas en cuarto pequeño.

en Miravals. Y vino al Rey un ricohombre, que tenía por nombre Guillén de Alcalá, y tanto le rogó, que le hizo venir a Miravals, donde estaba la Reina nuestra madre. Y aquella noche que los dos estuvieron en Miravals, quiso Nuestro Señor que Nós fuésemos engendrado. Y cuando la Reina nuestra madre se sintió preñada, entróse en Montpellier. Y Nuestro Señor quiso que allí fuese nuestro nacimiento, en casa de los señores de Tornamira, la víspera de Nuestra Señora de la Candelaria. Y nuestra madre, así que hubimos nacido, nos envió a Santa María, y nos llevaron en brazos. Y estaban rezando maitines en la iglesia de Nuestra Señora, y así que nos hicieron entrar por el portal, cantaron *Te Deum laudamus*. Y no sabían los clérigos que estuviésemos allí, pero acertamos a entrar cuando cantaban aquel cántico. Y después nos llevaron a San Fermín, y cuando aquellos que nos llevaban entraron por la iglesia de San Fermín, cantaban *Benedictus Dominus Deus Israel*. Y cuando nos volvieron a la casa de nuestra madre, se alegró mucho de estos pronósticos. Y mandó hacer doce candelas, todas del mismo peso y del mismo tamaño, y las hizo encender todas juntas, y a cada una puso sendos nombres de los Apóstoles, y prometió a Nuestro Señor que tendríamos el nombre de aquel apóstol cuya candela durase más. Y la de San Jaime duró como tres dedos más que las otras. Y por eso, y por la gracia de Dios, tenemos por nombre Jaime. Y así hemos venido de parte de la Reina, que fué nuestra madre, y del rey D. Pedro, nuestro padre... Y parece obra de Dios.» [1]

---

[1] «Ara comptarem en qual manera nos fom engenrats, e en qual manera fo lo nostre neximent. Primerament en qual manera fom engenrats nos: Nostre pare lo Rey en Pere no volia veser nostra mare la Reyna, e endevench se que una uegada lo Rey nostre pare fo en Lates, e la Reyna nostra mare fo en Mirauals. E uench al Rey j. rich hom per nom en G. Dalcala, e pregal tant quel feu venir a Mirauals on era la Reyna nostra mare. E aquela nuyt que abdos foren a Mirauals, volch nostre Senyor que nos fossem engenrats. E quan la Reyna nostra mare se senti prenys, entrassen a Montpesler. E aqui uolch nostre Senyor que fos lo nostre naximent en casa daquels de Tornamira, la vespra de nostra dona

Vanamente intentó, a principios de este siglo, el erudito valenciano D. José Villarroya, en una de las cartas críticas con que quiso poner en litigio la autenticidad de la Crónica del Rey Conquistador (sin convencer casi a nadie), contraponer esta narración, tan sobria y tan verosímil, a la mucho más novelesca de Ramón Muntaner, dando por prueba del carácter apócrifo de la primera lo que en buena crítica debe ser argumento en su abono, es decir, el carecer de las circunstancias manifiestamente fabulosas que se leen en la segunda. [1] Cuatro capítulos, nada menos, dedica a este asunto el incomparable narrador de Peralada; y

---

sancta Maria Candaler. E nostra mare sempre que nos fos fom nats envians a sancta Maria, e portaren nos en los braces, e deyen matines en la esgleya de nostra dona: e tantost com nos meseren per lo portal cantaren *Te Deum laudamus*. E no sabien los clergues que nos deguessem entrar alli: mas entram quant cantauen aquel cantich. E puys leuaren nos a sent Fermí: e quant aquels quins portauen, entraren per la esglesia de sent Fermí, cantauen *Benedictus Dominus Deus Israel*. E quan nos tornaren a la casa de nostra mare, fo ella molt alegra daqueste prenostigues quens eren esdeuengudes. E feu fer Xij candeles totess de j pes e duna granea, e feules encendre totes ensemps, e a cada una mes sengles noms dels apostols, e promes a nostre Senyor que aquela que pus duraria, que aquel nom auriem nos. E dura mas la de sent Jacme be jjj dits de traues que les altres. E per aço e per la gracia de Deu hauem nos nom en Jacme. E aixi nos son venguts de part de la que fo nostra mare, e del Rey en Pere nostre pare. E sembla obra de Deu... E aenant nos jaen en lo breçol, tiraren per una trapa sobre nos j cantal, e caech prop del breçol: mas nostre Senyor nos volgue estorçre que no morissem.»

Libre dels feyts esdeuenguts en la vida del molt alt senyor Rey, En Jacme lo Conqueridor, tret del Ms que l'onrat en Ponç de Copons, per la gracia de Deu abbat del Monestir de Sancta Maria de Poblet, feu escriure de la ma den Celesti Destorrens; e fo acabat lo dia de Sent Lambert, a XVij del mes de Setembre, en lany MCCC. XL. iij. (Edición de Barcelona, sin año, publicada en la *Biblioteca Catalana* de D. Mariano Aguiló.)

[1] *Colección de cartas histórico-críticas, en que se convence que el Rey D. Jaime I de Aragón no fué el verdadero autor de la Crónica o Comentarios que corren a su nombre. Escritas a un amigo por D. Joseph Villarroya, del Consejo de S. M. y su Alcalde de Casa y Corte. En Valencia y oficina de D. Benito Monfort. Año de 1800.* Carta VII, páginas 55-71.

como han sido la principal fuente de la comedia de Lope, conviene transcribirlos íntegramente.

«Cap. III. *Cómo los prohombres y cónsules de Montpellier estuvieron vigilantes siempre para apartar el daño que pudiera acontecer a aquella ciudad, y cómo el nacimiento del señor rey D. Jayme fué por milagro, y señaladamente por obra de Dios.*

»Manifiestamente puede hombre entender que la gracia de Dios es y debe ser con todos aquellos que son descendientes del dicho señor rey D. Jaime de Aragón, hijo del dicho señor D. Pedro de Aragón y de la muy alta señora D.ª María de Montpellier, porque su nacimiento fué por milagro y obra señalada de Dios. Y porque lo sepan bien todos los que de aquí en adelante oyeren leer este libro, lo quiero relatar aquí.

»Sabido es que el dicho señor rey D. Pedro tomó por mujer y por reina a la dicha señora María de Montpellier por la gran nobleza de linaje que tenía y por su bondad, y porque acrecentaba su estado con Montpellier y su baronía, la cual tenía en franco alodio. Y por mucho tiempo después de su boda, el dicho señor rey Don Pedro, que era joven y fácilmente se enamoraba de las gentiles mujeres, no vivió con la dicha señora D.ª María, y ni siquiera se acercaba a ella cuando alguna vez venía a Montpellier; por lo cual estaban muy descontentos sus vasallos, y señaladamente los prohombres de Montpellier. Y aconteció una vez que el dicho señor Rey llegó a aquella ciudad, y se enamoró de una gentil dama, y por ella hacía torneos y pasos de armas, y quebrantaba tablados, y tales cosas hacía, que a todo hombre daba a conocer su pensamiento. Y los cónsules y prohombres de Montpellier que supieron esto, hicieron venir un caballero que era privado del dicho señor Rey en tales negocios, y le dijeron que si quería hacer lo que ellos iban a proponerle, le harían para siempre hombre rico y bien andante. Y él les respondió que le dijesen lo que les pluguiera, porque no había cosa en el mundo que pudiese hacer en honor suyo que no lo hiciera, salvando su fe. Y después de haberse impuesto la obligación del secreto los unos a los otros, dijeron al caballero: «¿Sabéis lo que os queremos decir?

»Nuestra razón es ésta: ya sabéis que la señora Reina es una de
»las buenas damas de este mundo y de las más santas y honestas,
»y sabéis que el señor Rey no trata con ella, lo cual es gran daño y
»deshonor de toda la tierra, y señaladamente sería gran daño
»de la señora Reina y de Montpellier, cuyo señorío tendría que ir
»a otras manos, y nosotros en ninguna manera quisiéramos que
»saliese nunca del reino de Aragón. Y si así lo queréis, así lo podéis
»aconsejar.» Y repuso el caballero: «Dígoos, señores, que por mí
»no ha de quedar cosa ninguna que yo no haga voluntariamente,
»y en que yo pueda dar consejo que redunde en honor y provecho
»de Montpellier y de mi señor el Rey y de la reina D.ª María,
»y de todos sus pueblos.» «Pues bien, sabemos que sois privado
»del señor Rey, y que estáis enterado del amor que tiene a cierta
»señora, y que vos trabajáis para que él la logre. Por lo cual os
»rogamos que le digáis que habéis conseguido que esa señora
»venga secretamente a su cámara, pero que no quiere que haya
»luz, para no ser vista de nadie. Y de todo esto recibirá el Rey
»gran placer. Y así que él esté acostado y se hayan retirado todos
»los de su corte, vendréis todos aquí al Consulado de Montpellier,
»y estaremos allí los doce cónsules, y entre caballeros y otros
»ciudadanos tendremos otros diez de los mejores de Montpellier
»y de su baronía, y estará allí la reina D.ª María, con doce due-
»ñas de las más honradas de Montpellier y con doce doncellas;
»e irá con nosotros ante el dicho señor Rey, y vendrán con nos-
»otros dos notarios, los mejores de Montpellier, y el oficial del
»Obispo, y dos canónigos, y cuatro buenos religiosos; y cada hom-
»bre y cada dueña o doncella traerá en la mano un cirio, el cual
»encenderán cuando la dicha reina D.ª María entre en la cámara
»con el señor Rey. Y a la puerta de la dicha cámara estarán todos
»juntos hasta el amanecer, en que abriréis la cámara. Y en cuanto
»esté abierta, nosotros, con los cirios en las manos, entraremos en
»la cámara del señor Rey. Y entonces él se maravillará, y nosotros
»contarle hemos todo el hecho y mostrarle que la que tiene al lado
»es la señora D.ª María, Reina de Aragón; y que tenemos fe en
»Dios y en la Virgen que aquéllos engendrarán tal fruto de que

»Dios y todo el mundo queden pagados y de que su reino quede
»satisfecho, si Dios lo quiere.»

»Cap. IV. *Refiérese la respuesta que hizo el caballero a los cón-*
sules de Montpellier, y las plegarias y oraciones que se hicieron, y
cómo se convinieron con la Reina acerca del propósito que tenían.

»Y así que el caballero oyó y entendió su razón, que era santa
y justa, dijo que estaba aparejado para cumplir todo lo que le
habían dicho, y que no dejaría de hacerlo por temor de perder el
favor del señor Rey ni siquiera la propia persona, y que tenía
fe en Nuestro Señor verdadero Dios que aquel hecho vendría
a feliz acabamiento tal como ellos le habían pensado y meditado,
y que de esto podían estar seguros. «No obstante, señores (dijo el
»caballero), puesto que lo habéis pensado tan bien, os suplico
»que por amor de mí hagáis algo más»; y ellos respondieron muy
benignamente, y dijeron: «Estamos dispuestos a hacer todo lo
»que nos aconsejéis.» «Pues entonces, señores, a honor de Dios y
»de Nuestra Señora Santa María de Valluert, puesto que hoy
»sábado hemos comenzado a tratar de estos negocios, os ruego
»y aconsejo que el lunes empiecen cuantos presbíteros y ordena-
»dos haya en Montpellier a cantar misas de Nuestra Señora, y que
»sigan durante siete días en honor de los siete gozos que tuvo
»por su caro Hijo, para que le plazca que a todos nos dé Dios gozo
»y alegría en este negocio; y que de él nazca fruto, por el cual el
»reino de Aragón, y el condado de Barcelona, y el de Urgel, y el
»de Montpellier, y todas las demás tierras, queden proveídas de
»buen señor.» Y así, que él ordenaría que el domingo siguiente,
a vísperas, hicieran todo lo que había propuesto, y que también
harían cantar misas en Santa María *de les Taules* y en Santa María
de Valluert. Y en esto convinieron todos. Y también ordenaron
que en el mismo domingo en que esto había de hacerse, todas
las gentes de Montpellier anduviesen por las iglesias y velasen
todos diciendo oraciones mientras la Reina estuviera con el señor
Rey, y que todos ayunasen a pan y agua el sábado. Y así fué todo
dispuesto y ordenado.

»Y luego todos juntos, los que habían estado en el Consejo,

fueron a ver a la señora D.ª María de Montpellier, Reina de Aragón, y la dijeron todo lo que habían concertado. Y la dicha señora D.ª María les dijo que eran sus naturales, y que por todo el mundo se decía que no había más sabio concejo que aquel de Montpellier, y que ella se debía tener por muy pagada de su prudencia, y que al verles venir recordaba la salutación que el ángel Gabriel hizo a la Virgen Santísima; y que así como por aquella salutación fué salvado el humano linaje, así su concierto y acuerdo resultase a placer de Dios y de Sta. María y de toda la corte celestial, y a honra y provecho de las almas y de los cuerpos del señor Rey, y de ella, y de todos sus vasallos. Y que así se cumpliese. Amén.»

«Y así se partieron con mucha alegría, y podéis bien entender y pensar que todos estuvieron aquella semana en oración y en ayunos, y señaladamente la señora Reina.»

«Cap. V.   *Cómo sucedió que el señor Rey no se enteró de por que se hacían los ayunos y las plegarias, aunque fuese sabedor de ellos; y cómo se llevó el hecho a buen acabamiento, reconociendo el señor Rey cuál era la mujer con quien había tenido deporte.*

»Ahora podréis decir: ¿cómo pudo ser que no se enterase el señor Rey de este hecho, puesto que tan manifiestamente se hicieron plegarias y ayunos toda aquella semana? Y yo respondo y digo, que había ordenación en toda la tierra del dicho señor Rey para que todos los días se hiciese oración, especialmente para que Dios pusiese paz y buen amor entre dicho señor y la señora Reina, y para que Dios la diese tal fruto que fuese para placer de Dios y bien del reino. Especialmente, siempre que iba el señor Rey a Montpellier se hacía esta devoción de un modo muy señalado. Y cuando se lo decían al señor Rey, él contestaba: «Hacen bien, y será lo que Dios quiera.» Y esta palabra que el señor Rey decía, y muchas otras palabras buenas que decían la señora Reina y sus pueblos, quiso nuestro Señor Dios que se cumpliesen. Y más adelante sabréis el por qué de las oraciones que se hacían y se decían. Por esta razón, el señor Rey no sospechaba nada, ni nadie sabía que las cosas anduviesen así, salvo aquellos que habían estado en el Consejo. Y así, las dichas ora-

ciones y las misas y los oficios se hicieron por siete días aquella
semana. Y entretanto el caballero trabajó por su parte, y llevó
a término el hecho que habían concertado, de la manera que
vais a oír. El domingo, por la noche, cuando todo el mundo estaba
recogido en el palacio, los dichos veinticuatro prohombres y aba-
des y el prior y el oficial del Obispo y los religiosos y las doce
dueñas y las doce doncellas, con los cirios en las manos, entraron en el palacio, y también los dos notarios, y todos juntos
llegaron a la puerta de la cámara del señor Rey, y en aquel punto
entró la señora Reina, y ellos se quedaron de la parte de afuera
en oración. Y el Rey y la Reina estuvieron en su solaz, pensando
el señor Rey tener a su lado a la dama de quien estaba enamorado. Y estuvieron aquella noche misma todas las iglesias de
Montpellier abiertas, y toda la gente que allí estaba rogando a
Dios, según lo que antes estaba concertado. Y cuando llegó la
hora del alba, todos los prohombres y prelados y hombres de
religión y damas, cada uno con su cirio encendido en la mano,
entraron en la cámara, y el señor Rey estaba en su lecho con
la Reina, y maravillóse, y saltó en seguida sobre el lecho, y tomó
la espada en la mano, y todos se arrodillaron y dijeron llorando:
«Señor, por merced os pe!imos que veáis quién es la persona
»que duerme a vuestro lado.» Y la Reina se levantó, y el señor
Rey la conoció, y le contaron todo lo que habían tratado. Y el
señor Rey dijo que puesto que habían pasado así las cosas, plu-
guiese a Dios que fuera cumplido el propósito que ellos tenían.»

«Cap. VI.   *Cómo el señor Rey se partió de Montpellier, y la
señora Reina parió un hijo, que tuvo por nombre D. Jaime, que
fué por su estirpe coronado rey de Aragón.*

»Empero el señor Rey cabalgó aquel día y se partió de Montpellier. Y los prohombres de Montpellier detuvieron a seis caballeros de aquellos que el señor Rey amaba más, y juntamente
con ellos todos los que habían concurrido a tratar este hecho,
ordenaron que no se alejasen del palacio ni de la Reina, ni ellos
ni las damas ni las doncellas que allí habían estado, hasta que se
cumpliesen los nueve meses, y asimismo que permaneciesen allí

s dos notarios, los cuales en presencia del señor Rey habían
vantado aquella noche escritura pública de todo. Y aquel caba-
ro privado del Rey, estuvo también en compañía de la Reina.

fué muy mayor la alegría de todos cuando vieron que Dios
bía consentido en que sus propósitos llegasen a buen acaba-
iento, porque la Reina quedó embarazada, y al cabo de nueve
eses parió un niño muy gracioso, que en buena hora fué nacido
ra bien de la Cristiandad, y mayormente para bien de sus pue-
os, porque nunca nació señor a quien Dios hiciese mayores ni
ás señaladas gracias. Y con grande alegría lo bautizaron en la
lesia de Nuestra Señora Sta. María *de les Taules*, de Montpellier,
le pusieron por nombre Jaime...» [1]

---

1 «Capitol III. *Com los prohomens e consuls de Muntpesller stegren
stemps vigilants en storçre lo dan que pogra sdevindre a Muntpesller,
como lo neximent del senyor rey en Jacme ƒo per miracle, e assenyalada-
ent per obra de Deus.*

»Manifestament pot hom entendre, que la gracia de Deus es e deu
ser ab tots aquells qui dexendents son del dit senyor rey en Iacme
arago, fill del dit senyor en Pere Darago e de la molt alta madona
na Maria de Muntpesller, com la sua naxença fo per miracle assenya-
dament de Deu e per la obra sua. E perço que tots aquells ho sapian
i de aqui auant oyran aquest libre, yo ho vull recomptar.

»Veritat es, que lo dit senyor rey en Pere pres per muller e per regina
dita madona Maria de Muntpesller per la gran noblesa que hauia de
inatje, e per la sua bonesa. E perço como sen crexia de Muntpesller
de la baronia, la qual hauia en franch-alou. E per temps a auant lo
it senyor rey en Pere, qui era joue, com la pres per escalfament que
ach de altres gentils dones, estech que no torna ab la dita madona
na Maria de Muntpesller, ans venia alcunes vegades a Muntpesller
ue no sacostaua a ella: de que eran molt dolents e despagats tots los
rs sotsmesos, e asenyaladament los prohomes de Muntpesller. Si que
na veguda sesdevench que el dit senyor rey vench a Muntpesller, e
stant a Muntpesller enamoras de una gentil dona de Muntpesller, e per
quella bornaua e anaua ab armes e treya ataulat. E feu tant, que a tot
om ho donaua a conexer. E els consols e prohomens de Muntpesller
ui saberen aço faeren se venir un cauatler qui era priuat del dit senyor
ey en aytals affers, e digueren li, que si el volia fer ço que dirien, quells
uel farien per tostemps rich hom e benanant. E ell dix, que li dixessen

Término medio entre la relación de Don Jaime y la de Mun
taner, menos novelesca que la segunda, pero más circunstancia
da que la primera, y divergente de la una y de la otra en varios
detalles, aparece la de Bernardo Desclot, que atribuye la estra

ço quels plagues, que no era res al mon, quell pogues fer a honor de
que ell non faes, salvant la sua fe. E desta raho demanaren segret lo
uns als altres. Sabets, digueren ells al caualler, que us volem dir? I
rahó es aquesta: que vos sabets, que madona la regina es de les bone
dames del mon e de les sanctes e honestes, e sabets que el senyor re
no torna ab ella: de que es gran minua e dan de tot lo regne. E la dit
madona regina passa ço axi com a bona dona, que non fa res semblan
que greu li sia. Mas a nos torna a dan; que si lo dit senyor rey mori
e no hi hauia hereu, seria gran dan e desonor de tota sa terra, e asenya
ladament seria grant dan de madona la regina e de Muntpesller, qu
convendria que uengues en altras mans, e nos per neguna raho no vol
riem, que Muntpesller ixques nul temps del reyalme Darago. E axi s
vos ho volets, vos hi podets consell donar. E respos lo caualler: dic
vos, senyors, que ya no romandra en mi, que en tot ço que yo puixc
donar consell, en re que sia honor e profit de Muntpesller e de mon
senyor lo rey e de la regina madona dona Maria e de tots lurs pobles
que yo no faça volenters. Ara donchs pus tambe ho deyts, nos sabem
que vos sots priuat del senyor rey de la amor que ha a aytal dona, e qu
vos percasats que ell la haja. Perque nos vos pregam, que vos que l
digats, que vos hauets acabat que ell haura la dona, e que vendra a el
tot segretament a la sua cambra; mas no vol que llum hi haja per res
perço que per ningu sia vista: e de aço haura ell gran plaer. E com el
sera gitat, e tot hom haura despatxada la cort, vos vendrets a nos aç
allloch del consolat de Muntpesller, e nos serem los XII consols, e haurem
entre cavallers e altres ciutadans altres XII, dels millors de Muntpesller
e de la baronia; e haurem madona dona Maria de Muntpesller regina,
qui ab nos ensemps sera ab XII dones de les pus honrrades de Muntpesller, e ab XII donzelles; e yra ab nos al dit senyor rey; e si vendran
ab nos dos notaris los millors de Muntpesller, e lo official del bisbe, e dos
canonges, e quatre bons homens de religio; a cascu hom e cascuna dona
e donzella portará un ciri en la ma, lo qual encendran, quant la dita
madona dona Maria entrara en la cambra ab lo senyor rey. E a la porta
de la dita cambra tuyt estaran justats, entro sia prop del alba, que vos
obrirets la cambra. E com sera oberta, nos ab los ciris cascu en la ma,
entrarem en la cambra del senyor rey. E aqui ell se marauellará, e llauors
nos direm li tot lo feyt e mostrarli hem, que te de prop la dita madona

ꜣgema a la misma Reina Doña María, secundada por *un mayor-ꜣmo suyo que era de Montpellier* (persona, a lo que parece, dis-ꜣnta de Guillén de Alcalá), y omite todo lo relativo a la inter-ꜣención de los cónsules, barones y ricoshombres de Montpellier,

---

ꜣna Maria regina Darago; e que hauem fe en Deus e en madona Sancta ꜣria, que aquells nuyt engendrarán tal fruyt, de que Deus e tot lo ꜣn ne será pagat, e lo seu regne ne será prouehit, si Deus ho volra.»

«Capitol IV. *Recompta la resposta que feu lo caualler als consols de ꜣuntpesller, e les pregaries e oracions ques faeren, e com sacordaren ab ꜣ regina de ço que hauien en lur enteniment.*

»E com lo caualler oy e entés la llur raho qui era sancta e justa, dix ꜣe era apparellat, que compliria tot ço que ells hauien dit; e que daço ꜣ se staria per pahor de perdre la amor del senyor rey, ne encara la ꜣrsona; e quel hauia fe en nostre senyor ver Deus, que axi com ells ꜣuien tractat e cogitat aquel feyt, que axi vendria a bon acabament, ꜣue daço estiguessen en tot segurs. Mas empero senyors, dix lo caualler, ꜣs vosaltres hauets tambe pensat, yous prech que per amor de mi hi ꜣçats mes. E ells responeren molt benignament e dixeren: nos som apa-ꜣllats, que hi façam tot ço que vos hi consellets. Donchs, senyors, a ꜣnor de Deu e de madona Sancta María de Valluert, huy ques dissapte; ꜣe hauem començat a tracter de aquests affers, yous prech e consell ꜣe dilluns a honor de madona Sancta Maria, comencen tots quants ꜣeueres ne homens dordre haja en Muntpesller a canter misses de ma-ꜣna Sancta Maria: e quen tenguen VII jorns; a honor dels VII goigs ꜣe ell hach del seu char fill: e que li placia que a nos tuyt do Deus goig ꜣlegre daquest tractament, e que hi do fruyt don lo regne Darago e lo ꜣmptat de Barcelona e Durgell e de Montpesller e totes les altres terres ꜣ sien be proueydes de bon senyor. E axi que ell ordenaria, quel diu-ꜣenge seguent a vespres farien tost los feyts, segons que hauien tractat; ꜣxi mateix que a madona Sancta Maria de les Taules, e a madona Sancta ꜣria de Valluert faessen axi mateix cantar misses. E en aço sacor-ꜣren tots.

»E encara ordenaren, que lo dit diumenge que aço s'faria, que totes ꜣ gents de Muntpesller sen anassen per les sgleyes, e que hi vetlassen ꜣyt dient orations, mentre la regina seria ab lo senyor rey; e que tuyt ꜣguessen lo dissapte dejunat en pa e en aygua. E axi fo ordonat ꜣendreçat.

»E sobre aço tots ensemps, axi com eren justats al consell, anarensen ꜣmadona dona Maria de Muntpesller regina Darago, e diguerenli tot ço

dando con ello mayor verosimilitud al caso; si bien falta en su
páginas el atractivo romántico, que luego tan sin esfuerzo comu

---

que ells hauien endreçat e ordonat. E la dita madona dona Maria di
los, que ells eren sos naturals, e que era cert que per tot lo mon se deya
quel pus saui consell del mon era aquell de Muntpesller: e puix axi s
testimoniejaua per tot lo mon, que ella s'devia tenir por pagada de lu
consell, e que prenda la lur venguda en lloc de la salutacio quel ang
Gabriel feu a madona Sancta Maria; e que axi com per aquella salutaci
se compli salutacio del humanal llitnatje, que axi lo lur tractament
acord vengues a compliment a plaer de Deus e de madona Sancta Mari
e de tota la cort celestial, e a honor e profit de les animes e dels cors d
senyor rey e della e de tots los lurs sotsmesos. E que axi s'complis. Ame

»E axi partiren se ab gran alegre, e podets be entendre en pensa
que tuyt estegren aquella setmana en oracio e en dejunis, e asenyalad
ment la senyora regina.»

«Capitol V. *Com se feu, quel lo senyor rey no sentis, per que s'feye
les pregaries e dijuns, essent sabidor dells; e com se portá lo feyt a bon ac
bament, reconexent lo senyor rey, ab qui sen era deportat.*

»Ara poriem dir, com se poria fer que aço no sentis lo senyor re
puix axi manifestament aquella setmana se faes preguera daquest fey
en manas hom dejunar? Yo responch e dich, que ordenacio era per to
la terra del dit senyor, rey, que tots dies se feya oracio, especialme
que Deus donas pau e bona amor entre lo dit senyor e la senyora regin
e que Deus hi dona tal fruyt que fos a plaer de Deus e al be del regn
especialment tostemps quel senyor rey fos a Muntpesller sen feya pr
fesso senyalada. E com ho deyen al senyor rey, ell deya: be fan, se
como a Deus plaura. E axi esta paraula quel senyor rey deya, ab molt
altres bones quen deya la senyora regina e lurs pobles; perque nostre se
yor ver Deus ho compli, axi con a ell vench en plaer. E auant oyret
perque de les oracions ques feyen nes deyen per aquesta raho lo seny
rey no sen pensaua re, ne nul hom no sabia que aço degues exi ana
saluant aquells que al consell eran estats. E axi les dites oracions e mi
ses e beneficis se faeren per VII jons aquella setmana: e entretant
cauallet obra en los feyts, e aporta lo feyt en acabament, en aquell q
hauets oyt qui era tractat. Axi que lo diumenge a nuyt, com tot ho
fo gitat al palau, los dits vint y quatre prohomens e abats e prior e lo
cial del bisbe e homens de religio e les XII dones e les XII donzeles
los ciris en la ma entraren en lo palau, e los dos notaris axi mateix;
tuyt ensemps vengueren entro a la porta de la cambra del senyor re
e aqui entra madona la regina, e ells estegueren defora ajonollats

nicó a las suyas Muntaner, ingenuo y pintoresco narrador de
aventuras caballerescas más bien que verdadero cronista, sin

---

oratio tuyt ensemps. E el rey e la regina foren en lur depart; quel senyor
rey cuydaua tenir de prop la dona de qui era enamorat. E axi estegueren
aquella nuyt mateix totes les sgleyes de Muntpesller obertes, e tots los
pobles que hi estauen pregant Deus, axi com damunt es dit que era ordonat. E com fo alba, los prohomens tots e prelats e homens de religio
e dones cascu ab son ciri ences en la ma, entraren en la cambra; e lo
senyor rey era en son llit ab la regina, e maravellas e salta tantost sobre
lo llit, e pres lespasa en la ma; e tuyt ajonollarense e digueren en plo-
rant: «senyor, merce sia de gracia e de merce vostra, que vejats quius
»jau de prop.» E la regina dreças, e lo senyor rey conech la e comptarem
li tot ço que hauien tractat. E lo senyor rey dix, que puix que axi era,
que plugues a Deu fos complis lur enteniment.»

«Capitol VI   *Com lo senyor rey se parti de Muntpesller e madona la
regina pari un fill que hach nom en Jacme qui fo per natura coronat rey
Darago...*

»Empero lo senyor rey cavalca aquell jorn e s'parti de Muntpesller.
E los prohomens de Muntpesller retengueren VI cauallers daquells quel
senyor rey amaua mes, e ab elles ensemps tuyt; axi com eren estats al
feyt a tractar ordonaren que no s'partissen del palau ne de la regina ne
ells ne lurs dones, aquelles qui estades hi eren, ne les donzelles, aquelles
qui axi mateix hi eren estades, entro nou mesos fossen complits; e los
dos notaris axi mateix, los quals dauant lo senyor rey faeren cartes de
la dita raho publiques, e escriuiren la nuyt; e aquel caualler axi mateix
ab madona la regina. E axi tuyt ensemps ab gran deport estegueren
ab la senyora regina, e l'alegre fo molt major, com vaeren que a Deus
hauia plagut que lur tractament vengues a bon acabament; que la regina
engruxa, e a cap de nou mesos, axi com natura vol, ella infanta un bel
fill e gracios qui bona fo nat a ops de chrestians, e majorment a ops de
sos pobles; que james no fo nat senyor a qui Deus faes mayors gracies
ne pus asenyalades. E ab gran alegre e ab gran pagament batejaren lo
a la esgleya de nostra dona sancta Maria de les Taules de Muntpesller,
e meteren li nom por la graia de Deus en Iacme...» (*).

Zurita sigue casi literalmente la Crónica del Rey Don Jaime:
«Estaua la Reyna lo más del tiempo en la villa de Mompeller, y las

---

(*)   *Chronik des Edlen En Ramon Muntaner. Herausgegeben von
Dr. Karl Lanz. Stuttgart, gedruckt auf Kosten des literarischen Vereins,*
1844. Páginas 6-12.

que esto valga para amenguar la fe que en las cosas de su tiempo
o poco anteriores a él se le debe conceder. [1]

_____

vezes que el Rey iba allá, no hazía con ella vida de marido, y muy dis-
solutamente se rendía a otras mujeres, porque era muy sujeto a aquel
vicio. Sucedió que estando en Miraval la Reyna, y el Rey Don Pedro
en un lugar allí cerca, junto a Mompeller, que se dize Lates, un rico hombre de Aragón, que se dezía Don Guillén de Alcalá, por grandes ruegos
e instancia llevó al Rey a donde la Reyna estaua, o con promessa, según
se escriue, que tenía recabado, que cumpliría su voluntad una dama, de
quien era servidor, y en su lugar púsole en la Cámara de la Reyna, y en
aquella noche que tuvo participación con ella quedó preñada de un hijo,
el qual parió en Mompeller, en la casa de los de Tornamira, en la víspera de la Purificación de Nuestra Señora del año 1207. Mandó luego
la Reyna llevar al Infante a la Iglesia de Santa María y al templo de
San Fermín, para dar gracias a nuestro Señor por averle dado hijo tan
impensadamente, y vuelto a Palacio, mandó encender doze velas de vn mismo peso y tamaño, y púsoles los nombres de los doze Apóstoles, para que
de aquella que más durasse tomasse el nombre, y assí fué llamado Jayme.
Pero no bastó esto para que el Rey hiziese vida con la Reyna, antes per-
sistía en apartarse della y que fuessen separados por la Sede apostólica;
y sucedió un día que se lanzó por el sobrado una piedra, que dió en la
cuna en que estaba el Infante y la hizo pedazos, sin que él recibiese
lisión alguna. Introduxo el Rey la lite en Roma, y por el Papa Innocen-
cio Tercero fué cometida la causa a ciertos Perlados, que determinassen
si era legítimo el matrimonio, y todavía anduvo el Rey apartado de la
Reyna, sin que hiziessen vida juntos.» *(Anales de Aragón,* lib. II, capítulo LIX, pág. 96 de la edición de 1669.)

[1] «Aquest rey de Arago En Pere fou noble rey e bon cavaller e prous
de armes; e era senyor de tot Carcasses e Baderes tro a Monpeller e mar-
ques de Provença. Esdevench se que a Monpeller havia huna dona Maria
Era dona de Monpeller e era filla del senyor de Monpeller e de la filla
del emperador de Constantinople. El pare e la mare eren morts, e era
sens marit; mas ja havia hagut marit. E los richs homens de Monpeller
hagueren lur concell e digueren que bo seria que donassen marit a la
dona. E pensaven se que bo seria que parlasen al rey d'Arago En Pere,
qui era lur vihi e marchava ab ells; e si ell la volia pendre, mes valria
que ell la hagues, e major honor los seria.

»De aqui aparellaren se lus missatgers, e trameteren los alrey de
Arago, e parlaren ab ell, e donaren li a entendre que Monpeller era noble
loch, e que era cap de son regne, e que aqui poria tenir frontera a sos
enemichs. El rey entes llurs paraules, e abellili Monpeller; e pres la dona

De la comparación de las tres crónicas catalanas, puede inferirse, aproximadamente, el modo cómo la leyenda fué naciendo

---

per muller. E quant vench a poch de temps, ell lexa la dona, que no volch esser ab ella, ne la volch veure en lloch hon ell fos; car penedis com la havia presa per muller, que ell era hu dels pus alts reys del mon. E dix que molt se era abaxat en ella, car sols per Monpeller la havia presa; e encara, que no era filla de rey. Mas aquesta dona era de molt bona vida e honesta, e plaent a Deu e al segle.

»Esdevench se quel rey estech lonch temps que no fos ab ella. E quant vench a cap de hun gran temps, lo rey fo en hun castell prop de Monpeller, e aqui ell amava una dona de gran linatge, e feu tant que la hac per amiga. E en aquel castell ell las feya venir a hun majordom seu qui era de Monpeller, lo qual era son privat de aytals coses; empero era bon hom e leal. E madona Na Maria de Monpeller sabe aço, e remes missatge a aquell majordom del rey que era son hom natural. E vench devant ella:

«Amich, dix la dona, vos siats be vengut! Jo us he fet venir ara, per »tal com vos sots mon natural e conech que sots hom leal e bo, e cell »qui hom se pot fiar. Yom vull celar ab vos, e prech vos que de ço que »yo us diré, que vos mi ajudets. Vos sabets be quel rey es mon marit »e no vol esser ab mi. Don yo son molt despagada, no per altra cosa, mas »per tal com d'elle ne de mi no ha exit infant que fos hereu de Monpeller. »Ara, yo se quel rey ha affer ab aytal dona, e que las fa venir en aytal »castell, e vos sots ne son privat. Hon yo us prech que quant vos la y »dejats amenar, que vingats a mi privadament, e quem menets en la »cambra en lloch de ella, e yo colgarem al seu llit. E fets ho en tal guisa »que no y haga llum; e digats al rey que la dona no ho vol, per tal que »no sia coneguda. E yo he fe en Deu que en aquella nit concebre un tal »infant de que sera gran be e gran honor a tot son regne.»

«Madona, dix lo majordom, yo son aparellat de fer ço que vos me »manets, e majorment coses que sien a honor de vos. E sapiats que ço »que vos deits ne m'avets manat, que yo ho aportare a acabament; mas »he gran pahor que no vinga en ira del rey.»

«Amich, dix la dona, no us cal tembre; que yo ho fare en tal guisa »que vos havrets mes de be e de honor que hanch no hagues null temps.»

«Madona. dix lo majordom, gran merces! Sapiats que yo fare tant ço »que vos manets. E puix axi es, no ho tardem pus, e aparellats vos, quel »rey ha empres que al vespre li amenen aytal dona la qual vos sabets; »e yo vendre a vos, e tot celadament amenar vos he al castell, e metre » us en la cambra; e puix vos sapiats que fer.»

y cobrando fuerzas, desde la sencilla narración de Don Jaime, con la cual están de acuerdo los más antiguos analistas proven-

«Amich, dix la dona, bem plau ço que deits. Adonch anats vos en, »e pensats de vostre affer, e al vespre venits a mi.»

»Lo majordom pres comiat de la dona e anassen. E quant vench al vespre, lo rey parla ab ell, e dix li que li amenas aquella dona ab aqui havia empres aquella nit fos ab ell.

«Senyor, dix lo majordom, molts volenters! mas la dona us prega »que null hom del mon non sia privat, ne dona, ne donzella.»

«Vos, dix lo rey, ho fets que puxats; que yo hu vull tot axi com ella »ho vulla; e pensats de anar.»

»Lo majordom ana a la dona muller del rey, e amena la ab huna donzella e ab dos cavallers, e mes la en la cambra del rey, e aqui ell la lexa. E la dona despullas, e mes se al llit del rey, e feu apagar tota la llum.

»Quant lo rey hac sopat e tots los cavallers s'en foren anats, lo rey s'en entra en huna cambra que era apres de aquella hon dormia, e aqui ell se despulla es descalsa, e puix, abrigat ab son mantell en camisa, ell s'en entra en aquella cambra hon la dona sa muller era colgada. E lo rey colgas ab ella sens llum, que no y havia. El rey cuydas que fos aquella dona ab la qual havia empres que vengues a ell. Veus quel rey mena son solaç ab la dona sa muller; e ella no parla gint, per tal que no la reconogues tro que hagues jagut ab ella. E aquella s'emprenya de hun fill. La dona era molt savia e casta; e sempre conech que era prenys, e descobris al rey.

«Senyor, dix ella, prech vos que no us sia greu, si aquesta nit vos he »amblada; que certes no u he fet per nenguna malvestat ne per nengun »malvat desig que yo hagues; mas per tal que de vos a de mi ixques »fruyt que plagués a Deu e que fos hereu de nostra terra e de nostre »regne. E sapiats per veritat que segons que yo creu, yom so feta preyns »en aquesta hora. E fets scrivre la nit e la hora, que axi hu trobarets.»

»Quant lo rey entes que ella era la dona sa muller, tench se per sobrepres; mas non feu semblant; e feu de belles paraules ab la dona, entro al matí. E al matí llevaren se e stigueren ensemps aquell jorn, e puis lo rey cavalha e anassen en Catalunya. El a dona engruxa, e stech tant en aquell castell fins que hac hun fill que hac nom Jaume.

»Lo rey havia de honrats homens en Catalunia e en Arago qui eren sos parents, e havien fiança quel rey james no hagues infants, e que la terra romangues a ells. E quant saberen que la dona havia hagut hun fill, foren ne molt despagats, e pensaren se quel ocisen. E hun jorn mentre l'infant dormia al breçol en huna casa, hac hom feta huna trapa

zales, [1] como Guillermo de Puillaurens *(Guillelmus de Podio Laurentii)*, hasta los atavíos novelescos con que Desclot comenzó a adornarla, si bien en parco modo, y que luego profusamente acumuló Ramón Muntaner. Aun descartados, como en buena crítica deben descartarse, todos estos accesorios, quedan en pie, atestiguados por el mismo glorioso Conquistador (que, al igual de Julio César, fué cronista de sus propias hazañas), la extraña anécdota de su engendramiento por sorpresa y el papel de honrado mediador que en el caso se atribuye a Guillén de Alcalá.

Antes de Lope de Vega, se había apoderado de este asunto el obispo Mateo Bandello, entre cuyas famosas novelas, hay muchas que son anécdotas históricas. La novela 43 de la segunda parte, lleva por título *Inganno della reina d'Aragona al re Pietro, suo marito, per aver da lei figliuoli*. El ingenioso dominico declara haber oído este cuento a un caballero español llamado *Ramiro Torrilla*, [2] que seguramente conocía las crónicas de Don Jaime

---

endret del breçol; e trames li hom d'avall sobrel breçol huna gran pedra, per tal que moris. E plach a Deu que nol tocha, mas dona tal cop al copol del breçol quel trencha. E no poch hom saber qui u feu; mas bes pensa hom que aquells qui eren sos parents ho havien fet. E la dona conech quel infant havia mal volents e guardalo al millor que poch, e nodrilo molt gint. E a poch de temps ella mori en Roma, que era anada al apostoli per ço com lo rey En Pere son marit la volia lexar. E aqui es ella soterrada molt honradament llahins, en la sgleya de Sent Pere.»

(Crónica del Rey En Pere e dels seus antecessors passats, per Bernat Desclot, edición Coroleu, cap. IV, páginas 32-35.)

[1] *Cumque dominus Rex eam (Mariam) aliquandiu tenuisset, nec prolem haberet, dimisit, sed processu temporis, hortantibus prælatis eam ibi reconciliavit, et cognitam prima nocte qua in castris venerat, de isto Iacobo qui modo regnat, gravidavit, et reversa ad Montempessulanum peperit ipsum regem. Iterumque dimissa a rege viro suo, cum eo in curia apostolica litigavit, ibique cum devotionis laude diem clausit extremum, natusque est dictus rex Iacobus anno Domini* 1208. (Apud Duchesne, *Historiæ Francorum Scriptores*, t. V, páginas 673-674, cap. XI.)

[2] *«Avvenne un di che ragionandosi degl' inganni che alcune delle mogli hanno fatto ad Enrico (di questo nome ottavo) re d' Inghilterra, della vendetta ch' egli di loro ha presa; il signore Ramiro Torriglia, spag-*

y Desclot, pero no la de Muntaner. Así nos lo persuade el que
Bandello atribuya la astucia a la Reina y no a los burgueses de
Montpellier, y el haber conservado los presagios del *Te Deum
laudamus* y del *Benedictus* y el voto de las doce candelas. Por
lo demás, el obispo de Agen trata la historia como un cuento
verde, en el tono liviano y picante que predominaba entre los
novellieri italianos. La misma Reina es, como en Desclot, la que
declara la astucia; pero el Rey es el que invita a los varones a
venir a contemplarle con su mujer en el lecho; cosa absurda e
indecente. Falta el elemento histórico y noble, que es la intervención del *coro*, que si hoy puede excitar la sonrisa, tiene en
Muntaner un sentido patriótico y hasta religioso. Supone, finalmente, Bandello, contra lo que la historia afirma, que después
de tal prueba el Rey se enmendó de su propensión enamoradiza
y se amigó mucho con la Reina.

El romance de la *Rosa gentil*, de Timoneda (núm. 1.224, de
Durán), *De cómo el Rey Don Jaime fué engendrado y nacido*, parece
tomado de Bandello más que de las crónicas catalanas, si bien
en lo relativo a las plegarias y rogativas, conserva alguna reminiscencia de Muntaner:

> Angustiada está la Reina,—y no sin mucha razón,
> Porque su marido el rey—don Pedro, Rey de Aragón,
> No hacía caso della,—más que si fuera varón,
> Ni le pagaba la deuda—que tenía obligación;
> Antes con muchas mujeres—era su delectación.
> Lo que más la fatigaba—y le daba más pasión,
> No era por el deleite—de la tal conversación,
> Sino que de su marido—no había generación,
> Para gobernar el reino—sin ninguna división,
> Porque muerto el Rey, se espera—en su reino confusión.
> Contempla la noble Reina—la revuelta y turbación
> Que podía padecer—Cataluña y Aragón.

---

nuolo, *che lungo tempo e stato in Italia, a proposito delle beffe che le donn
fanno ai mariti, narrò una picciola istoria.»* (Novelle di Matteo Bandello
Parte seconda. Volume sesto. Milano, per Giovanni Silvestri, 1814. Págs
nas 173-182.)

Vueltos los ojos al cielo,—con muy grande devoción,
Suplicaba a Jesucristo,—por su sagrada pasión,
Que a su señor y marido—le pusiese en corazón
Que se juntase con ella—con sana y limpia intención.
No dejaba monesterios—ni casa de religión
En que no mandase hacer—cada día oración.
Estando la noble Reina—con esta santa opinión,
Vínole al pensamiento—una loable invención,
Y es que supo por muy cierto,—y por vera relación,
Que el Rey era enamorado,—que amaba de corazón
Una dama muy hermosa,—de gentil disposición.
Habló con el camarero,—sin aguardar mas razón,
Que al Rey solía servir—en esta negociación:
«—Si me tienes muy secreta,—de mí habrás buen galardón;
Tú has de dar a entender—al Rey, con gran discreción,
Que esa dama a quien él sirve,—verná sin más dilación
A dormir con su Alteza;—mas con esta condición:
Que en la pieza no haya lumbre,—para más reputación.»
Concertada con el Rey—aquesta visitación,
La Reina vino a la noche—y tuvo recreación.
El Rey, cuando vió qu'el día—venía sin detención,
Por cumplir con su palabra—que otorgó, a la exclamación
Dijo: «—Señora, levanta,—vete en paz, pues hay sazón.»
La Reina entonces le dijo: «—No soy la que pensáis, no;
Sabed que con vuestra mujer—tuviste conversación.
Vos hacedme bien o mal,—que yo, testificación
Quiero que haya d'esto en hombres—de fe, de cómo en unión
Nos han visto a los dos juntos;—y d'esto os pido perdón.»
El Rey tomó aquel engaño—como cuerdo y buen varón:
Llamó dos hombres de salva,—por dar cabo a su opinión.
En fin, que la Reina hizo—entonces buena oración;
Que de la burla, preñada—quedó de un lindo garzón,
El cual nacido, Don Jaime—se llama, y dió bendición:
Éste fué Rey tan nombrado,—Rey Don Jaime de Aragón;
Éste ganó a Valencia,—Mallorca y su población.

La comedia de Lope, a la cual, por fin, llegamos después de esta indagación, quizá prolija, pero no inútil, no puede ciertamente contarse entre las mejores suyas, ni siquiera entre las de segundo orden. Hay en ella muy pocos versos dignos de tan gran poeta, y, además, el movimiento de la fábula es desordenado y confuso. El asunto era inadecuado para la escena, y aun ridículo, y el mismo Lope hubo de reconocerlo tácitamente, poniendo en relación lo más sustancial de la leyenda. Por lo que toca a las fuentes, creo que las conoció todas: la *Crónica* de Don Jaime, la de Desclot, la de Muntaner y la novela de Bandello. Pero deseoso de buscar un nuevo motivo poético (que hubiera sido de gran efecto si, como fué genialmente inventado, hubiese sido desarrollado con más reposo y conciencia), no atribuyó el engaño a los ciudadanos de Montpellier, como R. Muntaner, ni a la Reina Doña María, como Bernardo Desclot, seguido por Bandello o por el español que le contó la historia, sino a la misma dama requerida de amores por el Rey. No hay que encarecer la importancia dramática del cambio (y es casi la única huella que el genio de Lope ha estampado en esta producción informe), pero sí deplorar que por su precipitación habitual no sacase de esta feliz inspiración el conveniente partido:

> Y don Guillén de Alcalá
> Es quien sabe estos sucesos.
> Mandó el Rey que a doña Juana
> Le llevase a su aposento
> Cuando el palacio estuviese
> Sin luz y en mayor silencio;
> Y ella, que siempre ha temido
> Las inquietudes que hoy vemos,
> A la Reina persuadió
> Que en su lugar entre dentro;
> Que habiendo de estar obscuro,
> Y hablando poco y quedo,
> Sería fácil de engañarse
> Nuestro Rey, amante tierno.
> Previno para testigos
> Fidedignos caballeros,
> Sin declararse hasta agora,
> La furia del Rey temiendo,
> Porque a muchos, de Palacio
> Los ha desterrado y muerto,
> Ofendido de que hiciesen
> El justo y piadoso trueco.

Al fin, como se intentó,
Vino a tener el suceso,
Velando las nobles guardas
Con un profundo secreto;
Y antes que riese el alba
De la confusión del suelo,
La Reina, con mil temores,
Dejó el engañado lecho;
Y viendo que si callaba,
Su honor corría detrimento
Dijo al salir: «Sed testigos,
Por si obra Dios sus misterios,
Que es la Reina de Aragón
Quien sale deste aposento.»
Levantóse el Rey corrido,
Y los hidalgos huyeron;
Pasáronse algunos días,
Y como es partero el tiempo,
De la Reina declaró
El preñado al descubierto;
Causó más ira en el Rey,
Tanto, que a los meses ciertos
Parió la Reina, y estando
En la cama el ángel bello,
Sin ver quién, aunque hay indicios,
Dejaron caer del techo,
Hacia la cuna, una peña
De más de un quintal de peso;
Mas Dios, que al Infante guarda,
Llegó a hacer el tiro incierto.

El nombre de Guillén de Alcalá está tomado o de Don Jaime o de Muntaner, puesto que no consta en Desclot. En cambio, pertenece a éste la noticia de la tentativa de asesinato contra Don Jaime siendo niño, porque si bien el Rey Conquistador en su *Crónica* refiere el caso de la piedra, no lo atribuye a intención perversa de nadie, antes parece mirarlo como un accidente fortuito, del cual le salvó la Providencia.

Pero que tampoco esta *Crónica*, la más antigua de todas, fué

desconocida para Lope, lo prueba de un modo evidente el pasaje
que se refiere a la imposición de nombre a Don Jaime:

> Mandó que con doce velas
> Pongan doce candeleros
> Con los nombres de los doce
> Del soberano Colegio,
> Y que el nombre de la vela
> Que más tardase en su fuego,
> Fuese el que al Príncipe den;
> Encendiéronse al momento,
> Y quedó dellas Santiago,
> Y así, Jaime le pusieron...

El primer acto de esta comedia es el mejor, como sucede en
otras muchas de Lope. Tiene, por lo menos, interés y cierto colorido histórico. La escena de la coronación del Rey Don Pedro en
Roma, debió de ofrecer un espectáculo teatral y grandioso. La
pretensión de divorcio del Rey Don Pedro (histórica también),
la carta de la desdeñada Reina Doña María y la de los burgueses
de Montpellier, sirven de muy ingeniosa entrada en materia. Es
también de efecto dramático la súbita intervención del desposeído
señor de Montpellier, D. Guillermo, hermano de la Reina María,
el cual habla muy enérgicamente en estilo de romance viejo:

> Acordársete debiera
> Que te vi puesto en huída,
> Tus escuadrones perdidos,
> Y tus escuadras rompidas...

Aparece noble y entero el carácter de la Reina Doña María,
mujer y Reina todo en una pieza, y hay bellos toques y rasgos
de pasión celosa, suavemente templados por otros de conyugal
ternura, que llega hasta absolver las faltas del Rey, a quien ama:

> Quiero bien a doña Juana,
> Porque el Rey la quiere bien.

Los embajadores del Rey de Jerusalén, que proponen nuevo
casamiento a Don Jaime con María de Lusiñán, traen, con ines-

perada peripecia, nuevo conflicto y prueba para Doña María, y acrecientan el interés, tanto histórico como dramático, de este primer acto, en el cual, según su costumbre, aprovecha nuestro poeta el gran conocimiento que tenía de las genealogías para dar colorido local a la acción, evocando los nombres, tan gratos al patriotismo de su público, de los Moncadas, Torrellas, Urreas, Mazas y Lizanas.

Algo puede encontrarse todavía digno de alabanza en el acto segundo, especialmente la notable escena popular de los fingidos carboneros, y la dramática situación, muy semejante a otra de *La judía de Toledo* (aunque con diverso desenlace), en que la Reina Doña María salva generosamente la vida a la manceba regia:

> Dejad que en paz me aborrezca [1]
> Y no pierda yo su gracia,
> Por la Virgen del Pilar
> Que vuestras murallas guarda...

Pero, en conjunto, esta obra, aunque sea digna de exhumación, como todas las de su inmortal autor, no añade cosa alguna a su gloria, y pertenece, sin duda, al número de aquellas comedias

> Que en horas veinticuatro,
> Pasaron de las musas al teatro.

Mejoró mucho este argumento, si bien apartándose por completo de los datos históricos, D. Pedro Calderón, en su comedia *Gustos y disgustos son no más que imaginación.*

Schack considera esta pieza como uno de los trabajos más delicados y perfectos de su autor, y dice de ella que se distingue por la profundidad psicológica, por el análisis perspicaz del corazón humano, por la fuerza con que encadena nuestra atención, y por el enlace feliz que sus varias situaciones, interesantes y

---

[1] El Rey.

bellas, guardan con el fondo del argumento. «La comparación de este drama con sus fuentes (añade el crítico alemán), prueba el arte inimitable del poeta para dramatizar y pulimentar una anécdota descarnada y de poco interés, no exenta tampoco de cierto aspecto repugnante.» [1]

Con efecto, esta comedia de Calderón está dentro de la esfera de la galantería más ideal. Los amoríos del Rey con doña Violante de Cardona, no pasan de escenas de reja y terrero. El desenlace está traído por los celos de D. Vicente de Fox, marido de Violante, que engañado como el Rey, y pensando que es su mujer la que habla por la reja, cruza su espada con la de Don Pedro, quedando uno y otro persuadidos, cuando los criados acuden con luces, en la notable escena final,

> Que el gusto y disgusto
> De esta vida, son
> No más que una leve
> Imaginación...;

pensamiento muy análogo al que se deduce de *La vida es sueño*, y de *En esta vida todo es verdad y todo es mentira*, si bien en estas últimas obras se presenta con carácter más trascendental.

Carlos Gozzi, célebre dramaturgo veneciano de fines del siglo pasado, imitó esta pieza de Calderón en su tragicomedia *Le due noti affannose, ossia gl' inganni dell' imaginazione. (Opere, Venecia, 1772; tomo V.).*

XXXII. [2] —LAS DOS BANDOLERAS Y FUNDACIÓN DE LA SANTA HERMANDAD DE TOLEDO

Dícese al principio de ella que la representó Avendaño. Fué impresa en una de las partes llamadas *extravagantes* o de fuera de Madrid; rarísimo volumen, cuyo título dice así: «*Doce comedias*

---

[1] Tomo IV de la traducción castellana, pág. 833.

[2] Menéndez y Pelayo comienza aquí el tomo IX de las *Obras* de *Lope* de Vega, con el siguiente párrafo: «Las comedias históricas de Lope

nuevas de Lope de Vega Carpio y otros autores. Segunda parte. En Barcelona, por Gerónimo Margarit, 1630.» Es la segunda de las piezas incluídas en ese tomo. El texto es bastante incorrecto, como en todas las publicaciones de su clase.

Puede ser invención de Lope la fábula de esta pieza, pero en ella ha mezclado, según su costumbre, gran número de elementos históricos. La acción se supone en 1234, poco antes de la conquista de Córdoba, en cuyo campamento se verifica el desenlace, cuando el santo Rey acude en socorro de los adalides que se habían introducido por sorpresa en el arrabal de la ciudad. En una larga relación del acto primero, se recuerdan los principales hechos del reinado de Alfonso VIII, para establecer así el necesario vínculo cronológico entre esta comedia y la de las *Paces de los reyes.* Mas, prescindiendo de este aparato de historia general, lo que principalmente da valor e interés a la pieza, lo que constituye su fondo, son las tradiciones de la Hermandad Vieja de Toledo, recogidas por el poeta con notable escrúpulo de exactitud, con fidelidad casi diplomática, Lope no podía dejar olvidado en su españolísimo Teatro aquel elemento tan popular y sano de la vida nacional, que estaba ya muy decaído en su tiempo, pero que en la Edad Media había sido poderoso dique contra las tiranías y arbitrariedades, desafueros y rapiñas de salteadores grandes o pequeños. Creyó que los anales de las Hermandades eran dignos de ser dramatizados, y en especial los de la primitiva, los de la Hermandad llamada *vieja* para distinguirla de la establecida en tiempo de los Reyes Católicos, que fué más regimentada y menos anárquica, pero también menos democrática, y, en suma, menos poética. Con su instinto, que era casi infalible en estas materias, Lope se atuvo a la añeja y venerable Hermandad de los colmeneros de los montes de Toledo, cuyo origen describe muy exactamente en estos versos:

---

de Vega que este tomo comprende, abrazan desde el reinado de San Fernando hasta la muerte del Rey Don Pedro.»

En los montes toledanos
Y en Sierra Morena hicieron
Mil escuadras de ladrones
Los Golfines bandoleros:
Asolaban los ganados,
Mataban los pasajeros,
Destruían las colmenas
Y saqueaban los pueblos;
Forzaban a las mujeres
Como tiranos soberbios;
Y viendo que no podía
Poner al daño remedio
Nuestro Rey, los ciudadanos,
Colmeneros y hombres buenos,
Levantaron una escuadra
De mil robustos mancebos;
Y por guardar nuestra hacienda,
Repartiendo en cinco puestos,
Por escuadras, nuestra gente,
Llevé a mi cargo doscientos.
Fuimos corriendo los montes,
Y en lo más áspero dellos
Hallábamos los ladrones,
Grande resistencia haciendo.
Aquí se prendían veinte,
Allí treinta, acullá ciento,
Y sin pasar adelante
Se hacía justicia dellos;
Que en los árboles colgados,
Para mayor escarmiento,
Por blanco de nuestras flechas
Asaetados se vieron.
Con este mismo castigo
Murieron mil y quinientos;
Limpiamos toda la tierra
Y los montes de Toledo;
Hermandados a este fin,
Los hermanos colmeneros
Propusimos ser hermanos;
Y porque tuviese efecto
Nuestra hermandad levantada,
Fuimos al Rey, que, sabiendo

La causa de esta justicia,
La hermandad confirmó luego,
Dándonos para seguro
Aqueste Real privilegio,
Cuyas libertades justas
Confirmó su mismo sello
Para su mayor abono;
Y pues es santo el intento,
Y tú lo eres, confirma
De la Hermandad el derecho.

REY

Leed el privilegio: quiero
Confirmar cosa tan justa.

Y aquí Lope, con el más candoroso realismo, como quien estaba hondamente penetrado de la misión de su Teatro, que era una cátedra de historia patria abierta a todas horas para su pueblo, transcribe a la letra y con rigor cancilleresco el privilegio atribuído a Alfonso VIII, permitiéndose versificar sólo la confirmación de San Fernando. ¡Ah! No es fácil que ahora podamos formarnos idea del noble e ingenuo regocijo que inundaría el alma de aquellos honrados cuadrilleros cuando oyeran resonar sobre las tablas las cláusulas de su venerado pergamino, mezcladas en el torrente de los versos del mayor poeta nacional. Parecaríales que la sombra augusta del bienaventurado conquistador de Córdoba y Sevilla volvía a levantarse entre ellos para cubrir con el manto de su santidad los rigores de la justicia patriarcal que ellos ejercían.

«Visto por el Rey y el reino la utilidad que se sigue de que los colmeneros de los montes de Toledo continúen en su hermandad, yo el rey D. Alonso, llamado *el Noble*, permito y mando que prosigan adelante en la forma susodicha. Y para que mejor puedan sustentar la dicha hermandad, les den las partes interesadas, cada uno lo que pueda, conforme el estado, concediéndoles que tengan su jurisdicción y puedan castigar a los delincuentes, y seguirlos y castigarlos con la dicha pena. Por lo cual se les con-

cede que puedan sacarlos dondequiera que estuvieren, y, aunque
estén por otros delitos, los jueces competentes los entreguen a
los alcaldes y cuadrilleros de la dicha hermandad para que hagan
justicia.

»Item más: que el Prelado les hace gracia de que el fruto de
sus colmenas sea libre de diezmo de miel y cera.

»Item más: que los señores de los ganados del reino les den
de su voluntad, para ayuda de sustentar la hermandad, una asa-
dura de cada cabeza de ganado de cada hato que pasare por
las tierras y distritos de los hermanos de la dicha hermandad,
como hoy lo tienen y cobran de todos los estados de gentes, sin
exceptuar clérigos, ni hidalgos, ni otro ningún estado de gente,
y que sean los cuadrilleros los mismos colmeneros de Toledo.»

REY

Yo digo que lo confirmo,
Y al privilegio pretendo
Añadir más libertades:
Y así, de nuevo concedo
A los colmeneros dichos,
Presentes y venideros,
Que puedan cazar sin pena
Por los lugares y puestos
Por donde en tiempo cazaban
Del rey Alfonso mi abuelo;
Y que les sean guardados
Sus costumbres y sus fueros,
Y que puedan desmontar
Los montes, no conociendo
Las dehesas, en perjuicio
De los colmenares hechos.
Y para confirmación
De mi justo mandamiento,
Con mis dos sellos de cera
Abonaré el privilegio,
Cuya fecha se publica
Año de mil y doscientos
Y veinte, a los tres de marzo,

En las Cortes de Toledo;
Y por la santa justicia
Que en esta hermandad contemplo,
Nombre de Santa hermandad
Desde ahora le concedo.

¿Quiénes eran los Golfines?. ¿Qué cosa fué la Hermandad Vieja de Toledo? ¿Qué fe merecen los privilegios alegados por Lope de Vega? A estas tres preguntas procuraremos responder sucintamente.

Y en cuanto a la primera, ningún testimonio más autorizado que el del cronista catalán Bernardo Desclot, que habla de ellos refiriéndose al año 1282: «*E aquelles altres gents que hom apella golfins son castelans e salagons* (en otros textos *gallegos) de dins de la profunda Spanya, e son la major partida de paratge. E per ço com no han rendes o-u han degastat e jugat, e per alguna mala feita fugen de llur terra ab llurs armes. E axi com a homens que no saben altre fer, vehent se en la frontera dels ports de Muradal qui son grans montanyes e forts e grands boscatges, e marquen ab la terra dels sarrahins e dels chrestians, e quens passa lo camí que va de Castella a Cordova e a Sivilia, e axi aquelles gents prenen crestians e serrayns e stan en aquells boscatges e aqui viuen, e son molt grans gents e bones d'armas, tant quel Rey de Castella no'n pot venir a fi.*» [1]

Estos *Golfines*, a quienes el cronista de Don Pedro III nombra en la buena compañía de los Almogávares, aunque distinguiéndolos de ellos, no eran, pues, unos merodeadores vulgares, como los que en tiempos más recientes han infestado aquel mismo territorio, sino muy buenos hombres de armas, aunque por la mayor parte aventureros desalmados y de oscuro origen; hombres de *paratge* y sin patrimonio alguno, o bien disipadores de sus rentas, arruinados por el juego o prófugos por alguna fechoría, los cuales, *no sabiendo otra cosa que hacer*, según la ingenua expresión del cronista, se emboscaban en las fragosidades de Sie-

---

[1] *Cronica del Rey En Pere, per B. d'Esclot*, cap. LXXIX (edición Buchon, 1842, *Panthéon Littéraire*), pág. 627.

rra Morena y ponían a rescate a moros y cristianos, infestando el camino de Castilla a Andalucía, y especialmente el puerto de Muradal.

Contra estos bandidos, pues, se formó la Hermandad Vieja, de cuyos principios parece haber logrado Lope más puntuales noticias que los mismos historiadores de Toledo. Véase, por ejemplo, lo poco que dice el doctor Francisco de Pisa, a quien citamos con preferencia por haber sido coetáneo y amigo suyo, y haber publicado su libro por los mismos años en que Lope hubo de componer esta comedia: [1]

«Demás de esta justicia y orden de gobernación que habemos dicho, hay en esta ciudad otra muy útil y necesaria justicia, que llaman la Hermandad vieja, de que son hermanos todos los que tienen hazienda de colmenas en los montes de la ciudad con ciertos límites. Hay dos Alcaldes en esta Hermandad, para remedio de los daños y delitos que se cometen en despoblado; éstos son elegidos y nombrados por los Alcaldes del año presente y del año antes, y han de ser del número de los hermanos y vezinos de Toledo. Mas hay otros dos Alcaldes de la Hermandad nueva, nombrados por el Ayuntamiento: un año del número de los Regidores, y otro año un Jurado, con otro Alcalde que es ciudadano.

»Tiene la Hermandad vieja su cárcel propia, juncto a la plaza mayor, a la parrochia de San Pedro, donde se ponen en prisión los malhechores que hazen daño en los despoblados. Dentro, en la cárcel, hay una Sala principal, donde se congregan los hermanos. De suerte que hay una Hermandad vieja y otra nueva.

»La Hermandad vieja, de su primer principio, no fué ordenada o fundada por los Reyes, sino por los mismos pueblos de los mon-

---

[1] *Descripción de la imperial ciudad de Toledo y historia de sus antigüedades y grandeza y cosas memorables que en ella han acontecido... Primera parte, repartida en cinco libros..., compuesto por el Dr. Francisco de Pisa, catedrático jubilado de Sagrada Escritura y Doctor en Cánones de la Universidad de Toledo. Toledo, por Pedro Rodríguez,* 1605. Folio **33**, vuelto.

tes; aunque después fué confirmada por los Reyes y privilegiada.
Y ésta solamente la hay en tres pueblos, es, a saber, en esta ciudad,
y en Ciudad Real, y en la villa de Talavera. Fué confirmada por
el rey don Fernando *el Santo* cerca de los años del Señor de mil
y dozientos y sesenta y cinco; y para perpetuarla la dotó de cierto derecho, que es assadura mayor y menor, esto es, una cabeza
de cada hato que passa por los montes. El nombre de assadura,
por ventura, fué tomado de la parte por el todo; o, según parecer de algunos, corrupto el vocablo se dice assadura, por decir
passadura, esto es, por los ganados que passan. Fué esta santa
Hermandad instituyda por escusar las muertes y robos que ciertos ladrones llamados *Golfines* (que eran muchos en número)
hazían en toda esta comarca, acogiéndose a los montes, donde
por su espesura y grande aspereza se hazían fuertes, sin que
nadie los pudiesse entrar. Tiene esta Hermandad su Cabildo, y
se rigen los hermanos por antiguas costumbres y fueros; reside
el juzgado en la misma cárcel, donde, como se ha dicho, hay
una sala; eligen entre sí Alcaldes y un cuadrillero mayor y otros
oficiales.»

Dudamos que Pisa hubiese alcanzado a ver el privilegio de
San Fernando, que no es ni podía ser de 1265, tiempo en que
reinaba ya Alfonso *el Sabio*. Quien había visto tan precioso documento, no sabemos dónde ni cuándo, era nuestro poeta, que da
su fecha exacta, que es, en efecto, el 3 de marzo de la era de 1258,
correspondiente al año 1220. Yo tengo la satisfacción de impri-
mirle al pie de estas páginas, fielmente copiado de la colección
del P. Burriel, para que se vea hasta dónde llegaba la rara erudición de Lope de Vega en cosas de historia de España, y el respeto con que solía tratar sus documentos, aun en medio de la
genial precipitación con que escribía. [1] Se verá que, a veces, no

---

[1]   Dd. 49 de la colección manuscrita del P. Burriel (Biblioteca Nacional):

«Indice de los Privilegios de la Santa Hermandad Vieja de Toledo,
hecho año de 1556:

»Hay *otro* Privilegio del Rey Don Fernando et de la Reyna Doña

ha hecho más que romancear casi literalmente el texto latino
cancilleresco:

Beatriz, su mujer, en latín, confirmado de todos ios grandes et Perlados
del Reyno con su rueda et letra, según el estilo viejo, en pergamino, con
dos sellos de cera con sus trenzas, et está dado por los dichos Rey et
Reyna, con su hijo el Infante Don Alonso, et consentimiento et placen-
tería de Doña Berenguela Reyna, su Madre. Fecha en Toledo a tres de
Marzo, era de mill e dosientos et cinquenta et ocho años, por el qual face
donación, et concesión, et confirmación a los colmeneros de la cibdad
de Toledo, pasados et por venir perpetuamente, para que cacen sin pena
ninguna por todos los lugares donde moraren et cazaban en tiempo del
Rey Don Alonso, su agüelo, et que le sean guardados sus fueros et costumbres que tenían, et ninguno sin su mandado faga defessas nin otra
defensión alguna, nin defienda cosa alguna sin su querer et mandado,
salvo las que ficieron el tiempo de su agüelo, et que las que en aquel
tiempo se ficieron no las ensanchen so ciertas penas, et que puedan desmontar...», etc.

Al margen dice el P. Burriel: «Falta ya este privilegio. (Se entiende
en el Archivo de la Hermandad.) En San Pedro Martyr tienen copia
autorizada, de donde saqué una.»

Dd. 114 de la colección del P. Burriel, fol. 7:

«Copia fiel de un Privilegio concedido por el señor Rey Don Fernando a los Colmeneros de Toledo, que hoy es la Hermandad que dizen
Vieja. Su fecha en Toledo, en 3 de marzo, era de 1258, que es año de 1220:

«Præsentibus et futuris notum sit ac manifestum, quod ego Ferran-
»dus Dei gratia Rex Castellæ et Toleti una cum uxore mea Domina Bea-
»trice, et cum fratre meo Domino Alfonso, ex asensu et beneplacito
»Dominæ Berengariæ Reginæ Genetricis meæ, facio chartam Donatio-
»nis, Absolutionis, Concessionis, confirmationis et stabilitatis vobis Mon-
»tanariis cunicolorum de Toleto, præsentibus et futuris perpetuo vali-
»turam: dono itaque vobis et concedo quos absolute montetis sive cazetis
»cuniculos et alia more solito per omnia illa loca per quæ montabatis
»sive cazabatis tempore avi mei Regis Domini Aldephonsi, et habeatis
»illos foros et illas consuetudines quas pro tempore habebatis; statuens
»et prohibens firmiter quos nullus sine mandato meo defensas sive alias
»defensiones facere præsumat, præter illas quas fecit avus meus superius
»memoratus, nec illas quas idem fecit largius ampliare. Si quis vero hanc
»chartam infringere, seu diminuere in aliquo præsumpserit, iram Dei
»omnipotentis plenarie incurrat, et cum Juda Domini proditore penas
»sustineat infernales, et regis parti mille aureos in coto persolvat, et

«*Dono itaque vobis et concedo quod absolute montetis sive cazetis cuniculos et alia more solito per omnia illa loca per quae montabatis sive cazabatis tempore avi mei Regis Domini Aldephonsi, et habeatis illos foros et illas consuetudines quas pro tempore habebatis...*», etc.

> Que puedan cazar sin pena
> Por los lugares y puestos
> Por donde en tiempo cazaban
> Del Rey Alfonso mi abuelo;
> Y que les sean guardados
> Sus costumbres y sus fueros...

Lo más singular es que, a fines del siglo XVII, la Hermandad Vieja de Toledo no conservaba ya en su Archivo ni original ni copia del privilegio de San Fernando, ni podía remontar sus memorias documentadas más allá de 1315, fecha de un diploma de Alfonso XI, confirmando otro de su padre Fernando IV. Así resulta de una representación impresa que dicha Hermandad dirigió al Rey Carlos II pidiendo que no se ejecutase un decreto del

---

»damnum super hoc vobis illatum restituat duplicatum. Facta charta »apud Toletum tertia die Martii, era Millessima ducentessima, quinqua_ »gesima octava, anno tertio regni mei, eo videlicet tempore quo Rex in »monasterio Sanctæ Mariæ Regalis de Burgos cingulo militari manu »propria se accinxit, et Dominam Reginam Philippi quondam Regis »Romanorum filiam uxorem duxit solemniter. Et ego prædictus Rex »regnans in Castella et Toleto, hanc chartam quam fieri iussi, manu »propria roboro et confirmo. Rodericus Toletanæ Sedis Archiepiscopus, »Hispaniarum Primas, confirmat. Mauritius Episcopus Burgensis con- »firmat. Tellus Palentinus Episcopus confirmat. Geraldus Segoviensis »Episcopus confirmat. Rodericus Seguntinus Episcopus confirmat. Gar- »sias Conchensis Episcopus confirmat. Melendus Oxomensis Episcopus »confirmat. Joannes Domini Regis Chancellarius, Abbas Valisoletanus »confirmat. Rodericus Didaci confirmat. (Siguen los confirmantes.)»

»Esta copia se sacó del testimonio de dicho Privilegio que se halla en los autos del pleito con Burgos, dado en Toledo en 4 de abril de 1595 años por Francisco Sánchez de Canales, notario apostólico y de la audiencia episcopal.»

Consejo Real, que prescribía la asistencia del corregidor de Toledo a todas sus Juntas.

«Tiene tantos siglos de antigüedad (decían) esta Santa Hermandad Vieja de Toledo, Ciudad Real y Talavera, que no se sabe
el año fixo de su creación. Por tradición se sabe la forma con
que se fundó, y fué que con las alteraciones de los Reynos, guerras
que había entre unos y otros, y con los moros que infestaban
parte de España, y reconociendo los caballeros [1] de aquellos
tiempos, que vivían en Toledo y Villa Real (que entonces no era
ciudad) y en Talavera, que los caminos los tenían cogidos y em-
bargados los *Golfines* (que así llamaban en aquellos tiempos a los
salteadores), y que ninguno podía ir seguro, ni en vida ni hazienda, ni los ganados tenían seguranza de no ser robados por este
género de gente, hizieron entre sí, celosos del bien común, los de
Toledo, Villa Real y Talavera, Junta y Hermandad, ofreciendo
y jurando de seguir y perseguir, castigar y matar a estos golfines malhechores, que embargaban las carreras y caminos, robaban los pasajeros y destruían los ganados y hazienda de los
campos.

»Como lo ofrecieron y juraron, así cumplieron, con tanta acep-
tación de los señores Reyes de aquel tiempo, que viendo la gran
conveniencia que se seguía a todo el Reyno, confirmaron esta
Junta y Hermandad, y también la confirmó Su Santidad, llamándola Santa Hermandad y canonizándola con este título, por cuya
causa tiene el de Santa Hermandad, y llámase *Vieja*, a distinción de la *Nueva*, que a su semejanza instituyeron los señores
Reyes Católicos en todos sus Reynos y Señoríos.

»*Ignorándose por la antigüedad el año en que se formó y insti-
tuyó esta Santa Hermandad Vieja de Toledo, Ciudad Real y Talavera, lo que consta de sus Privilegios,* que los siglos no han lazera-
do, es que en la Eea de mil y trescientos y cincuenta y tres, que
corresponde al año del Nacimiento de Nuestro Señor Jesu Christo

---

[1]   *Sic.* La vanidad aristocrática del siglo XVII, convertía en *caballe-*
ros a los *colmeneros* de los montes de Toledo.

de mil y trecientos y quinze, ya estaba fundada esta Hermandad, y con Privilegios, porque dicho año el señor rey D. Alonso, por uno que despachó en Burgos el 18 de octubre, confirma los dados por el señor rey D. Fernando...

»La mayor grandeza de esta Santa Hermandad, es no saberse tiempo cierto de su origen, y hallarse con privilegios y franque- zas, y honrada de los señores Reyes desde el año del Señor de mil y trezientos y quinze, con que su antigüedad pasa de cuatro siglos...»

Este privilegio de Fernando IV, confirmado por Alfonso XI, es tan curioso, que tampoco quiero dejar de ponerle por nota, puesto que completa la historia del primer período de la Her- mandad, y no puede menos de ser grato a los amantes de estas castizas antiguallas. [1] Pero es indudable que no era el primitivo,

---

[1] Dd. 49. Colección del P. Burriel. Privilegios de la Hermandad Vieja de Toledo:

«ALFONSO XI.

»Sepan cuantos esta carta vieren, como yo D. Alfonso, por la gracia de Dios Rey de Castiella, de Toledo, &..., vi carta del rey D. Fernando. mío padre, que Dios perdone, escripta en cuero e seellada con el sello de cera colgado, que dice en esta guisa:

«Sepan cuantos esta carta vieren, como yo D. Fernando, por la gra- »cia de Dios Rey de Castilla..., vi una carta que yo ove dado a los Col- »meneros e a los Ballesteros, fecha en esta manera. Don Ferrando... »A todos los Maestres de las Órdenes e a todos los Conceios, Alcalles, »Merinos, Jueces, Justicias, Alguaciles, Comendadores, e a todos los otros »aportellados, e a todos los baquerizos de las Órdenes, et de esotros omes »de mío señorío a quien esta mi carta fuere mostrada, salud et gracia. »Sepades que los Colmeneros et los Ballesteros me dixieron: que ellos »veyendo el muy grand mal, et el muy grand daño que los *Golfines* facíen »e cometíen en la Xara en matar e en robar, et en otros muchos males »en que vosotros los de la tierra tomábades muy grand daño, et yo muy »grand deservicio, que ovieron de faser hermandat los de Toledo, et de Tala- »vera, et de Villa Real para correrlos et matarlos et echarlos de la Xara et »que por razón del perdonamiento que les yo fago, et vosotros los maestres »et los Conceios, que se atreven tanto los Golfines, et estos perdones que »han, que los non pueden matar, nin echar de la Xara. Et otrosí que

y que en esto Lope de Vega anduvo mucho mejor informado que
los mismos cuadrilleros y que el doctor Pisa; como lo comprobó

———

»andando ellos en pos los Golfines, que en algunos logares non los quieren
»dar vianda por sus dineros, nin los quieren ayudar a prenderlos nin
»a matarlos, et otrosí que piden a vos los pastores et baquerizos que les
»den de cada hato una assadura para ayudar de mantener la muy grand
»costa que fasen andando en pos los Golfines, et que gelo non queredes
»dar, et por esto que los non pueden matar, nin correr así como debíen.
»E pidiéronme merced que mandase y lo que toviese por bien. Porque
»vos mando a cada uno de vos a quien esta mi carta fuere mostrada,
»que cada que los Colmeneros vos llamaren que los vayades ayudar et
»acorrer, et a matar los Golfines, que vayades y e que los ayudedes.
»Otrosí vos mando que les dedes vianda por sus dineros, cada que vos
»la demandaren. Otrosí mando a vos los baquerizos et a los pastores que
»les dedes de cada hato una assadura cada año para mantener la muy
»gran costa que facen en esta razón, et non se escusen ningunos de lo
»dar por carta nin por privilegio que tengan: la mi voluntad es que lo
»hayan, pues es mío servicio et muy gran pro de toda la tierra, et qua-
»lesquier baquerizos o pastores, que no quesieren dar a los dichos colme-
»neros de cada hato una assadura segúnd dicho es, et mando que los
»emplacen que parezcan ante mí o quien quier que yo sea, del día que
»lo emplazaren a nueve días, so pena de cient maravedís de la moneda
»nueva, a decir por qué non cumplen mío servicio. Et otrosí mando a
»todos aquellos a quien esta mi carta fuere mostrada o el traslado della
»signado de Escribano público o firmado, que non los *emparedes*, nin
»les encubrades ningún Golfín por perdonamiento, nin por otra razón
»ninguna. E si alguno o algunos encubrieren o *empararen* los Golfines,
»o los encobridores dellos por ninguna razón que sea, mándovos que
»prendades al ome o a los omes que los empararen e los encubrieren,
»e les tomedes todo quanto les fallardes, e que lo dedes todo a tan bien
»las personas dellos como lo que les mandardes a los dichos colmeneros.
»Et mando por esta mi carta a los colmeneros, que esa misma justicia
»fagan en aquel o en aquellos que los Golfines encubrieren, segúnd dicho
»es como faríen en los Golfines mismos...»

»Dada en Toledo XXV días de Setiembre, era de mil e trecientos
e quarenta e un años.»

Ha sido impreso totalmente este privilegio en la *Colección Diplomá-tica de Don Fernando IV* (núm. 243), unida a las *Memorias* de aquel
Monarca, publicadas por la Academia de la Historia en 1860, bajo la
dirección de D. Antonio Benavides.

en el siglo pasado el P. Burriel exhumando del Archivo de San Pedro Mártir una copia legalizada del genuino diploma de San Fernando, que aparece conforme en todo lo sustancial, según queda dicho, con el que se pone en la comedia.

No hay rastro en esta obra de Lope de las tradiciones, probablemente modernas, que se consignan en el preámbulo de las ordenanzas de la Hermandad aprobadas en 1792 por el Consejo de Castilla, y en que suenan los nombres del bandido Carchena, del ricohombre D. Gil, de sus hijos Pascual Ballestero y Miguel Turro, tenidos por los primeros cuadrilleros, y de su compañero el piadoso Sancho Valdivielso. Todo esto, no sólo parece fabuloso, sino inventado *a posteriori* con la mira de enaltecer ciertos apellidos o de explicar los orígenes de algunos nombres de pueblos, (*Miguel Turra—El Pozuelo de D. Gil*).

No creemos tampoco que tenga valor histórico el nombre de Luis Gutiérrez Triviño, que hace oficio de cuadrillero mayor en la comedia de Lope. El argumento parece de pura fantasía; pero como nuestro poeta gusta siempre de dar a sus ficciones más caprichosas una sólida base histórica y geográfica, y ponerlas en relación con objetos familiares a sus espectadores, desenlaza la fábula en el sitio donde luego se fundó la venta de Dos Hermanas, una de las más conocidas de Sierra Morena, dando así ingeniosamente la etimología de aquel paraje nada menos que por boca de San Fernando:

> Y pues aquí me perdí,
> Y vino a ser mi posada
> La cabaña de las dos,
> Aquí una casa se haga
> Que se llame desde hoy
> Venta de las Dos Hermanas,
> De aquesta Sierra Morena,
> Que será eterna su fama.

Las dos bandoleras es una pieza interesante, de corte melodramático y acción rápida y viva; pero tiene el defecto de repetir situaciones que están presentadas con más acierto en otras comedias de Lope, anteriores o posteriores a ésta. Las dos hijas del cuadrillero, burladas por los dos capitanes D. Álvaro y D. Lope, corresponden por punto a las dos hijas de *El alcalde de Zalamea*, que luego Calderón, con muy buen acuerdo, redujo a una sola en su maravillosa refundición de aquel drama. La desesperada resolución que las violadas doncellas toman de echarse a bandoleras, para vengar, asesinando a los hombres, la quiebra de su honra, se repite en otros dramas del inagotable repertorio de nuestro autor, y quizá mejor que en ninguno en *La serrana de la Vera*.

Pero tampoco es indigna de leerse la obra que examinamos. Tiene felices rasgos cómicos en el cínico carácter del soldado Orgaz. Tiene, sobre todo, mucha nobleza y ternura, con mezcla de austeridad patriarcal, en el papel del viejo Triviño, que es de aquellos en que Lope triunfaba siempre, y cuya más alta expresión es Tello de Meneses. Léase en el primer acto de *Las dos bandoleras* el monólogo en que el engañado padre se regocija con la supuesta virtud de sus hijas y con la promesa que el Rey le ha hecho de casarlas honradamente. Nótese con qué habilidad escénica está traída en la jornada segunda la visita del Rey, precisamente en el momento en que Triviño acaba de enterarse de su catástrofe doméstica y exhala su desesperación en rabiosos acentos; y cómo el honrado viejo llega a sobreponerse a aquel acceso de furia, y aparece compuesto, mesurado y sereno en presencia del Monarca, y cumple con él los deberes de la hospitalidad, sin darle indicio siquiera de la tormenta que en su interior brama. En la escena de bandolerismo con que termina este acto, son de notar los siguientes versos, en particular los dos últimos, que son de súbito y terrible efecto trágico:

> Soy una humilde serrana
> Que por estos montes ando,
> Donde las fieras cazando,
> Busco la más inhumana.
>   En esta sierra presente
> Tengo una pequeña choza,

Y allí mi vida se goza
Apartada de la gente.

En lo alto de su cumbre
Está mi choza pajiza,
A cuya corona enriza
Del sol la primera lumbre.

—Que sois ángel yo recelo;
Que en vuestra luz lo mostráis,
Y es cierto, pues habitáis
Tan cerca del sol del cielo.

Si yo mereciera ser
Huésped de aquesa posada,
¿Qué fortuna más preciada
Se pudiera pretender?

—Vuestro trato cortesano
Me ha obligado, caballero,
Y así, mi posada quiero
Daros, pues en ello gano.

No os faltará allí el conejo,
La perdiz, ni la paloma,
Pues antes que el sol asoma
Sin caza ese monte dejo.

. . . .

—Dichoso el que mereció
Vuestro favor, gloria mía.
—*Esto me dijo algún día*
El traidor que me engañó.

El tercer acto está más débilmente escrito que los otros; pero debió de parecer muy bien a los espectadores, que serían en parte cuadrilleros de Toledo (puesto que conjeturamos que en aquella imperial ciudad fué escrita y representada por primera vez esta comedia), la aparición de Triviño en las fragosidades de Sierra Morena con el estandarte verde y el escudo de saetas de la Hermandad, dispuesto a clavar a flechazos a sus propias hijas si el Rey no llegara muy a tiempo para impedir tan sangrienta justicia, casándolas con los dos capitanes burladores; fin menos lastimero, pero también menos ejemplar y menos poético que el de *El alcalde de Zalamea* y el de *La niña de Gómez Arias.*

Aunque esta comedia no está mencionada en ninguna de las dos listas de *El Peregrino*, pertenece, por su estilo y por el desorden de la traza, a la primera manera de Lope, y con verosimilitud podemos conjeturar que hubo de escribirla por los años de 1604 ó 1605, que fué cuando hizo más larga residencia en Toledo; lo cual explica las alusiones locales que hay en esta comedia; por ejemplo, el siguiente rasgo alusivo a los bandos y competencias de las monjas bautistas y evangelistas:

> Reñían los dos galanes
> Sobre haceros mil lisonjas,
> Como por los dos San Juanes
> Suelen pelear las monjas
> A costa de mazapanes.

Hay una comedia de *dos ingenios* (D. Juan de Matos Fragoso y D. Sebastián de Villaciosa), *A lo que obliga un agravio y las hermanas bandoleras*, que es refundición de ésta de Lope.

XXXIII.—El Sol parado

Comedia citada en la primera lista de *El Peregrino*, y, por consiguiente, anterior a 1604. Lope no la publicó hasta 1621, en la *Décima séptima parte* de sus comedias, donde ocupa el noveno lugar, precedida de una corta dedicatoria a D. Andrés de Pozas, arcediano de Segovia y secretario del arzobispo de Burgos D. Fernando de Acevedo, a la sazón presidente del Consejo de Castilla.

El judaizante Antonio Enríquez Gómez, en el prólogo de su poema *Samsón Nazareno*, impreso en 1656, cita como una de las veintidós comedias que en su mocedad había compuesto, una con el título de *El Sol parado*. Es de presumir, dado el origen hebreo del poeta y la religión que ocultamente profesaba, que esta pieza tuviese por asunto el milagro de Josué, siendo, por tanto, independiente de la de Lope, cuyo protagonista es el maestre D. Pelayo

Pérez Correa, la cual también suele designarse con el segundo título de *Ascendencia de los maestres de Santiago*.

Con esta comedia empezó Lope de Vega a explotar los ricos anales de las Órdenes militares, y no ciertamente para adularlas, puesto que cabalmente tres de las piezas más admirables de su repertorio trágico, *Peribáñez y el comendador de Ocaña*, *Los comendadores de Córdoba* y *Fuente Ovejuna*, versan sobre grandes desafueros e iniquidades cometidos por caballeros y comendadores de las Órdenes. Aun en la presente, escrita para glorificar a la Caballería de Santiago en sus dieciséis primeros maestres, no sale del todo bien librada la honestidad de D. Payo Correa; y eso que el poeta, conformándose con la tradición, le atribuye nada menos que el portento de haber detenido al sol en su carrera para completar su victoria sobre los sarracenos, renovando la prodigiosa hazaña del caudillo de Israel.

Para resumir en breves líneas los datos históricos concernientes al maestre, nos valdremos del autorizado testimonio de Rades y Andrade en su *Chrónica de las tres Ordenes* (Toledo, 1582), libro que era muy familiar a Lope de Vega, y del cual probablemente se valió en esta ocasión, como en otras:

Cap. XXIV.—*Del maestre D. Pelay Pérez Correa.*

«El XVI Maestre de Sanctiago fué don Pelay Pérez Correa, que en nuestras escrituras se llama don Pay Pérez, conforme al lenguaje de Portogal, donde a Pelayo dizen Payo. Fué Portogués, hijo de Pedro Pay Correa y de doña Dorotea Pérez de Aguiar, su mujer, y nieto de Payo Correa y de doña María Méndez de Silva, su mujer. Eligiéronle por Maestre en Mérida, siendo Comendador de Portogal, en la era de 1280, que es el año del Señor de 1242.»

. . . .

Prosigue contando la parte que tuvo en recibir la entrega del reino de Murcia, en ganar la villa de Mula, en la conquista de la ciudad de Jaén, en el sacomano de Carmona y, principalmente, en el cerco de Sevilla, para cuya narración sigue el texto de la *Crónica General* impresa. Pero en ésta no hay rastro del famoso *Miraglo*

de Tudia, que relata en estos términos el crédulo analista de las
Órdenes:

«En antiguos memoriales de cosas desta orden se halla escripto
que el Maestre don Pelay Pérez Correa, haziendo guerra a los
Moros por la parte de Llerena, huvo con ellos vna batalla al pie
de Sierra Morena, cerca de donde agora es Sancta María de Tudia.
Dizen más, que peleando con ellos muchas horas, sin conoscerse
victoria de una parte a otra, como viesse que havía muy poco
tiempo de sol, con desseo de vencer aquella batalla y seguir el
alcance, suplicó a Dios fuesse servido de hazer que el sol se detu-
viesse milagrosamente, como en otro tiempo lo havía hecho con
Josué, caudillo y capitán de su pueblo de Israel. Y porque era
día de Nuestra Señora, poniéndola por intercessora, dixo estas
palabras: «Sancta María, detén tu día.» Dízese en los dichos memoriales que milagrosamente se detuvo el Sol por espacio de tiempo
muy notable, fasta que acabó el Maestre su victoria, y prosiguió
el alcance.»

«En memoria deste milagro dizen haverse edificado una ygle-
sia por mandato del Maestre, y a costa suya, a la cual puso nombre: «Sancta María de Ten tu día», y agora corrupto el vocablo
se dize *Sancta María de Tu día.*»

Continúa refiriendo la asistencia del maestre a la conquista
de Jerez en tiempo de Alfonso X y la parte que tomó en la confederación de los Grandes contra aquel Monarca; empresa esta
última que no parece muy digna de la santidad o, a lo menos, de
la justificación que parece que ha de atribuirse a quien se supone
con virtud y gracia suficiente para hacer parar el Sol:

«Era de 1313, año del Señor de 1275, murió el Maestre don
Pelay Pérez Correa; haviendo governado la Orden treynta y tres
años... Fué su cuerpo sepultado en la Iglesia de Sancta María de
Tudia, que él avía fundado.» [1]

_____

[1] *Chrónica de las tres Ordenes y Cavallerías de Sanctiago, Calatrava
y Alcántara; en la qual se trata de su origen y sucesso, y notables hechos
en armas, de los Maestres y Cavalleros de ellas, y de muchos Señores de
Título y otros Nobles que descienden de los Maestres, y de muchos otros*

No satisfizo a la severidad crítica del P. Mariana (lib. XIII, capítulo XXII) la piadosa creencia de los santiaguistas ni aquellos *memoriales antiguos* que alegaban. Son dignas de notarse sus palabras, por la gravedad y entereza que respiran: «El mismo año (de 1275) pasó desta vida don Pelayo Pérez Correa, maestre de Santiago, de mucha edad, muy esclarecido por las grandes cosas que hizo en guerra y en paz. Su cuerpo enterraron en Talavera, en la iglesia de Santiago, que está en el arrabal; así lo tienen y afirman comúnmente los moradores de aquella villa; otros dicen que en Santa María de Tudia, templo que él edificó desde sus cimientos, a las haldas de Sierramorena, en memoria de una batalla que los años pasados ganó de los moros de aquel lugar, muy señalada, tanto que vulgarmente se dijo y entendió que el sol paró y detuvo su carrera para que el día fuese más largo, y mayor el destrozo de los enemigos, y mejor se ejecutase el alcance. Dicen otrosí que aquella iglesia se llamó al principio de *Tentudia*, por las palabras que el Maestre dijo vuelto a la Madre de Dios: «Seño-»ta, ten tu día.» *A la verdad, alterados los sentidos con el peligro de la batalla, y entre el miedo y la esperanza, ¿quién pudo medir el tiempo? Una hora parece muchas por el deseo, aprieto y cuidado. Demás desto, muchas cosas facilmente se creen en el tiempo del peligro y se fingen con libertad.*»

A pesar de los reparos del sabio y profundo jesuíta, la leyenda continuó su camino, llegó a penetrar hasta en los procesos de la canonización de San Fernando, obtuvo la aquiescencia del P. Juan de Pineda, y, como sucede en tales casos, fué engrosándose con nuevas invenciones, hasta llegar al punto en que la vemos en los *Anales de Sevilla*, de Ortiz de Zúñiga (1677), que con su moderación habitual procura mantenerse equidistante de lo que llama la *nimia credulidad* y de la *nimia duda*. «Duró la luz sobrenaturalmente hasta que el Maestre acabó de triunfar, en tanto que *en oración San Fernando lo auxiliaba mejor con clamores al cielo que*

Linages de España. Compuesta por el Licenciado Frey Francisco de Rades y Andrada. Toledo, 1572. Folios 31, 32, vto., y 34.

pudiera con las más bizarras tropas; milagro que acredita, fundado después por el mismo Maestre, el templo de *Nuestra Señora de Tentudia;* y a que añaden otro, de *haber al impulso de su voz dado una seca peña fuente de agua que satisfizo la sed de su gente, que perecía abrasada.»* [1] A la verdad, que sólo una devoción indiscreta y afeminada, como era la de las postrimerías del siglo XVII, pudo imaginar que tal héroe como San Fernando, en quien nunca la piedad estorbó el fiero ímpetu bélico, pudiera estar en sosegada oración, como un pacífico anacoreta, mientras su gente se batía desesperadamente contra los moros.

Dos partes hay que distinguir en esta irregular y desconcertada comedia de Lope: una puramente histórica, que no tiene mérito particular, y un idilio amoroso que vale mucho. De la primera podemos prescindir, conocidas ya sus fuentes: empieza con una escena de grande espectáculo, la elección y juramento del maestre, y termina con el milagro de *Ten tu día*, representado materialmente en las tablas del modo más rudo y primitivo, apareciendo por escotillón un ángel que para al sol con la mano.

Pero en un rincón de esta obra informe, hay perdida una florecilla silvestre, de las que el genio popular de Lope no dejaba nunca de recoger cuando las encontraba a su paso. Parece una serranilla del marqués de Santillana puesta en acción. Perdido el maestre de Santiago por sierra fragosa, al caer la noche encuentra albergue más que hospitalario en la choza de una serrana, que le abre sus brazos y su lecho. Toda la escena es de perlas, y aunque la situación sea de las más atrevidas que pueden presentarse a un público como final de acto, todo lo salva la candorosa y picante malicia de la musa popular:

MAESTRE

¿Quién está en la choza?
Si hay alguien en ella...
Mas ya sale della
Una buena moza.

---

[1]   *Anales eclesiásticos y seculares de la ciudad de Sevilla...* Madrid, 1795, t. I, pág. 12.

Cierta es mi ventura,
Que aunque me perdí,
En mi vida vi
Tan grande hermosura.
Ya quedo obligado
A mi suerte avara,
Porque no acertara
Si no hubiera errado.
Si osare llegarme...
Dígame, serrana,
Si hasta la mañana
Podrás albergarme,
Porque voy perdido
Sin camino cierto,
Por este desierto
Que aquí me ha traído...

FILENA

Bien seáis venido,
Noble caballero:
Novedad es grande
Ver un hombre noble
Que entre el olmo y roble
Tan perdido ande...
¿Qué os ha sucedido
Que os lleva tan triste,
Cuando ya se viste
La noche de olvido?

MAESTRE

¡Que aun tiene el sayal
Alma cortesana!
Yo me iba, serrana,
A Ciudad Real.
Vengo de Toledo,
Y aunque acompañado,
Más solo he quedado
Que perdido quedo.
Por tan varios casos,
Por tales destierros,
Azores y perros

Conducen mis pasos;
Que en ese encinar
Del monte vecino,
Errara el camino
En fuerte lugar.
Seis veces vi ausente
El rostro del sol,
Y seis su arrebol
Otra vez presente;
Que con este afán
Que el monte se sube,
Siete días anduve
Que no comí pan,
Dándome campiñas,
Por sustentos leves,
Derretidas nieves
Y silvestres piñas;
No el pavo o faisán
Que inventó la gula,
Cebada a mi mula,
Carne al gavilán.
Como es intrincada
La sierra que os pinto,
Como en laberinto
Va el alma enredada.
Sospechas le dan,
Y que estoy recela
Entre la Zarzuela
Y Darazután.
Hoy (que siempre vale
Decir los enojos),
Alzara los ojos
Hacia do el sol sale,
Pidiendo remedio
Al cielo ofendido,
Viéndome perdido
Y del monte en medio.
Y antes que se iguale
Con esta montaña,
Viera una cabaña;
Della el humo sale.
Que viendo que ya

Hambre me estimula,
Picara mi mula;
Fuíme para allá.
Mas luego a llegar,
Cual ves que he llegado,
Perros del ganado
Sálenme a ladrar.
Mas trayendo el aire
Voz que cerca suena,
Víos a vos, sirena
Del bello donaire.
De mis soledades
Fuisteis el lucero.

FILENA

Llegaos, caballero,
Vergüenza no hayades;
Que aquí habéis de hallar
Cuanto al gusto os cuadre.
Mi padre y mi madre
Han ido al lugar:
Mirad si me dan
Lugar de decillo.
Mi caro Minguillo
Es ido por pan.
Bien podéis entrar,
Que aunque más trasnoche,
Ni vendrá esta noche
Ni esotra a yantar.
Y si no os desplace
Que así la aproveche,
Comeréis la leche
Mientras queso se hace.
Si no os halláis mal
Con que no sea dama,
Haremos la cama
Junto al retamal;
Que aun gracias a Dios,
Hay ropa lavada,
Mejor empleada
Que en mi esposo, en vos.

Si es al alma igual
Nuestro regocijo,
Haremos un hijo;
Llamarse ha Pascual.
Que según me pago
De vuestro querer,
Bien podría ser
Maestre de Santiago
O algún hombre tal;
Si estudiare, obispo,
O será arzobispo,
Papa o cardenal;
O si de armas guía
Los altos decoros,
Algún matamoros
Del Andalucía;
O vendrá a ser tal
Como el que lo hizo;
Será porquerizo
De Ciudad Real.

MAESTRE

A tu acogimiento,
Hermosa serrana,
Mi alma se allana
Con igual contento.
Y por si parieres,
Como he sospechado,
El hijo, ya criado,
Me darás si quieres.
Váyame a buscar
Al Andalucía.

FILENA

¡Bien, por vida mía!
¡Debéis de burlar!
¿Cómo es vuestro nombre?

MAESTRE

Pelayo me llamo.

FILENA

El mismo le llamo
Si viene a ser hombre.

MAESTRE

Pues en cas del Rey
Pregunte por mí.

FILENA

Si es hija, esté aquí,
Que es razón y ley.

MAESTRE

Daríame pena:
Dalde esta sortija
Si es hijo.

FILENA

¿Y si es hija?

MAESTRE

Dalde esta cadena.
No he visto mujer *(Aparte.)*
Tan necia y hermosa.

FILENA

Si es posible cosa,
¿Por qué no ha de ser?

MAESTRE

Ya de mi suceso
Voy sin pesadumbre.

FILENA

Sentaos a la lumbre
Mientras hago el queso.

El hijo de ganancia habido por el maestre Correa en aquella aventura, va efectivamente a buscar a su padre en Andalucía, y le encuentra y es reconocido por él, precisamente cuando el Cielo hace el prodigio de parar el sol en su obsequio. ¡Extraña y absurda mezcolanza de lo más sagrado y de lo más profano

Tiene la linda escena transcrita reminiscencias evidentes de la poesía popular, o más bien semipopular, no sólo en el metro y estilo general de ella, sino también en algunos versos. Ya con ocasión del auto sacramental *La Venta de la Zarzuela*, inserto en el tomo III de esta colección [Ed. Nac. Vol. I, pág. 119], tuvimos ocasión de mencionar un romancillo villanesco, que debió de ser muy popular, pero que no conocemos ya en su primitiva forma, sino a través de las *glosas a lo divino* que de él hicieron varios ingenios del siglo XVI, por ejemplo, Juan López de Úbeda en su *Cancionero y vergel de plantas divinas* (Alcalá, 1588):

> Yo me iba, ¡ay, Dios mío!,
> A Ciudad Reale;
> Errara el camino
> En fuerte lugare...

El mismo Lope le glosó dos veces en el *Auto* ya citado, compuesto en 1615. Procuraré entresacar los versos que parecen primitivos, para que se comparen con los de la comedia:

> Yo me iba, pastor,
> A Ciudad Real...
> Errara el camino
> En fuerte lugar...
> Cogióme la noche
> Y su oscuridad...
> Siete días anduve
> Que no comí pan...
> No estaba muy lejos
> Un negro jaral
> Donde el sexto día
> Hube de pasar...
> Donde sale el sol
> Comencé a mirar...
> Junto a la Zarzuela
> Y Darazután,

Donde en vez de rosas
Tales zarzas hay.
Vi de una cabaña
Salir humo tal,
Que cegó mis ojos,
¡Ay, Dios!, si verán...
De ella una serrana
Me salió a buscar,
Fingida de rostro,
De alma mucho más...
«Apeaos, caballero,
Vergüenza no hayáis»,
Me dijo engañosa.
¡Qué facilidad!...

Es evidente que una misma canción, no precisamente vulgar (salvo, acaso, los cuatro primeros versos), sino artística popularizada, sirvió de base al auto y a la comedia.

XXXIV.—El galán de la Membrilla

El original autógrafo de esta comedia, fechado por Lope en 20 de abril de 1615 y acompañado de la aprobación de Tomás Gracián Dantisco, dada en 18 de mayo del mismo año, existe en el Museo Británico de Londres, y de él procede la fidelísima copia que ha servido para nuestra edición. Lope de Vega publicó esta comedia en la *Décima parte* de las suyas, de que hay, por lo menos, cuatro ediciones: Madrid, 1618, 1620, 1621; Barcelona, 1618. Modernamente, varios aficionados de los pueblos de Manzanares y la Membrilla, deseosos de perpetuar el recuerdo de esta obra, que, además de su intrínseca belleza, tiene para ellos notable interés local, la han impreso de nuevo, pero con el mal acuerdo de no respetar el texto original, so pretexto de querer adaptarla a la escena moderna. [1]

---

[1] *El galán de la Membrilla. Comedia en tres actos y en verso, de El Fénix de los Ingenios Frey Lope de Vega Carpio, arreglada por D. Flo-*

Esta preciosa comedia no puede calificarse de histórica más que por la intervención del Rey San Fernando y del Príncipe Don Alfonso, a quienes anacrónicamente acompaña el marqués de Cádiz, título que no existía aún. Pero el argumento tiene, sin duda, un fondo tradicional, aunque no hayamos podido encontrar rastro de él en parte alguna, ni siquiera en las *Relaciones topográficas* del tiempo de Felipe II, que son una mina inagotable de noticias sobre los pueblos de la Mancha y de la Alcarría. Lope indica esta derivación popular por medio de un cantarcillo, que seguramente habría oído en Manzanares cuando en su juventud le llevaron por aquella tierra los amores de su hermosa *Lucinda:*

> Que de Manzanares era la niña,
> Y el galán que la lleva, de la Membrilla...

De esta copla ha salido toda la comedia, que es de las buenas de su autor en el género realista. Acción interesante y sencilla, sin recursos novelescos ni melodramáticos; personajes de mediana condición, más próximos a lo vulgar que a lo heroico; afectos muy humanos, sin mezcla de sutilezas caballerescas ni quintas esencias de honor; un poderoso sentido común moviéndose en una atmósfera que no por ser familiar deja de ser constantemente poética; tal es este drama doméstico entre hidalguillos y labradores, muy nutrido de la savia del terruño; ardiente y espeso como el mosto de los lagares manchegos.

El color local está aplicado con tanto arte, que nadie confundirá este cuadro, que rebosa un bienestar algo epicúreo, una holgada y poco romántica abundancia, con aquellos otros imponentes dramas de Lope que, como *Los Tellos de Meneses* o *El mejor alcalde el Rey*, tienen por escenario las montañas de León y los valles de Galicia, o con aquellas otras deliciosas fantasías que, como *La niña de plata* y *Lo cierto por lo dudoso*, se desenvuelven bajo el cielo encantado de Sevilla. Lope de Vega, que tenía pro-

---

rentino Molina. Manzanares, imprenta de Máximo González Nicolás, Plaza de la Constitución, núm. 2. 1896, 4.°

fundo sentido de la geografía de España, suele acomodar diestramente la de sus dramas al género de pasiones que en ellos
juegan, y en esto, como en tantas otras cosas, es gran maestro,
no sólo de la comedia nacional, sino de la comedia regional. En
El galán de la Membrilla todo es manchego; la tierra, seca e in-
amena, pero de pingüe esquilmo; los hombres, recios, avalento-
nados, algo sentenciosos, positivos y nada soñadores. De las
bodegas, principal riqueza del país, se trata a cada momento,
y aun puede decirse que figuran como *máquina* en más de una
escena. Los principales tipos del lugar se reducen a tres, admirablemente dibujados. Tello es la personificación del labrador
viejo y prudente, sin pensamientos superiores a su condición,
pero con el legítimo orgullo de su honradez y de su fortuna; don
Félix de Trillo, el soldado galán, el hidalgo arruinado, pero de
nobles pensamientos, heroico aventurero y fino enamorado; Ramiro, personaje equívoco y de índole aviesa, ricachón necio, grosero y vicioso, con tacha de linaje judaico y palabras y actos de
mal caballero. La llaneza habitual de la expresión, exigida por el
arte naturalista, no excluye, a veces, elegantes descripciones y
rasgos líricos de mucho precio. Pueden servir de muestra los ter-
cetos en que Tello convida a su hija a la recreación de las huertas:

> En verdes campos, espesuras grandes
> Te convidan con sitios que parecen
> Pintados lienzos del ameno Flandes.
>   La variedad de flores que te ofrecen,
> Nacieron en tu nombre, porque es mía
> La tierra en que sus árboles florecen.
>   Baja entre peñas una fuente fría,
> A nuestra verde huerta, por canales
> De corcho, en que suspende su armonía;
>   Mas diremos que baja entre corales
> Si a su blando cristal llegas la boca,
> Y con claveles pagarás cristales.
> . . . .
>   Coge el membrillo pálido, y bañado
> En sangre el fruto del moral discreto,
> Pues que se burla del almendro helado;

> Coge el melocotón, pues ya el perfeto
> Color le adorna, que al vencer la calma
> Del tiempo el aire manso e inquïeto,
> Más gusto te dará quitarle el alma,
> Que al dulce dátil, de temor del moro
> Subido en el alcázar de la palma;
> La manzana, que ya púrpura y oro
> Baña también; y a tu placer sentada
> Junto a un arroyo en murmurar sonoro,
> Divide en cuatro partes la granada,
> Porque puedas en él lavar las manos
> Si de sus granos el licor te enfada...

La misma gala y suavidad de dicción, pero con un fondo de penetrante melancolía, realza el bello monólogo de la segunda jornada, en que Tello, honrado en su casa con la visita del Rey, del Príncipe y del maestre de Santiago, recuerda en amargo contraste el abandono y soledad en que le ha dejado su hija:

> No quieren mis congojas
> Que asista a ver las púrpuras reales:
> Salgo de entre los reyes
> A ver los surcos de los juntos bueyes.
> Las mesas con manteles
> De tan varias labores,
> Dorada plata y vidrios venecianos,
> Los bordados doseles
> De escudos vencedores,
> La corona de nobles cortesanos,
> Dos reyes castellanos
> Sentados a la mesa,
> No alegran mis sentidos;
> Que en mis bienes perdidos
> Todo el placer para los ojos cesa;
> Que no es el oro ajeno
> Para remedio de los ojos bueno.
> ¡Con cuánta diferencia
> Aquí miré colgarse
> Los racimos azules y dorados;
> Con verde diligencia
> Fértiles dilatarse

En brazos de los olmos acopados,
Asidos y enlazados
En rúbricas torcidas
De pámpanos hojosos,
Y otras veces gozosos
De verse entre las varas guarnecidas
De membrillos enanos,
Tomar su olor los moscateles granos!...
   Ya, campos, no la veo:
Dejóme Leonor, prados;
Bien os podéis secar, vides hermosas;
Que ya tengo deseos
De veros agostados,
Y vueltas en espinas vuestras rosas.
¡Oh, tú, que ya reposas
En brazos de un extraño,
No mates atrevida
A quien te dió la vida!
Tu viejo padre soy, que al fin engaño,
Con deseos de verte,
La vida, que trocara por la muerte.

Como una prueba más del singular talento que varias veces hemos reconocido en Lope de Vega para la poesía musical, es imposible omitir un lindísimo baile, al cual sirve de tema un conocido romance anacreóntico del mismo Lope de Vega, que se insertó anónimo en el *Romancero general* de 1604:

Por los jardines de Chipre
Andaba el niño Cupido,
Entre las flores y rosas
Jugando con otros niños...

La letra del *baile,* inserto en el acto segundo de esta comedia, dice así:

Ibase el Amor
Por entre unos mirtos
En la verde margen
De un arroyo limpio.
Los niños con él

Tras los pajarillos
Que de rama en rama
Saltan fugitivos.
En un verde valle,
De álamos ceñido,
Vieron dos colmenas
En guardado sitio.
Los niños temieron,
Y Amor, atrevido,
Probar de la miel
Codicioso quiso.
Picóle una abeja,
Y dando mil gritos,
Mostrando la mano
A su madre dijo:
«Abejitas me pican, madre;
¿Qué haré, que el dolor es grande?»
Madre, la mi madre;
Picóme la abeja,
Que no hay miel tan dulce
Que después lo sea,
Porque no hay colmena
Que después no amargue:
«Abejitas me pican, madre;
¿Que haré, que el dolor es grande?»
Riéndose Venus
Tomóle la mano,
Rompió de su velo
Un listón morado,
Atóle la herida,
Y dijo al muchacho:
«Sientes que una abeja
Por tan breve rato
Te pique en un dedo
Costándote tanto,
Y no miras, niño,
Del mundo tirano,
A cuántos has muerto
Disparando el arco.»
Desengáñese quien ama
Y a hacer pesares se aplica,
Que le han de picar si pica.

Danza

No penséis, tirano Amor,
Que habéis de picar con celos,
Que os darán fuego por hielos
   Y desdenes por favor;
   Y sepa quien al rigor
   De hacer pesares se aplica,
   Que le han de picar, si pica.
Luego bajaron de los altos montes
Las ninfas a bailar al verde prado;
Viendo que Amor lloraba de picado,
Celebraron con ellas los pastores,
Que con celos y amores las adoran,
Que Amor llorase por quien tantos lloran.

Baile

No temáis del Amor el arco,
Que el Amor anda picado:
   Ya no puede Amor
   Disparar las flechas;
   Que del interés
   Le picó una abeja;
   Si la aljaba deja
   Colgada de un árbol,
No temáis del Amor el arco,
Que el Amor anda picado.

Hay en esta pieza situaciones y escenas, como la visita del Rey y el alojamiento del capitán, que recuerdan remotamente otras de *El villano en su rincón*, de *El alcalde de Zalamea*, de *Las dos bandoleras* y de otras comedias de Lope; pero la semejanza no es tanta que pueda decirse que en este caso el autor se plagia a sí mismo. Los principales incidentes de la fábula son diversos, lo son también los caracteres, y si a algún alcalde vengador se parece Tello, no es al que pintó Lope, sino al que luego mejoró Calderón. Véase algún ejemplo:

DON FELIX

Debe un rico labrador
Alojar un pobre hidalgo,

Quedará la casa honrada
De aquello que le faltó;
Que bien puedo honrarla yo,
Aunque es tan limpia y preciada.

TELLO

Tan limpia ya la tenéis,
Que ni aun honra habéis dejado,
Pues más os habéis llevado
Que darme ahora podéis.
    Ya no tenéis que llevar:
¿Para qué venís aquí?
Debéis de venir por mí
Para acabarme de honrar.
    Vencisteis la fortaleza,
Escalasteis la muralla,
Si fué mucho conquistalla
Por almenas de flaqueza.
    Y agora metéis soldados
Para saquear mi hacienda;
Pero tras aquella prenda
Todos venís engañados;
    Que en mi casa no hallaréis,
Capitán, más plata y oro;
Que era Leonor mi tesoro,
Y ha días que la tenéis...
    Tomad, señor capitán,
La casa, que el cuerpo es
De un alma; pero después,
Si tengo honor os dirán
    Estas manos, aunque ancianas;
Que no caduca el valor,
Porque suele arder mejor
En la nieve de las canas.

Aunque toda la comedia está muy bien escrita, merecen particular mención las escenas de la ronda nocturna y el encierro de Tomé en la bodega, siendo digno de repararse que ni siquiera al pintar la embriaguez de éste degenera en grosería la fuerza cómica de Lope, que siempre se conserva poeta, aun en los mayores extremos de su nativo realismo.

XXXV.—La estrella de Sevilla

Fatal y extraño destino ha cabido al texto de esta admirable y famosa tragedia, que debe de ser posterior a 1618, puesto que no se halla en ninguna de las dos listas de *El Peregrino*, a no ser que esté disimulada bajo otro título. Lope no la incluyó en ninguna de las *Partes* de su Teatro, y sólo ha llegado a nosotros en una rarísima edición del siglo XVII, que aunque hoy figure como suelta, fué seguramente desglosada de algún tomo de comedias varias, como lo prueba la paginación, que comienza en el folio 99 y termina en el 120. De este ejemplar se valió Trigueros para su refundición, y de él proceden también las cuatro únicas ediciones modernas dignas de citarse; es, a saber, las dos de Boston, 1828 y 1840, procuradas por el profesor de lengua española D. Francisco Sales; [1] la de Hartzenbusch (1853), en la Biblioteca de Rivadeneyra, y la de Luis Lemcke, en su *Manual de literatura española*, que es la mejor crestomatía que tenemos. [2]

Pero basta pasar los ojos por ese texto, para convencerse de que no puede ser el primitivo y genuino de Lope. Ya lo notó con su habitual y discreta parsimonia D. Juan Eugenio Hartzenbusch: «*La estrella de Sevilla*, esa tragedia célebre, donde se admiran situaciones tan bellas y tan felices rasgos, carece de sentido en varios pasajes, mutilados oprobiosamente; supresiones o añadiduras mal hechas embrollan su desenlace de tal manera, que apenas se entiende la intención del autor.»

---

[1]   *Selección de obras maestras dramáticas por Calderón, Lope de Vega y Moreto. Con notas, índice y reglas esenciales. Boston, Munroe y Francis,* 1828, 12.° (Contiene, además de *La estrella de Sevilla, El Príncipe Constante* y *El desdén con el desdén.*) Sales hizo su edición por una copia que Ticknor había obtenido en Madrid.

Selección, etc... Segunda edición americana. Boston, J. Munroe y Compañía, 1840. (Con algunas enmiendas propuestas por D. Agustín Durán.)

[2]   *Handbuch der Spanischen Literatur...* Leipzig, Friedrich Fleischer, 1856. Tomo III, páginas 191 a 232.

La edición, con efecto, es pésima aun entre las de su clase; pero no sólo debe de estar horriblemente mutilada, sobre todo en el tercer acto, sino que contiene evidentes interpolaciones de mano ajena y torpe, que ni siquiera ha intentado disimularse. Para mí, es claro como la luz del día que *La estrella de Sevilla* que leemos hoy está refundida por Andrés de Claramonte, quien cometió en ella iguales o mayores profanaciones que en la de *El rey Don Pedro en Madrid*. Todas las escenas en que interviene el gracioso *Clarindo* (nombre poético de Claramonte), por ejemplo, la del delirio de Sancho Ortiz, tan insulsa, tan fría, tan desatinadamente escrita, tienen que ser de aquel adocenado plagiario, que aun para ellas necesitó ayuda de vecino; por ejemplo, la de *Tirso de Molina* en su comedia *Cómo han de ser los amigos* (escena trasplantada luego por otro refundidor, Ramírez de Arellano, a *Lo cierto por lo dudoso*, del mismo Lope).

Con tales antecedentes, y teniendo en cuenta la forma estragadísima en que ha llegado a nosotros esta comedia, tiene que parecer mucho menos irreverente la nueva refundición, que con otro gusto y otro criterio trabajó a fines del siglo pasado D. Cándido María Trigueros, a quien no todos han hecho en esto la debida justicia. Las refundiciones son malas en sí, pero en algunos casos son un mal inevitable. Trigueros, que poco o nada tenía de poeta, y que, además, estaba dominado, como todos sus contemporáneos, por algunas de las preocupaciones seudoclásicas, era, no obstante, en cuestiones de teatro un aficionado muy inteligente, un hombre de fino tacto, incapaz de producir por sí mismo la belleza dramática, pero muy capaz de comprenderla y de mostrársela a los demás por medio de una adaptación feliz. Hay pocos escritores de quienes pueda decirse a un tiempo tanto bien y tanto mal. Cuanto inventó de propia Minerva, lo mismo en el teatro que en la poesía lírica y didáctica, y en la que en su tiempo se llamaba épica, es inferior a la más vulgar medianía: *El Poeta filósofo, La riada, La Ciane, Los Menestrales* y otros innumerables frutos de su pedestre vena, son abortos del más desconsolador prosaísmo. Los sólidos conocimientos que tenía en humanidades, el estudio continuo de los mejores modelos latinos y aun griegos, que diariamente imitaba y traducía, nada pudieron contra esta radical impotencia poética suya. *Grafómano* impenitente y arqueólogo sin conciencia, dejó en las letras la reputación de un poeta ridículo y en los estudios de erudición la de un epigrafista falsario, digno émulo de los Medina Conde y los Román de la Higuera. Y, sin embargo, Trigueros vale más que su fama, a despecho de sus versos, y de sus travesuras y embolismos de anticuario, dignos de ser ásperamente condenados, como lo han sido por Hübner y Berlanga. El talento crítico de Trigueros, sin ser de primer orden, aventajaba mucho, sobre todo en cuestiones de literatura dramática y de arte escénico, a lo que era usual y corriente en su tiempo; propendía a una mayor libertad literaria, amaba la poesía nacional; se recreaba con ella y la entendía bien; profesaba un clasicismo tolerante y sensato, y en algunas cosas no hay duda que fué un precursor. Lope de Vega le debe muy buenos servicios, como se los debe *Tirso* a D. Dionisio Solís. El Teatro español del siglo XVII no estaba olvidado, ni mucho menos, en la mitad del siglo pasado; al contrario, se le representaba mucho más que hoy, y el público le entendía y saboreaba mejor; pero ese Teatro era el de Calderón, Moreto y sus contemporáneos; no el de Lope y *Tirso*, que yacían enteramente olvidados, y cuyas ediciones originales eran ya tan raras como lo son hoy, y mucho más desconocidas, porque ni siquiera había eruditos que las estudiasen. Trigueros hizo, pues, un positivo favor a la memoria de Lope desenterrando sucesivamente varias comedias suyas, tales como *La moza de cántaro, Los melindres de Belisa, El anzuelo de Fenisa,* y refundiéndolas con verdadera inteligencia de las condiciones del Teatro moderno, y con loable respeto al genio del poeta, de quien era sinceramente devoto, aunque no comprendiese toda su grandeza. Trigueros fué el más antiguo de nuestros *lopianos* (como se dice en Alemania), y lo fué por instinto propio y contra toda la corriente de su tiempo. Con *Sancho Ortiz de las Roelas,* refundición que tiene muchas cosas originales y nada despreciables, dió y ganó la primera batalla romántica treinta años antes del romanticismo. Ya veremos la hostil acogida que tuvo en los humanistas y en los críticos. Pero el aplauso popular se sobrepuso a todo, y Lope volvió a reinar sobre la escena española tan grande y tan glorioso como el primer día.

Todo estudio acerca de *La estrella de Sevilla* debe empezar, por consiguiente, con un buen recuerdo al pobre Trigueros, que salvó del olvido, y quizá de la destrucción, una de las obras maestras de Lope; que supo admirarla sin que se lo enseñase nadie, y que la restituyó a la escena, si no con toda la integridad que hoy desearíamos, a lo menos conservando todas las bellezas que podían encajar dentro del molde de la tragedia de su tiempo; llenando, además, algunos vacíos del estragado original con innegable destreza. Así arreglada la comedia, se representó con grandísimo éxito, el miércoles 22 de enero de 1800, en el teatro de la Cruz por la compañía de Luis Navarro, continuando sin interrupción las representaciones hasta fin de mes. Pero parece que Trigueros no pudo disfrutar de los honores del triunfo, por haber fallecido en los primeros días de aquel año o a fines del anterior.

Al frente de *Sancho Ortiz de las Roelas* (que tal fué el nuevo título dado por el refundidor a la obra) aparece una curiosísima *Advertencia*, que malamente fué suprimida en las ediciones posteriores, y que es digna de conservarse, no sólo porque en ella Trigueros expone con loable modestia las alteraciones que introdujo, sino por ser el más antiguo juicio acerca de este drama de Lope, y no el menos atinado, como iremos viendo al compararle con otros.

«Cuando Lope de Vega compuso el presente drama con el nombre de *comedia* y título de *La estrella de Sevilla*, sabía muy bien que componía una verdadera tragedia, y así lo expresó él mismo, poniéndola fin por boca de Clarindo, con estas palabras:

Y aquí
Esta tragedia os consagra
Lope, dando a *La estrella
de Sevilla* eterna fama,
Cuyo prodigioso caso
Inmortales bronces guardan.

»Donde debe notarse que la palabra Tragedia está puesta en todo su rigor, significando un drama que presenta una acción grande y sublime; y no está tomada en la acepción más lata y vulgar, que significa una acción que acaba con desgracia, cuya observación se demuestra advirtiendo su feliz catástrofe, en el drama original. Verdad es que su autor la sobrecargó alguna cosa: comenzó la acción antes de lo necesario, y la dirigió con el mismo desorden que ha sido tan común desde aquellos tiempos; pero no debemos atribuir estos defectos ni a ignorancia suya, ni a falta de talento y aptitud para el coturno. Este inagotable ingenio, que por confesión propia no tuvo reparo en sacrificar su fama al deseo de agradar al vulgo actual que pagaba sus tareas, no puede causarnos maravilla si en esta tragedia se dexó ir hacia el mismo sacrificio; pero si observamos bien su obra, si la analizamos con inteligencia y desinterés, hallaremos en ella las mayores pruebas del verdadero dramático y Trágico. La acción, bien escogida y bien manejada; caracteres sublimes, bien sostenidos; situaciones excelentes y magníficamente patéticas, ya expresadas, ya indicadas; expresión digna, y una versificación como suya, son prendas de que abundan tanto pocos ingenios de ninguna nación; y aunque acaso pudiera notarse un no sé qué de familiaridad en el drama de Lope, de la cual suelen huir aún los menos elevados trágicos modernos, no sé yo si esta acusación se fundará en un verdadero defecto. En las tragedias que nos quedan de los Latinos, y mucho más en las de los Griegos, se hallan más a menudo ejemplos de esta digna familiaridad que de la afectada majestad moderna. Si la tragedia representa las acciones de los hombres grandes, y si los hombres no dexan de ser hombres, por grandes que sean, no puede ser defecto pintar con dignidad esta familiaridad, que es una de las más esenciales consecuencias de la humanidad sociable; ni por esta pintura se podrá decir que una tragedia degenera en comedia, y es por lo mismo esencialmente monstruosa. Sea como fuere, no creo que se pueda dudar que si es lícito imitar el modo de pintar que hizo tan grandes a Corneille y a Racine, también lo es seguir las pinceladas que hicieron inmortales a sus maestros Eurípides y Sófocles. La acción de este drama es una y sencilla, pero llena de aquel no sé qué maravilloso, que entretiene, encanta y embelesa, al mismo tiempo que mueve e instruye. ¿Executará Sancho Ortiz su encargo? ¿Descubrirá al Rey? ¿Cuál será su suerte? Ved aquí el problema en que se funda toda la acción: en el acto primero queda establecido el problema; los siguientes contienen los auxilios y obstáculos que, constituyendo la acción continua, atraen, maravillan, entretienen y embelesan al espectador: la última declaración del Rey es la última y verdadera solución de todas las dudas, y en ella estriba la catástrofe. La naturaleza de la presente acción es tal, que el primer exemplo que Aristóteles pone de las acciones que son mejores para excitar la compasión y terror trágico, es presisamente que sea de esta naturaleza. «*Pero las perturbaciones* (dice) *se han de sacar de las »cosas que suceden entre amigos, como si matare o procurare matar »un hermano a otro.*» No puede, pues, quedar duda en que la acción que Lope eligió para este drama, sobre ser una, grande y completa, es también de la mejor calidad y de las más propias para el género trágico. Como yo no he tenido que hacer mutación alguna en la acción ni en su progreso, es manifiesto que la misma unidad de tiempo, lugar e interés que hay en la presente había en la antigua. Un solo día no completo, y un corto distrito que hay entre el Real Alcázar, el castillo de Triana y la casa de Bustos Tavera, son en una y otra el tiempo y lugar de la escena. La única diferencia consiste en que yo he hecho más sensibles estas unidades, y no he dexado ver las distancias, sino entre acto y acto. Esta diferencia, no obstante, me ha obligado a varias mutaciones en la disposición y serie de las escenas; pero las mutaciones más notables han nacido de otro principio. Parecióme que debía omitir todo lo que precede a la verdadera acción del drama; y aunque en la antigua comedia estaba puesto en acción, era más a propósito para narración y para constituir el prólogo oculto. Con esta sola mutación quedó fuera toda una jornada y gran parte de otra, que quizá pueden dar materia para otro drama. Aunque la comedia de Lope era muy larga, reducida a poco más de la mitad, quedaría muy corta, y los actos, que por la disposición del lugar debían ser cinco, quedarían muy breves, y sobre todo muy desiguales: para evitar estos inconvenientes, no sólo ha sido forzoso interpolar gran número de versos nuevos con los de Lope, sino también añadir escenas y desenvolver (digámoslo así) algunas excelentes situaciones que en el original no estaban sino apuntadas. Sin embargo de tantas mutaciones, como todo el fondo de la invención real y la mayor parte de la disposición es de Lope, igualmente que el mayor número de versos, algunos de los cuales se han tocado ligeramente, es preciso que confiesen que es suyo el mérito principal de esta tragedia; y el demérito que pueda quedarla por los defectos de la nueva disposición y versificación, sólo debe atribuirse al corrector. Para mejor aprovechar los versos de Lope, no se han mezclado los géneros de verso que él usa, sino cuando se ha querido evitar la precisión de hacerlo dentro de una misma escena, o huir de interpolar versos endecasílabos. Se han evitado éstos, no obstante que constantemente afectan los modernos escribir en ellos las tragedias; lo primero, porque en toda clase de versos puede haber dignidad en la expresión. Es verdad que los versos de ocho sílabas ayudan menos que los endecasílabos para hacer la expresión pomposa; pero ¿es necesario, por ventura, que la expresión sea pomposa para que sea digna y grandiosa? El verso endecasílabo es, sin duda, el más armonioso y numeroso de nuestro idioma; pero a vueltas de su buen sonido, ¿cuántas superfluidades, cuánto verdadero ripio hay, aun en los más exactos escritores de endecasílabos? Por otra parte: la escogida armonía es una prenda excelente y loable para la versificación de los dramas; pero no es tan esencial en ellos, que sea lo que más se deba atender: estoy por decir más: esa afectada armonía es en algún modo opuesta a la naturalidad de una conversación, y ya se sabe que cualquier drama es una conversación correspondiente a los interlocutores y a la materia que tratan. Quizá por esta razón el verso hexámetro, que es el más armonioso de cuantos usaron los Griegos y Latinos, se halla rarísima vez en sus dramas; y el verso iámbico, que es el que corresponde al nuestro familiar de ocho sílabas, se halla casi solo y combinado de mil modos en el teatro Griego y Latino. Estas razones me hacen creer que no es este género de verso tan ajeno del coturno como piensan algunos: no impide su estructura el buen uso de todas las figuras que constituyen poética la locución; ni es necesario que haya afectación en el verso para que tenga todas las gracias de la mejor elocución, ni es permitido exceptuar la tragedia de estas licencias que hacen poético el estilo...

»Es sin duda que una tragedia muy larga se hace más molesta cuanto más conmueve, que es decir cuanto sea mejor: porque el continuo ejercicio de los órganos interiores, forzosamente ha de cansar si es fuerte y de mucha duración: por esto he procurado que ésta no sea larga y lo procuraré con todas. Un acto de 350 versos es más bien corto que largo, y representado con la pausa, dignidad y detenciones que corresponden, puede durar de quince a diez y ocho minutos; de manera que cinco actos iguales de esta naturaleza, cuya representación exija entre hora y cuarto u hora y media, deberá tener como 1.750 versos endecasílabos. A esta duración se acerca la presente tragedia, pues consta de 2.400 versos de ocho sílabas, con corta diferencia; no me parece que tengo más que advertir sobre esta tragedia.» [1]

Se convendrá en que para un crítico del siglo pasado, nada tienen de vulgares algunas de las ideas de este trozo, especialmente cuando recomienda el empleo de los metros cortos y la noble familiaridad en el diálogo del teatro. Tampoco puede negarse que Trigueros comprendió perfectamente la fuerza del conflicto trágico creado por Lope. Viniendo ya a tratar de su refundición,

---

[1] *Sancho Ortiz de las Roelas. Tragedia arreglada por D. Cándido María Trigueros. Madrid, en la imprenta de Sancha. Año de* 1804, 8.°

Aunque esta edición no se dice segunda, hay otra anterior, de 1800, en casa de Quiroga, 8.°, que se diferencia de la presente en tener una lámina bastante tosca. Anunció se su venta en el *Diario de Madrid* de 25 de febrero de 1800.

En las varias reimpresiones de teatro o de cordel que luego se hicieron del *Sancho Ortiz*, se suprimió constantemente el prólogo.

es claro que no se le puede perdonar el haber sacrificado toda la primera jornada y buena parte de la segunda, poniendo en narración, y en narración hecha con su estilo generalmente pobre y lánguido, lo que en Lope es acción vivísima y avasalladora. Pero hay que ponerse en su punto de vista, que era no romper de frente con la convención clásica, que entendía la unidad de acción en su sentido más estrecho. En cuanto a los versos del refundidor, claro está que no son como los de Lope, y aun a veces son rematadamente malos: véanse, sin ir más lejos, estos del principio:

> ¡Oh, si pudiera vencer,
> Don Arias, está pasión
> Que avasalla mi razón!
> *Yo no sé ya qué he de hacer...*

Pero otras veces el estilo se anima, y conforme adelanta la fábula, el imitador va cobrando fuerzas, y a veces remeda de un modo nada infeliz la locución de nuestros antiguos dramáticos. Versos hay en *Sancho Ortiz* aplaudidos siempre y tenidos por de Lope. que en vano se buscarían en *La estrella de Sevilla*, aunque es posible, dados los hábitos de plagiario que tenía Trigueros, que los transportase de alguna otra comedia antigua. De todos modos, conste que no está en la tragedia de Lope, y sí en la de Trigueros, aquella célebre respuesta:

> *Soy* (dijo a mi furor loco)
> *Para esposa vuestra, poco,*
> *Para dama vuestra, mucho.*

Aun en los diálogos en que más a la letra sigue a Lope, suele Trigueros intercalar pensamientos suyos, expresados con una facilidad y elegancia, que no los hace indignos de andar en tan alta compañía:

> En la corte, gran señor,
> El soldado se amancilla;
> Se ve mejor y más brilla
> Junto al moro lidiador.
> . . . .

> Vos decís que está culpado,
> Y porque ése es su destino,
> Y vos me lo habéis mandado,
> *Le mataré como honrado,*
> *Pero no como asesino...*

Y a veces llega a dar mayor energía a la expresión. Dice Sancho Ortiz al Rey en el texto de Lope:

> Dándome aquí la palabra,
> Señor, los papeles sobran...

Y Trigueros corrige así:

> Todos los papeles sobran
> Donde está vuestra palabra.

Del monólogo de Sancho Ortiz, que está horriblemente mutilado en la edición original, saca Trigueros todo el partido posible, y añade un rasgo de mucha fuerza dramática, que no es de Lope, pero que lo parece, hasta el punto de haber engañado a todo el mundo:

> ¡La espada sacastes vos,
> Y al Rey quisistes herir!...
> ¿El Rey no puede mentir?
> No, que es imagen de Dios...

Esta inocente superchería de Trigueros, ha sido parte a que muchos achaquen a Lope de Vega un exceso de devoción monárquica, que ciertamente hay, pero no en tanto grado, en su comedia. De todos modos, refundir de esta suerte tiene su mérito, y no está al alcance de cualquiera.

En el segundo acto, que es el capital de la tragedia de *Sancho Ortiz* (dividida, al modo clásico, en cinco), también hay felices adiciones de Trigueros. No apruebo que amplificase retóricamente el llanto de Estrella sobre el cadáver; pero tuvo un arranque de inspiración, haciendo que ella sea quien primero nombre a Sancho Ortiz, y le invoque como vengador, antes de saber que es el homicida:

> Llamadme, amigos, llamadme
> A Sancho Ortiz: venga aprisa;
> Consuéleme con vengarme.

Preparada de este modo, cobra doble valor la exclamación que Lope puso en labios de Estrella:

> ¡Mi hermano es muerto, y le ha muerto
> Sancho Ortiz!...

Trigueros ha desarrollado algunas situaciones apenas indicadas en el original. Le pertenece por completo la viva y rápida escena del primer interrogatorio de los alcaldes a Sancho Ortiz:

FARFÁN

¿Sabéis quién muerte le diera?

SANCHO

Mi mano y mi obligación.

FARFÁN

¿Cuerpo a cuerpo, o a traición?

SANCHO

Si otro me lo preguntara,
¡Vive Dios, que le matara!
Cuerpo a cuerpo y con razón.

FARFÁN

¿Con qué razón?

SANCHO

Yo lo sé.

FARFÁN

Pues ¿en qué os ofendió?

SANCHO

En nada.

FARFÁN

Pero la causa, ¿cuál fué?

SANCHO

Una palabra empeñada.

FARFÁN

¿A quién?

SANCHO

Jamás la diré.

FARFÁN

Si la palabra empeñaste,
Viniste a ser asesino. .

SANCHO

Farfán, en eso lo erraste.

FARFÁN

A él te fuiste con *destino*
De matarle..

SANCHO

Lo acertaste

. . . .

FARFÁN

¿Le heriste por defenderte?

SANCHO

No, que tiraba a matalle.

. . . .

FARFÁN

Así gran culpa tenéis.

SANCHO

No tengo culpa ninguna.

FARFÁN

Pues ¿confesado no habéis?

SANCHO

Ese es golpe de fortuna,
Farfán, que vos no entendéis...

Pero, en general, las escenas añadidas de nueva planta por Trigueros, aunque estén poéticamente imaginadas, flaquean casi siempre por el poco nervio de la expresión. Su enclenque musa no podía andar más que con muletas. Por eso se desgració en sus manos el primer diálogo, que pudo ser muy patético, entre Sancho y Estrella, y el monólogo de Ortiz en la prisión, aunque menos malo es que el grotesco diálogo de Clarindo. Pero cuando se calentaba a la hoguera de Lope, siempre le alcanzaban algunas chispas. Convirtiendo en redondillas el romance con que Estrella entabla ante el Rey su demanda, le mejoró en parte:

> Como hermano me amparó,
> Y fué mi padre en efeto,
> Que honor, virtud y respeto
> Con su ejemplo me inspiró.
> . . . .
> Un tirano cazador,
> Vibrando el arco cruel
> Disparó el golpe, y dió en él,
> Pero en mí cayó el dolor...

En cambio, el servilismo de su tiempo le obligó a estropear la magnífica escena de los alcaldes, atenuando aquel valiente arranque:

> Lo prometido,
> Con las vidas, con las almas,
> Cumplirá el menor de todos
> Como vos, como arrimada
> La vara tenga; con ella,
> Por las potencias humanas,
> Por la tierra, por el cielo,
> Que ninguno dellos haga
> Cosa mal hecha o mal dicha.
> . . . .
> Como a vasallos nos manda;
> Mas como alcaldes mayores,
> No pidas injustas causas;
> Que aquello es estar sin ellas
> Y aquesto es estar con varas...

Hemos dicho que el éxito popular de esta refundición fué uná-
nime, pero no carece de curiosa enseñanza saber cómo la recibió
la crítica de entonces. El juicio más extenso e importante que
hemos visto, es el que insertó en el *Mercurio de España*, de junio
de 1800, [1] su habitual redactor D. Nicasio Álvarez de Cienfuegos,
poeta nebuloso y apasionado adepto de la filantropía sentimental
del siglo pasado, neologista acérrimo, innovador de talento en
muchas cosas y precursor de una de las maneras del romanticismo
lírico. Hay en su artículo una mezcla extraña de errores y aciertos;
comprende la grandeza trágica de algunas situaciones del drama
de Lope, pero juzga los móviles y actos de los personajes con
absoluta falta de criterio histórico y conforme a los dictados de
la moral abstracta y filosófica.

Empieza por declarar que no conocía la obra original de Lope:
«Yo no he visto *La Estrella de Sevilla*, pero por relación de algunos
que la han leído y por las otras comedias de Lope que he visto,
creo que lo bueno que hay en esta tragedia es del Sr. Trigueros
y no de Lope de Vega, en cuyo tiempo no se conocían ni sabían
manejar las pasiones trágicas tan bien como lo están en el segundo
acto de ella. Pero sea lo que fuere de esto, lo que hay de cierto
es que esta tragedia se representó en esta corte el año pasado
y fué muy aplaudida. Unos la subieron a los cielos, igualándola
y aun aventajándola a los grandes modelos griegos y franceses;
otros la despreciaron eminentemente, y éstos y aquéllos juzga-
ron con precipitación y con injusticia. La tragedia tiene grandes
defectos, vicios capitales; pero tiene también grandes bellezas.»

Precisamente, a causa de no conocer el drama de Lope (que
no se titula *Sancho Ortiz*, sino *La Estrella de Sevilla*, porque en

---

[1] *Mercurio de España. Tomo II. Madrid. En la Imprenta Real,
junio de* 1800. Páginas 157 (numerada por error 571) a 191, inclusive.
*Examen de la tragedia titulada «Sancho Ortiz de las Roelas», arreglada
por D. Cándido María Trigueros, la qual se vende en Madrid en casa de
Castillo.* El artículo no está firmado, pero consta que es de Cienfuegos
por testimonio de D. Antonio Alcalá Galiano en sus *Recuerdos de un
anciano.*

él es episódica la muerte dada por Sancho a Bustos Tavera, y es capital la honesta resistencia de Estrella a los deseos del Rey, único argumento de toda la primera jornada y parte de la segunda), falla el primer reparo de Cienfuegos: «La acción se reduce a este problema: Roelas, execuntando la comisión de matar a Bustos, ¿se salvará, o será víctima de su obediencia y de su secreto? Roelas es, sin disputa, el héroe de esta acción, y como tal, debe de acto en acto, de escena en escena, inspirar mayor compasión y mayor terror; sus infelicidades deben ir creciendo hasta el desenlace... para que la obra tenga *unidad de interés*, que es la ley suprema en esta materia. El defecto capital de esta obra es el doble interés que hay en ella. Es Roelas el héroe de la acción, pero Estrella es la heroína de pasión, la más infeliz y la más inocente, la que interesa sobre todos.» Y la que Lope quiso que interesase en primer término, hubiera podido añadir Cienfuegos.

Este dualismo, que es innegable, pero que cabe perfectamente dentro del amplio cuadro romántico ideado por Lope, desentona en la tragedia de Trigueros por su carácter híbrido y sus aspiraciones a la regularidad clásica, que, llevándole a suprimir más de la mitad de la obra antigua, le forzaron a dejar sin explicación muchas cosas y a torturar la concepción primitiva, encajándola en un molde demasiado estrecho.

Por supuesto, Cienfuegos se indigna y declama largamente contra el matador de Bustos Tavera. Roelas no debía haber aceptado el encargo del Rey, sino huir o dejarse matar. «El amor, los celos, la amistad, el deudo, el agradecimiento, la esperanza, *la opinión pública, toda, toda la naturaleza,* ordenaba a Roelas que tomase cualquiera de estos partidos, y jamás el de la muerte; su acción es contraria a la naturaleza, en inverosímil, es prácticamente imposible, y, por consiguiente, falsa. A los que me digan que es verdadera porque es histórica, les responderé que el teatro no es la historia, ni la verdad real es la verdad poética, y que todas las verdades del mundo, mientras no se hagan verosímiles, serán dramáticamente falsas... Al teatro deben llevarse las acciones, quitándolas lo que tengan de odioso y de mal ejemplo. Roelas es un vil asesino, porque sólo echan mano de tales gentes para executar asesinatos; es un asesino en la opinión pública, porque sino no le dixera don Sancho, cuando le da la comisión, que matase a Bustos dondequiera que le encontrase; es un asesino, porque toma a bulto la comisión de matar, sin saber a quién; es un asesino, porque después que sabe esto, no experimenta casi ningún contraste de pasiones, y al instante resuelve y executa la muerte; es un asesino, porque después de esta hazaña no tiene remordimiento ninguno, y en lugar de arrepentirse dice que volvería otra vez a hacer lo hecho; es un asesino, y asesino consumado, porque se gloría de lo que debiera avergonzarse, y se mira como un héroe, cuando es más baxo, más ruin, más despreciable... [1]

»Si interesa por algún respecto, es por la parte que en su desgracia le cabe a Estrella. ¡Ésta sí que interesa altamente; como que es noble, honrada, generosa, amable, inocente; como que

---

[1]   Estos reparos son una sarta de dislates, y pueden contestarse con el texto mismo de la comedia de Lope. La *opinión pública* (para usar de la ridícula frase de Cienfuegos), lejos de tener a Sancho Ortiz por un asesino de profesión, le tenía por un héroe; la llamaba *el Cid andaluz*, y decía de él por boca de Don Arias:

> Pues yo darte un hombre quiero,
> Valeroso y gran soldado,
> Como insigne caballero,
> De quien el Moro ha temblado...
> De Gibraltar, donde ha sido
> Muchas veces capitán
> Victorioso, y no vencido,
> Y hoy en Sevilla le dan,
> Por gallardo y atrevido,
> El lugar primero; que es
> De militares escuelas
> El sol   . . . .

Es enteramente falso que tome a bulto la comisión de matar sin saber a quién. Es cierto que desconoce la persona, pero sabe, nada menos que de boca del Rey *(imagen de Dios* para él), que esa persona ha cometido crimen de lesa majestad. Y si entonces acepta la comisión de matarle,

padece por la virtud y pierde un hermano que era su amparo; le pierde por la mano de lo que más amaba, pierde con él todas sus esperanzas, lo pierde todo, y lo pierde en el instante en que se imaginaba la más feliz de la tierra! Su inocencia y sus infelicidades cautivan la atención y arrastran los ánimos de los espectado-

---

no es a traición, sino cuerpo a cuerpo; no como asesino, sino como servidor leal. Todo ello está magistralmente explicado en el diálogo de Lope:

REY

A mí me importa matar
En secreto a un hombre, y quiero
Este caso confiar
Sólo de vos; que os prefiero
A todos los del lugar.

SANCHO

¿Está culpado?

REY

Si está.

SANCHO

Pues *¿cómo muerte en secreto
A un culpado se le da?*
Poner su muerte en efeto
Públicamente podrá
Vuestra justicia, sin dalle
Muerte en secreto; que así
Vos os culpáis en culpalle,
Pues dais a entender que aquí
Sin culpa mandáis matalle.
Si ese hombre os ha ofendido
En leve culpa, señor,
Que le perdonéis os pido.

REY

Para su procurador,
Sancho Ortiz, no habéis venido,
Sino para dalle muerte
Y pues se la mando dar

res, que, desentendiéndose de la acción de Roelas, sólo anhelan por saber cuál será la suerte de Estrella... Esta acción, que debía estar subordinada a la principal y ser parte de ella, se hace principal por la mala disposición del plan, y resultan dos héroes, dos acciones, dos intereses, de los cuales el dominante es el de Estrella.»

Escondiendo el brazo fuerte,
Debe a mi honor importar.
¿Merece el que ha cometido
«Crimen læsæ», muerte?

SANCHO

En fuego.

REY

¿Y si *«crimen læsæ»* ha sido
El déste?

SANCHO

Que muera luego,
A voces, señor, os pido;
Y si es así, la daré,
Señor, a mi mismo hermano,
Y en nada repararé.
. . . .

REY

Hallándole descuidado
Puedes matarle.

SANCHO

¡Señor!
¡Siendo Roela y soldado,
Me quieres hacer traidor!
¡Yo muerte en caso pensado!
Cuerpo a cuerpo he de matalle,
Donde Sevilla lo vea,
En la plaza o en la calle;
Que al que mata y no pelea,
Nadie puede disculpalle;

Califica de admirable el acto segundo, y hace de él un delicado análisis, escena por escena. Y cuando llega a la de la presentación del cadáver de Bustos, el alma impetuosa de Cienfuegos se sobrepone al convencionalismo de escuela y le hace exclamar con valentía, dentro de su enfático estilo:

«Declamen cuanto quieran los insensatos reglistas que, prohibiendo el ensangrentamiento del teatro, quieren prohibir la verdad y la naturaleza; declamen los que, poseídos de una sensibilidad que no tienen, se horrorizan de ver un cadáver en el teatro, y corren a las plazas a ver matar a sus semejantes; declamen los charlatanes que a fuerza de lengua quieren suplir la falta de instrucción y de entendimiento; declamen en hora buena, pero sálganse del teatro, y no profanen con su presencia unas escenas tan sublimes. Las almas *tiernas* se quedan, quieren quedarse, quieren contemplar el cadáver de Bustos, quieren afligirse, y deshacerse en lágrimas a su vista, y pagar el tributo debido a la

> Y gana más el que muere
> A traición, que el que le mata;
> Y el vivo, con cuantos trata,
> Su alevosía refiere.

Tampoco es cierto que consume su acción sin fiera lucha de pasiones, y que después de ella no sienta atroces remordimientos, llamándose a sí mismo *«Caín sevillano»*. La consuma porque le liga su palabra, y porque cree de buena fe que Bustos es reo de lesa majestad y que merece la muerte:

> Mas soy caballero,
> Y no he de hacer lo que quiero,
> Sino lo que debo hacer...
> . . . .
> Que tanto en los hombres labra
> Una cumplida palabra
> Y un acrisolado honor...

Es muy natural que un hombre del siglo XVIII, como Cienfuegos, no participase de estos sentimientos de Sancho Ortiz; pero en este personaje trágico son tan propios y verosímiles, como inoportunos y anacrónicos serían los de su crítico.

humanidad doliente...» Cita las palabras de Estrella cuando manda llamar a Sancho, y la increpa diciéndola que ese amigo a quien llama es su mayor enemigo, es un monstruo. «El que entonces no diga esto en su corazón, el que no aborrezca, el que no odie con toda su alma a Roelas, el que no sienta a par de muerte que le haya amado un instante siquiera la *amable* Estrella, el que no se vuelva loco de dolor y de rabia, no tiene entrañas, es de bronce, *debía prohibírsele el trato y comunicación con hombres.*» ¡No llevaba poco lejos el crítico su *sensibilidad!* Pero tal era el estilo que había puesto de moda el autor de la *Nueva Heloísa,* y que naturalmente exageraron sus imitadores.

«En los tres actos últimos Estrella interesa siempre, porque como infeliz es un objeto de compasión, y un objeto de admiración y de amor por sus procederes nobles y generosos. Pero esta compasión que inspira proviene de sus infelicidades pasadas y no de las venideras, de aquellas que, estando amenazándola continuamente, aterran a los espectadores; en una palabra: la compasión no nace del terror, y, por consiguiente, el interés en estos actos no es trágico. No puede serlo de ningún modo, porque, tómese la cosa como se quiera, Estrella no puede ser más infeliz de lo que es en el acto segundo: ¿qué infelicidad puede temer que se iguale a la de haber perdido un hermano querido por mano de un amante y un esposo?

»Por lo que hace a Roelas, de cuya suerte se trata en dichos actos, no interesa nada, como hemos probado. Todas las idas y venidas de los alcaldes y de Arias a la prisión, y las continuas declaraciones que le toman, que nada añaden a la primera, son monótonas, pobres; son ripios para llenar actos. [1] Los medios de que se vale D. Sancho para salvar a Roelas, son miserables, y el de procurar corromper indirectamente a los jueces, es ruin, inde-

---

[1] Esta repetición de declaraciones, realmente superflua, pertenece a Trigueros; pero no todo lo que puso de su cosecha en este proceso jurídico es despreciable, ni mucho menos. Léase la escena que hemos transcrito anteriormente.

centísimo, de mal exemplo; valiera más que usara de su poder absoluto para salvarle, que no que se envileciera con unas raterías indignas de la grandeza y majestad trágica. Y ¿qué diré de aquello de suplicar a Estrella que interceda por Roelas, y de absolverle a consecuencia de esta satisfacción, sin acordarse de la vindicta pública? Es menester confesar que este D. Sancho no dice ni hace cosa en toda la tragedia que no sea una tontería; y cierto, las tragedias no son para tontos. El buen hombre, viéndose cogido por todos lados, de modo que es menester que opte entre decir lo que ha pasado, o dexar que Roelas muera en un suplicio, ¿qué hace para salir de apuros?, coge y se mete a héroe:

> También yo ser quiero, hablando,
> Tan héroe como el que calla:
> Matadme a mí, sevillanos,
> Que yo solo fuí la causa
> De esta muerte; yo mandé
> A Ortiz que a Bustos matara.

»¡Vaya, que el tal D. Sancho tenía ideas muy particulares del heroísmo! ¿Conque cumplir una obligación de justicia y de conciencia es heroísmo? ¡Medrados estamos si Dios no nos depara héroes de otra especie! ¡No faltaba sino que mandase ahorcar a Roelas y que luego se calificase también de héroe por haber vencido la repugnancia que le había costado el cometer tan grande atentado! Yo no lo extrañaría, porque esto mismo es lo que hace Roelas con Bustos, y luego nos le quieren hacer tragar por héroe. ¡Qué ideas tan trocadas de los héroes tenían en aquellos tiempos! La prueba es que todos los actores de esta tragedia la concluyen clamando a voz en grito:

> La heroicidad da principio
> Donde la flaqueza acaba. [1]

»Es lo mismo que si dixeran que donde se acaba el llano empieza la cima de una montaña, o que uno empieza a ser extrema-

---

[1] Estos versos son de Trigueros, y bien lo denuncian ellos mismos.

damente gordo cuando dexa de ser flaco. En estos tiempos se han mudado mucho las cosas, y creemos que donde acaba la flaqueza empieza, no la heroycidad, sino la fortaleza. Ahora gustamos mucho de la verdad, y por esta razón nos disgustan altamente estos dos versos, que contienen una máxima muy falsa. También nos disgusta el que la declamen todos a una voz, porque nos parece imposible que a todos se les ocurra de repente una misma máxima al mismo tiempo y que la expresen con las mismas palabras...

»Al autor de esta tragedia le sucedió con los caracteres lo que con la acción: quiso hacer una cosa y le salió otra. Trató de hacer a D. Sancho bueno en el fondo, pero *arrebatado*, y D. Sancho salió malo esencialmente, y el más helado y flemático de todos los hombres. Crió a Roelas para héroe de magnanimidad, de generosidad, de valor y de ternura, y el maldito del mozo se dió tan buena maña, que vino a ser duro, inhumano, ingrato, ruin, un asesino a pedir de boca. Por lo que hace a los alcaldes mayores de Sevilla, son un alma en dos cuerpos, tan parecidos en todo, que no dice Guzmán palabra ninguna que no pudiera venirle bien a Farfán de Ribera, y al contrario. Estrella es la única que tiene un carácter constante, bien explicado, muy interesante, muy trágico; en suma, Estrella es toda la tragedia... [1]

»Si no temiera alargarme demasiado, examinaría cada escena en particular, demostrando que algunas están mal trazadas; otras, que tienen buen plan, están mal desempeñadas, y hay muchas que son enteramente superfluas, como son todos los monólogos, a excepción del primero de Roelas, que no peca de superfluo, sino de mal desempeñado. [2] Que esto deba ser así lo conocerán, sin que yo lo diga, todos los que sepan que los vicios capitales del plan de la acción y de los caracteres influyen necesariamente en las escenas. Tampoco me detendré en el estilo, contentándome

---

[1] Por eso Lope de Vega dió a su tragedia el título de *La Estrella de Sevilla*, y Trigueros hizo mal en cambiarle.

[2] Casi todos los monólogos son de Trigueros.

con decir que cuando es bueno, tiene una familiaridad noble que
me gusta; pero, a veces, decae y dexa de ser trágico... Quisiera
también no hallar algunos equivoquillos, y conceptos falsos, y
pensamientos obscuros, y algunas otras expresiones insulsas y de
malísimo gusto. ¿No es ridículo lo que en la escena quinta del
acto segundo dice Roelas?:

> Arias, al Rey mi señor
> Decid que los sevillanos
> Las palabras en las manos
> Saben tener, pues por ellas
> Atropellan las Estrellas
> Y no hacen caso de hermanos.

» Qué tiene que ver Estrella con las estrellas, ni las palabras
con las manos? Y ¿qué quiere decir el mismo Roelas en estos
versos?: [1]

> Cual si soñando estuviera,
> Veo agradables espectros,
> Que ahuyentan las negras sombras
> Del humano sentimiento.

»Por lo que hace a la versificación, es en general bastante
flúida; pero como está en cuartetas, en quintillas, en décimas y
en romance, distrae el oído, le cansa, y da ocasión, por la fuerza del consonante, a muchos ripios y a muchos errores de cantidad.» Todos los ejemplos que cita son de Trigueros, y no de
Lope.

«Dice el Sr. Trigueros en su prólogo que «la escogida armonía
»es una prenda excelente y loable para la versificación de los dra-
»mas; pero no es tan esencial en ellos, que sea lo que más se deba
»atender.» Convengo en ello, y tanto, que creo que puede haber
tragedias en prosa; pero estas tragedias, comparadas con las que
están en verso, a igualdad de las demás circunstancias, serán inferiores, porque tendrán un mérito menos, y por razón de esta falta

---

[1] Son de Trigueros.

producirán menos efecto. Suponiendo que estén versificadas, como la de que se trata, es esencial que estén bien versificadas, y lo que principalmente constituye una buena versificación, es la armonía imitativa.

«Estoy por decir más (continúa el Sr. Trigueros): esta afectada »armonía es opuesta en algún modo a la naturalidad de una con- »versación, y ya se sabe que cualquier drama es una conversación »correspondiente a los interlocutores y a la materia que tratan.» Si la armonía es *afectada*, no será *escogida*, que es de la que trata- mos; y si es *escogida*, no será *afectada*. Que ésta sea opuesta a la naturalidad de una conversación común, es muy cierto; pero inferir de aquí que se opone a la conversación poética, es muy mala lógica. El Teatro no es la realidad, ni un drama es una his- toria, sino un poema; y ¿por ventura se opone a la naturalidad de éste la armonía imitativa? ¡Eh! ¿Por qué confundir lo verdadero con lo verosímil, las obras de la naturaleza con las producciones de las artes de imitación, los sucesos reales con los inventados, la naturaleza común y ordinaria con la naturaleza poética, con la bella naturaleza? En el instante en que las artes de imitación representan de un modo común cosas comunes, que todos los días y a cada paso estamos viendo, en ese instante dexarán de ser mentiras sublimes, perderán la verdadera ilusión que produ- cen como tales, y dexando de ocasionar placeres, vendrán a ser insípidas o dolorosas y eternamente insoportables.»

Puede decirse que en este juicio están calcados todos los que de la tragedia *Sancho Ortiz de las Roelas* hicieron los contempo- ráneos de Trigueros, y si en algo se apartan de él, es precisamente en lo que tiene de favorable y de atinado. Así, el traductor cas- tellano de las *Lecciones de Retórica*, de Blair (D. José Luis Mu- nárriz), hace suyo el examen de Cienfuegos, a cuya pandilla literaria pertenecía, y del cual había obtenido colaboración en sus trabajos críticos; pero no quiere tolerar, por razones que llama de *decencia*, la conducción del cadáver de Bustos al cuarto de su hermana. No hay que decir si el abate Marchena, en aquella especie de manifiesto antirreligioso y antimonárquico, que disfrazó con el nombre de *Discurso preliminar a las lecciones de Filosofía moral y Elocuencia* (1820), tendría censuras para la parte moral de esta pieza. «En *La Estrella de Sevilla*, Sancho Ortiz de las Roelas quita la vida a su mejor amigo, que iba a ser su cuñado, sólo porque se lo manda el Rey, y luego se deja condenar a muerte por no querer descubrir que éste le había mandado tan culpada acción. Ni el más leve remordimiento embate el alma de Sancho; siente a par de muerte el habérsela dado a su amigo, al hermano de su amada; se lamenta, sí, mas no se arrepiente. Tan incomprensible conducta procede de la fatal máxima, ya entonces universalmente acreditada, de que es el rey dueño absoluto de la hacienda y vida de sus vasallos, y que honran sus preceptos a aquel a quien da el cargo de que se las quite a otro. Esta opinión, tan diametralmente opuesta a las primeras nociones de moral, parecía tan inconcusa en la nación, que el célebre secretario de Felipe II, Antonio Pérez, hizo asesinar a Escovedo por mandado del monarca, y confiesa en sus cartas este abominable delito como la cosa más natural y menos digna de vituperio.»

Prescindiendo del asesinato de Escovedo, sobre el cual todavía no ha hecho bastante luz la historia, ni puede admitirse sin cautela el sospechoso e interesado testimonio de Antonio Pérez; y prescindiendo también de que fuera general una doctrina servil y absurda que, por el contrario, fué objeto de censuras inquisitoriales cuando algún predicador o teólogo se atrevió a sostenerla, hay que notar que Marchena fué el primer crítico que apuntó la semejanza grande que hay entre el conflicto trágico de *La Estrella de Sevilla* y el de *El Cid;* semejanza, por otra parte, tan obvia, que movió al poeta francés Pedro Lebrun a dar a su imitación del *Sancho Ortiz* el título de *El Cid de Andalucía.* Pero nuestro abate, sacando las cosas de quicio según su costumbre, cae en el dislate de suponer que Corneille se inspiró en la obra de Lope de Vega y no en Guillén de Castro, su único e indisputable modelo. «La dama de Sancho Ortiz, forzada a demandar justicia al Rey contra el matador de su hermano, a quien adora, y desempeñando esta tremenda obligación, cohechando luego al alcaide de la cárcel que encierra a su amante, y ofreciéndole medios para la fuga, que éste desecha, es visiblemente el modelo que imitó Corneille en su Ximena; y si los franceses sus contemporáneos hubieran sido más versados en nuestra literatura, con más razón le hubieran achacado ser plagiario de Lope de Vega que de Guillén de Castro.»

Sin sacar tal consecuencia, notó también la semejanza Martínez de la Rosa en las notas a su *Poética* (1827), pero observó, con su discreción habitual, que la índole del argumento de *Sancho Ortiz* no era tan interesante como la de *El Cid*. «Sancho Ortiz mata al hermano de su querida sin motivo, sin provocación ni ofensa, sólo por obedecer ciegamente una orden injusta del Rey; el público recuerda a cada instante la verdad con que el mismo Sancho exclama:

> ¡Palabra por mi mal dada
> Y para mi mal cumplida!...; [1]

y, por consiguiente, aunque disculpen en parte su acción las preocupaciones de aquel siglo, la lucha de su corazón no es tan noble ni puede excitar el mismo interés que la de Rodrigo, el cual, si mata al padre de Jimena, es porque éste había antes agraviado al suyo. La diferencia que media entre uno y otro caso es tan grande, que refleja, por decirlo así, hasta sobre las dos queridas: la pasión de Estrella excita menos interés en nosotros, porque la acción de Sancho Ortiz es de tal naturaleza, que debe hallar poca disculpa ante los ojos de su amante; pero el motivo mismo que lucha contra el amor en el alma de Jimena, aboga indirectamente en favor de Rodrigo; si ella debe vengar la muerte de su padre, Rodrigo no debió dejar impune la afrenta del suyo. ¡Qué manantial de bellezas no ha debido nacer de la lucha de tales pasiones, diestramente manejada!»

Poco de original tenían estas observaciones de Martínez de la

---

[1] Estos dos notables versos son de los añadidos por Trigueros.

Rosa. Seis años antes las había formulado, sustancialmente iguales, otro humanista de su propia escuela, aunque de más talento crítico que él. Don Alberto Lista (que por cierto no volvió a hablar de *La Estrella de Sevilla*, ni en las *Lecciones sobre el Teatro español* que dió en el Ateneo en 1836, ni en sus posteriores estudios de literatura dramática) había publicado en *El Censor* [1] un artículo muy curioso, en que, a la vez que se apunta el parentesco entre ambos dramas, se glosan y refuerzan hasta el último punto de exageración los reparos morales y políticos de Cienfuegos y el abate Marchena, traduciéndolos al estilo tribunicio del período constitucional del 20 al 23, cuando Lista, como los demás afrancesados, quería pasar todavía por liberal acérrimo.

«La situación dramática (dice) no puede ser más tierna y dolorosa. Estrella, obligada a perseguir en justicia a su adorado amante; Sancho Ortiz, separado para siempre de Estrella por un asesinato que se creyó obligado a cometer, presentan uno de los cuadros más trágicos e interesantes. Es, en el fondo, la misma situación del *Cid*, y esto precisamente es lo que disminuye el mérito de la combinación de *La Estrella de Sevilla;* porque cuando se copia la situación [2] es necesario que los medios sean nuevos y de mucho interés para que la nueva pieza no pierda en la comparación. Ni Otelo puede luchar con Orosmán, ni Montcasín con Tancredo, ni Sancho Ortiz con Rodrigo de Vibar.

»El enlace de Sancho Ortiz no puede pasar en una nación civilizada. Toda la sangre sube a la cabeza, y el espectador murmura de indignación, cuando ve al amante de Estrella, fanático por lo que él llama el *servicio* de su Rey, insultar a su amigo, a su hermano, con el objeto de incitarle a una lid en que muera o mate. No hay escena más odiosa ni más inmoral. Se detesta a Sancho Ortiz, y no vuelve a inspirar interés. Las lágrimas de

---

[1] Tomo XII, núm. 67, 10 de noviembre de 1821, páginas 30-38.

[2] Faltaba probar que hay tal copia, lo cual es imposible, por ignorarse de todo punto la fecha en que fué escrita y representada *La Estrella de Sevilla*.

los espectadores son para la desgraciada Estrella, carácter perfectísimo; pues basta que sea *carácter de mujer dibujado por Lope*.

»Para hacer interesante a Ortiz, sería necesario que su manera
de sentir fuese conforme a la razón o a los efectos comunes de
los hombres, o, por lo menos, una preocupación propia de la
época a que se refiere la acción del drama. Se ve, pues, que la
cuestión dramática está ligada con cuestiones históricas, morales
y políticas.

»Examinemos, en primer lugar, si en tiempo del rey D. Sancho
el Bravo había en España la preocupación de que «era lícito asesi-
»nar cuando el rey lo mandaba». [1]

»Tan lejos estaban los españoles de aquel siglo de pensar de
esta manera, que antes bien las ideas y máximas comunes entre
los nobles y personas de distinción, se dirigían más bien a exagerar el poder y las prerrogativas de la nobleza que los del rey.
El mismo D. Sancho *el Bravo* tuvo que matar por su mano, casi
en el mismo regazo de su esposa, a D. Lope de Haro, señor faccioso y atrevido. Este hecho prueba la barbarie del siglo; mas
no prueba que los nobles corrían, como Sancho Ortiz, a degollarse por dar gusto al Rey. Nadie ignora los desórdenes de la menor
edad de D. Fernando IV, hijo de Sancho, y de Alonso XI, nieto
del mismo; de modo que aquel siglo fué en el que Castilla se vió
más expuesta a los desórdenes de la anarquía feudal. Por consiguiente, estaban muy lejos de los ánimos las máximas serviles
de la obediencia pasiva...

---

[1]   Ni en aquel tiempo, ni en otro alguno, ha existido tan bárbara
preocupación. Lo que hubiera debido indagar Lista, es si las ideas y las
costumbres de la Edad Media toleraban y autorizaban las ejecuciones
sumarias, y sin forma de juicio, de los reos de lesa majestad, culpables
de traición y alevosía. Y de esto hay innumerables ejemplos en las crónicas de los siglos XIII y XIV, aun sin acudir a los reyes tildados de crueles, como Don Pedro. Su heroico padre, Alfonso XI, debió su renombre
de *justiciero* a suplicios tales como el de D. Juan *el Tuerto* y el de don
Alvar Núñez Osorio, perpetrados con verdadera alevosía que no hay
en el caso de Sancho Ortiz. Y, sin embargo, nadie en su tiempo los llamó
asesinatos.

»Las expresiones fastidiosas e inmorales del lenguaje servil de que abunda la comedia de Sancho Ortiz, no son propias del siglo de Sancho *el Bravo*, sino del de Felipe III, cuando la nación, domesticada por Fernando V, enfrenada por la Inquisición, llena de cadenas y laureles por Carlos I, y envilecida bajo Felipe II, había perdido con su antigua altivez el sentimiento de su dignidad, y adoptado un lenguaje correspondiente a su nueva fortuna. Entonces se podía decir:

> Vuestra voluntad es ley
> Que no exceptúa a ninguno;
> Y si ha de ceder alguno,
> No ha de ser quien ceda el Rey.
> . . . .
> Vale tu quietud más
> Que el vasallo que más vale.
> . . . .
> ¿El Rey no pudo mentir?
> No; que es imagen de Dios.
> . . . .
> No sé si es injusto el Rey:
> El obedecerle es ley...
> . . . .
> Pues mandó el Rey matarle,
> Sin duda que daría causa... 1

»Que se fuesen con estas horribles máximas a los castellanos valerosos y turbulentos del tiempo de Alonso *el Sabio* y de su hijo D. Sancho, a aquellos castellanos que se desnaturalizaban de su patria por el agravio que recibían o creían haber recibido de su rey, y que cuando volvían a ella sabían, como el ilustre

---

1 La mayor parte de estos versos son de Trigueros; pero es cierto que hay otros de análogo sentido en la comedia de Lope. Debe advertirse, sin embargo, que los más graves están puestos en boca del vil cortesano D. Arias, a quien el autor por ningún concepto ha querido hacer simpático, y que habla dentro de su carácter. Y los otros están pronunciados en situaciones tales, que templan o modifican mucho el aparente valor que pueden tener como máximas aisladas.

Alonso de Guzmán, dar el cuchillo para la muerte de sus hijos por conservar la plaza que se les había confiado. Hombres de este temple no asesinaban para favorecer los amores de un monarca. *Estos horrores estaban reservados a Felipe II* y a Antonio Pérez; y quizá la segunda intención de Lope de Vega, al escribir la comedia de *La Estrella de Sevilla*, fué censurar la conducta atroz y baja *del Tiberio español*, que mandó asesinar a Luis *(sic)* de Escovedo, engañó al despreciable asesino, y le hubiera dejado perecer en un cadalso si no le hubiera valido su diligencia. Muévenos a creer esto ver que la acción de la pieza es inventada; que no hubo semejante hecho, ni en tiempo de Sancho *el Bravo*, ni de otro rey antiguo de Castilla, y que el único suceso que se le parece fué el de la traición de Antonio Pérez. La historia no justifica, pues, el carácter de Sancho Ortiz.

»La moral tampoco. Felizmente, vivimos en un *siglo de luces y humanidad*, en que ninguna especie de fanatismo puede disculpar el asesinato ni atenuar el horror que excita tan odioso crimen... Todo delincuente debe perecer a manos de la ley, y no a manos del hombre... ¿Por qué, pues, *en un siglo ilustrado* se presenta a la conmiseración de los espectadores un asesino que, cuando más, sólo debe excitar el terror? ¿Tiene su crimen alguna disculpa en la máxima política que le hizo obrar? No: aquella preocupación no existía en su tiempo, ni ha existido en otro ninguno, sino bajo el despotismo de la dinastía austríaca: entonces se decía en los teatros y se escribía en los libros que «los reyes son »dueños de vidas y haciendas», [1] pero no del honor: excepción decorosa para la nación española, que, aun en el estado de la más abyecta esclavitud, puso fuera del alcance del despotismo la más preciosa prenda del hombre social.

»Pero en nuestro siglo, en que ya se sabe que el rey no es amo, sino magistrado; no es propietario, sino jefe; *bajo un gobierno*

---

[1] Lo decían y escribían los poetas, que no tienen obligación de ser muy precisos en su lenguaje. No lo decían ni escribían (como no fuese por excepción) los teólogos, los moralistas, ni los autores de libros de política.

constitucional que demarca con toda exactitud los deberes y derechos de los súbditos, *¿qué interés puede inspirar Sancho Ortiz?* Los versos que se han añadido últimamente en la representación, y que sirven de correctivo al servilismo que mancha toda la pieza, acaban de destruir el efecto teatral que los desgraciados amores de Sancho y Estrella hayan podido inspirar a los espectadores. [1]

»Lloremos, pues, la desgraciada situación de Rodrigo de Vibar: su historia, cantada en España desde tiempo inmemorial; las máximas del pundonor, omnipotentes en su siglo, y no abrogadas todavía en el nuestro; la terrible ofensa que recibió su padre; los insultos que él mismo sufre en su diálogo con el Conde Lozano, todo disculpa su desafío, todo contribuye a lastimarnos de su desgraciado amor, y la compasión que excita Jimena se extiende también a su desventurado amante. En su tragedia se pintan costumbres antiguas, ideas y preocupaciones propias de la época a que se refiere, que es la de la barbarie feudal: el contraste entre el amor y el honor es allí perfectamente dramático, porque los medios son proporcionados a las situaciones. [2] Dejemos, pues, a Sancho Ortiz entregado en la prisión a sus reflexiones, que se crea *héroe* cuando no es más que un asesino, y escuchemos los lamentos del Cid, que sin creerse héroe lo es, y que ha cumplido el más triste de todos los deberes. *Sancho Ortiz de las Roelas* no puede ya vivir en nuestro Teatro, porque es una pieza contraria a los sentimientos morales de la actual generación.»

A pesar de los anatemas de críticos y moralistas, *Sancho Ortiz* continuó viviendo, y eso que se esgrimieron contra él todo género

---

[1]   ¡Qué curioso sería conocer estos versos patrióticos añadidos en 1821! Pero no hemos podido encontrar rastro de ellos. La frase subrayada no tiene precio.

[2]   La verdad es todo lo contrario. Precisamente lo que falta en el Cid trágico (y todavía más en el de Corneille que en el de Guillén de Castro) son las costumbres e ideas de la verdadera Edad Media. Sancho Ortiz es mucho menos anacrónico. Pero dramáticamente no hay duda que vale más *el Cid*, excepto en el desenlace.

de armas, no sólo las de la censura docta, severa y aun elocuente, sino las del gracejo de buena ley. Sea muestra de ello una chistosa carta satírica, firmada en Chiclana, a 14 de julio de 1800, por el canónigo penitenciario de la catedral de Cádiz, D. Cayetano María de Huarte, buen humanista y versificador mediano, conocido principalmente por el poema jocoso de la *Dulciada*. Esta carta ha estado inédita hasta ahora, aunque su autor la remitió al *Memorial Literario* y a otros periódicos de su tiempo, sin conseguir que la insertasen. Hoy se publica por primera vez, gracias a la bizarría del ilustre historiador de la poesía castellana en el siglo XVIII, nuestro venerable compañero D. Leopoldo Augusto de Cueto, marqués de Valmar, que la recogió con tantos otros documentos útiles para ilustrar la historia literaria de dicha centuria, y ha tenido la bondad de franqueármelos generosamente. [1] Suprimo sólo las primeras líneas de la carta, que no se refieren a la tragedia de Trigueros, sino a la comedia de Kotzebue, *Misantropía y Arrepentimiento*, de la cual por entonces se hicieron dos traducciones castellanas:

«Bendito sea mil veces el Sr. Trigueros, aún más que por *Los Menestrales* y *La Riada*, por haber mejorado la tragedia de Lope *La Estrella de Sevilla*, a la que yo, después de ponerle aquel hermosísimo epígrafe, *Miserum est tacere cum prodesset loqui*, hubiera añadido para los meros romancistas el antiguo refrán *Al buen callar llaman Sancho;* pues tengo mis ciertas presunciones que se hizo por *Sancho Ortiz de las Roelas*. Sea de esto lo que fuere, puedo asegurar a Vmd. que al leer la tragedia me acordaba de nuestros predicadores que declaman tanto contra *el moral* de nuestro teatro. ¡Ah! Si leyeran ellos, decía yo, la tragedia de *Sancho Ortiz*, corregida por el Sr. Trigueros, otra cosa dirían. Léanla, y léanla con la crítica y reflexión que yo, y no con el ánimo de buscar *nodum in scirpo,* y verán qué moral tan

---

[1] Copió el Sr. Cueto esta carta de un voluminoso códice autógrafo de prosas y versos del canónigo Huarte, que perteneció al difunto erudito gaditano D. Adolfo de Castro.

puro y tan necesario de presentarlo sobre el teatro en nuestros días.

»Así es, y dispuesto tan sabiamente, que desde las primeras palabras ya ve vuestra merced toda la enseñanza y todo cuanto ha de suceder. Dice el rey D. Sancho:

> Sé que es vana mi porfía:
> Mientras que Bustos Tabera
> Cele a su hermana, o no muera,
> Estrella no será mía.

»Ya ve Vmd. aquí un Rey ostentando todo su poder tal cual Dios se lo da. Y ¿por qué ha de ser tan mentecato D. Bustos que cele a su hermana de un tal modo que se oponga a los favores que el Rey quería hacerle? Bien empleado está el que lo maten, por tonto. Yo apuesto cualquiera cosa que en el día no han de matar a ningún hermano, a ningún padre, ni a ningún marido por esto. [1] De los escarmentados se hacen los avisados; y si alguno fuese tan tonto que no escarmentase con lo que le sucedió a Tabera, que lo pague.· ¡Ah! Buen D. Arias, aténgome a su doctrina, que viendo al pobrecito Rey tan afligido, le decía:

> ¡Qué! Señor, romper por todo.
> Antes que todos sois vos,
> Y es cosa dura, ¡por Dios!,
> Que padezcáis de ese modo.
>   Vuestra voluntad es ley
> Que no exceptúa a ninguno;
> Y si ha de ceder alguno,
> No ha de ser quien ceda el Rey.

»Y así es. ¡Qué cosa más dura que ver padecer al pobrecito Rey por querer disfrutar a Estrella, y que su hermano, sólo porque lo es, se lo impida, sin mirar que es un vasallo y que el Rey no debe ceder ni aun en esto! ¿A Vmd. le parece que yo me burlo? Nada menos. Si cree demasiado lisonjeros los consejos de don

---

[1] Escribíase esto en los tiempos de Godoy y de Carlos IV, por lo cual tiene más malicia el chiste.

Arias, oiga a Sancho Ortiz, hombre de pro, que no sabía adular, y que supo *facer la fazaña* que el Rey le mandó. Óigalo Vmd. en la escena V del primer acto, y oirá que le dice a Su Alteza que en él

> Una imagen sacra veo
> De Dios, que es su copia el Rey,
> Y después dél, en vos creo,
> Y en servir a vuestra ley,
> Después de su ley, me empleo.

»¿Lo ha oído Vmd.? Pues reflexionemos un poco. No sólo es imagen de Dios el Rey, eso ya lo sabíamos, sino que después de Dios debemos creer en el Rey; de modo que en el símbolo, después de decir *creo en Jesucristo*, debemos decir: *y en el Rey*. Hombre, ¡qué hallazgo! Una regla más de fe por su orden: *Dios, el Rey, la Escritura, la Iglesia*. De aquí es que el amigo, que lo tenía bien estudiado, no sólo dijo que después de Dios creía en el Rey, sino que miraba cualquiera palabra suya como ley. Esto lo confirma en la escena VII, donde dice: «Que el Rey no puede mentir, porque »es imagen de Dios.» No faltaba más sino que pudiese mentir quien es regla de fe que no puede ni engañarse ni engañar. Hizo muy bien el amigo Roelas en matar a Bustos, y en mi dictamen, pues se lo mandó el Rey, ni agua bendita debió tomar por el asesinato. Bien lo conocía él, y así dijo tantas veces que no había cometido delito.

»Ni crea Vmd. que él lo dijese por excusarse o por encubrir quién se lo mandó, sino muy firmemente persuadido a que no había obrado mal, a lo menos en materia grave. El Rey, que conocía muy bien hasta dónde llegaba su autoridad y la razón tan grande que le había asistido, no calificó esta acción, aun antes de descubrirse, como cosa mayor; y así, cuando mandó a Arias a que dijese Ortiz quién le había ordenado que hiciese el asesinato, lo califica de un mero desliz:

> Mas si callar es su intento,
> Hoy mismo de su desliz

> Será público escarmiento:
> ¡Hombre extraño será Ortiz! [1]

»Estrella, cuando intenta luego libertar a Sancho, como ya ella había sospechado que el Rey había sido quien mandó matar a su hermano, no califica el asesinato más que de un desliz, y así le dice a Sancho:

> Vete, y sé de hoy más feliz.
> Yo, haciendo lo que debía,
> Estrella soy que te guía,
> Clara antorcha en su desliz. [2]

»El mismo Sancho, el mismísimo Sancho, en la propia escena, que es la sexta del tercer acto, no califica de otro modo su atentado. Óigaselo Vmd. decir por su propia boca, que ya se habrá comido la tierra. Óigalo Vmd. en aquella despedida tan tierna y tan propia de la situación en que estaban Estrella y él, capaz de enternecer a un bronce:

SANCHO

¡La ofendí siendo tan bella!

ESTRELLA

¡Tan héroe, y es infeliz!

SANCHO

¡Triste y forzoso desliz!

ESTRELLA

Adiós, y olvidad a Estrella.

SANCHO

No os acordéis más de Ortiz. [3]

---

[1]   La ridícula frase *desliz* pertenece a Trigueros, lo mismo que toda la redondilla.

[2]   También aquí el *desliz* es un ripio de Trigueros. Lope había escrito:
> Estrella soy que te guía,
> De tu vida precursora.

[3]   Todo esto es de la cosecha de Trigueros.

»Ya ve Vmd. que lo llama desliz, y desliz forzoso, esto es, preciso, que no pudo dejar de cometerlo. No, señor, no. No ve Vmd. que se lo mandó el Rey, que no puede ni engañarse ni engañar? Y eso que D. Sancho estaba con una pesadumbre, la más grande, por haber muerto a su amigo; y esta pesadumbre se la aumentó hasta lo sumo la cristiana y juiciosa reflexión que hizo y acaba Vmd. de oírle; reflexión por la que da a entender que se agravó el delito o desliz hasta el grado de sacrilegio, que lo reviste de unas circunstancias, en mi juicio, o *mutantes speciem*, o *notabiliter* agravantes: su misma pena le hace producir la reflexión que ha hecho, para enseñanza y escarmiento de todos los que maten hermanos: *¡La ofendi siendo tan bella!* Ya ve V. que matar al hermano de una mujer hermosa es un delito muchísimo más grave que matar a cien hermanos que tuviesen una mujer fea; y, sin embargo, Sancho, Estrella, el Rey, lo califican de un desliz, esto es, de haber caído en una flaqueza o miseria; y si V. me apura, no haber acabado de caer, o haber caído inadvertidamente o por descuido. Yo, si hubiera tenido la honra de ser el reformador de esta tragedia, me parece que la hubiera intitulado *El Desliz de Sancho Ortiz*. Algún malicioso dirá que el haber repetido desliz tantas veces, hablando del asesinato, ha sido por buscar consonante a Ortiz y a infeliz, y que si se hubiera llamado Sancho Hernando, habría dicho el Rey a D. Arias:

> Mas si callar es su intento,
> De su pecado nefando
> Será público escarmiento:
> ¡Hombre extraño es Sancho Hernando!

»Y ¿lo creeré yo? Buenos son Lope de Vega y el Sr. Trigueros para andarse en busca de ripios: estábamos bien.

»¿Conque también tendrá Vmd. por ripio aquella palabra *afán* de la escena VI del segundo acto, cuando dice Farfán:

> Llevad a Bustos Tabera,

y responde éste:

> Sí, que vuelve ya su hermana,
> Y fuera pena inhumana
> Que renovara su afán? [1]

»Vuestra merced la tendrá por ripio, porque le parecerá algo
más que afán un accidente causado por la inesperada vista del
cadáver de su hermano, que vió Estrella acabado de asesinar, y
vertiendo sangre por las heridas; a mí me parece también algo
más que afán; pero ¿cómo he de creer que sea ripio, después de
haber leído la advertencia o prólogo, en el que se dice se encuentra en esta tragedia «acción escogida y bien manejada, caracteres
»sublimes bien sostenidos..., expresiones dignas, y una versifica-
»ción como suya (esto es, de Lope), son prendas en que abundan
»tanto pocos ingenios de ninguna nación»? Confieso a Vmd. que
esta última expresión, «son prendas en que abundan tanto pocos
»ingenios de ninguna nación», no la entiendo bien ni sé lo que
dice, aunque sí comprendo lo que quiere decir; pero todo lo demás
de «acción bien escogida y bien manejada, caracteres sublimes
»bien sostenidos, expresiones dignas y una versificación como
»suya», lo entiendo, y muy que lo entiendo, y si no, vamos dis-
curriendo por todas ellas.

«Acción bien escogida y bien manejada.» Y ¿le parece a V. que
pudo escoger entre todas las acciones, no digo ya del rey D. Sancho *el Bravo*, sino de todos nuestro reyes, acción más digna que
la de matar a Bustos, magüer que fuese un vasallo honrado,
porque no consentía que el Rey folgase con su hermana?

»¿No es ésta una acción propia del que es imagen de Dios?
¿Una acción que manifiesta hasta dónde llega el poder de los
soberanos? ¿No le da honor al carácter de D. Sancho?

«Acción bien escogida y bien manejada.» Si Vmd. lo toma por
lo material de la acción, ¿pudo manejarla mejor Sancho Ortiz?
Dígalo el muerto. ¿Pudo Roelas haber demostrado mejor que

---

[1] De Trigueros.

creía en su Rey después de Dios, que dejándose bajo la mano, muerto al golpe, como se dice ahora, a Tabera? ¿Puede darse en un vasallo acción más digna que servir a las pasiones de su Rey, cerrar los ojos si se le ocurre alguna duda o escrúpulo, y decir como buen católico: El Rey no puede mentir; no, que es imagen de Dios?

«*Caracteres sublimes bien sostenidos.*» Ahí no es nada. Mire Vmd. si los hay en la tragedia: un Rey que sabe dónde le aprieta el zapato de su carácter; sabe que ha de sostener sus pasiones, y caiga el que cayere. Quiere prostituir a una doncella honrada. Ha de sostener el carácter sublime de irse de noche disfrazado a la casa de ella; ha de sobornar a una esclava; ha de tirar la espada contra un hermano que quiere defender su honor. Si éste le pide licencia para casarla, se la ha de conceder, porque no puede negársela; pero ha de tener el carácter sublime de decir: Hasta aquí pudo llegar; su muerte al fin resolví.

»Para esto ha de elegir el noble y sublime medio de buscar un asesino, y el aun más noble y más sublime de decirle que lo mate a traición; lo ha de engañar, encubriéndole el todo de la verdad, y diciéndole que aquel hombre lo quiso matar a él. Ya que quiere castigarlo por esto, no ha de andarse con formalidades judiciales, acusaciones, procesos, jueces, sentencias; eso, mi abuela haría lo mismo. El carácter sublime y bien sostenido de un rey no ha de sujetarse a las leyes, sino ha de ser *praeter legem et contra legem*. Si a ese asesino lo pilla la justicia, hay medios propios de un carácter sublime para defenderlo y librarlo: primero, ligarlo de antemano con el siglo para que no diga quién le mandó hacer el asesinato; segundo, empeñar toda la autoridad real para que los jueces falten a su deber y no le impongan la pena de la ley. Si ellos son tan mentecatos, tan sin carácter sublime, que se empeñan en imponer al reo la pena que merece, hay el medio dignísimo de enfadarse contra ellos y tratarlos con la mayor aspereza y severidad. Yo no sé cómo no le ocurrió al señor Trigueros el medio más fácil de quitarles el empleo y desterrarlos. Por último, cuando ya no quede recurso, cuando vayan a apretarle el pescuezo al asesino, entonces decir la verdad. Esto sí que se llama carácter sublime y bien sostenido: sostenido hasta que no quedó arbitrio. Bien lo conocieron luego los jueces, pues al oír decir al Rey que él había mandado a Sancho Ortiz que matase a Bustos, exclamaron:

> . . . . Así
> Sevilla se desagravia;
> Que pues mandó el Rey matarlo,
> Sin duda daría causa.

»¡Y cómo si la dió! ¿Qué hombre de buen juicio se niega a los favores de su rey como se negó Bustos? Yo le aseguro que si él hubiera nacido en Marruecos, habría ido a ofrecer al Rey a su misma hermana Estrella.

»De aquí es, vea Vmd. si yo soy ingenuo, que el carácter de don Bustos Tabera no me parece sublime, sino un carácter brusco, poco sociable y demasiado quijotesco. Es innegable que en el día hay más ilustración, mejores ideas, más filosofía que en aquellos tiempos; pues Vmd. no encontrará, aunque lo pague a peso de plata, un hermano tan grosero y poco complaciente como Bustos. ¿Qué digo hermano? No hallará Vmd. un padre, una madre, un marido que haga lo que este feroz Tabera. Pues, hombre de Dios, ¿no es una locura que vengan a presentarnos al teatro un ejemplar tan contrario a las ideas y costumbres en que vivimos? ¡Qué consecuencias tan funestas se pueden seguir! Ahora nadie riñe, no digo con los reyes, que no hacen esas travesuras, pero ni con mucho menos que el rey, por defender a su hermana, a su hija ni a su mujer. Con este ejemplo, ¿qué sabemos si querrán algunos hacer del D. Bustos y sucederán mil desgracias?

»El carácter de D. Arias, si he de decir verdad, no me parecía sublime al principio, sino bajo y de un vil adulador; pero luego que reflexioné un poco, conocí que era sublime y bien sostenido. Arias, como hombre cristiano y de juicio y buen vasallo, hace ver que es cosa muy dura que un rey esté padeciendo de aquel modo, porque Bustos no le consiente que prostituya a su hermana Estrella; hace ver que la voluntad del Rey de prostituirla, es una ley que a nadie exceptúa, ni a Estrella, ni a todas las estrellas del firmamento; y así, Bustos es el que debe ceder de su majadería y su capricho, y entregar a su hermana. Bien mirado, ya ve Vmd. que le sobra razón. ¡Bueno fuera que lo que hace un rey moro en su reino no lo pueda hacer un rey cristiano en el suyo!

»¿Y mi buen Sancho Ortiz de las Roelas? Éste sí que es carácter sublime, sublimísimo, y más que sublimísimo, el más digno de un héroe y de un héroe cristiano. La lástima es que, aun presentado en el teatro para ejemplo, temo que sean muy pocos los que le imiten. ¡Qué obediencia tan ciega a su rey! Ya se ve, como que creía en él después de Dios, y sabía que el Rey no podía ni engañarse ni engañarlo. Así hubiérale mandado matar cuñados, hermanos, padres, mujer e hijos, él los hubiera matado a todos con la misma serenidad que quien mata conejos. Pues que vayan luego a sacarle que diga quién le mandó matar a Bustos; primero sacarán un judío de la Inquisición. ¡Qué heroicidad! ¡Qué carácter tan sublime! ¡Haberse comido el papel que le dió el Rey para su resguardo, y que podía salvarlo! ¡Y no habérselo comido poco a poco, para que le costara menos trabajo, sino todo de una vez Y en verdad que en todo el día no quiso tomar otro alimento. Nuestra desgracia ha sido que el Rey al fin descubrió la verdad; que si no, hubiera tenido la Iglesia de España un mártir del sigilo real, antes que la Iglesia de Praga un mártir del sigilo de la confesión; pues mi buen Sancho se hubiera dejado ahorcar mil veces antes que descubrir al Rey.

»En punto a la versificación, que es como de Lope de Vega, confieso que algunas escenas no me gustaron, porque están en aquel verso de romance asonantado, tan extremadamente flúido y natural, que parece prosa. Esto se me figura compota de versos; aquélla, almíbar clara y líquida como el agua, que apenas sabe a dulce; y así como éste lo quiero yo muy subido de punto y muy espeso, los versos los quiero muy atestados de consonantes;

con sus retruecanillos, que dan una cierta armonía a la dicción y hieren los oídos bien organizados de un modo el más grato. Entre otros ejemplos que puedo citar de esta hermosísima tragedia, me contentaré con proponer dos escenas, que dudo las haya mejores ni tan buenas entre cuantas piezas componen nuestro Teatro. La una es cuando Sancho Ortiz sale del alcázar ya con la orden de matar a un hombre, pero aun no sabe quién es, y dice:

> Camino a buscar a Busto...
> Mas sabré quién es el muerto;
> Que servir al Rey es justo
> Aun primero que a mi gusto. [1]

»No nos paremos en que dice: «Mas veré quién es el muerto», en lugar de: «Veré a quién he de matar», pues esta es una figura retórica, en que toma el pretérito por el futuro, porque, de lo contrario, sería decir: «Mas veré quién es el muerto a quien debo matar», y parémonos sólo en el deleite y armonía que causan aquellos tres consonantes, *Busto, gusto,* y *justo.* Pues aun hay otra escena más mejor, como dicen los muchachos. Lee Sancho el papel que le dió el Rey, y ve que es a Bustos a quien debe matar, y luchando entre el amor grande que tiene a Tabera y el precepto del Rey, dice:

> Viva Busto... ¿Busto, injusto
> Contra su Rey, por mi gusto
> Ha de vivir? Busto muera:
> ¡A qué batalla tan fiera
> Me entrega tu nombre, Busto!

»Prescindiendo que no comprendo qué quiera decir que el nombre *Busto* es el que entrega a Sancho a una batalla tan fiera, a no ser que hable de la dura lucha de no encontrar más consonante que justo, injusto y Busto, aseguro a V. que más quisiera ser autor de esta escena, que de las poesías de Meléndez Valdés y de las de Fray Diego González. Yo no encuentro con qué compa-

---

[1] Estos malos versos pertenecen a Trigueros.

rar esta escena, sino con la última estrofa del himno del oficio de San Frutos, patrono de Segovia:

> *Gloria tibi, Domine,*
> *Fæcunde fructus virginis*
> *Qui ligni vitæ fructibus*
> *Beatum Fructum reficis;*

y aun me parece que está mejor la escena; y si no, que lo diga cualquiera.

»¡Bendito sea el Sr. Trigueros, que nos ha proporcionado ver en nuestro Teatro una tragedia tan excelente! ¡Qué modelo se presenta a los reyes, para que sepan que en negándose un vasallo, aunque sea el mayor infanzón, a que prostituya a su hermana, ha de mandar que lo asesinen! ¡Qué ejemplo a los vasallos, para que entiendan que la voluntad del rey, sea la que fuere, es ley que no exceptúa a ninguno; que han de entregar a sus hermanas cuando se las pidan, y si no, estocada y a ellos! ¡Qué ejemplo a los que el rey mande hacer un asesinato, aunque sea a traición, para que lo ejecuten, y para que, si les da un papel de resguardo, se lo coman todo entero, y en aquel día no prueben otro alimento! ¡Qué tragedia, qué caracteres tan sublimes, qué moral tan pura!

»Yo me entusiasmé tanto con la lectura de esta tragedia, que me tentó Patillas de ver si podía hacer otra sobre asunto muy parecido, pero que le excediera en algo; ¡qué vanidad! Me ocurrió un asunto, el más semejante en lo principal de los amores, pero que excede en mucho en las circunstancias al argumento de la tragedia de D. Sancho. Tal es el de los amores de D. Juan V de Portugal con una monja; asunto más público y mucho más inmediato a nuestros tiempos que el de los amores de D. Sancho *el Bravo;* ya ve Vmd. cuánto es la acción de mi tragedia más grande y más heroica. Me propuse formar el plan, arreglado en un todo al del Sr. Trigueros, uniformarme con él enteramente, copiar sus escenas, y mas que me llamen plagiario. Me pareció poner un D. Nuño de Almeyda que aconsejase al rey D. Juan, como D. Arias a D. Sancho; un cura y vicario de monjas que celase a éstas, como Bustos a su hermana, al que llamé Valera por si me convenía para el consonante. Introduje un sacristán de monjas, al que despide el vicario porque averigua se vale de él el Rey para entrar en el convento; y no me acomodó que el vicario lo matara, como Bustos a la esclava que introducía al rey D. Sancho, por el grande inconveniente de que me hallaría con el cura irregular desde la primer escena, y me haría falta luego. Finjo un donado demandante del convento, hermano de sor Clara, querida del Rey, porque vi no podía ser su novio, como Sancho Ortiz de Estrella; y de este donado se habrá de valer después el Rey para que le dé una buena paliza al vicario, pues no tuve por conveniente ensangrentar la escena. Ya ve V. que un huevo no es más parecido a otro huevo que mi comedia a la del Sr. Trigueros; pero huevo más grande éste; quiero decir, un asunto de la misma, mismísima idea, pero más heroica, cuanto va de una seglar, que era Estrella, a una monja, que era sor Clara.

»Formado el plan, empecé a trabajar tal cual escena por vía de ensayo, y la primera dice así:

Rey D. Juan

¡Qué en vano mi amor porfía!
Mientras que el cura Valera
Cele a su hermana o no muera,
Sor Clara no será mía.

Nuño de Almeyda

Señor, me parece mal
Que un vicario, sin razón,
De un Rey, y de Portugal,
Contradiga la pasión.
A vuestro amor lo primero
Debéis dar contentamiento:
Entraos en el convento,
Muera ese vicario fiero;
Y de esa pasión fogosa,
Que cual ley debe mirarse,
Sor Clara no ha de excusarse
So color de religiosa.

»Ya ve V. que esto no va malo. Luego en la escena II se presenta el cura Valera al rey D. Juan, y le dice que ha determinado esté siempre cerrada la portería de las monjas. Conoce el Rey la intención del cura, que era para estorbarle que entrase en el convento, y así que se retira Valera, dice enfurecido a Nuño de Almeyda:

> Su castigo he decretado:
> Haced, Nuño, que al instante
> Traigan aquí aquel donado
> De las monjas demandante.

»Viene el donado, y el Rey le dice que conviene a su servicio que le dé una buena paliza a un sujeto, cuyo nombre le pondrá en un papel cerrado, y que le dará otro que le sirva de resguardo. Le ofrece el donado que dará los palos aunque sea al lucero del alba. Sale del Palacio, le dan en la puerta un papel de la abadesa en que le ordena vaya al instante a dar un recado de la comunidad, que parece era, a saber, si estaba mejor de un constipado la priora de otro convento. Quiere enterarse de lo que le manda su prelada, e imitando en todo a Sancho Ortiz, dice:

> . . . . Pero antes
> Veré a quién he apaleado;
> Que pues al Rey lo ofrecí,
> Aunque los palos no di,
> Supongo que los he dado.

»Así, imitando la expresión «más sabré quién es el muerto», salvo la objeción de que aun no se había hecho lo que el verso supone ejecutado ya. Lee el papel del Rey, que dice:

> Al que habéis de apalear
> Es al vicario Valera.

»Llénase de horror y sentimiento mi buen donado, al ver que va a hacer un vicaricidio; conoce que esta inhumana resolución del Rey era efecto del desordenado amor a sor Clara, y exclama:

Triste Clara, Clara cara:
¡Así a su Rey se ultrajara!
¡Viva Valera!... No, ¡muera!
¡A qué batalla tan fiera
Me entrega tu cara, Clara!

»Ya V. ve que en esta escena (no es vanidad) he excedido a
Lope, o al Sr. Trigueros, quienquiera que fué el autor de la que
imito. Ya V. ve que a la imitación añado el agudo equívoco de
cara por semblante o rostro, y cara por amada, y porque le cuesta
mucho. Pocas imitaciones salen tan felizmente como ésta. Sigo
con mi ensayo: estando el donado en esta consternación, se encuentra con el vicario, que le reconviene porque no ha ido a la diligencia que le mandó la abadesa; el donado responde que porque
no ha querido; le amenaza el vicario que lo echará del convento,
y ¡zas!, el donado alza el garrote que llevaba, apalea al vicario
y lo deja medio muerto. Como esto era en medio de la calle, la
gente que lo vió prende al donado; recogen al herido y lo llevan
a la portería del convento; sale la abadesa, y hasta treinta y cinco
monjas, que no son más que comparsa; todas habrán de gritar
a la par, que será un gusto ver esta escena, como la hagan bien
las actrices y no me la echen a perder. Desmáyase nuestra madre
abadesa; la retiran a su celda, y como yo me propuse imitar en
un todo a mi modelo, sentí no haber puesto a alguno de los personajes el nombre de Guzmán, Farfán, Tristán o Tamorlán, que
me hubiera hecho mucho al caso para consonante de afán, que
tenía que decir; pero salí muy bien del apuro diciendo, con alusión
al vicario, que estaba privado de sentido:

Retiradlo a ese desván;
Ya ha vuelto en sí la prelada,
Y fuera pena extremada
Que renovara su afán.

»En fin, el Arzobispo declara por excomulgado al donado,
por el capítulo *Si quis suadente diabolo*, y lo prende; reclámalo
el juez secular; ríñese una competencia de jurisdicción; se decide

por el seglar; quiere éste sentenciar al donado a pena capital; lo llama el Rey, y dice que bastará vaya el donado a un convento de frailes de demandante. Los jueces insisten en que ha de morir. Lo sentencian a que sufra la pena de horca. Pregúntanle si alguno le ha mandado que diera de palos al vicario. Él había quemado el papel que le dió el Rey, porque sabía que el comer papel le haría mucho daño, y creyó que era lo mismo quemarlo, y como no se lo comió, fué preciso que tomase otro alimento. Llámalos el Rey; manda al donado que descubra a los cómplices; él dice que no los hay, y que un papel que podía libertarlo lo ha empleado en hacer cigarrillos. Ya yo iba a terminar mi tragedia, haciendo que el rey D. Juan exclamase como D. Sancho:

> Todos menos yo son héroes
> En esta dichosa patria;

pero me pareció que debía omitirlo, porque ruin es quien por ruin se tiene, y esto contradice el carácter sublime y bien sostenido que había yo pintado en el Rey. Por fin confiesa éste que él mandó dar los palos, y así que lo oye el Arzobispo, dice:

> . . . . Así
> La Iglesia se desagravia
> Y los cánones sagrados:
> Palos del Rey decretados,
> Sin duda fueron con causa.

»En lo que me parece he sido más feliz, es en la aplicación de la última sentencia, «la heroicidad da principio donde la flaqueza acaba», pues el rey D. Juan de Portugal, después de este suceso, se entregó todo a la virtud, labró el famosísimo convento de Mafra, e hizo otras mil acciones de piedad heroica propias de un Rey. Esto es lo que parece se anuncia en aquella sentencia. Usted dirá que en ella confieso, sin decirlo claramente: hasta aquí nada ha habido de heroicidad, nada digno; todo ha sido miseria y flaqueza; lo que Vmds. no han visto, ni yo he presenciado; lo que sucedió después es lo heroico, y lo que, si yo hago de ello otro drama, verán Vmds... Ahora conténtense con saber que concluída esta flaqueza, único asunto de mi drama, dará principio la heroicidad. Vuestra merced dirá esto, y es verdad; pero ni el Sr. Trigueros ni yo tenemos la culpa que ello pasase así; pero no me negará que en la tragedia de D. Sancho, y aun en la mía, hay acción bien escogida y bien manejada, caracteres sublimes bien sostenidos, expresiones dignas y una versificación como de Lope de Vega. Avíseme V. si le parece bien esto, y compondré la otra pieza a que debo dar principio en la conclusión de ésta.

»Chiclana, Julio 14 de 1800.—De V. afmo. amigo, *N. N.*»

De propósito hemos trasladado íntegro (venciendo el fastidio que tan prosaica vulgaridad nos causa) todo el proceso, más bien ético que estético, que la antigua crítica, llamada clásica, instruyó contra Sancho Ortiz, no sólo porque forma parte integrante de la historia de la comedia de Lope, sino por la útil enseñanza que siempre nace de ver juzgadas las ideas y los sentimientos de una generación por otra totalmente diversa de ella en su orientación moral. Aunque, a decir verdad, no era el público espectador quien había cambiado, sino los maestros y dictadores del gusto; y aun así, las bellezas puramente dramáticas de la obra son tales, que el mismo Cienfuegos, que a su modo era poeta, no dejó de sentirlas y de encarecerlas en su campanudo estilo. Mucho había perdido *La Estrella de Sevilla* al pasar por las manos de Trigueros, aunque nada tuviesen de inhábiles en esta ocasión; pero algo habían ganado en concentración y efecto ciertas situaciones; y, de todos modos, era de tal valía lo que quedaba, que bastó, no sólo para sostener triunfante el refundido texto en las tablas del Teatro español, sino para que penetrase en las literaturas extrañas, sirviendo de original a las más antiguas imitaciones alemanas y francesas. De la tragedia de Trigueros, reimpresa en Inglaterra hacia 1820, [1] proceden la traducción alemana *(Der Stern von Sevilla)* que Malsburg dedicó a Goethe en 1824, y en parte *Le Cid d'Anda-*

---

[1] *Sancho Ortiz de las Roelas o La Estrella de Sevilla,* tragedia *con anotaciones.* Hackney J. Smallfield.

lousie, tragedia de Pedro Lebrun, representada en 1.º de marzo de 1825. [1] La censura política del tiempo de la Restauración, más severa, por lo visto, que la nuestra, había puesto obstáculos a la representación de esta obra, porque en ella hacía mal papel

---

1   Esta tragedia, que cayó muy pronto en olvido, fué impresa muy tardíamente, y sólo en la colección de las obras de su autor (1853-1863, *chez Perrotin).*

En esta edición aparece la tragedia tal como la escribió Lebrun a principios de 1823, y no tal como se representó, mutilada por la censura, en 1.º de marzo de 1825. El autor se queja amargamente de esta arbitrariedad, que le contrarió en el momento más decisivo de su carrera literaria. Véase alguna muestra de los versos suprimidos, que tanto escandalizaron a los realistas franceses de la época de la Restauración:

> *Se garder un serment, même trop témeraire,*
> *Est un devoir sacré pour un homme ordinaire,*
> *Ce devoir dans un prince est la première loi,*
> *Jamais ne doit faillir la parole du roi.*

«Los censores de 1823—dice Lebrun—tuvieron la increible audacia de tachar este pasaje. Les pareció imprudente que ante el pueblo se dijese que un rey debe ser fiel a su palabra.

»Sancho Ortiz de las Roelas, en un arranque caballeresco, se arrojaba a los pies de su amada exclamando:

> *Que ne puis-je, à Rodrigue empruntat ses exploits,*
> *Vous gagner des cités, des royaumes, des rois,*
> *Des rois¡ et devant vous jetant leurs diadèmes,*
> *A vos pieds avec moi les voir tomber eux-mêmes.*

»Este deseo, aunque bien poco peligroso para la seguridad del Estado, pareció en 1823 contrario al respeto debido a la Monarquía. Los censores no permitieron a Sancho Ortiz humillar a los reyes hasta el punto de traerlos vencidos a los pies de su dama.

»Así me suprimieron más de trescientos versos, que por lo general eran los que tenían algún vigor y alguna significación... Desapareció la parte más fuerte, y por decirlo así, la más viril de la obra, todo lo que era el cuerpo y el nervio de ella. La gran escena del primer acto, que es la base de todo el drama, la exposición, en fin, quedó totalmente suprimida, lo mismo que todos los pasajes de la misma índole que se encuentran en la obra. De este modo la pieza pudo conservar acaso lo que tenía de interés tierno y novelesco, pero perdió casi del todo su carácter grave

un rey, y «ya era hora de dejar a los reyes tranquilos», según expresión del entonces ministro Chateaubriand, que, sin embargo, contribuyó mucho a allanar las dificultades y a que se diese el pase a la obra del novel poeta. La primera representación fué

---

y serio, y sólo espíritus muy ejercitados hubieran podido comprender lo que el autor había querido decir; porque el nudo de la pieza no había sido menos maltratado que la exposición...

»Sólo a costa de sacrificios, que no podían menos de comprometer todo éxito, pude arrancar *El Cid de Andalucía* de manos de los censores, después de una lucha de más de un año, y eso merced a una intervención poderosa, la de Mr. de Chateaubriand, que era entonces Ministro de Negocios extranjeros...»

El drama fué puesto en escena por Talma y mademoiselle Mars, que entonces por primera vez aparecieron juntos en las tablas. El éxito fué bastante favorable; pero el autor tuvo ciertos disgustos con los cómicos, y retiró su pieza después de la cuarta representación, absteniéndose de imprimirla durante muchos años. «El público de 1825—dice Lebrun—sentía vagamente la necesidad de algo nuevo, pero al mismo tiempo era desconfiado y receloso respecto de todas las novedades: había que contar con sus escrúpulos, con sus incertidumbres y aun con sus preocupaciones. La expresión más sencilla le hacía fruncir el entrecejo: apenas podía tolerar las expresiones familiares, y difícilmente le agradaba nada que no estuviese en estilo *noble*... No siempre era lícito desarrollar una situación en toda su naturalidad, un carácter en toda su verdad... Después de una tentativa afortunada *(María Stuart)*, quise adelantar un paso más en el camino en que otros han venido después a imprimir huellas más profundas. La mayor innovación de mi tragedia consistía en el estilo, que yo había procurado en esta ocasión que descendiese al tono más sencillo y familiar que puede soportar el drama serio...: en una palabra, mi propósito había sido hacer entrar la comedia noble en el dominio trágico...

»Vencido por tantas dificultades, enervado por tantas luchas, después de algunos nuevos esfuerzos sin vigor y sin voluntad, caí en tal desaliento y tal disgusto, que me alejé para siempre de los cómicos y del teatro, llevándome el manuscrito de mi tragedia y jurando no escribir otra: juramento que no me fué difícil cumplir por haber fallecido a poco tiempo Talma, que era mi actor, mi consejero y mi amigo... Muerto él, el arte no tenía, a lo menos para mí, apoyo ni intérprete. Renuncié, pues, completamente a la escena... Ni siquiera hice imprimir *El Cid de Anda-*

tempestuosa, y en cierto modo preludió a la de *Hernani*. *El Cid de Andalucía* no era todavía una pieza romántica, en cuanto a la forma, pero en el asunto y en el modo de tratarle no podía menos de acercarse mucho al romanticismo, dando testimonio de

---

lucía... Se ha dicho que esta obra era prematura. Quizá hoy se diga que llega demasiado tarde...

»El principal cargo que se me hizo, como si hubiera cometido un acto temerario y casi un crimen de lesa majestad dramática, consistía en la elección del asunto. Se me acusó de haber faltado al respeto al gran Corneille, de haber concebido la loca idea de luchar con tan grande hombre y de rehacer *El Cid*. Tal intención hubiera sido tan insolente como absurda, y aun el excusarse de ella puede parecer una irreverencia.

»Si el argumento de *El Cid de Andalucía* fuese de pura invención, si los personajes no hubiesen sido tan conocidos en España como en Francia lo son hoy los de *El Cid*, se me hubiera podido decir: «¿Por qué habéis »inventado una acción que desde luego suscita el recuerdo de la de Corneille?»

Pero si la tradición presenta un asunto con circunstancias análogas a las de *El Cid*, ¿por qué se me ha de prohibir el tratarle?

»Leyendo la obra que lord Holland ha publicado en Inglaterra sobre Lope de Vega y Guillén de Castro, tuve la primera noticia de este argumento, que me ofrecía el desarrollo de una idea de gran moralidad, al mismo tiempo que efectos profundamente patéticos. La impresión que me hizo fué tan profunda, que inmediatamente puse mano a la obra, sin pensar siquiera en las relaciones que este tema dramático podía tener con el que había tratado Corneille. Experimenté, sin embargo, alguna duda, no por recelo de que se me achacase el haber querido rehacer una obra maestra, sino por el temor, mucho más razonable y natural, de tocar muy de cerca las situaciones de *El Cid*, haciendo visible mi pequeñez por la doble ventaja del genio y de la prioridad que me llevaba Corneille.

»Considerado en masa y de lejos el argumento de *El Cid de Andalucía*, no cabe duda que tiene semejanza con la tragedia de Corneille. La escena de ambas obras pasa en Sevilla *(a)*. En una y otra hay un matrimonio interrumpido por un duelo, y una joven obligada por el punto de honor a pedir la muerte del hombre que ama. Pero aquí se puede repetir

(a) En *El Cid* pasa sólo por un insoportable anacronismo de Corneille. En España saben hasta los niños de la doctrina que Sevilla estuvo en poder de los moros hasta que la reconquistó San Fernando.

su origen español. Lebrun era un innovador a medias; poeta de talento, pero tímido, un poeta de transición, semejante a Casimiro Delavigne. Así como éste hacía colaborar en su dramaturgia a Shakespeare, a Walter Scott y a Byron, aunque a pequeñas dosis, así aquél hizo incursiones en el campo de Schiller, adaptando clásicamente la *María Stuart;* en el de la poesía homérica *(Ulises)*

---

aquella observación del abate Saint-Réal: «Lo que las cosas tienen de »diferente, cambia lo que tienen de semejante.» Pues prescindiendo del fin de mi tragedia, de sus caracteres, de la mayor parte de las situaciones, que son tan diferentes del objeto, de los caracteres y de las situaciones de Corneille, basta la intervención de mi obra de un rey joven y enamorado, que ata y desata toda la acción, para que el argumento de *El Cid de Andalucía* resulte verdaderamente nuevo.

»Quizá no anduve acertado al titular esta obra *El Cid de Andalucía,* sobrenombre que los sevillanos de su tiempo daban a Sancho Ortiz. La semejanza del nombre hacía pensar inmediatamente en la que podía haber en el asunto. Quizá hubiera sido mejor apartar de la mente del espectador esta idea, usando de un título menos significativo. Pero me pareció más franco, y por tanto más hábil, adelantarme a la crítica y colocarme desde luego bajo la invocación y los auspicios de *El Cid* de Corneille...

»Existen en España dos piezas sobre este asunto, *tomado de las antiguas crónicas castellanas (a).* Una muy antigua, muy rara y casi desconocida de los españoles mismos, atribuída a Lope de Vega; otra más moderna y que todavía se representa alguna vez en los teatros de Madrid bajo el nombre de don Cándido María Trigueros, pero que no es en realidad más que la antigua pieza acomodada al gusto moderno. Las escenas, los pasajes, los versos que tienen más valor en esta obra, están textualmente transportados de la otra...; de suerte que se puede decir que esta segunda pieza es también de Lope de Vega. Hasta suele imprimirse con su nombre, y con el título de *Sancho Ortiz de las Roelas o La Estrella de Sevilla.*

»Al tratar por primera vez este asunto, parece que Lope de Vega quiso dejar intacta la flor de él para los poetas que viniesen después. Parece que no atendió ni al interés político ni al interés moral que pueden encontrarse en él. No era ésta la tendencia de su tiempo; pero lo que puede sorprender es que un tema que abría una fuente tan copiosa de emoción, no haya hablado más que a su ingenio, sin conmover ni por un momento su alma, y sin inspirarle nunca una palabra empapada en

(a)   Nada dicen de él las tales crónicas.

y en el del Teatro español con este *Cid de Andalucía*, visto, como queda dicho, no en Lope, sino en Trigueros, aunque también tuvo presente un análisis de que voy a hablar ahora.

---

lágrimas *(a)*. Me atrevería a decir que no vió en él más que una intriga interesante. Y todavía este interés se detiene en el segundo acto de su pieza, pues todo lo demás es poco digno de atención *(b)*. No es más que un esbozo, pero en el cual se encuentran muchas intenciones profundamente dramáticas, de las cuales me he aprovechado. La segunda parte del segundo acto *(c)* me ha parecido muy notable, y la he copiado casi entera. Por lo demás, no hay caracteres, a excepción del del hermano, que está bien indicado *(d)*. Hay más brillo en los pensamientos que verdad en los sentimientos; más movimiento en la acción, que vida en los personajes; poco gusto, poco estilo *(e)*, ni profundidad ni emoción.»

Prosigue Lebrun repitiendo los gastados lugares comunes acerca de Lope: «Era un hombre dotado de mucho ingenio; se le debe admirar

(a) No hay ciertamente en la obra de Lope de Vega el *sentimentalismo* que echa de menos Lebrun, y que no es propio del poeta, ni de su tiempo, ni de su raza; pero hay mucho de sensibilidad verdadera en todo lo que hace y dice doña Estrella.

(b) *Todo lo demás* son los tres actos, ciertamente muy difusos, y, por tanto, lánguidos, en que Trigueros dilató las escenas del proceso de Sancho Ortiz. En Lope todo ello ocupa un acto solo, que tiene, por cierto, bellezas de primer orden, lo mismo que los anteriores, aunque quizá de un género que Lebrun no podía comprender bien. La sola escena de los alcaldes de Sevilla con el Rey, vale más que muchas tragedias clásicas; pero es preciso sentir la castiza poesía del Municipio español para hacerse cargo de todo lo que significa.

(c) Se refiere a la muerte de Bustos y a la conducción del cadáver a casa de su hermana.

(d) Si el carácter del hermano está bien indicado, también lo están los de Sancho Ortiz y Estrella, y con mucho más vigor, por cierto.

(e) Prescindiendo de la especie de ingratitud que envuelve el decir tales cosas de un autor cuya obra se desvalija, no sé qué competencia en materia de estilo castellano podía tener Lebrun, que probablemente no leyó *La Estrella de Sevilla* más que en el análisis de lord Holland. Ya he dicho que el texto de esta obra de Lope ha llegado a nosotros en una edición infeliz, mutilada y estragadísima. Por otra parte, no hay inconveniente en confesar que está mejor pensada que escrita, al revés de lo que sucede con otras muchas de Lope. Pero tal como está, tiene relámpagos de sublime poesía, que para nuestro gusto valen más que las campanudas tiradas de alejandrinos que se llaman *estilo* en las tragedias francesas.

El mérito de haber desenterrado la obra original, dando por primera vez de ella un fiel y copioso extracto, con traducción en verso inglés de los principales pasajes, pertenece a lord Holland,

---

como un prodigio de invención, de facilidad, de ingenio, de abundancia; pero su genio era más bien de improvisador que de poeta... Poeta muy inferior a Shakespeare, con el cual marchaba paralelamente en el siglo XVII, y a quien se parece por la forma, sin parecérsele en nada por el fondo, que toca al corazón humano. Todo esto sea dicho sin disminuir en un ápice la admiración a que tiene derecho este sorprendente genio; sin menoscabar en nada las obligaciones que le debe esta tragedia mía, *cuyas más dramáticas situaciones le pertenecen;* sin desconocer, en fin, la prodigiosa influencia que ha ejercido en todos los teatros del Continente, en Inglaterra misma, y acaso sobre Shakespeare *(a)*, porque Lope de Vega, aunque fuese de la misma edad que este gran poeta, había ya inundado el teatro con sus comedias cuando Shakespeare daba su primera obra, y las relaciones de los Países Bajos y de la Gran Bretaña habían debido de difundir en Inglaterra el estudio del español. Shakespeare ha podido, pues, conocer a Lope, cuya fama era tan popular y tan extensa que había penetrado hasta en Asia y se le representaba en el serrallo de Constantinopla. Es incontestable, por lo menos, que su influencia entre nosotros ha sido muy grande. Nuestro Teatro fué español por largo tiempo. Esta influencia pudo habernos sido más saludable y ayudarnos a fundar en Francia un Teatro nacional como el suyo; porque Lope de Vega es enteramente moderno, enteramente histórico, y está totalmente impregnado de las costumbres, de la religión, de las creencias, del espíritu de su tiempo y de su país, y en esto es en lo que debía haber sido imitado, y no en las complicaciones y en los embrollos de sus intrigas; en esto es en lo que podría servir aún de modelo a los poetas de nuestros días, y no en las formas de su drama, que, careciendo de proporción y medida, no pueden convenir al nuestro..., porque hay un gusto francés diferente del de los demás países, un gusto de orden, de regla, de límites, de leyes, aun en medio de la mayor libertad.»

Los personajes de *El Cid de Andalucía* son el Rey Don Sancho IV, Sancho Ortiz de las Roelas, Bustos Tavera, Doña Estrella, D. Juan de Lara, favorito del Rey; D. Elías de Mendoza, camarero mayor; *D. Pérez de Guzmán (¡sic!)*, caballero de la comitiva del Rey; Doña Berengumla, amiga y prima de Estrella; Inés, criada suya; Zoraida, esclava mora;

(a) Nada hay menos probado ni menos probable que esta influencia de Lope sobre Shakespeare.

grande amigo de Jove-Llanos y Quintana y benemérito iniciador en su país de los estudios relativos a Lope y a nuestra literatura dramática. Del libro de lord Holland, publicado en 1817, [1] tomó el poeta alemán Zedlitz el argumento de su drama *Der Stern von Sevilla*, representado con éxito en 1829. [2]

Después de lord Holland, que más bien extracta que juzga, el primer crítico que basó sus observaciones en el texto de la pieza original y no en la refundición, fué Luis de Vieil-Castel, cuyos estudios sobre el Teatro español se remontan a 1840, aunque fueron coleccionados muy tardíamente, en 1882. [3] Adoptó Vieil-Castel la extraña ocurrencia de Lista, que en el caso de Sancho Ortiz veía una alusión al de Antonio Pérez; pero en todo lo demás su análisis es excelente, y uno de los mejores que se han hecho de esta obra de Lope, calificada por él de la más bella y fuerte de las comedias heroicas del grande ingenio. Si en este punto no podemos ser hoy tan resueltos y decididos como en aquellos tiempos, en que sólo se conocía o se tenía en cuenta una mínima parte de la inmensa labor dramática de nuestro autor, no podemos menos de aplaudir el caluroso y razonado entusiasmo del académico francés por bellezas que siempre serán de primer orden, prescindiendo de comparaciones y categorías difíciles de establecer aún para los más expertos y más versados en la lección de tan inmenso poeta. Las magníficas escenas del primer acto, sacrificadas, quizá de mala gana, por Trigueros, en quien el buen instinto

---

Dávila, halconero de la casa de Roelas; Enrique, criado de D. Bustos; alcaldes, regidores, damas y nobles de Sevilla, etc.

Los actos primero, tercero y quinto pasan en el alcázar de Sevilla; el segundo y el cuarto en casa de Bustos y Doña Estrella.

Debo a mi docto amigo A. Morel-Fatio noticia y extractos de esta pieza, no conocida en España.

[1] *Some account of the lives and writings of Lope Felix de Vega Carpio and Guillen de Castro*, dos volúmenes. *London, printed by Thomas Davidson, Whitefriars*, 1817. (Tomo I, páginas 155 a 200.)

[2] Reimpreso en el segundo tomo de las obras dramáticas de su autor, edición de Cotta (Stuttgart, 1860).

[3] *Essai sur le Théatre espagnol*, I, 43-74.

luchaba con la timidez o con la preocupación doctrinal; la entrada nocturna del Rey en casa de Estrella; el diálogo con Bustos
Tavera, fueron dignamente estimados por Vieil-Castel, no menos
que la singular belleza moral del desenlace, que indudablemente
es superior al de *El Cid*, de Corneille. Las siguientes conclusiones
resumen el espíritu general de tan notable estudio:

«La concepción de *La Estrella de Sevilla* es profundamente trágica; el interés, sostenido y progresivo; las situaciones dramáticas
con ser tan abundantes, están casi todas diestramente encadena-
das las unas a las otras, con un arte que suele faltar en otras muchas
obras de Lope. No es esto negar que también aquí dejen de sen-
tirse los efectos de aquella negligencia y rapidez de ejecución,
que no dejaban al poeta tiempo para madurar y perfeccionar sus
planes. La marcha de esta pieza adolece con frecuencia de invero-
si ilitudes, de inconveniencias y hasta de contradicciones, que con
un poco más de cuidado hubiese sido fácil evitar. Lo más endeble
es el carácter del Rey; entraba ciertamente en el pensamiento
general del drama el conservarle alguna dignidad, aun en medio
de sus extravíos, y, sin embargo, por falta de algunos artificios
de composición, que el más mediano dramaturgo un poco dotado
del hábito del teatro hubiese podido sugerir a Lope, le presenta
casi desde el principio hasta el fin con rasgos odiosos y despreciables. Tal como es, sin embargo, este papel ofrece grandes bellezas: las irresoluciones de Sancho *el Bravo*, los remordimientos
que experimenta por haber hecho matar a un inocente, la vergüenza, los peligros que teme, y que inútilmente se esfuerza por
conjurar, dan a este carácter una verdad eminentemente moral,
propia para impresionar vivamente el espíritu. En los otros personajes nada hay que tachar. Pertenecen al heroísmo *corneliano*,
a ese bello ideal, cuya noble sencillez parece a primera vista tan
fácil de expresar, y que, sin embargo, sólo los espírituz poderosos
aciertan a reproducir. Reina en el papel de Ortiz, en los de Tavera
y su hermana, una elevación generosa, y al mismo tiempo una
sensibilidad, que cautivan la imaginación. El diálogo es vivo,
apasionado, y se encuentran muy pocas huellas de aquel gusto

afectado y declamatorio, tan común en la escena castellana. Salvo un pasaje, [1] está igualmente exento de las grotescas bufonadas que desfiguran muchas veces las situaciones más patéticas de los dramas españoles.

»Por grande que sea la admiración que experimentamos leyendo *La Estrella de Sevilla*, hay, sin duda, en el asunto algo que repugna. No podemos acostumbrarnos a estas ideas de venganza y de sangre. Un Rey que ordena el homicidio, un súbdito que le ejecuta sin saber siquiera el motivo, y únicamente porque el Rey le ha ordenado, están muy fuera de nuestras ideas sobre el honor; y si Lope llega a interesarnos con tal acción, nos sentimos tentados a ver en tal éxuto la audacia feliz de un talento superior, que, haciendo alarde de todos sus recursos, consigue producir en nosotros una ilusión momentánea mediante combinaciones contrarias a la naturaleza y desprovistas de toda realidad. Reflexionando bien, sin embargo, comprenderemos que el interés que en nosotros se despierta no es ficticio, que depende en gran parte de la verdad de esos sentimientos, tan extraños en apariencia; verdad relativa, sin duda, verdad de tiempo y lugar, pero que se revela por la fuerza de los colores que Lope ha empleado; y comprenderemos, por fin, que la manera de pensar de sus personajes no le hubiese dictado tan enérgicas, tan felices inspiraciones, si no hubiese participado de ellas en mayor o menor grado, como participaban todos sus contemporáneos.

»En aquellos tiempos, en efecto, la efusión de sangre no excitaba tanto horror como ahora, la venganza era un deber, la voluntad del rey se consideraba poco menos que la de Dios: absoluta, irresistible, imponía ciega obediencia, y tenía, en cierto modo, la facultad de cambiar el bien en mal, y el mal en bien, por lo mismo que despojaba a los súbditos del derecho de usar de su libre albedrío para apreciar la moralidad de las órdenes emanadas del Trono... Fácil es comprender que a fines del siglo XIII

---

[1] Ya he indicado antes que este pasaje parece ser una intercalación de Andrés de Claramonte.

el homicidio repugnaba todavía menos que en tiempos de Felipe II; para convencerse de ello, basta leer las crónicas de aquella época. Pero por otra parte ese sentimiento de adoración por la autoridad real que Lope nos pinta con tanta fuerza, estaba lejos de existir cuando Sancho *el Bravo* destronaba a su padre y disputaba la corona a sus sobrinos. Sólo con la Casa de Austria se introdujo en España el despotismo. Prestando tales ideas a sus personajes, Lope faltó, por consiguiente, a lo que se ha convenido en llamar verdad histórica y color local. Esta falta, dado que lo sea, a cada momento se encuentra en los dramas españoles, y aun parece que sus autores apenas se cuidaban de evitarla. Querían pintar las costumbres nacionales, pero no ponían empeño en darles escrupulosamente el matiz propio de las opiniones y costumbres de los diferentes siglos. Parecían comprender que un trabajo tan minucioso sólo sirve para extinguir la inspiración, y que, por otro lado, con formas vivas, con los detalles extensos que toleran y exigen las composiciones dramáticas, las únicas ideas que se pueden reproducir con éxito son aquellas que en cierto modo envuelven y penetran al autor lo mismo que al espectador, y le inspiran aversión o entusiasmo... Estos cuadros son exactos, pero lo son en un sentido que vamos a explicar. Estas costumbres han existido, pero no en el tiempo en que los poetas colocan la acción de sus dramas, sino en aquel en que los escribían. Si ellos mismos no hubiesen vivido en esa atmósfera moral, no hubieran acertado a reproducirla con la fuerza, la sencillez y el carácter de realidad profunda que nos subyugan. Les hubiera acontecido lo que a ciertos dramaturgos modernos cuando, creyendo seguir las huellas de los grandes maestros, se esfuerzan, llenos como están de las ideas del siglo XIX, en representarnos las ideas y los hábitos de la Edad Media...»

Posteriormente a Vieil-Castel, la crítica francesa ha formulado idénticas alabanzas por boca de A. de Latour, que en su *Viaje a Andalucía* (1855) analiza discretamente la pieza [1] y traduce las

---

[1] No hay más descuido que el de convertir a Lope de Vega en *canónigo*. La erudición biográfica no era el fuerte de este simpático vulgarizador de las cosas españolas.

principales escenas, encareciendo sobremanera el mérito de la primera jornada, que mira como modelo de exposiciones, en la cual ya está contenido el drama entero, que no tiene más que escaparse de la mano poderosa del poeta; la fiereza del diálogo entre el Rey y Bustos Tavera cuando le encuentra embozado en su casa; y el vigor patético de la expresión en todos los pasajes donde es sincera y humana. «Nunca, en mi sentir (añade), abrió Lope de Vega una perspectiva más profunda en el corazón de la vieja España.»

Además de estas traducciones parciales, a las cuales puede añadirse el estudio de Ernesto Lafond (1857), existe en francés una completa y bastante apreciable, de Eugenio Baret (segunda edición, Didier, 1874), y otra polaca de Julián Adolfo Swiecicki (1882.) [1] El texto castellano que actualmente se representa, y siempre con el favor del público, no es ya la tragedia de Trigueros, sino una nueva refundición que hizo D. Juan Eugenio Hartzenbusch, conservando del drama primitivo todo lo que sin violencia podía adaptarse a la escena moderna. [2]

Nada hemos dicho de los elementos tradicionales que puede haber en esta pieza, porque nada puede decirse con seguridad. Salvo el nombre del Rey Don Sancho y su estancia en Sevilla en 1284, nada pertenece a la historia documentada.

---

[1] Es muy singular que Grillparzer no dé muestras de conocer *La Estrella de Sevilla*. A lo menos, nada dejó escrito sobre ella. Inútil parece advertir que, más o menos extensamente, la examinan todas los historiadores de nuestro Teatro (Schack, Klein, Schaëffer...) y todos nuestros autores de Manuales de Literatura, desde Gil y Zárate en adelante.

[2] Con el título de *La Estrella de Madrid*, compuso una zarzuela don Adelardo López de Ayala. Además del título, que ya recuerda la obra de Lope, hay en ella una dama enamorada del matador de su hermano, y un Rey que persigue de amores a la dama, el cual Rey no es aquí Don Sancho *el Bravo*, sino Felipe IV, Monarca predilecto de los autores de zarzuelas. En los lances no hay semejanza ninguna, y aunque ésta y otras producciones de Ayala pueden considerarse como felices ensayos de imitación del Teatro antiguo, lo son de la manera de Calderón, más bien que de la de Lope.

Lista, que era sevillano, pero que no se picaba de erudito ni aun en las cosas de su tierra, dice que *el hecho es inventado*, y bien pudiera serlo, puesto que no se ha encontrado rastro de él en los anales y crónicas de aquella insigne ciudad. Pero el drama tiene tal sabor de realidad, que no parece de los que totalmente se inventan; y, por otro lado, una tradición constante señala en la calle llamada antes *de la Inquisición Vieja*, y ahora de Bustos Tavera, la casa del hermano de Estrella. Se dirá que esta tradición ha podido ser inventada *a posteriori*, naciendo de la misma boga y popularidad de la comedia. No negaremos la posibilidad del hecho, pero si se trata de la comedia de Lope de Vega, lejos de haber sido popular nunca, parece que estuvo enteramente ignorada hasta que la exhumó Trigueros. A lo menos no se la encuentra citada en ninguna parte y sus ejemplares son rarísimos. En cuanto a la refundición, es cierto que fué muy leída y representada, y que a los sevillanos debió de ser doblemente grata por su asunto y por los elogios que en ella se hacen de su ciudad y del carácter de sus moradores; pero es demasiado moderna para que de ella pudiera nacer una tradición local tan concreta y precisa. Pesándolo bien todo, nos inclinamos a creer que la tradición es positivamente antigua y que Lope la recogió en Sevilla, pero que esa tradición no contenía más que el germen de su drama. Porque, en efecto, lo único de que la tradición relativa a la casa da testimonio, es que allí vivió Bustos Tavera, que el Rey se enamoró de Estrella, que penetró una noche en su aposento, que fué honestamente rechazado, y que Bustos ahorcó a la esclava que había querido ser tercera en su deshonor. Lope añadiría el personaje de Sancho Ortiz y todo lo que nace de él; es decir, el verdadero conflicto trágico. De este modo se salva también el anacronismo de ideas que se ha notado en la pieza; anacronismo que sería inexplicable si todo el fondo de ella fuese tradicional. Lope era muy capaz de haber retratado con su propio y adecuado colorido las costumbres del siglo XIII, como lo hizo con las de otras épocas más remotas; pero en el caso presente lo que añadió tiene el sello del siglo XVII, tanto en la exageración de la lealtad monárquica, como en la sutil casuística del honor. Sería insigne candidez discutir en forma estos móviles dramáticos, como hacían nuestros críticos de principios de siglo, de los cuales ya hemos presentado algunas muestras. Claro es que tales ideas y sentimientos pertenecen, no a la moral absoluta y eterna, sino a la moral relativa y de convención, que es la que casi siempre ha imperado en el teatro. Bástales con tener el grado de verdad necesario para justificar las situaciones que de ellos nacen, dentro del libre juego de la fantasía.

El Teatro español no fué inmoral, porque nunca fué dogmatizante, pero fué muchas veces *a-moral*, es decir, que procedió como si la rígida moral no existiera. Quizá las condiciones mismas del drama, a lo menos tal como históricamente se ha desarrollado, implican esto en parte. El drama es obra de pasión; y técnicamente, los motivos más puros y elevados no siempre son los más dramáticos, así como el tipo del héroe trágico sólo por excepción puede ser un santo. Pero en esa misma moral del teatro, tantas veces desquiciada por los extravíos de la pasión o por las preocupaciones mundanas, hay que reconocer casi siempre la huella de sentimientos nobles, sin los cuales ella misma no tendría razón de ser, ni menos virtud suficiente para informar una obra duradera. Así, en el caso de Sancho Ortiz, lo que determina su cruenta acción es, por una parte, la fidelidad del vasallo a su rey y señor, a quien considera como personificación de la justicia, y por otra, la fidelidad a la palabra empeñada; sentimientos loables uno y otro, aunque puedan estar viciados y torcidos en su aplicación. Por consiguiente, la falsedad intrínseca no es tanta como superficialmente parece; y además de eso, el arte del poeta y su instintiva psicología han conseguido templar o disimular lo que en la acción podía haber de violento y de repugnante, ya con la enérgica pintura de los remordimientos del Rey, ya con la inmaculada figura de Estrella, ya con los heroicos arrestos de Bustos, que, sin faltar al decoro debido a la Majestad, hace sentir a Don Sancho toda la fealdad de su acción; ya con la apoteosis de la inflexible justicia en las varas de los alcaldes de Sevilla; ya con el patético y sublime desenlace, en que el imperio de la ley moral queda triunfante, no sólo de toda sugestión de orden inferior, sino del amor mismo, más poderoso que la muerte. La emoción que el drama produce es, por tanto, sana, y nos transporta a la esfera más ideal, mostrándonos verdaderos ejemplos de grandeza de alma, sin declamación y sin énfasis.

XXXVI.—La inocente sangre

Su autor la tituló *Tragedia* por lo funesto del desenlace, y la publicó en la *Parte* 19 de sus *Comedias* (1623), dedicándola al alcalde de casa y corte D. Sebastián de Carvajal, como descendiente de la ilustre familia de los caballeros despeñados en Martos. Modernamente, esta obra de Lope ha sido reimpresa en el tomo IV de la colección selecta que formó Hartzenbusch para la *Biblioteca* de Rivadeneyra.

Célebre es en nuestras historias el emplazamiento del Rey Don Fernando IV, y puede decirse que había corrido sin objeción ni reparo hasta que D. Antonio Benavides publicó, doctamente ilustradas, las *Memorias de Fernando IV*, [1] y en una de las *Ilustraciones* sometió a severa crítica los fundamentos de esta tradición, rechazándola como fabulosa y acaso forjada a imitación del emplazamiento hecho por los templarios al Papa Clemente V y al Rey de Francia Felipe *el Hermoso*.

Trátase, sin embargo, de un rumor popular que ya estaba arraigado y crecido cuando se compuso la Crónica de aquel Monarca (a mediados del siglo XIV), a no ser que gratuitamente se quiera suponer que fué añadida esta especie en copias posteriores. Léese, pues, en el capítulo XVIII, que es el último de esta *Crónica:*

---

[1] *Memorias de D. Fernando IV de Castilla. Tomo I. Contiene la Crónica de dicho Rey, copiada de un códice existente en la Biblioteca Nacional, anotada y ampliamente ilustrada por D. Antonio Benavides, individuo de número de la Real Academia de la Historia, por cuyo acuerdo se publica.* (Madrid, 1860.) Páginas 686-696.

(Era 1350, año de Cristo 1312.) «E el rey salió de Jaén, e fuese a Martos, e estando y mandó matar dos cavalleros que andavan en su casa, que vinieran y a riepto que les fasían por la muerte de un cavallero que desían que mataron quando el rey era en Palencia, saliendo de casa del rey una noche, al qual desían Juan Alonso de Benavides. E estos cavalleros, quando los el rey mandó matar, veyendo que los matavan en tuerto, dixeron que emplasavan al rey que paresciese ante Dios con ellos a juisio sobre esta muerte que él las mandava dar con tuerto, de aquel día en que ellos morían a treynta días. E ellos muertos, otro día fuese el rey para la hueste de Alcaudete, e cada día esperava al infante D. Juan, segúnd lo avía puesto con él... E el rey, estando en esta cerca de Alcaudete, tomóle una dolencia muy grande, e affincóle en tal manera, que non pudo y estar e vinóse para Jaén con la dolencia, e no se queriendo guardar, comía carne cada día, e bevía vino... E otro día jueves, siete días de setiembre, víspera de Sancta María, echóse el rey a dormir, e un poco después de medio día falláronle muerto en la cama, en guisa que ninguno lo vieron morir. E este jueves se cumplieron los treynta días del emplazamiento de los cavalleros que mandó matar en Martos.»

La *Crónica de Fernando IV*, como se ve, nombra a Benavides, pero no a los Carvajales. Tampoco aparecen los nombres de éstos en la *Crónica de Alfonso Onceno* (cap. III), que repite la misma narración con leves variantes: «Et el Rey salió de Jaén et fuese para Martos; et estando en Martos mandó matar dos caballeros que andaban en su casa, que venieron y a riepto que les facían por muerte de un caballero que decían que mataran, quando el Rey era en Palencia, saliendo de casa del Rey una noche, al qual caballero decían Joan Alfonso de Benavides: et estos caballeros, quando los el Rey mandó matar con tuerto, dixieron que emplazaban al Rey que pareciese con ellos ante Dios a juicio sobre esta muerte que les mandaba dar con tuerto, de aquel día que ellos morían a treinta días: et ellos muertos, otro día fuese el Rey para la hueste de Alcaudete... Et el Rey, estando en esta cerca de Alcaudete, tomóle una dolencia muy grande, et afincóle en tal manera que non pudo y estar; et vínose para Jaén, et con la dolencia non se quiso guardar, et comía cada día carne et bebía vino... Et en ese día jueves, siete días de Setiembre, víspera de Sancta María, echóse el Rey a dormir un poco después de medio día, et falláronlo muerto en la cama, en guisa que ninguno non lo vió morir. [1]

---

[1] Una variante muy singular y muy antigua de la leyenda del emplazamiento, en que para nada se nombra a los Carvajales, trae la *Crónica* catalana que lleva el nombre de Don Pedro IV *el Ceremonioso*, aunque realmente no la escribiese él, sino Bernat Descoll por su mandado. En esta *Crónica*, pues, se atribuye al Rey Fernando el dicho blasfemo que más tarde, y con grande injusticia, se achacó a Alfonso *el Sabio*, de que el mundo hubiera salido algo mejor si él hubiese asistido a su creación, y se añade que, en castigo de tal impiedad, le anunció en sueños una voz de lo alto que moriría dentro de veinte días, y que en la cuarta generación acabaría su línea real.

«E aço fo per ordinació de Deu, car segons que havem oyt recomptar a persones dignes de fe, en Castella hac un rey appellat Ferrando qui fó rey vituperós, e mal nodrit y desestruch y parlá moltes vegades reprenént y dient que si ell fos com Deu cred lo mon, en fos cregut, Deu no haguera creades ne fetes moltes coses que feu y creá, y quen haguera creades y fetes moltes que no haguera fetes. E aço tenia éll en son enteniment en parlava sovént, perque, nostre senyor Deu, veent la sua mala y folla opinió, tramesli una veu en la nit, la qual dix aytals paraules: —Per tal com tú has represa la saviesa de Deu, dací a XX dies morrás y en la quarta generació finirá ton regne. E semblants paraules tremés Deu a dir en aquella mateixa nit y hora a un home sant del orde dels frares preycadors que era en lo monestir de Burgos, lo cual frare preycador les denunciá al germá del dit rey de Castella que ladonchs era en Burgos. Y haut acort entre élls, anaren al dit rey per dirli ço quel dit frare havía oyt de part de Deu. Y axi com Deu ho havía manat e dit, lo dit rey finá sos dies y en la quarta generació ques seguí finá lo seu regne; car lo dit rey En Pére, mentre regná, no féu sino mal...» Y sigue una invectiva contra el Rey Don Pedro de Castilla, capital enemigo del de Aragón.

Crónica del Rey de Aragón D. Pedro IV el Ceremonioso o del Punyalet, escrita en lemosín (sic) *por el mismo monarca, traducida al castellano y anotada por Antonio de Bofarull.* Barcelona, imprenta de Alberto Frexas, 1850. Páginas 323-324.

No carece de curiosidad saber que también el Rey Don Pedro IV,

Donde por primera vez encuentro la mención del nombre de los Carvajales y el detalle del género de espantoso suplicio que se les impuso, es en un libro de fines del siglo xv, que Lope de Vega tenía muy leído, y del cual sacó muchos argumentos, el *Valerio de las Historias escolásticas*, del arcipreste de Santibáñez Diego Rodríguez de Almela (lib. VI, tít. III, cap. V). Su narración es como sigue:

«Estando el rey don Fernando IV de Castilla, que tomó a Gibraltar, en Martos, acussaron ante él a dos *escuderos*, llamados el uno Pedro Carabajal y el otro Juan Alfonso de Carabajal, su hermano, que ambos andaban en su corte, oponiéndoles que una noche, estando el Rey en Palencia, mataron a un caballero llamado Gómez de Benavides, que quería mucho el Rey, dando muchos indicios y presunciones porque parescía que ellos le avían muerto. El rey don Fernando, ussando de rigurossa justicia, fizo prender a ambos hermanos y *despeñar* de la peña de Martos; antes que los despeñasen dixeron que Dios era testigo y sabía la verdad que nó eran culpantes en aquella muerte que les oponían, y que, pues, el Rey los mandaba despeñar y matar a sin razón, que lo emplazaban de aquel día que ellos morían en treinta días que paresciesse con ellos a juicio ante Dios. Los escuderos fueron despeñados y muertos, y el rey don Fernando vino a Jaén. Acaesció que dos días antes que se compliesse el plazo, se sintió un poco enojado, comió carne y bebió vino. Como el día del plazo

---

que mandó escribir esta historia, murió emplazado (según cuentan graves analistas) por el arzobispo de Tarragona, a consecuencia del pleito que ambos traían sobre los vasallos del campo de aquella ciudad. Don Pedro quiso llevar su pretensión por fuerza de armas, y el arzobispo D. Pedro Clasquert, que andaba inferior en éstas, se vengó apelando para el Tribunal de Dios dentro de sesenta días, en el último de los cuales recibió el Rey un bofetón del brazo de Santa Tecla, que le sirvió para prepararse a la muerte. Se ve que los emplazamientos eran un lugar común de la crítica popular. tratándose de soberanos del siglo xiv, máxime de los que, como el Rey *Ceremonioso*, habían hollado toda ley divina y humana, viendo coronados por la más insolente fortuna hasta los atropellos contra su propia sangre.

de los treinta días que los escuderos que mató le emplazaron se compliesse, queriendo partir para Alcaudete, que su hermano el infante don Pedro avía a los Moros tomado, comió temprano y acostósse a dormir en la siesta, que era en verano; acaesció assí que, quando fueron para le despertar, halláronlo muerto en la cama, que ninguno no le vido morir. Mucho se deben atentar los Jueces antes que procedan a executar justicia, mayormente de sangre, hasta saber verdaderamente el fecho porque la justicia se deba executar. Ca como en el *Génesis* se lee: «Quien sacare »sangre sin pecado, Dios lo demandará.» Este Rey no tuvo la manera que convenía a execución de justicia, y, por tanto, acabó como dicho es.» [1]

Al testimonio de Almela, puede añadirse el de su contemporáneo mosén Diego de Valera, que en su *Crónica abreviada* nombra también a los Carvajales con el aditamento de *escuderos*. A nada conduciría alegar textos de autores más modernos, así porque esta tarea ya la realizó con su minuciosidad y diligencia acostumbradas D. Luis de Salazar y Castro, en el libro de sus *Reparos históricos contra Ferreras*, [2] cuanto por el poco o ningún valor que pueden tener autoridades tan recientes y que, en sustancia, son copia unas de otras. Sólo hay que advertir que en graves autores del siglo XVI, tales como Jerónimo Zurita y Gonzalo Argote de Molina (el cual, para su libro *De la nobleza de Andalucía*, pudo apoyarse en tradiciones del Reino de Jaén), se dan nombres propios a los Carvajales, pero con alguna diversidad, llamándolos Zurita *Pedro* y *Alonso*, y Argote *Juan* y *Pedro*. [3] Tampoco se

---

1 *Valerio de las Historias...* (edición de 1793), páginas 230-231.

2 *Reparos históricos sobre los doce primeros años del tomo VII de la Historia de España del Dr. D. Juan de Ferreras... Alcald. Año de 1723.* Páginas 386-390.

3 Quiere concordar ambas versiones la siguiente inscripción, que a fines del siglo XVI fué colocada en una de las iglesias de Martos:

«Año de 1310, por mandado de el rey D. Fernando IV de Castilla el Emplazado, fueron despeñados de esta peña Pedro y Juan Alonso de Carvajal, hermanos comendadores de Calatrava, y los sepultaron en este entie-

mostraron todos nimiamente crédulos en cuanto a suponer intervención sobrenatural en la muerte del Rey. Zurita se contenta con decir que «*el vulgo* atribuyó la muerte a gran misterio y juicio de Dios». Y el P. Mariana, yendo más adelante con su habitual libertad de ánimo, escribe: Entendióse que su poco orden en el comer y beber le acarrearon (al Rey) la muerte; otros decían que era castigo de Dios, porque desde el día que fué citado hasta la hora de su muerte (¡cosa maravillosa y extraña!) se contaban precisamente treinta días. Por esto, entre los reyes de Castilla fué llamado D. Fernando *el Emplazado*. Acrecentóse la fama y opinión susodicha, concebida en los ánimos del vulgo, por la muerte de dos grandes Príncipes, que por semejante razón fallecieron en los dos años próximos siguientes. Éstos fueron Felipo, Rey de Francia, y el Papa Clemente, ambos citados por los Templarios para delante del divino Tribunal, a tiempo que con fuego y todo género de tormentos los mandaba castigar y perseguían toda aquella religión. Tal era la fama que corría; si verdadera, si falsa, no se sabe, mas es de creer que fuese falsa.»

Hay sobre la muerte de los Carvajales un romance verdaderamente viejo, puesto que ya se le citaba como tradicional en 1526, y aparece impreso en el *Cancionero de Romances*, sin año, en el de Amberes de 1550, en el tomo I de la *Silva* de Zaragoza, y en un pliego suelto también del siglo XVI. Este romance, que probablemente sirvió de tipo al famoso del duque de Arjona (si es que no fué imitado de él), no fué utilizado por Lope, que no le conocía o no le recordó a tiempo, y por eso no debe contarse entre las fuentes inmediatas de su comedia, que mucho hubiera ganado con fundarse en él, adquiriendo la virtud épica y popular que la falta; pero debe transcribirse aquí como fundamental documento en el proceso de esta leyenda. Sigo el texto de Wolf en la *Primavera* (núm. 64), prescindiendo de las variantes:

---

rro. *D. Luis de Godoy y el licenciado Quintanilla, caballeros del hábito, visitadores generales de este partido, mandaron renovarles esta memoria año de 1595 años.»*

Válasme, nuestra Señora,—cual dicen, de la Ribera,
Donde el buen rey don Fernando—tuvo la su cuarentena.
Desde el miércoles corvillo—hasta el jueves de la Cena,
Que el rey no hizo la barba—ni peinó la su cabeza.
Una silla era su cama,—un canto por cabecera,
Los cuarenta pobres comen—cada día a la su mesa;
De lo que a los pobres sobra,—el rey hace la su cena,
Con vara de oro en su mano,—bien hace servir la mesa.
Dícenle sus caballeros: —¿Dónde irás tener la fiesta?
—A Jaén, dice, señores,—con mi señora la reina.
En Jaén tuvo la Pascua,—y en Martos el cabodaño: 1
Pártese para Alcaudete,—ese castillo nombrado;
El pie tiene en el estribo,—que aun no se había apeado,
Cuando le daban querella—de dos hombres hijosdalgo,
Y la querella le daban—dos hombres como villanos:
Abarcas traen calzadas,—y aguijadas en las manos.
—«Justicia, justicia, rey,—pues que somos tus vasallos,
De don Pedro Carvajal—y don Alonso su hermano,
Que nos corren nuestras tierras—y nos robaban el campo,
Y nos fuerzan las mujeres—a tuerto y desaguisado;
Comíannos la cebada—sin después querer pagallo,
Hacen otras desvergüenzas—que vergüenza era contallo.»
—Yo haré de ellos justicias:—tornáos a vuestro ganado.
Manda a pregonar el rey—y por todo su reinado,
Que cualquier que lo hallase—le daría buen hallazgo.
Hallólos el almirante—allá en Medina del Campo,
Comprando muy ricas armas,—jaeces para caballos.
—Presos, presos, caballeros,—presos, presos, hijosdalgo.
—No por vos, el almirante,—si de otro no traéis mandado.
—Estad presos, caballeros,—que del rey traigo recaudo.
—Plácenos, el almirante,—por complir el su mandado.
Por las sus jornadas ciertas,—en Jaén habían entrado.
—«Manténgate Dios, el rey,—«Mal vengades, hijosdalgo.»
Mándales cortar los pies,—mándales cortar las manos,
Y mándalos despeñar—de aquella peña de Martos.
Allí hablara el uno de ellos,—el menor y más osado:
—¿Por qué lo haces, el rey,—por qué haces tal mandado?
Querellámonos, el rey,—para ante el soberano,

---

1 Aquí, por excepción, prefiero la variante del pliego suelto a la del *Cancionero*, de Amberes generalmente aceptada por Wolf.

> Que dentro de treinta días—váis con nosotros a plazo;
> Y ponemos por testigos—a San Pedro y a San Pablo.
> Ponemos por escribano—al apóstol Santïago.
> El rey, no mirando en ello,—hizo complir su mandado,
> Por la falsa información—que los villanos le han dado;
> Y muertos los Carvajales,—que lo habían emplazado,
> Antes de los treinta días—él se fallara muy malo:
> Y desque fueron cumplidos,—en el postrer día del plazo
> Fué muerto dentro en Jaén,—do la sentencia hubo dado.

Este romance, como se ve, es independiente de la *Crónica* en todo y por todo. No habla de la muerte de Benavides; nombra a los Carvajales *Pedro* y *Alfonso*, lo mismo que Zurita; los cargos que se les hacen nos transportan al verdadero siglo XIV, en que los reyes *justicieros*, cuyo tipo popular fué Don Pedro (aunque lo mismo hubiera podido serlo su heroico padre), solían dar satisfacción, por rapidísimos y eficaces procedimientos, a las quejas de los villanos contra los ricoshombres tiranos y robadores. Este romance no puede ser anterior al siglo XV: lo prueba la mención del título de *Almirante*, que no tuvo carácter estable ni verdadera importancia política hasta el tiempo de la Casa de Trastamara; y la de la feria de Medina del Campo, cuya prosperidad comercial no empieza sino muy entrado dicho siglo, llegando a su apogeo en la primera mital del siguiente. Pero es cierto que el romance conserva el eco de tradiciones más antiguas y tiene un acento de sincera poesía popular que no engaña a los que están acostumbrados a distinguirla de sus falsificaciones. El mismo cambio de asonante es prueba indirecta de su antigüedad relativa. [1]

No entraremos en la discusión histórica, que casi puede decirse agotada por el docto editor de las *Memorias de Fernando IV*, y que en cierto modo es estéril, puesto que no hay razón valedera para negar, contra el testimonio de la *Crónica*, ni la muerte de Juan Alonso de Benavides, ni el suplicio de los Carvajales, ni

---

[1] Prescindo de un prosaico romance de Lorenzo de Sepúlveda (número 961 de Durán), que es, como casi todos los suyos, mera transcripción del texto de las Crónicas.

siquiera el hecho del emplazamiento; y en cuanto a creer o no creer en el cumplimiento de éste, depende de la particular manera que cada uno tenga de entender la acción de lo sobrenatural en la historia, siendo lo más cristiano y prudente decir como Fr. Francisco Brandam, en su *Monarquía Lusitana*, tratando de este caso mismo: «En la creencia de semejantes emplazamientos no sé que pueda haber firmeza, ni que Dios quiera ligar su poder al desempeño de deprecaciones tan nocivas.»

Aquí lo único que nos atañe es la leyenda, y principalmente la manera cómo hubo de desenvolverla Lope en esta comedia, que no es ciertamente de las mejores suyas, ni podía serlo, dadas las condiciones del argumento, porque el caso de los hermanos Carvajales, si bien muy lastimoso, nada tiene de dramático, reduciéndose a una situación sola, que por lo patibularia puede producir horror, pero no terror trágico. El cumplimiento de la justicia divina tampoco puede mostrarse eficazmente en la escena, a no ser acudiendo, como lo hace Lope, al medio muy primitivo de hacer sonar en los aires una voz sobrenatural que entona el siguiente canto, que produciría más efecto si estuviese mejor preparado:

> Los que en la tierra juzgáis,
> Mirad que los inocentes
> Están a cargo de Dios,
> Que siempre por ellos vuelve.
> No os ciegue pasión ni amor:
> Juzgad jurídicamente;
> Que quien castiga sin culpa,
> A Dios la piedad ofende...

Para dar cuerpo a esta fábula, introdujo Lope algunos acontecimientos del reinado de Don Fernando IV, formando una especie de crónica dramática, que puede considerarse como la segunda parte de *La prudencia en la mujer*, del maestro Tirso, aunque ésta fué escrita, o por lo menos impresa, bastantes años después, en 1634. Además, la misma perfección del soberano drama de Tirso es prueba indirecta de composición más tardía y reflexiva, puesto que en él se desarrolla el gran carácter de doña María de Molina, que en Lope está sólo en germen, si bien ya con sus capitales rasgos históricos; y se ahonda el motivo dramático de la rivalidad de Carvajales y Benavides, que en nuestro poeta puede decirse que no existe, puesto que Benavides sucumbe en un tumulto, víctima de mano desconocida, y el que perpetra la ruina de los Carvajales con su acusación calumniosa es un cierto D. Ramiro, que en competencia con uno de los hermanos galanteaba a una dama, la cual tampoco tenía ningún género de parentesco con el muerto. En *La prudencia en la mujer*, por el contrario, doña Teresa es hermana del Benavides, y precisamente la oposición de éste a su enlace con un vástago de una familia enemistada de antiguo con la suya, es lo que en el plan de Tirso debía traer la catástrofe reservada para una segunda comedia, que anuncia al fin en términos expresos, pero que probablemente no llegó a escribir, o, por lo menos, no publicó.

> De los dos *Caravajales*
> Con la segunda comedia,
> *Tirso*, senado, os convida,
> Si ha sido a vuestro gusto ésta.

Tirso, por consiguiente, pensó tratar a su manera el asunto de Don Fernando *el Emplazado*, y la combinación que había imaginado era mucho más ingeniosa y hábil que la de Lope; siendo, por consiguiente, inverosímil que Lope, si conocía *La prudencia en la mujer*, donde ya están echados los cimientos de la comedia de *Los Carvajales*, volviese a tomar el mismo asunto para echarle a perder. Esta razón intrínseca viene a fortalecer el argumento sacado de la comparación de las fechas, que por sí sólo no sería decisivo, y a confirmar que Lope tuvo aquí, como en la mayor parte de los casos, el mérito de la prioridad, aunque no siempre tuviese el de la madurez y del total acierto.

Ya he dicho que esta comedia es muy endeble. Sus defectos son de los más obvios y de aquellos en que hay que dar la razón a los críticos del siglo pasado, que en los detalles solían acertar cuando prescindían de la monserga de las tres *unidades* y otras recetas ridículas. Oigamos a Montiano y Luyando juzgando *La inocente sangre* en el primero de sus famosos *Discursos sobre las tragedias españolas* (pág. 53): «El asistir el Rey en la Universidad de Salamanca a ver laurear un poeta y oír un vexamen ridículo, es totalnente extraño en la materia. La glosa del lacayo Morata, leída a D.ª Ana de Guzmán en su más grave aflicción y tristeza, es despreciable desatino en tal coyuntura. Y el condenar a este bufón a ser despeñado con los dos hermanos Carvajales, una torpe extravagancia, tan fuera de sazón como interrumpir con gracejos y frialdades la lástima común, y llegarle el indulto del Rey acabada de executar la otra injustísima sentencia.»

Lo que no vió Montiano, es lo que nunca deja de haber en cualquier comedia de Lope, por imperfecta que sea: el movimiento y la vida, el interés de la acción que *crescit eundo*, la franqueza del diálogo y la noble ejecución poética de algunos trozos, por ejemplo, el romance puesto en boca de la Reina Doña María, que anuncia dignamente otro muy hermoso del maestro Tirso.

El romanticismo renovó la leyenda de los Carvajales, como casi todas las de nuestra antigua historia. Probablemente fué el montañés Trueba y Cosío (1830) el primero que volvió a tratarla en prosa inglesa, según su costumbre. [1] Más adelante, D. Manuel Bretón de los Herreros compuso un drama en cinco actos, *Don Fernando el Emplazado*, que se estrenó en el teatro del Príncipe el día 30 de noviembre de 1837, pocos meses después de haber obtenido triunfo muy justo *Doña María de Molina*, obra notable del futuro marqués de Molíns, en que la alusión política del momento se combinó hábilmente con la poesía arqueológica. Bretón tuvo menos fortuna, lo cual no quiere decir que la mereciese menos, sino que se empeñó en un género que no era el suyo. Aquel grande ingenio había recibido de la Naturaleza todas las dotes

---

[1] *The Brothers Carbajal.* (Es la quinta de las leyendas incluídas en el segundo tomo de *The Romance of History. Spain. London*, 1830.

del poeta cómico, y no de un solo género de comedia, como vulgarmente se cree, puesto que recorrió toda la amplia escala que va desde *Dios los cría y ellos se juntan,* hasta *La escuela del matrimonio,* y aun sobresalió en cierto género de comedia elevada y poética que confina con el drama romántico, y de la que son bellos dechados *Muérete y verás, La batelera de Pasages* y *¿Quién es ella?* Pero sus esfuerzos de más ambiciosa dramaturgia, tales como *Elena, Mérope* y *Vellido Dolfos,* fueron otras tantas caídas *trágicas,* y poco menos puede decirse de *Don Fernando el Emplazado,* aunque no naufragase en las tablas. Aprovechó la combinación de Tirso, suponiendo enamorado a uno de los Carvajales de la hermana de Benavides, y procuró acercarse a la historia en algunos rasgos; pero realmente la falseó, recargándola de odiosos colores. El joven Rey, de quien poco bueno ni malo puede decirse, porque apenas tuvo tiempo para hacer cosa alguna, resulta un tirano brutal y sanguinario; el Infante Don Juan, que ciertamente no tenía mucho crédito que perder, todavía aparece en el drama más abominable que en la historia. Las situaciones son terroríficas y espeluznantes: el Rey, por un refinamiento de crueldad, asiste al suplicio; no se nos perdona ninguno de los detalles de su enfermedad y agonía, y aun en ella viene a atormentarle un tercer hermano Carvajal, en hábito de fraile, que cumple en él una venganza poco menos espantosa que la del monje del Císter en la novela de Alejandro Herculano. Lo que hay que aplaudir en este drama es la versificación, que es siempre buena, y en algunas escenas robusta y magnífica, digna, en suma, del egregio traductor de *María Stuard* y de *Los hijos de Eduardo.* [1]

---

[1]   El asunto de los Carvajales ha pasado también al drama lírico. Recordamos una ópera española en tres actos, *Don Fernando el Emplazado,* letra de D. José de Cárdenas, música del maestro Zubiaurre, cantada en el teatro Real en 5 de abril de 1874.

XXXVII.—El guante de doña Blanca.

Esta deliciosa comedia debió de ser una de las postreras de Lope; pertenece, por lo menos, a su última y más perfecta manera. Fué impresa póstuma en el tomo que coleccionó su yerno Luis de Usátegui con el título de *La Vega del Parnaso* (1637). Ya antes había sido publicada, aunque con menos corrección, en la *Parte veinte y nueve de comedias de diferentes autores*, y en la *Parte treinta de comedias famosas de varios autores*, impresas, la una en Valencia y la otra en Zaragoza, en 1636. A estas ediciones antiguas todavía hay que añadir la de Zaragoza (1652), en la *Parte cuarenta y cuatro de diferentes autores*. Como *La Vega del Parnaso* fué totalmente reimpresa en la colección de las *Obras sueltas de Lope*, que dió a luz D. Antonio de Sancha a fines del siglo pasado, allí entró también *El guante de doña Blanca* (tomo IX), y modernamente figura en el tomo III de la colección selecta de comedias de Lope que formó D. Juan Eugenio Hartzenbusch para la *Biblioteca* de Rivadeneyra. Tantas ediciones manifiestan el aprecio que siempre se ha hecho de esta obra de Lope, [1] que es, sin duda, de las mejor escritas, aunque no ostente las cualidades de orden superior que realzan otros muchos dramas suyos.

Quizá hayamos procedido con alguna laxitud calificando de histórica ésta, que en rigor es una comedia palaciana, de amor y celos, semejante a muchas otras de pura invención. Pero nos ha movido a ello, primero, el localizarse la acción en la corte del Rey Don Dionís de Portugal: presentada ciertamente de un modo convencional, en que se ve a las claras que el autor tenía presente, no la humilde monarquía portuguesa de fines del siglo XIII, sino

---

[1] Todavía se representaba en 1757, puesto que de esa fecha hay un manuscrito con la censura para el teatro en el Archivo municipal de Madrid.

el poderoso imperio colonial de los primeros años del XVI; así
vemos que se atribuyen a Don Dionís fabulosas victorias en África,
y hasta se le hace la siguiente profecía, que ha de entenderse de
sus sucesores:

> El cielo señor te haga
> Del imperio del Oriente,
> Y en el mar de Trapobana
> Carguen tus naves tributos,
> Conducidos a sus playas,
> De elefantes de Etiopía,
> A donde lleguen tus armas.

Pero algunos rasgos del carácter del Rey son históricos, tales
como su versátil y licenciosa galantería y su talento poético. Lope
de Vega no ignoraba que Don Dionís había sido uno de los más
excelentes trovadores de la escuela galaico-portuguesa, aunque
erraba en tenerle por el más antiguo:

> Que es, Blanca, si no lo sabes,
> *El rey Dionís el primero*
> *Que en España en lengua propia*
> *Hizo versos*, cuya copia
> Mostrarte esta noche quiero.

Incluye además en esta comedia (y de él toma nombre) un
tema o motivo tradicional: la leyenda del guante de la dama
arrojado entre dos leones. Pertenece esta anécdota caballeresca
al *folk-lore* universal, [1] y no al particular de España; pero entre
nosotros tomó carta de naturaleza desde antiguo, suponiéndose
héroe de ella a un personaje del tiempo de los Reyes Católicos,
realmente histórico, si bien deba su principal celebridad a los
romances fronterizos y a las *Guerras de Granada*, de Ginés Pérez
de Hita, donde se relatan sus inauditas proezas.

---

[1] Como fuentes para el estudio de esta leyenda, cita Fernando Wolf
el *Taschenbuch deustcher Romanzen*, de Fr. G. V. Schmidt (Berlín, 1827,
páginas 376-382), y un artículo de F. B. Mikoweck en el núm. 39 de los
Blätter für Lit. und Kunst. Beilage zur Wienerzeitung (págs. 225 y 226.)

Ya en unos versos de un contemporáneo suyo (Garci Sánchez de Badajoz, en su *Infierno de amor*, poema inserto en el *Cancionero general* de 1511) parece que se alude a la hazaña de los leones, aunque sin mencionar el guante:

> Y vi más: *a don Manuel*
> *de León*, armado en blanco,
> Y el Amor la historia dél,
> De muy esforzado, franco,
> Pintado con un pincel.
> Entre las cuales pinturas
> Vide las siete figuras
> De los moros que mató,
> *Los leones que domó*,
> Y otras dos mil aventuras
> Que de vencido venció.

Recuérdese que Cervantes, en la aventura del carro de los leones, llama a Don Quijote «segundo y nuevo D. Manuel de León, que fué gloria y honra de los españoles caballeros». Más explícitas son las menciones del capitán Jerónimo de Urrea en una de las octavas que interpoló en su traducción del *Orlando Furioso* (canto XXXIV):

> Mira aquel obediente enamorado
> *Don Manuel de León*, tan escogido,
> Qu'entre *leones fieros* rodeado,
> Cobra un guante a su dama allí caído...

Y de Ginés Pérez de Hita en sus *Guerras civiles de Granada*, parte primera, capítulo XVII:

> O el bravo don Manüel
> Ponce de León llamado,
> Aquel que sacara el guante,
> Que por industria fué echado
> Donde estaban los leones,
> Y él lo sacó muy osado.

Claro está que los genealogistas no pusieron reparo alguno en tan estupenda proeza, sino que la admitieron en sus nobiliarios como cosa corriente. Véase cómo la cuenta Alonso López de Haro:

«Entre los caballeros de grande ánimo y valor y extremada valentía, que hallo en tiempo de Don Fernando Quinto y Doña Isabel, fué uno dellos D. Manuel de León: el cual escriben que estando en la corte deste Católico Príncipe, habiendo llegado de África un presente de leones muy bravos, con quien las Damas de la Reina se entretenían, mirando de un corredor que salía a la parte donde estaban los leones, en cuyo sitio se hallaba D. Manuel, a este tiempo sucedió que la dama a quien servía dexó caer un guante en la leonera, dando muestras de quexa de habérsele caydo, y como D. Manuel lo oyesse, abrió la puerta de la leonera, y entró dentro con grande ánimo y valor, donde los leones estaban, sacando el guante, y llevándole a la dama.» [1]

Pero no acaba aquí la historia del guante. En un romance no muy popular, pero sí bastante viejo, que Timoneda trae en su *Rosa gentil* (1573), y que Durán encontró además en un códice del siglo XVI, se completa esta leyenda con otro lance que pasa por histórico, el del bofetón dado por D. Alonso Enríquez a su esquiva dama doña Juana de Mendoza, para triunfar de su altivez y reducirla al casamiento (asunto del hermoso drama de Tamayo y Fernández-Guerra, *La ricahembra*).

Dice así este romance (núm. 134 de la *Primavera*, de Wolf).

> Ese conde don Manuel, —que de León es nombrado,
> Hizo un hecho en la corte, —que jamás será olvidado,
> Con doña Ana de Mendoza, —dama de valor y estado:
> Y es que, después de comer, —andándose paseando
> Por el palacio del Rey, —y otras damas a su lado,
> Y caballeros con ellas, —que las iban requebrando,
> A unos altos miradores, —por descanso se han parado,
> Y encima la leonera, —la doña Ana ha asomado,
> Y con ella casi todos, —cuatro leones mirando,

---

[1] *Nobiliario genealógico de los Reyes y títulos de España. Compuesto por Alonso López de Haro.* Madrid, *Luis Sánchez*, 1622. Tomo II, página 118.

Cuyos rostros y figuras—ponían temor y espanto.
Y la dama, por probar—cuál era más esforzado,
Dejóse caer el guante,—al parecer, descuidado:
Dice que se le ha caído—muy a pesar de su grado.
Con una voz melindrosa,—de esta suerte ha *proposado:*
—¿Cuál será aquel caballero—de esfuerzo tan señalado,
Que saque de entre leones—el mi guante tan preciado?
Que yo le doy mi palabra—que será mi requebrado;
Será entre todos querido,—entre todos más amado.—
Oído lo ha don Manuel,—caballero muy honrado,
Que de la afrenta de todos—también su parte ha alcanzado.
Sacó la espada de cinta,—revolvió su manto al brazo,
Entró dentro la leonera,—al parecer, demudado.
Los leones se lo miran,—ninguno se ha meneado:
Salióse libre y exento—por la puerta do había entrado.
Volvió la escalera arriba,—el guante en la izquierda mano,
Y antes que el guante a la dama,—un bofetón le hubo dado,
Diciendo y mostrando bien—su esfuerzo y valor sobrado:
—Tomad, tomad, y otro día,—por un guante desastrado
No pornéis en riesgo de honra—a tanto buen fijo-dalgo;
Y a quien no le pareciere—bien hecho lo ejecutado,
A ley de buen caballero,—salga en campo a demandallo.—
La dama le respondiera—sin mostrar rostro turbado:
—No quiero que nadie salga,—basta que tengo probado
Que sedes vos, don Manuel,—entre todos más osado;
Y si de ello sois servido,—a vos quiero por velado:
Marido quiero valiente,—que ose castigar lo malo...

A esta misma versión de la leyenda alude incidentalmente el
doctor Mira de Amescua en estos versos de su linda comedia *Galán
valiente y discreto*

> En Castilla sucedió
> Que una dama arrojó un guante,
> En presencia de su amante,
> A unos leones. Entró
> El galán y lo sacó,
> Y luego a su dama infiel
> Le dió en el rostro con él...

Y es también (salvo el desenlace) la que autorizó Schiller en
su célebre balada *Der Handschuh* (El Guante), compuesta en 1797.

Para los pocos que no la conozcan, va aquí elegantemente traducida en versos castellanos por D. Teodoro Llorente:

> En los estrados del circo,
> Do luchan monstruos deformes,
> Sentado el Monarca augusto
> Está con toda su corte.
> Los magnates le rodean,
> Y en los más altos balcones
> Forman doncellas y damas
> Fresca guirnalda de flores.
>
> La diestra extiende el Monarca:
> Ábrese puerta de bronce,
> Y rojo león avanza
> Con paso tranquilo y noble.
> En los henchidos estrados
> Clava los ojos feroces,
> Abre las sangrientas fauces,
> Sacude la crin indócil,
> Y en la polvorosa arena
> Tiende su pesada mole.
>
> La diestra extiende el Monarca;
> Rechinan los férreos goznes
> De otra puerta: y ágil tigre
> Salta al palenque veloce.
> Ruge al ver la noble fiera
> Que en el circo precedióle,
> Muestra la roja garganta,
> Agita la cola móvil,
> Gira del rival en torno,
> Todo el redondel recorre,
> Y aproximándose lento,
> Con rugido desacorde,
> Hace lecho de la arena
> Do yace el rey de los bosques.
>
> La diestra extiende el Monarca:
> Se abre al paso puerta doble,
> Y aparecen dos panteras
> Tintas en rubios colores.
> Ven tendido al regio tigre,
> Y en su contra raudas corren;

Mas el león da un rugido,
Y, medrosos o traidores,
Los pintados brutos páranse
Y a sus pies tiéndense inmóviles.

Desde el alta galería,
Blanco guante al sitio donde
Las terribles fieras yacen,
Revolando cayó entonces;
Y la bella Cunigunda,
La más bella de la corte,
A un gallardo caballero
Le decía estas razones:
«Si vuestro amor es tan grande
Cual me juráis día y noche,
Recoged el blanco guante
Como a un galán corresponde».

Silencioso el caballero,
Con altivo y audaz porte,
Desciende a la ardiente arena,
Teatro de mil horrores;
Avanza con firme paso
Hacia los monstruos feroces,
Y con temeraria mano
El blanco guante recoge.

Voz de júbilo y asombro
Los callados aires rompe,
Y damas y caballeros
Aplauden al audaz joven.
Ya sube al lucido estrado,
Ya está en los altos balcones,
Ya se dirige a la bella,
Ya con ojos seductores
Cunigunda le promete
De amor los supremos goces;
Mas el altivo mancebo
Grita: «Guarda tus favores».
El guante al rostro le arroja,
Y huye de ella y de la corte. [1]

---

[1] Según leo en un estudio, todavía inédito, sobre traductores castellanos de Schiller, por D. Juan Luis Estelrich, han sido intérpretes de *El Guante*, además de Llorente, D. José Almirante, en la *Revista Lite-*

Lope comprendió, con su inmenso talento dramático (el cual en las obras de su vejez aparece ya disciplinado por muy cuerda y madura reflexión), que la aventura de los leones no era teatral, y que podía producir hasta un efecto ridículo. La dama deja caer, aunque no de propósito, su guante en la jaula, y por rescatarle compiten y llegan a sacar las espadas, amenazándose de muerte, los dos caballeros que son rivales en su amor; pero ni los leones aparecen en escena, ni el temerario lance llega a consumarse, porque el Rey se interpone, reduciéndose todo a un recuerdo de la sabida anécdota que anacrónicamente se supone anterior a D. Dionís:

REY

Sacar quisiera este guante
Para que de mi dijesen
Las historias esta hazaña,
Que los castellanos suelen
Alabar de un caballero
Que, como aquí nos sucede,
Sacó un guante que su dama
Dejó cautelosamente
Caer entre dos leones
Por probarle.

DON PEDRO

No conviene,
Señor, imitar su hazaña;
Que ese fidalgo valiente
Le dió un bofetón después,

_____

varia del Español; el P. Ramón García, en *La Ilustración Católica*, y D. Ángel Lasso de la Vega y Argüelles.

El preclaro autor montañés D. Amós de Escalante, que con el seudónimo de *Juan García* ha escrito páginas dignas del siglo de oro de nuestras letras, introduce la leyenda del guante, contada como él sabe hacerlo, en la más culminante y dramática situación de *Un cuento viejo* (cuento, en gran parte, histórico y que muchos recuerdan en Santander). Vid. *En la playa (Acuarelas), por Juan García.* Madrid, 1873. Páginas 101-104.

> Y mi hija no merece
> Que alguna mano en el mundo
> Mi honor y su rostro afrente;
> Porque de su honestidad
> Ninguno presumir puede
> Que con cautela dejase
> Caer el guante; y si quiere,
> Invictísimo señor,
> Vuestra Alteza que yo entre,
> No me estorbarán las canas
> Que los filos ensangriente
> En las africanas fieras...

El guante es rescatado, por fin, aunque no se dice por quién, y como llevaba dentro un papel de amores, continúa sirviendo de *máquina*.

Hay en esta comedia caracteres y situaciones ya empleados por Lope en otras obras. Así, D. Juan de Mendoza es un nuevo ejemplar del protagonista de *Servir con mala estrella:*

> Sólo digo que me agravio
> De que el Rey, prudente y sabio,
> Tanto se pueda ofender
> De mi fortuna o de mí,
> Que con servirle del modo
> Que veis, se canse de todo
> Y todo lo pague así...
>   ¿Cuándo de cosa que hiciese
> Su Alteza gusto mostró?
> ¿Cuándo mi amor le sirvió
> Que premio alguno tuviese?...
>   ¿Cuándo merecí tener,
> Como otros tienen, lugar
> Cuando se humana a tratar
> Cosas de gusto y placer?
>   ¿Cuándo en guerra o paz mi voto
> Fué importante ni discreto?
> ¿Cuándo de ningún secreto
> Fué conmigo manirroto?
>   Pero si disculpa alguna
> Puede mi agravio tener,
> Su virtud no puede ser,
> Sino mi adversa fortuna.

La rivalidad amorosa de las dos damas es también recurso muy común en las comedias palaciegas de Lope y de *Tirso*, y no lo es menos el hacer el Rey confidente de su pasión al propio amante de la dama a quien sirve. En suma, los incidenses de esta pieza no salen de lo que es vulgar en las de amor y celos, sin que falten las obligadas escenas producidas por la confusión de una cita nocturna en el jardín; pero la locución es tan pura y tersa, el diálogo tan rico de bizarrías y discreciones, los versos tienen tan argentino son y tan suave cadencia, los efectos se expresan con tan pulido decoro, y hay tan delicados matices en el carácter dulce y apasionado de la heroína, trazado por Lope con el acariciador pincel que solía emplear en sus retratos de mujeres, que muy pocas son las obras de su género a las cuales daríamos preferencia, puestas en cotejo con ésta, a lo menos por lo agradable de la impresión general.

XXXVIII.—La fortuna merecida

Publicada por Lope de Vega en la *Onzena Parte* de sus comedias (1618).

Al fin de esta comedia se promete una segunda parte, que no sabemos si llegó a escribirse, y entre las dos debían comprender toda la historia de la privanza y caída de D. Alvar Núñez de Osorio, mayordomo y favorito de Don Alfonso XI, formando un drama político del mismo género que la *Próspera y adversa fortuna del condestable Ruy López de Ávalos*, que compuso el poeta murciano Damián Salucio del Poyo, y que sirvió de modelo a otros muchos de la propia clase.

No sabemos qué memorias, acaso familiares o genealógicas, tuvo presentes Lope de Vega para la composición de esta comedia, en la cual se trasluce cierta intención apologética, puesto que acaba quejándose de la fuerza de la envidia y de la pasión, que habían desfigurado la historia de Alvar Núñez. Pero no hay duda que se conforma muy poco con la *Crónica de Alfonso XI*, y que en gran parte, a lo menos, parece de pura invención.

Conviene presentar juntas las principales referencias de la *Crónica* acerca de este personaje. [1]

Puede decirse que su importancia política comienza en la era de 1360 (año de Cristo 1322), en que Don Alfonso XI, de edad de catorce años, comenzó propiamente su oficio de Rey del modo que la *Crónica* expresa (cap. XLIII): «Et en quanto él estido en Valledolit asentábase tres días en la semana a oír las querellas et los pleytos que ante él venían, et era bien enviso en entender los fechos, et era de gran poridad, et amaba los que le servían, cada uno en su manera, et fiaba bien et complidamente de los que avía de fiar... Et en todas las otras sus costumbres avía buenas condiciones; ca *la palabra dél era bien castellana*, et non dubdaba en lo que avía de decir... El luego comenzó de ser mucho encavalgante, et pagóse mucho de las armas, et placíale mucho de aver en su casa omes de grand fuerza, et que fuesen ardites, et de buenas condiciones. Et amaba mucho todos los suyos, et sentíase del gran daño et grand mal que era en la tierra por mengua de justicia, et avía muy mal talante contra los mal fechores. Et, pues, que fué complida la edat de los catorce años, et seyendo entrado en la edat de los quince, envió mandar a los del Concejo de Valledolit, que lo avían tenido en guarda fasta entonce, que viniesen ante él, et díxoles: que pues él avía complida edat de catorce años, que quería salir de aquella villa et andar por sus regnos; ca pues los sus tutores andaban desavenidos, et por la su desavenencia eran destroídas et hermadas muchas villas et logares en los sus regnos, et la justicia non se complía, que si él tardase más la estada allí, que todos sus regnos serían en grand perdición...»

Narra el capítulo siguiente cómo el Rey ordenó su casa, y qué hombres tomó para su Consejo:

---

[1] *Crónica de D. Alfonso el Onceno de este nombre, de los reyes que reynaron en Castilla y en León. Segunda edición, conforme a un antiguo Ms. de la Real Biblioteca del Escorial y otro de la Mayansiana, e ilustrada con apéndices y varios documentos, por D. Francisco Cerdá y Rico... Parte I.ª En Madrid: En la imprenta de D. Antonio Sancha. Año de 1787.*

«En el regno avía dos caballeros... Et era el uno de Castiella, et decíanle Garcilaso de la Vega, et el otro del reino de León et decíanle Alvar Núñez de Osorio; et eran amos a dos bien entendidos et bien apercebidos en todos sus fechos. Et desde ante que el Rey compliese la edat de los catorce años, et saliese de Valledolit, estos dos caballeros ovieron algunos omes que fablaron con el Rey de su parte, et ellos otrosí cataron manera para aver fabla con el Rey, que quando él de allí saliese, que ellos fuesen de la su casa, de los más cercanos de la su merced. *Et como quiera que sabía el Rey que ellos et sus compañas oviesen seído malfetriosos en la tierra; pero por el su saber dellos, et por el su apercibimiento que ovieron, tomólos para en su Consejo...* Et dióles oficios en su casa, et con estos avía sus fablas et consejos en cómo ordenarían et farían los fechos del regno...»

Capítulo XLIV:

«Estando el Rey en esta villa de Valledolit, avía consejo en todos sus fechos con los que habemos dicho que tomó por Consejeros, et señaladamente fiaba más sus consejos de Garcilaso et de Alvar Núñez et de don Juzaf [1] que de los otros; [2] et *de estos tres facía más fianza el Rey en Alvar Núñez que de los otros dos.* Et porque estos tres privados del Rey vivían en el tiempo de la tutoría con el Infante D. Felipe, tío del Rey, et non tomó para su Consejo algunos de los que andaban con los otros que avían seido tutores; D. Joan *(el Tuerto)* et D. Joan (hijo del infante D. Manuel), ovieron sospecha que aquellos caballeros que eran en la privanza del Rey, et el Judío con ellos, pornían al Rey que les mandase facer algún mal; ca aquellos caballeros siempre fueron en su contrario dellos en el tiempo de las tutorías... Et un día salieron de la villa de Valledolit estos D. Joan, et D. Joan, et todas sus compañas, sin lo decir al Rey, et sin ge lo facer saber;

---

[1] Un judío de Écija que era almojarife del Rey Don Alfonso y tuvo gran valimiento con él.

[2] Los otros eran el abad de Santander, D. Nuño Pérez de Monroy, canciller y consejero de Doña María de Molina; maestre Pero Gómez Barroso, que después fué cardenal, etc.

et fuéronse para Cigales, que era de D. Joan, fijo del infante
D. Joan, deciendo a los suyos que el Rey los mandaba matar et
que iban desavenidos dél; et fincó con el Rey el infante D. Felipe,
su tío... Et desque fueron en el logar de Cigales..., ovo entre ellos
posturas, que se ayudasen con villas et con castiellos, et vasallos
contra el Rey, et contra todos los otros que quisiesen ser contra
ellos. Et algunos dixieron que partieran el cuerpo de Dios et
fecieran jura sobre la Cruz et los sanctos Evangelios de guardar aquellas posturas que allí ponían; mas la estoria non lo afirma.»

Alfonso XI tuvo habilidad, a pesar de sus pocos años, para
deshacer aquella conjura, y aún no habían pasado dos (1324)
cuando se vengó alevosamente de Don Juan *el Tuerto*, haciéndole
matar en Toro por medio de uno de aquellos abreviados procedimientos que en el siglo XIV se llamaban *justicias*, y que solían
hacer muy populares y bienquistos a los reyes, sobre todo cuando
acertaban a aplicarlos a tan prepotentes malvados y facinerosos
como lo era aquel Infante. La parte que tomó Alvar Núñez en
esta emboscada, y el premio que recibió por ello, lo relata la *Crónica* en el cap. LI: «De cómo el Rey envió decir a Don Juan que
se aderezsase para ir a la guerra de los Moros con él.» Don Juan
no se fiaba de Garcilaso, que era uno de los privados del Rey,
y fué Alvar Núñez el encargado de hacerle caer en el lazo.

«Et luego que sopo (el Rey) que D. Joan era y venido (a su castillo y villa de Belver), envió a él a Alvar Núñez, de quien él
mucho fiaba, et traía toda su casa et facienda en poder, et era
su Camarero mayor et Justicia mayor de su casa, et todos los
oficios del Rey teníanlos aquellos que él quería. Et este Alvar
Núñez fabló con Don Joan que fuese al Rey, et que non diese
de sí tan gran mengua, ca non parescía razón que ome de tan
grand solar como él, que era fijo del infante D. Joan, et nieto
del Conde D. Lope, señor de Vizcaya et de otras muchas villas
et castiellos que él avía en el regno, dexasse de venir a casa del
Rey por rescelo de Garcilaso: ca sabía D. Joan, que avía él caballeros por vasallos que eran tan buenos et tan poderosos como
Garcilaso; et si Garcilaso, o otro alguno le quisiese deservir, o ser

contra él, que este Alvar Núñez sería en su ayuda et en su servicio. Et D. Joan dixo que a Garcilaso non avía él miedo; mas rescelaba que pornía al Rey en talante que le mandase facer algún mal; pero que quería poner la cabeza en mano de Alvar Núñez, et que feciese de ella lo que él quisiese. *Et sobre estas palabras Alvar Núñez besóle la mano a D. Joan, et tornóse su vasallo, et juró et prometió, que si alguno o algunos quisiesen ser contra él por le facer algún mal, que ante cortasen a él la su cabeza que Don Joan rescebiese nengún enojo. Et sobre esta seguranza, D. Joan veno a Toro, et Alvar Núñez con él.* Et el Rey salióle a rescebir fuera de la villa, et llegó con él a su posada, et mandó que otro día comiese con él: et D. Joan otorgó que lo faría. Et el Rey avía muy grand voluntad de matar a D. Joan por las cosas que avía sabido... Et otro día que D. Joan entró en Toro, que fué día de la fiesta de todos Sanctos, el Rey mandólo matar: et morieron y con él dos caballeros sus vasallos... Et el Rey mandó llamar a todos los que eran allí con él, et asentóse en un estrado cubierto de paño prieto, et díxoles todas las cosas que avía sabido en que andaba D. Joan en su deservicio, lo uno por se le alzar en el regno contra él, et lo otro faciendo fablas con algunos en su deseredamiento: et otrosí en las posturas que enviara poner con los Reyes de Aragón et de Portogal contra él, et otras cosas muchas que les y contó: por las quales el Rey dixo que D. Joan era caído en caso de traición, et juzgólo por traidor. Et partió de Toro luego otro día, et fué entrar et tomar para la corona de los sus regnos todos los logares que este D. Joan avía, que eran más de ochenta castiellos et villas et logares fuertes...»

«Desque el Rey D. Alfonso ovo cobrado todos los castiellos et villas que fueron de D. Joan, et *ovo fecho tan grand conquista* en pequeño tiempo et sin grand costa de sí et de su regno, fincóle el corazón más folgado, porque *el mayor contrario que avía en su regno era fuera del mundo,* et avía él cobrado todo lo suyo: *el dió a Alvar Núñez a Belver por heredad, et dióle que toviese él así como Alcayde por omenaje todos los castiellos que fueron de D. Joan.»*

En 1325 había llegado Alvar Núñez al apogeo de su privanza,

y obtuvo la dignidad y título de Conde, del modo que con singulares circunstancias se refiere en el capítulo LXIV de la *Crónica*: «Et e Rey, veyendo el mal et deservicio que fallara en don
Joan, fijo del infante D. Joan: et otrosí lo que le facía D. Joan,
fijo del infante D. Manuel, avía dado a estos caballeros (Garcilaso y Alvar Núñez) todos los más de los sus vasallos del regno
que los toviesen dél, porque quando los enviase a algunos logares
en su servicio, que fuesen con ellos tantas gentes porque el poderío
del Rey fuese siempre mayor que el de sus contrarios. E estos
Garcilaso et Alvar Núñez partían los dineros que tenían del Rey,
et los libramientos que les facía, a caballeros et escuderos Fijos-
dalgo que los aguardaban, et otros caballeros et omes de las cibdades et villas del regno. Et con esto et otrosí con la fianza quel
Rey facía en ellos, avían muy grandes faciendas, et *aguardában-
os* [1] muchas gentes. Et como quier que ellos toviesen sus faciendas de esta guisa, aquel Alvar Núñez non se tovo por pagado:
et como era ome de quien el Rey mucho fiaba, fabló con el Rey,
que si él le diese estado et logar, según que avían los Ricos-omes
del regno, et lo ovieron en los tiempos pasados, en manera que él
podiese aver pendón con que podiese tomar solar et voz, que él
le pararía en qualquier parte del regno, do el Rey quisiese,
le defender la tierra, quier contra los Moros, o contra D. Joan.
Et el Rey por esto, et otrosí veyendo la guerra que tenía comen-
zada con los Moros, et los males et daños que le facía D. Joan,
fijo del infante D. Manuel, en el regno, otorgó que era bien lo
que le avía dicho Alvar Núñez, et púsolo luego por obra. Et
estando el Rey en Sevilla, fizo a Alvar Núñez Conde de Trastamara et de Lemos et de Sarria, et dióle el señorío de Ribera et
de Cabrera. Et porque este Alvar Núñez traía ante en las señales
lobos bermejos, et el campo jalde, dióle otras señales, que eran
los cabras prietas en campo blanco; et en derredor del escudo
et del pendón avía travas: et las señales de las trabas tomó por
los Condados, et las señales de las cabras tomó por el señorío de

---

[1]   Es decir, los acataban o reverenciaban.

Cabrera et de Ribera. Et el Rey dióle sus privilegios de todo
esto, et apoderólo en todas estas tierras que son en Galicia. Et
este Alvar Núñez llamóse en sus cartas *Conde de Trastamara et
de Lemos et de Sarria, et Señor de Cabrera et de Ribera, Caballero
mayor del Rey, et su Mayordomo mayor, et Adelantado mayor de
la frontera, et Pertiguero mayor en tierra de Sanctiago.* Et porque
avía luengo tiempo que en los regnos de Castiella et de León
non avía Conde, era dubda en quál manera lo farían: et la estoria
cuenta que lo fecieron desta guisa. El Rey asentóse en un estrado
et traxieron una copa con vino, et tres sopas, et el Rey dixo:
Comed, Conde, et el Conde dixo: *Comed, Rey.* Et fué esto dicho
por amos a dos tres veces: et comieron de aquellas sopas amos
a dos. Et luego todas las gentes que y estaban y dixieron: *Evad
el Conde, evad el Conde.* El de allí adelante traxo pendón et cal-
dera, et casa, et facienda de Conde; et todos los que ante le aguardaban así como a pariente et amigo, fincaron de allí adelante
por sus vasallos, et otros muchos más.»

Tan escandalosa bienandanza no podía durar mucho, y en
efecto, al año siguiente (1326) comenzó a desmoronarse por los
esfuerzos combinados de Don Juan Manuel y del Prior de San
Juan.

Capítulo LXIX:

«Este D. Joan, fijo del Infante D. Manuel, avía grand amistad
con D. Fernán Rodríguez, Prior de Sanct Joan, desde el tiempo
que este D. Joan era tutor deste Rey D. Alfonso. Et estando el
Rey en Sevilla desque veno de tomar a Olvera, el Prior ovo fabla
con Pero Rodríguez, un caballero de Zamora, que tenía por el
Conde Alvar Núñez el Alcázar et la villa de Zamora, et con otros
algunos caballeros et cibdadanos desta cibdat, que acogiesen
al Prior, et que non acogiesen al Rey, salvo si tirase de la su
casa et de la su merced al Conde Alvar Núñez. Et el acuerdo
avido en poridad, desque el Rey fué venido a cercar la villa de
Escalona, el Prior dexó de venir en servicio del Rey su señor
do él estaba, et fuese para Zamora. Et desque entró dentro y
aquel Pero Rodríguez acogiólo en el Alcázar; et amos a dos fabla-

ron con los de la cibdat, et posieron muy grand guarda en las puertas et en las torres de los muros de Zamora, et eso mesmo en el Alcázar. Et desque el Rey esto sopo, envióles su carta et mandadero, con quien les envió decir que quál era la razón porque facían esto. Et el Prior et los de Zamora enviáronle responder que lo facían por su servicio. Et luego los de Zamora et el Prior enviaron fablar con los de Toro, que fuesen con ellos en aquel acuerdo: et los del Concejo de Toro dixieron que era muy bien, et que lo querían facer. E⁺ veno y el Prior et Procuradores de Zamora, et fecieron pleytos et posturas de non acoger al Rey en aquellas villas fasta que tirase de la su casa et de la su merced al Conde Alvar Núñez. Et en esta postura fué el Alçayde que tenía el Alcázar de Zamora. Et en cada una destas villas comenzaron luego a labrar et a endereszar los muros, et a facer otras labores nuevas con que se fortalescieron más de lo que estaban. Et por esto algunos caballeros et escuderos de los que andaban en la casa del Rey, porque querían mal al Conde, desque sopieron que el Prior había tomado aquella voz con los Concejos de Zamora et de Toro, enviáronle a decir por sus cartas en poridad, que feciera muy bien, et que tomara buena carrera; et que le rogaban que fuese por el pleyto adelante, et que lo non dexase: ca muchos avría en su ayuda. Et el Prior desque sopo estas nuevas, et vió las cartas, esforzóse en lo que avía comenzado.»

«Empero así como placía a algunos del mal del Conde, así placía a otros del mal del Prior, et posiéronlo luego por obra. Et por esto cuenta la estoria que todos los más de los Comendadores et Freyles de la Orden de Sanct Joan, desque sopieron lo que avía fecho el Prior D. Frey Fernán Rodríguez, viniéronse para el Rey, et él mandóles dar sus cartas para el Papa et para el Maestre mayor de Sanct Joan, en que les enviaba querellar este deservicio tan grande que le avía fecho et le facía el Prior: et que les pedía que le tirasen el Prioradgo, et que lo diesen a Alvar Núñez de Sarria, que era Freyle de la dicha Orden de Sanct Joan».

Capítulo LXXI:

«De cómo el Rey envió por la Infanta su hermana para enviar a Portugal, et de lo que acaesció sobre esto.

»Por complir el Rey la postura que él avía puesto con los mandaderos del Rey de Portogal sobre razón del su casamiento, tovo por bien de enviar por la Infanta Doña Leonor su hermana, que estaba en Valledolit, que veniese allí sobre el real de Escalona do él estaba, porque desde allí fuese la Infanta, et los perlados que avían de ir con ella, a traer la Infanta Doña María fija del Rey de Portogal, con quien el Rey avía de casar. Et porque aquel D. Juzaf de Écija, que la estoria ha contado que era Almojarife del Rey, traía gran facienda de muchos caballeros et escuderos que le aguardaban, et era hombre del Consejo del Rey, et en quien el Rey facía confianza, envióle el Rey a Valledolit para que viniese con la Infanta; et envió mandar que D. García, Obispo de Burgos, que era su Chanceller de la Infanta, que veniese con ella. Et en casa de la Infanta avía una dueña que veía facienda de la Infanta, et decíanla Doña Sancha, et fué muger de Sancho Sánchez de Velasco. Et porque este Sancho Sánchez fué muy privado del Rey D. Fernando, padre deste D. Alfonso, aquella Doña Sancha et sus fijos avían gran poder en el regno, señaladamente en Castiella vieja: et esta Doña Sancha era de tal condición, que siempre cobdiciaba bollicios et levantamientos en el regno: et en el tiempo de las tutorías fizo por ello todo su poder. Et desque fué llegado D. Juzaf a Valledolit, et ovo fablado con la Infanta de como se fuese para el Rey su hermano allí donde estaba, aquella Doña Sancha fabló con algunos de los de la villa de Valledolit en su poridad, et díxoles, que *quería levar la Infanta para que casase con ella el Conde Alvar Núñez; et el casamiento hecho, que pues el Conde tenía los castiellos et los alcázares del regno, et él traía al Rey en su poder, faría de la vida del Rey lo que él quisiese, et el Conde que fincaría poderoso en el regno.* Et esta fabla fizo ella con muchos de aquella villa; et algunos entendieron que non era razón esta que fuese de creer; et otros algunos creyeron que era verdad: et acordaron todos de non dexar ir la Infanta al

Rey su hermano. Et la Infanta non sabiendo desto alguna cosa, mandó endereszar lo que avía menester como se fuese para el Rey su hermano. Et aquellos de Valledolit que eran en la fabla, movieron los labradores et la gente menuda, diciendo que *levaban la Infanta a casar con el Conde*. Et estando la Infanta en la mula, et saliendo por las puertas de las casas do posaba, para ir su camino, venieron aquellas gentes con grand alboroto, et quisieron matar a D. Juzaf et a los que con él estaban. Et la Infanta tornóse para su posada, et D. Juzaf con ella: et luego cercáronle las casas, et enviaron decir a la Infanta que les diese a D. Juzaf para que lo matasen. Et aquella Doña Sancha que esto avía traído et fablado, facía muestra en plaza que le pesaba mucho deste fecho, et en poridad enviaba esforzar los de la villa, et enviábales a decir que entrasen allí, et que matasen a D. Juzaf. Et por esto los del Consejo enviaban por escaleras, et querían derribar las paredes por do entrasen a matar aquel Judío. Et la Infanta, desque lo sopo, envióles a rogar que entrasen en la casa do ella estaba quatro de los con quien ella podiese fablar algunas cosas, que eran en pro de los de la villa: et ellos feciéronlo. Et la Infanta con grand mesura rogóles mucho afincadamiente que la dexasen ir al Alcázar viejo, que era en la villa, et aquel Judío que lo asegurasen fasta que fuese llegado con ella en el Alcázar: et que les prometía que desque ella fuese en el Alcázar, que ge lo daría en su poder. Et estos quatro omes de Consejo salieron a los otros de la villa, et dixiéronles lo que la Infanta les enviaba rogar: et todos dixieron que era bien: et fuéronse de allí la mayor parte dellos a cerrar las puertas de la villa, et a poner guarda en ellas. Et la Infanta, desque vió que eran idos, et avían fincado y muy pocos, subió en su mula, et el Judío iba de pie con ella travado a la falda de su pellote, et fuese para el Alcázar. Et en yendo algunos y ovo de los de la villa que probaron de matar al Judío. Et la Infanta, desque fué llegada al Alcázar, mandó cerrar las puertas et non les quiso entregar el Judío, et los de la villa por esto cercaron luego el Alcázar. Et entendiendo algunos dellos lo que avían fecho, dieron de entre sí algunos omes que entrasen a fablar con

Doña Sancha, et que le dixiesen lo que rescelaban por este movimiento que fecieron en querer matar aquel Judío, que era hombre del Rey et del su Consejo, et oficial de su casa, et que veniera allí por su mandado, et que les consejase que feziesen. Et ella esforzólos, et díxoles que toviesen el Alcázar cercado según que estaba; et que, pues las villas de Zamora et de Toro estaban alzadas, enviasen por el Prior et por Pero Rodríguez de Zamora et que feciesen con ellos pleyto de guardar la postura que ellos avían fecho, et que ansí fincarían en salvo desto que avían comenzado. Et los de Valledolit feciéronlo así, et enviaron por el Prior; et veno y con él Pero Rodríguez et otros de los Concejos de Zamora et de Toro, et acogieron al Prior en la villa. Et quando y llegó, el Alcázar estaba aún cercado; et salió luego Doña Sancha del Alcázar a fablar con el Prior; et llamaron a esta fabla a algunos de los de la villa de Valledolit et a los que venieron de Zamora et de Toro. Et la fabla acabada, descercaron el Alcázar, et posieron luego muy grand recabdo et grand guarda en las puertas de la villa...

»El Rey estando en su real sobre la villa de Escalona, que tenía cercada, llegáronle algunos de los omes que avían ido con D. Juzaf, judío, et dixiéronle lo que avían fecho los de Valledolit, et de cómo era venido y el Prior, et todo lo al que y avía acaescido. Et el Rey, desque lo oyó, tomó ende muy grand pesar; et mandó llamar los Ricos-omes, et los Caballeros, et los ciudadanos que eran y con él, et contóles lo que avía sabido que fecieron los de Valledolit, et otrosí lo que feciera el Prior, et pidióles que le consejasen lo que faría... Et el consejo dado... el Rey acordó de dexar la cerca de Escalona, et movió dende para Valledolit. Et entretanto que él llegaba, envió mandar a los Concejos de Medina del Campo, et de Arévalo, et de Olmedo que se veniesen luego para él a Valledolit do él iba. Et desque llegó a esta villa, falló las puertas cerradas et non lo quisieron acoger en la villa; et él posó fuera en sus tiendas, et mandó facer cartas para todos los Concejos de Castiella que veniesen allí a lo servir y ayudar. *Et entretanto el Conde mandaba que talasen las huertas, et que quema-*

sen los panes de los de la villa que estaban en las eras. Et otrosí mandó que los combatiesen; et, así como el monesterio de las Huelgas, que fizo la Reyna, está muy cerca de la villa, la gente del Conde venía por cima del monesterio para entrar la villa; et por esto Pero Rodríguez de Zamora puso fuego al monesterio, et comenzó de arder primeramente en el palacio do la Reyna yacía enterrada. Et el Rey, desque vió aquello, mandó sacar dende el cuerpo de la Reyna, ca el fuego era atan grande que todo el monesterio quemó, sino fué tan solamiente el Cabildo et un palacio cerca dél. Et el Rey, con saña desto, mandólos combatir aquel día todo, como quier que él non oviese allí entonces tantas gentes que podiesen combatir la villa de toda parte...»

Sobrevino la discordia entre los sitiados de Valladolid, y unos querían abrir las puertas al Rey; otros llamar a D. Juan Manuel para que casase con la Infanta y los defendiese. «Pero el Prior, desque vió el desacuerdo de los de la villa et que avía algunos que acordaban de acoger al Rey en la villa, resceló que si esto algún poco se detardase, que se non podría escusar de aver el Rey la entrada en la villa; et por esto quisiérase ir dende de noche; pero envió decir a los caballeros que estaban con el Rey, et le avían prometido ayuda, si avía en ellos algún esfuerzo para salir de aquel peligro, et sinon que se pornía en salvo lo mejor que podiese. Et ellos enviáronle decir que atendiese, et ellos fablarían con el Rey que partiese de sí al Conde Alvar Núñez, et sinón, que ellos se partirían del Rey, et que le ayudarían aquella vez. Et los que *afiuzaron* desto eran Juan Martínez de Leyva, et Fernán Ladrón de Rojas et sus hermanos, et Joan Vélez de Oñate, et Pero Ruiz de Villegas, et Ruy Díaz de Rojas, que decían *Cencerro,* et Sancho Sánchez de Rojas. Et era en estos Garcilaso, fijo de Garcilaso, que avía grand facienda de caballero, como quier que fuese mozo de pequeña edat; et otros muchos caballeros et escuderos de Castiella que eran allí entonce con el Rey. *Et entonce Alvar Núñez, el Conde, entendió algo desta fabla, et aun fué apercebido dello, et quisiera esa noche matar a Joan Martínez de Leyva; et sopo Joan Martínez cómo lo quería matar et non lo esperó en la tienda. Et el*

Conde fuélo buscar aquella noche dos veces et non lo falló. Et otro día en la mañana, Joan Martínez de Leyva, que avía escapado aquella noche de la muerte, ayuntó todos los caballeros et escuderos castellanos que eran allí con el Rey, et enviaron decir al Prior et a los de Valledolit que estoviesen apercebidos para los ayudar, si el Conde quisiese pelear con ellos; ca decir querían al Rey que enviase al Conde de su casa, sinon que ellos non fincarían con él. Et estos caballeros fueron al Rey todos ayuntados, et falláronlo fuera de la tienda; et pediéronle merced que quisiese que fablasen con él sin el Conde, et que le dirían cosas que eran grand su servicio... El el Conde dixo que non fablarían con el Rey sin él. Et entonce los caballeros tomaron el pendón del Rey, que estaba cerca de la su tienda, et apartáronse a un campo con el pendón...»

Consiguen, por fin, que el Rey les oiga. «Et el Conde fincó con grand pesar, por quanto el Rey fué a la fabla sin él. Et el Rey, desque llegó a los caballeros et oyó lo que le dixieron, fué en muy grand dubda; ca si él enviase de su casa al Conde, que tenía dél todos los castiellos del regno et grand poder en la tierra..., le podría ende venir dél muy grand deservicio; et si lo non feciese, vió que estaba en punto de perder aquellos caballeros; et decíanle que otras villas del regno querían facer lo que avían fecho los de Zamora et de Toro et de Valledolit. Et entendiendo que le complía partir de sí al Conde, envióle decir desde allí que se fuese de su casa. Et el Conde, si tenía ante grand pesar, óvolo después mucho mayor; et mandó a los suyos armar, et su pendón tendido fuese dende. Et el Prior et los de Valledolit, desque lo vieron ir, abrieron las puertas de la villa et salieron todos al Rey a rescebirle con grand alegría. Et el Prior et los caballeros de Castiella quisieran ir empós el Conde a lo matar o a lo prender, mas el Rey non quiso...»

En aquel día comenzó la ruina de Alvar Núñez, y poco tardó en consumarse (cap. LXXIII): «Et el Prior et Joan Martínez fablaron con el Rey, et dixiéronle cómo el Conde Alvar Núñez avía fecho mucho mal et mucho astragamiento en la tierra, de que estaban muy quexadas todas las cibdades et villas del su regno. Et otrosí que parase mientes de cómo avía tirado a todos los caballeros et ricos-omes de la su mesnada toda la mayor parte de los dineros que solían tener del Rey en tierra, et que lo tomara para sí et para sus vasallos; et por esto que estaban todos muy quexados dél. Et estas cosas et otras muchas dixeron al Rey, et aquellas con que entendieron que más podían empecer al Conde Alvar Núñez... Et conseiáronle que le enviase demandar los castiellos et alcázares que tenía dél; et otrosí que mandase prender los sus criados, que avían cogido grandes quantías de dineros en el regno que non avían pagado; et que si el Conde le entregase sus castiellos et sus alcázares; et otrosí le mandase dar cuenta de lo que los sus omes avían cogido et recabdado del regno, que toviese que era buen servidor; et si non, que entendiese que el apoderamiento que él tomaba era por mal et por daño del Rey. Et el Rey, teniendo que le decían aquello en su servicio, mandó dar las cartas para el Conde, en que le envió mandar que entregase, o le enviase entregar los castiellos et alcázares que dél tenía por omenage; et otrosí mandó prender los omes del Conde que avían cogido las rentas del regno, porque le diesen cuenta.»

En vano Alvar Núñez, que se había retraído en su castillo de Belver, quiso conjurar la inminente catástrofe, entrando en confederación con su antiguo enemigo Don Juan Manuel. Estos mismos tratos y conjuras no sirvieron más que para acelerar su pérdida (cap. LXXVII): «Et el Prior, et el Almirante, et Juan Martínez de Leyva, que tenían en poder el Consejo et la casa del Rey, veyendo en cómo el Conde Alvar Núñez estaba apoderado en el regno, et que si el Rey quisiese levar del Conde los castiellos por conquista, que sería muy grave de facer; et demás, que decían que ayuntaban amistad de consuno D. Joan, fijo del Infante, D. Manuel et el Conde; et sobre todo esto rescelaban quel Rey por cobrar los castiellos le tornaría a la su casa et a la su merced; et si él y viniese que sería por su daño dellos; estos tres caballeros que la estoria ha contado, por desviar el deservicio del Rey, et otrosí por perder ellos rescelo del daño que ende esperaban, consejaron al Rey que mandase a Ramir Flores (fijo de Joan Ramírez de Guzmán) que matase al Conde Alvar Núñez, et por esto que le feciese el Rey mucha merced et muy granadamiente; et el Rey mandógelo. Et Ramir Flores, con cobdicia del grand prometimiento que le fecieron, otorgó que mataría al Conde et que él cataría manera cómo lo feciese. Et Ramir Flores partióse del Rey en Ciudat-Rodrigo como desavenido de la su merced, et fuese para el Conde Alvar Núñez; et díxole que porque non fallaba bien fecho en el Rey que se partiera dél, et que iba al Conde servirle et ayudarle; et el Conde mostró que le placía con su venida, et dióle que toviese por él con omenage la villa et castiello de Belver...»

Las circunstancias del asesinato de Alvar Núñez no constan, porque la *Crónica*, que pasa sobre esto como sobre ascuas, únicamente dice en el capítulo siguiente: «Et Ramir Flores de Guzmán, por mandado del Rey, cató manera como feciese matar aquel Conde Alvar Núñez; et envió luego sus cartas al Rey, que era en Valledolit, en que le envió decir de como era muerto. Et luego que el Rey lo sopo en Valledolit, dexó y la Infanta, su hermana, et fué a tomar los castiellos que aquel Conde tenía del Rey por omenage; et en muy pocos días entregárongelos todos. Et porque este Conde Alvar Núñez avía alcanzado muy grand tesoro de los tiempos que ovo de ver la facienda del Rey, et lo tenía todo ayuntado en el castiello de Oterdefumos, et en el logar de Sanct Román, que era suyo del Conde; el Rey fué a Oterdefumos, et envió a Sanct Román, et fallaron que tenía grandes quantías de oro et de plata et de dineros, et traxiéronlo todo al Rey. Et en quanto el Rey estaba en Oterdefumos mandóle que le traxiesen y al Conde Alvar Núñez que era muerto. Et traxiéronlo y, et el Rey asentóse en su estrado et contó de cómo feciera grand fianza en aquel Conde Alvar Núñez, et que le diera grande estado, et grand poder en el su regno, et que fiara dél toda su facienda, et los más de los castiellos del su regno; et que él le feciera muchos desconoscimientos, et grand maldad, señaladamente que le enviara pedir sus castiellos, que tenía del grand omenage, et que ge los non quisiera dar nin enviar quien ge los entregase; et por esto que cayera en caso de trayción et que lo juzgaba por traydor. Et mandólo quemar et que todos los sus bienes fuesen del su realengo, según que es ordenado por los derechos. Et el juicio dado, partió el Rey de Oterdefumos et veno a Valledolit; et mandó traer todo el tesoro que tenía el Conde Alvar Núñez, et cobró todos los logares que eran de aquel Conde Alvar Núñez; et dió a Ramir Flores la villa et el castillo de Belver et el lugar de Cabreros por juro de heredad.»

Tres años antes había pronunciado Alfonso XI análoga sentencia en Toro sobre el cadáver de Don Juan *el Tuerto*. Así, de un crimen nacía otro y la sangre llamaba la sangre. Providencial pareció a todos la *justicia* del tremendo Monarca y el castigo del insolente favorito, víctima del mismo hierro alevoso con que había inmolado al Infante. [1] Pero esta negra historia, aunque muy conforme a la moralidad política del siglo XIV, no a todos podía satisfacer en el siglo XVII, y menos a las poderosas familias de Lemos y de Astorga, que contaban entre sus ascendientes a Alvar Núñez. A esta corriente de rehabilitación genealógica per-

---

[1] Notó esta misteriosa coincidencia el autor coetáneo del *Poema de Alfonso XI* (coplas 320-322).

> Todo el mundo fablará
> De commo lo Dios conplió;
> Donde tiró a don Joan
> Este conde, ally morió.
>
> En Belver, castillo fuerte,
> Y lo mataron syn falla,
> En commo fué la su muerte,
> La estoria se lo calla.
>
> Matáronlo sin guerra
> E syn cauallería,
> El rey cobró su tierra
> Que le forzada tenía.

En el autor de este poema, que probablemente era gallego (fuese Ruy Yáñez o cualquier otro), se nota cierta inclinación favorable a Alvar Núñez, a quien procura presentar como buen consejero del Rey, que le

tenece la ingeniosa comedia de Lope, dócil siempre a tal género de impulsos. No es posible perdonarle los desafueros que esta vez cometió contra la historia (tan respetada por él en otras ocasiones), ni menos las inútiles calumnias que levantó a D. Juan Manuel, político egoísta, hábil y tortuoso, pero incapaz de los

---

denuncia las tramas de los Infantes y le sugiere medios para desbaratarlas (copla 168 y siguientes).

> Al buen rey está fablando:
> «Buen sennor, he grand mansiella,
> Contra vos tomaron bando
> Los mejores de Castiella.
>
> »Ricos omnes son onrrados,
> Altos de generación,
> E están muy apoderados
> En Castilla e en León.
>
> »Si se quisieren alzar
> Faser vos han crua guerra,
> Non vos dexarán rregnar,
> Nin aver palmo de tierra.
>
> »Sennor, esto comedid,
> E faredes gran noblesa,
> Aquestos bandos partid
> Por arte de sotilesa.
>
> »Por don Juan (Manuel) enbiat
> Luego ayna syn dudanza,
> E con su fija casad
> Que laman donna Constanza...
>
> »E los bandos partirédes,
> Rey sennor, por este fecho,
> E de Castilla seredes
> Rey e sennor con derecho...»

Aun la traición de Toro está disimulada en todo lo posible, y el consejo de la muerte se pone vagamente en boca de *un privado*, si bien más adelante el poeta viene a confesar implícitamente la verdad, como hemos visto.

Vid. *Poema de Alfonso Onceno... Manuscrito del siglo XIV, publicado por vez primera de orden de Su Majestad la Reina, con noticias y observaciones de Florencio Janer*. Madrid, Rivadeneyra, 1863.

vulgares crímenes de que le supone fautor en esta pieza; y de todos modos, personaje de tal altura por su gloria literaria y sus condiciones de carácter, que se levanta cien codos sobre Alvar Núñez y toda su parentela presente y futura. Pero salvo este, que para nosotros es muy grave pecado, Lope, que tenía mucho talento, acertó a componer una pieza, no sólo entretenida y amena, sino en el fondo muy democrática. Para nada se toma el trabajo de ocultar el origen oscuro de Alvar Núñez; más bien puede decirse que le exagera. En la historia, su fortuna no se improvisa: antes de ser mayordomo de Alfonso XI había sido uno de los principales caballeros del séquito del Infante Don Felipe. En la comedia de Lope es un aventurero salido de la nada para labrarse el edificio de su propia y *merecida fortuna:* un hidalguillo gallego muy despierto y muy aprovechado, que viene a Valladolid a servir de gentilhombre a su pariente el conde de Lemos, de quien antes había sido paje. No es preciso advertir el horrible y voluntario anacronismo que aquí comete un poeta tan versado en la lección de nuestras Crónicas. Ni existía entonces tal condado, ni siquiera había a la sazón condes en Castilla, según expresamente dice el historiador de Alfonso XI.

Lanzado ya Alvar Núñez en el laberinto de la corte, tiene la suerte de salvar la vida del Rey, sin conocerle, lidiando por él a estocadas contra D. Juan Manuel y D. Nuño de Lara, que le acometen de noche cuando salía de casa de doña Leonor de Guzmán (otro anacronismo igual o mayor que el pasado: Alfonso XI tenía a la sazón catorce años y no podía pensar en semejantes devaneos, a pesar de lo mucho que la malicia madrugaba entonces). Esta nocturna defensa es el cimiento de la fortuna de Alvar Núñez, en quien Lope quiere presentar el ideal del perfecto privado. Hay aquí extrañas transmutaciones de la historia. El prior de San Juan, que en la *Crónica* aparece como capital enemigo de Alvar Núñez, está conversando aquí con don Tello, que pretende con malas artes dicho Priorazgo, y tropezando en la justificación de Alvar Núñez, y luego en la fuerza de su brazo, que le desarma en desafío, y finalmente, en su cortesía, todavía mayor que su denuedo, la cual llega hasta el extremo de contar el lance al Rey como si él hubiera sido el vencido, se venga de él infamándole con mil calumnias. Alvar Núñez, en vez de retener los castillos y fortalezas que había recibido del Monarca, se empeña en entregarle las llaves, y el Rey, en galardón, le hace maestre de Santiago, aunque no lo fué jamás. Apenas tiene un movimiento de soberbia; más bien hace alarde de una excesiva humildad y de un servilismo palaciego impropios de un magnate de su tiempo, y tan poderoso como él llegó a ser:

> Con tanta humildad procedo,
> Procurando a todos bien,
> Que estoy seguro del miedo
> En que los grandes se ven,
> Pues de lo que soy no excedo...
>   ¿Cómo, señor, no me habláis?
> ¿Cómo el rostro me escondéis?
> ¿Cómo sin luz me dejáis?
> Mas no es mucho, si me hacéis,
> Que también me deshagáis.
>   ¿Cómo me tratáis así,
> Estando sólos los dos?
> ¿Qué os habrán dicho de mí
> A los que pesa que vos
> Hagáis edificio en mí?
>   Pues no, señor soberano,
> No pase así, ni Dios quiera
> Que os cause enojo un villano
> Que está en vos como la cera
> Del artífice en la mano...

Si este Alvar Núñez, tan comedido, puntual, sumiso y respetuoso, poco tiene que ver con el Alvar Núñez de la *Crónica*, menos histórico es todavía el Rey, que nada conserva de la fiereza, ni de la astucia cautelosa y sin escrúpulos, ni del admirable talento político que desde su primera mocedad manifestó el grande y terrible Alfonso XI, que al salir del dominio de sus tutores apareció en Castilla como una encarnación del espíritu de la venganza, antes de lanzar el rayo de la guerra contra Granada y Marruecos y salvar por tercera vez la Península de la oleada africana. El Alfonso XI de la comedia de Lope es un cuitado, indigno del alto nombre que lleva; todo el mundo le engaña con las más burdas invenciones, y su pusilanimidad contrasta con la ficticia grandeza de alma que se atribuye a Alvar Núñez. A pesar de este sistemático alejamiento de la *Crónica*, se ve que Lope de Vega la tenía muy leída, puesto que aprovecha (con ser tan incidental) la especie del casamiento con la Infanta como uno de los rumores esparcidos por los émulos de Alvar Núñez para malquistarle con el Rey y derrocarle de la privanza.

Prescindiendo del falso color histórico que toda la comedia tiene y del desorden novelesco de la acción, inherente a todas las de su género, hay mucho que aplaudir en ella si se atiende sólo al interés que despierta la súbita elevación de Alvar Núñez y la desesperada lucha que tiene que sostener contra sus enemigos, todo lo cual da lugar a ingeniosas y enmarañadas peripecias, muy propias de la comedia de intriga. El acto primero puede graduarse de exposición excelente, hecha en acción y no en narración, según el buen sistema de Lope. La versificación y el estilo no desdicen, a veces, de aquellas excelentes comedias políticas y caballerescas de D. Juan Ruiz de Alarcón, que llevan los títulos de *Los favores del mundo* y *Ganar amigos*.

XXXIX.—LANZA POR LANZA, LA DE LUIS DE ALMANZA

Es pieza rarísima, inserta sólo en cierta *Parte 27 de Comedias de Lope de Vega Carpio y otros autores*, que suena impresa en Barcelona, 1633, y de la cual no se conoce ningún ejemplar completo y sí sólo fragmentos en un tomo colecticio que perteneció a la Biblioteca de Osuna y hoy a la Nacional.

Desgraciadamente, la rareza de esta comedia no está de ningún modo en relación con su valor literario, pues aunque por el estilo no desmiente ser de Lope, debe tenerse por una de las más insignificantes de su fecunda musa. Pónese la acción en el reinado de Alfonso XI, y aun empieza con las fiestas de su casamiento, pero a esto se reduce la parte histórica. Todo lo restante es una leyenda genealógica sin interés alguno, una vulgarísima rapsodia de moros y cristianos. No he podido averiguar sus fuentes, y a nada conduciría la exposición de su insulso argumento. Dícese al principio que la representó Avendaño, y al fin se anuncia una segunda parte, que o no fué escrita o no ha llegado a nuestros días.

XL.--LA NIÑA DE PLATA

El manuscrito autógrafo de esta pieza, con fecha de 1613, existe en el Museo Británico: Lope de Vega la publicó en la *Novena Parte de sus comedias, sacadas de sus originales por él mismo* (Madrid, 1617). Estos datos bastan para invalidar la sospecha que Hartzenbusch apuntó, sin razonarla, de que *La niña de plata* «debe de ser obra de Lope y de otro», suponiendo que no es de Lope el tercer acto. La simple equivocación de los nombres de *Dorotea* y *Teodora*, único indicio que Hartzenbusch apunta, es un descuido muy propio de la genial precipitación de Lope, y lejos de argüir entremetimiento de pluma extraña, podría ser un argumento contra las cavilaciones del ilustre editor, aunque no quedase el original de la comedia, y aunque nuestro poeta no hubiese tomado la precaución de imprimirla por sí mismo.

Hay una edición suelta del siglo pasado *(Valencia, en la imprenta de Joseph y Thomas de Orga, 1781)*, que casi puede calificarse de refundición, puesto que no sólo corrige el cambio de nombres en el tercer acto, sino que contiene enmiendas y supresiones rara vez plausibles. [1] El texto de la comedia primitiva

---

[1] Una de estas alteraciones, sin embargo, es de buen efecto dramático y muy conforme al espíritu favorable a Don Pedro que predomina en nuestro Teatro, si es que no la exigió la censura de fines del siglo pasa-

ha sido reimpreso por Hartzenbusch en el tomo I de su colección selecta.

La niña de plata ha sido traducida dos veces al francés, la primera por J. Esménard en la colección titulada *Chefs d'-oeuvre des théâtres étrangers* (París, 1829) con el título de *La Perle de Séville*, y siguiendo el mal texto del siglo pasado; la segunda, por Damas Hinard en el segundo tomo de su *Théâtre de Lope de Vega* (edición Charpentier, ¿1842?). Esta segunda versión, como podía esperarse de la reconocida competencia de su autor, es más fiel y completa, pero altera caprichosamente el título de la obra, llamándola *La Belle aux yeux d'or*. Unos ojos de oro o de plata nada tendrían de bellos; ni Lope alude en el título a las niñas de los ojos, aunque juegue con el equívoco en alguna escena; ni el encarecimiento de la plata se aplica a los ojos, sino a todo el cuerpo de aquella niña gentilísima:

> . . . .
> Amas una cosa que es
> Espíritu, entendimiento,
> Eco, acento pensamiento
> Serafín, donde no hay pies;

do por no consentir que un Rey hiciese papel poco decoroso. El Don Pedro en la primitiva *Niña de Plata* era confidente y cómplice en los amoríos de su hermano. Por el contrario, en la refundición del siglo pasado hace alarde de serenidad estoica y rígida justicia:

> Pues cualquiera que a un exceso
> Se arroje, no está seguro
> Mientras viva el rey don Pedro.
> Los primeros en vosotros *(a)*
> Los castigaré severo,
> Dando con mi propia sangre
> Autoridad al ejemplo.

Es singular que todavía el docto crítico Valentín Schmidt, en su excelente libro sobre Calderón *(Die Schauspiele Calderon's*, pág. 213), cite estos versos como de Lope; pero su hijo Leopoldo Schmidt lo enmienda en el apéndice (515-516).

(a)   Sus hermanos.

Oro sutil, si de Tíbar,
Un junco, mimbre o taray,
Un aljófar, un cambray,
Un alfeñique, un almíbar,
   Un extremo en filigrana,
Un dije, un hilo de plata...
   Finalmente, una mujer
Que llamó, por engreilla,
Niña de plata Sevilla,
Semanas debe de haber...
. . . .
   En ella, en fin, se retrata
Una imagen del deseo.
¿Qué sirve tanto rodeo?
Esta es *la niña de plata*
   Que habéis oído en Castilla;
Porque tanta perfección
Es monstruo y admiración
Y grandeza de Sevilla.
   Cuando tratan de su río,
De su alcázar eminente,
De sus calles, de su puente,
De sus armas, de su brío,
   De su regalo y riqueza,
Todo se acaba y remata
Con que *la niña de plata*
Es cifra de su grandeza.

Las siete comedias de Lope de Vega en que interviene el Rey Don Pedro, pueden dividirse en dos grupos, que son claramente distintos. En el uno aparece Don Pedro con su carácter histórico o tenido por tal, ya de monarca cruel, ya de justiciero, ya mixto de uno y otro, pero siempre envuelto en una atmósfera trágica, y circundado de prestigios fatídicos y siniestros. Estos son los dramas propiamente históricos, en que la pasión dominante nunca es el amor, sino la ambición, la soberbia, el celo de la justicia o la venganza. A esta clase pertenecen *El Rey Don Pedro en Madrid*, *Audiencias del Rey Don Pedro*, *Los Ramírez de Arellano* y en cierto modo *El médico de su honra* y *La carbonera*. Por el contrario, en *La niña de plata* y en *Lo cierto por lo dudoso*, la intriga es de amor y celos, y Don Pedro hace el papel de un galán cualquiera, si bien en una y otra comedia no deja de conservar algunos rasgos de su carácter, y además se le pone en contraste con su hermano Don Enrique, reproduciendo, aun en fábulas de pura invención, la rivalidad histórica. [1]

Lo primero que se advierte en *La niña de plata* es su gran semejanza con *La Estrella de Sevilla*. Esta semejanza no consiste en el carácter de la protagonista. Lope no necesitaba repetirse en sus retratos de mujeres, y el de Dorotea es uno de los más graciosos que trazó su pluma; es un primor, un *brinquiño*, como dicen nuestros vecinos los portugueses y decíamos los castellanos antiguamente. Deliciosamente afectada e ingenuamente coqueta, aguda, cuerda y donairosa en burlas y en veras, su misma presunción enamora, sus veniales ligerezas encantan, como de criatura leve y etérea. Nada tiene de la fiera pasión, ni de la grandeza trágica de Estrella, pero se encuentra colocada en situaciones muy análogas por el súbito enamoramiento de D. Enrique de Trastamara (con circunstancias análogas al del Rey Don Sancho),

---

[1] Parece que los argumentos de una y otra comedia han de colocarse en aquel período (1353-1354) en que Don Pedro se reconcilió con sus hermanos bastardos, y «estovieron él y los dichos sus hermanos... fijos del rey D. Alfonso, que fueron los dichos D. Enrique, e D. Fadrique, e don Tello, e don Juan, en mucha paz y sosiego, aviendo muchos placeres e deportes», según dice el que Zurita llamó *Compendio o abreviación de las historias de Castilla*, y que después de las doctísimas investigaciones de D. Ramón Menéndez Pidal (*Catálogo de las Crónicas generales de España*, Madrid, 1898, páginas 91-93) conviene denominar *Cuarta Crónica general*. Es la misma que en el tomo CIV de la *Colección de documentos inéditos para la historia de España* ha sido publicada con el inexacto título de *Crónica de España del arzobispo Jiménez de Rada; tradújola en castellano y la continuó hasta su tiempo D. Gonzalo de la Finojosa, Obispo de Burgos, y después un anónimo, hasta el año de 1454*. Llaguno la tuvo presente, aunque en mal texto, y se valió de ella para sus notas al *Sumario del Despensero* de la Reina Doña Leonor (edición de Sancha, 1781).

por el apoyo que el amante busca en el hermano de la dama, y, finalmente, por la entrada nocturna del galán, heroicamente rechazada por ambas heroínas sevillanas. ¿Cuál de las dos comedias fué anterior? Sabemos la fecha de *La niña de plata* (1613); ignoramos la de *La Estrella de Sevilla;* ni uno ni otro título constan en ninguna de las dos listas de *El peregrino en su patria,* aunque el primero bien pudiera constar por su fecha, anterior en un año a la segunda edición de dicha novela. No puede causar maravilla que Lope olvidase los títulos de algunas de sus innumerables comedias. Si la mayor perfección de estilo se toma por indicio de trabajo más reciente, *La niña de plata,* que está mucho mejor escrita, pero donde la fuerza dramática aparece muy atenuada, debe de haber sido la segunda de estas piezas en el orden de los tiempos, y *La Estrella de Sevilla* la primera. Pero siempre habrá que tener en cuenta que *La niña* ha llegado a nosotros en el puro original de su autor y *La Estrella* sólo en una copia depravada e incorrectísima. Cabe, por tanto, la hipótesis de que Lope, desde los lances más cómicos que trágicos de *La niña de plata,* se levantase al conflicto de pasiones que hay en *La Estrella de Sevilla,* en vez de seguir el procedimiento contrario, reduciendo el cuadro trágico a las proporciones del drama urbano.

Es muy exiguo el elemento histórico en esta pieza, pero no puede decirse que esté ausente del todo. La fatalidad que va unida al nombre de Don Pedro se expresa aquí por la voz del astrólogo moro Zulema, que levanta el horóscopo de Don Enrique y le predice que ha de hacer por Francia dos jornadas peligrosas huyendo del Rey, su hermano; y después de anunciarle la muerte de Doña Leonor de Guzmán y la del maestre D. Fadrique, le hace entrever a lo lejos la sangrienta visión del trono, levantado sobre el fratricidio de la tienda de Montiel. [1] Todos estos fúnebres presagios pasan rápidamente, pero hacen más impresión por lo mismo

---

[1]   ZULEMA

           Tú has de hacer por Francia
           Dos jornadas peligrosas

que contrastan con la alegría franca y sana de que está llena esta
comedia, una de las más poéticas y encantadoras que brotaron
de la pluma de Lope.

———————

> Huyendo del Rey tu hermano
> . . . .
> A doña Leonor tu madre
> Ha de matar.

ENRIQUE

> ¿Estás loco?
> . . . .

ZULEMA

> Tú lo verás cuando muera
> Tu hermano el Maestre.

ENRIQUE

>   Para,
> Para, astrólogo cruel,
> Para esas locas mentiras.

ZULEMA

> Enrique, ¿desto te admiras?
> Pues tú has de matarle a él.

ENRIQUE

> ¿Yo a Pedro?

ZULEMA

>   Y has de quedar
> Rey pacífico en Castilla.

ENRIQUE

> ¡Sueñas!

ZULEMA

>   ¿Qué te maravilla?
> Sus hijos no han de heredar,
> Que han de morir en prisión.

No es necesario advertir lo anacrónico de la profecía relativa a doña
Leonor de Guzmán. Había sido asesinada en 1350, sin que en el crimen
de la torre de Talavera tuviese parte directa Don Pedro, que en realidad

Grillparzer, [1] Vieil-Castel, [2] Schack, [3] Damas Hinard, [4] Schaef-fer [5] y otros críticos han hablado con justo elogio de esta come-dia, y quizá mejor que ninguno el delicado poeta cubano José Jacinto Milanés, que en algunas de sus mejores poesías líricas, como *La madrugada,* y en su drama *El conde Alarcos,* manifestó el aprovechado estudio que había hecho de las obras de Lope de Vega. Milanés escribió un artículo acerca de *La niña de pla-ta,* en 1842. [6] Pláceme recordarle en estos tristes días en que escri-bo, tanto por lo que intrínsecamente vale (considerada su fecha) cuanto por ser de las pocas cosas que en América se han escrito sobre nuestro gran poeta, tan conocido de nombre, tan ignorado de hecho.

«¿Podrá negarnos el lector—escribía Milanés—que, cuando fija los ojos en el bello título de esta comedia, pasa por su mente un pensamiento flúido y apacible, cargado de los deleitosos recuerdos de la niñez y de las sonrisas amorosas de la adolescencia?... La índole de Lope de Vega, apacible y amiga de poetizarlo todo, incli-nóse al estudio de las costumbres populares; y deseoso de utilizar en pro de la comedia patria los rasgos característicos de las esce-nas nacionales, de las tradiciones históricas y todo el séquito de amables reminiscencias que llevan consigo, nunca miraba con ojos indiferentes ni distraídos la particular fisonomía de su pueblo... Yo me figuro a Lope y a muchos de los que le ayudaron a echar los cimientos del edificio escénico, vulnerables a toda impresión

---

todavía no gobernaba. La odiosidad de aquella venganza debe recaer sobre su madre la Reina Doña María y sobre su omnipotente ministro D. Juan Alfonso de Alburquerque.

[1]   *Studien zum spanischen Theater,* 155-157

[2]   *Essai sur le Théâtre espagnol,* I, 85-89.

[3]   Tomo III de la traducción española, 73-75.

[4]   Noticia que precede a su traducción francesa de esta comedia.

[5]   *Geschichte des spanischen National Dramas,* I, 145.

[6]   *Obras de D. José Jacinto Milanés. Publicadas por su hermano. Segunda edición... Nueva York, Juan F. Trow y Compañía,* 1865. Pági-nas 249-256.

patriótica y casera, accesibles a todas las fiestas y regocijos del pueblo español; francos, ingenuos, populares; sin nada del pedantesco desdén que afecta el literato moderno, porque mira en la plebe una clase obscura y atrasada y tiene a menos el examinarla para conocerla... Comparado el drama de Lope con el de nuestros días, me parece que debemos convenir en que si el último ha ganado no poco en prendas filosóficas, ha perdido mucho en agudeza y donaire. No se contentaban nuestros antiguos poetas con hacer gala de una expresión castiza y de un verso fácil y sonoro; empeñaban su ingenio ante el público en proposiciones apuradas, para que las soluciones inesperadas y brillantes que se veían forzados a improvisar, los coronasen con todo el esplendor de una victoria. De aquí el interés mágico que nos lleva de verso en verso hasta la conclusión de una pieza dramática antigua, por más que, a veces, el mal tejido plan y los caprichosos pormenores parezca que tiran a descomponer la armonía de los caracteres y la marcha del argumento.»

Y después de hacer un atento y minucioso análisis de las principales escenas, ponderando lo delicado y noble del diálogo, la airosa maestría que luce Lope en los pormenores locales, el nunca desmentido y airoso despejo de la protagonista, lo picante de la idea, lo acendrado de la expresión y lo cadencioso de la rima, manifiesta con mucha razón que el acto primero excede en energía poética a los siguientes, no porque el segundo y tercero resfríen en manera alguna la atención de los espectadores, sino porque en el primero ha sembrado Lope tan bellas y robustas pinceladas, palabras tan fascinadoras, rimas tan *cantantes*, si así es dable llamarlas, que es imposible dejar de oírlo con indecible acento... «Tal es *La niña de plata* (termina Milanés); para hacer un cuadro tan bello, para iluminarlo de tintas tan apacibles y para dibujar con tanta soltura y viveza la figura riente y aérea de la niña de nada le hubieran servido ni el estudio de los preceptistas, ni largas excursiones en la literatura griega y romana, ni un abundante acopio de máximas filosóficas; era preciso algo más: era menester ser poeta, y Lope lo era por extremo.»

Poco tengo que añadir a este juicio, que conceptúo exacto y cabal. Sólo un espíritu seco y negado al prestigio de las cosas originales y frescas podría dejar de respirar con delicia el ambiente de juventud y alegría que se disfruta en esta pieza. Hasta los versos tienen un son argentino que armoniza con el título de la obra y con la risueña visión de la *niña* de la calle de Armas, cuyo leve pie apenas toca al suelo, cuyo hechicero candor enciende y enamora al más tibio y hace exclamar al espectador como al Infante:

> ¿Dónde está la prenda mía,
> La hermosa *niña de plata*,
> El asombro y maravilla,
> Del cielo propio pintura,
> El esmero de hermosura,
> El sol que alumbra a Sevilla?...

Como modelo de donaire culto, puede citarse la escena del alcázar:

DON ENRIQUE

Volved, no paséis de aquí.

DOROTEA

Antes me quiero volver,
Porque, viniendo yo a ver,
Ya no hay más de lo que vi

DON ENRIQUE

Pues ¿qué es lo que a ver vinistes?

DOROTEA

Las riquezas de allá arriba;
Y acá, el jardín que cultiva
De esmeraldas y amatistes
El cielo con mil primores;
Y en vos lució todo, en fin.

DON ENRIQUE

¿Cómo?

DOROTEA

En el talle el jardín,
Y en el ingenio las flores.

DON ENRIQUE

¿Hay tal niña?... ¿Hay tal tesoro?...
Muy necio fué quien os trata,
Niña, por *niña de plata*.

DOROTEA

¿Por qué?

DON ENRIQUE

Porque sois de oro.

Pero todavía es más linda, en el mismo género, la del regocijo y alborozo de una encamisada en noche de luminarias. Llegan el Rey y sus hermanos a casa de Dorotea, piden agua, y observando la extrañeza del maestre D. Fadrique al ver que se la presentan en vasija de barro, exclama la niña, siempre aguda y donosa:

Lo poco que se contrata,
No da para más valor;
Que en esta casa, señor,
Sola yo soy *la de plata*.

Y cuando Don Pedro la pregunta cuál de los tres es el más galán, cuerda e ingeniosamente responde:

Que me place, si es forzoso;
El galán más poderoso
Para poder competir,
Es el Rey; el más valiente
Para de noche en la calle,
El Maestre; el que del talle
Se precia más justamente,
Es Enrique... Y si yo fuera
Digna de tanto interés,
Uno que fuera los tres
Para mi gusto quisiera.

No es difícil hacer reparos técnicos a este drama. Sólo la *niña* interesa verdaderamente. El Infante parece bien cuando vuelve sobre sí, en vista de la honrada entereza de Dorotea, y renuncia a su torpe afición, y jura sobre la cruz de su espada que ha quedado ileso el honor de la perseguida doncella. [1] Pero bien necesario era este rasgo de generosidad final para compensar el mal efecto de las tercerías y brutalidades de que en el proceso de su enamoramiento se vale. Muy triste personaje es también el hijo del Veinticuatro, el D. Juan, novio de Dorotea, siempre en escondites, siempre neciamente celoso, y dispuesto a desquitarse con la primera dama que encuentra, aunque sea tan liviana como Marcela. Todo lo que se refiere a ésta, y especialmente las escenas de su rapto, pertenecen al género de la farsa; podrán ser teatrales, pero no son poéticas. Tal ingenio como Lope, hubiera debido

---

[1]
  Que entré es verdad; mas compré
Con oro y pasos la entrada,
Y sin que ella lo supiese,
Llegué anoche hasta su cama.
De sus lágrimas temblé,
Y escuchando sus palabras,
Me dijo toda la historia
Que entre ella y don Juan pasaba.
Matarse quiso; detuve
Su brazo, y viendo que tanta
Firmeza merece premio,
Allí prometí casalla.
Aprovechóme el valor,
Y quise más ganar fama
De hombre que supo vencerse
(Que es el mayor lauro y palma),
Que dar rienda al apetito.
Y así, en esta cruz sagrada,
Adonde la mano pongo,
Y Dios puso las espaldas,
Juro que esto pasa ansí;
Y miente quien desta dama
Piense o crea lo contrario.

imaginar otros recursos que un cambio de casa, una mudanza de muebles, una voz fingida (arsenal de las futuras comedias de *capa y espada*), para que campeasen los afectos de amor, de honra y celos, que, así y todo, son el nervio de la pieza y llegan a triunfar de su viciosa estructura.

Hay en el tercer acto de esta pieza un soneto famoso, que desde fines del siglo pasado viene corriendo en antologías y en manuales de Literatura, sin que nadie, que sepamos, entre los muchos que le han transcrito (a excepción de lord Holland, en su libro sobre *Lope de Vega*) [1] haya tenido la curiosidad de notar de qué obra del poeta estaba tomado. Me refiero a aquel tan sabido que principia:

> Un soneto me manda hacer Violante...,

y que contiene juntas la teoría y la práctica del soneto. No fué Lope de Vega el primer poeta nuestro que se ejercitó en tan ingenioso argumento, aunque es, seguramente, quien le desempeñó mejor, sirviendo a su vez de texto para futuras imitaciones en castellano y en otras lenguas. Anteriores al soneto de Lope hay dos, por lo menos, y es posible que éstos y el suyo procedan de algún original italiano no descubierto hasta ahora.

El que parece más antiguo es uno de Baltasar del Alcázar, no incluído en las colecciones impresas y manuscritas que hemos visto de este poeta, pero sí en el *Ensayo* de Gallardo (I, col. 75), donde falta un verso, no sabemos si por estar ilegible en el manuscrito, o por razones de decoro:

> Yo acuerdo revelaros un secreto
> En un soneto, Inés, bella enemiga;
> Mas por buen orden que yo en éste siga,
> No podrá ser en el primer cuarteto.
>   Venidos al segundo, yo os prometo
> Que no se ha de pasar sin que os lo diga;
> Mas estoy hecho, Inés, una hormiga
> . . . .

---

[1] *Some account of the lives and writings of Lope Félix de Vega Carpio and Guillén de Castro.* Londres, 1817, I, 229.

> Pues ved, Inés, que ordena el duro hado
> Que teniendo el soneto ya en la boca,
> Y el orden de decillo ya estudiado,
>   Conté los versos todos, y he hallado
> Que, por los versos que a un soneto toca,
> Ya este soneto, Inés, es acabado.

En las *Flores de poetas ilustres*, de Pedro de Espinosa (Valladolid, 1605), se lee este otro soneto, a nombre de un *Diego de Mendoza*, que seguramente no es el famoso D. Diego Hurtado, pero que bien puede ser un cierto capitán Diego de Mendoza Barros, natural de Antequera, que vivía en Valladolid precisamente por los mismos años en que Espinosa coleccionó sus *Flores*:

> Pedís, Reina, un soneto; yo le hago;
> Ya el primer verso y el segundo es hecho;
> Si el tercero me sale de provecho,
> Con otro verso el un cuarteto os pago.
>   Ya llegó el quinto: ¡España! ¡Santiago!
> ¡Fuera, que entro en el sexto! ¡Sus, buen pecho!
> Si del séptimo salgo, gran derecho
> Tengo a salir con vida deste trago.
>   Ya tenemos a un cabo los cuartetos.
> ¿Qué me decís, señora? ¿No ando bravo?
> Mas sabe Dios si temo los tercetos.
>   Y si con bien este soneto acabo,
> Nunca en toda mi vida más sonetos;
> Ya déste, ¡gloria a Dios!, he visto el cabo. [1]

En francés ha sido varias veces imitado el soneto de Lope. Los traductores de su comedia intercalan la versión de Régnier-Desmarais, que por lo visto ha sido la más popular, y comienza:

> *Dieu, qui sait qu'aux vers quelquefois je me plais,*
> *Me demande un sonnet, et je m'en desespère...*

---

[1] Entre las imitaciones modernas del soneto de Lope, recuerdo una del insigne traductor de los Salmos, D. Tomás González Carvajal (*Opúsculos inéditos*. Madrid, 1847, pág. 134); otra del filósofo D. Jaime Balmes (*Poesías póstumas*. Barcelona, 1849, pág. 34), y otra del *Bachi-*

(Poésies françaises de F. l'abbé Régnier-Desmarais, secrétaire per-
petuel de l'Académie française. París, 1708, pág. 91.

Régnier confiesa que el soneto es original de Lope. No así
Voiture, que en sus *Poésies* (1650, pág. 68) tiene una definición
de la composición en trece versos, llamada *rondeau,* análoga a
ésta del soneto:

> *Ma foy, c'est fait de moy, car Isabeau*
> *M'a conjuré de luy faire un rondeau...*

La última imitación, y la mejor de todas, es de Enrique Meil-
hac, y principia así:

> *Un sonnet, dites-vous? Savez-vous bien, Madame,*
> *Qu'il me faudra trouver trois rimes à sonnet...* [1]

XLI.—Lo cierto por lo dudoso

Publicada por Lope en la *Parte* 20 de sus *Comedias* (Madrid,
1625, con dedicatoria al duque de Alcalá D. Fernando Afán de
Ribera Enríquez, egregio prócer sevillano, adelantado mayor de
Andalucía, virrey que fué de Cataluña y de Nápoles, embajador
extraordinario en Roma ante la Santidad del Papa Urbano VIII,

---

ller Francisco de Osuna (D. Francisco Rodríguez Marín) en sus preciosas notas a las *Flores de poetas ilustres,* de Espinosa, en la reimpresión
de Sevilla, 1896, pág. 369.

[1] Tomo estos datos de un artículo de A. Morel-Fatio en la *Revue
d'histoire littéraire de la France* (15 de julio de 1896).

Hay, además, dos imitaciones inglesas, citadas por lord Holland
(I, 230, y II, 225). La primera es de Edwars:

> *Capricious Wray a sonnet needs must have...*

la segunda, de autor anónimo:

> *My dearest spouse demands of me a sonnet...*

Hay también imitaciones italianas, entre ellas una que se atribuye
al caballero Marino.

ministro plenipotenciario en el Congreso de Colonia, gran Mecenas de artistas y literatos y cultivador él mismo de la erudición sagrada y profana y aun de los estudios de lenguas orientales, como lo prueba la polémica que sostuvo con Rioja sobre el título de la Cruz. «No hay facultad—dice nuestro poeta—de que no tenga conocimiento y particular estudio, en el mejor que ha juntado príncipe en Europa: docto en la lengua siria, hebrea, caldaica y griega, cuando de sola la latina, en que es tan eminente, pudiera honrarse cualquier profesor suyo.»

Lo cierto por lo dudoso ha sido reimpresa en el primer tomo de la colección selecta de Hartzenbusch, y traducida al francés por Eugenio Baret con el título de *Le certain pour l'incertain.* [1] En el Teatro español esta linda comedia, hoy tan injustamente olvidada, se ha sostenido hasta tiempos bastante recientes, pero no en su forma original, sino en una refundición, a estilo de las de Trigueros, compuesta en 1803 por D. Vicente Rodríguez de Arellano y representada aquel año mismo, haciendo Rita Luna el papel de la firme enamorada Doña Juana, que fué uno de sus mayores triunfos.

Rodríguez de Arellano, que tuvo efímera notoriedad por su comedia *El pintor fingido* y por las décimas de cierto memorial burlesco, era un adocenado poeta y dramaturgo, famélico traductor del francés y del italiano, algo más literato que Comella y Zavala, pero no de muy diverso gusto, salvo en dos o tres ocasiones en que tuvo la fortuna de arrimarse a la buena sombra de la poesía antigua. Algún romance morisco suyo recuerda la bizarría de Góngora. Y en el teatro le honra esta refundición de *Lo cierto por lo dudoso o la mujer firme,* [2] de la cual dijo D. Juan Eugenio Hartzenbusch: [3] «Arellano, dirigido por Lope, habla y versifica

---

[1] *Œuvres dramatiques de Lope de Vega.* Didier, 1874. Tomo II.

[2] La edición que tengo a la vista es de Valencia, 1825, por Ildefonso Mompié, pero hay varias anteriores.

[3] En el prólogo a las *Obras de D. Antonio García Gutiérrez.* (Madrid, 1866.)

bastante bien; cuando traduce del francés, no sabe castellano; la Musa española, que recompensaba noblemente a los que le prestaban el debido culto, se vengaba de sus detractores.» [1]

No era tan difícil de adaptar a la regularidad clásica *Lo cierto por lo dudoso* como *La Estrella de Sevilla*, y por eso no fueron tantas las supresiones y alteraciones que hizo Arellano como las que había hecho Trigueros. El cambio más importante es, sin duda, la supresión del personaje de la cortesana Teodora, que no sólo es episódico e inútil, sino incongruente con el tono afectuoso y delicado de la pieza. Pero no es tanto lo que quitó como lo que añadió Rodríguez de Arellano. Verdad es que no todas estas intercalaciones son de su cosecha, por ejemplo, la escena del delirio de Don Enrique está tomada de la comedia de *Tirso de Molina, Como han de ser los amigos*. Pero hay en esta refundición versos nada despreciables, que son indisputablemente del pobre Arellano, aunque todo el mundo los haya estado repitiendo y celebrando como si fuesen de Lope. Tal es, por ejemplo, la descripción de la tarde de San Juan en Sevilla:

DON ENRIQUE

¿Qué es ver el precioso alarde
Que hace de sí placentera,
Ostentando su figura,
Tanta divina hermosura,
Del Betis en la ribera?
    ¿Qué es ver en el claro río
Tantas barcas enramadas,
De toldos entapizadas,
Formando un bosque sombrío;
    Y en ellas alegremente
Bailar todos muy contentos

---

[1] No fué éste el único tributo que la musa dramática de Rodríguez de Arellano pagó al Rey Don Pedro. Suya es también, según el testimonio de Moratín, la comedia anónima que corre con el título de *El sitio de Toro y noble Martín Abarca, de un ingenio*. El argumento de esta pieza genealógica está formado de la *Crónica* de Ayala (año VII, capítulo II).

Al son de los instrumentos
Que acompañan la corriente?

Chichón

Y ¿qué es ver tanto matón,
Muy erguido y puesto al olio,
Con sombrerazo de a folio,
Ostentando el espadón;
    Con retorcido bigote,
Y como inspirando asombro,
Mirar por cima del hombro,
Asomándose al capote;
    Ir chorreando pendencia,
Y hacerse lugar, diciendo:
«Apártense: ¿no están viendo
Que aquí va la omnipotencia?»
    ¿Qué es ver a tanta garduña,
De clase y de trato vil,
Buscar, más que un alguacil,
En dónde hincar la uña?
    ¿Qué es ver a tanta gitana
Decir la buenaventura,
Y hacer pontífice a un cura
Que apenas tiene sotana?...

De Arellano es también, y no de la comedia primitiva, esta
descripción de los celos:

Don Enrique

Hablas con ese reposo,
Porque nunca habrás amado;
Pero no hay más triste estado
Que el de amar y estar celoso.
    Son celos una pasión
Que al más cuerdo desatina,
De amor deidad peregrina,
Adúltera sucesión.
. . . .
    Son celos haber creído
Una sombra, una ilusión,

Que del sol de la razón
Forma el interior sentido.
  Son celos cierto temor
Tan delicado y sutil,
Que si no fuera tan vil,
Pudiera llamarse amor.
  Son principios de mudanza
Y fin de la obligación;
Son ajena estimación
Y propia desconfianza.
  Son un desengaño *salvo*
Del pensamiento dormido;
Son relojes del olvido
Con despertador de agravio.
  Son cuerpo del pensamiento
Que no le tuvo jamás;
Pasos que amor vuelve atrás
Para correr por el viento;
    Y aunque es semejanza nueva,
De linterna es su costumbre,
Pues vemos mover la lumbre
Y no vemos quién la lleva.
  Son, finalmente, rigores,
Que amando es fuerza tenellos,
Pues ni amor está sin ellos,
Ni ellos están sin amores...

Claro es que, leídos atentamente estos trozos, no deja de percibirse en ellos cierto sabor de modernismo y alguna expresión impropia del tiempo de Lope; pero la fluidez de su estilo no está mal imitada, aunque mejor lo hizo después D. Dionisio Solís, cuya *Niña boba* continúa suplantando en el teatro a la auténtica *Dama boba*, de Lope. Todavía D. Alberto Lista, en uno de los artículos de teatros que en 1821 escribía en *El Censor*, [1] confunde los versos de Arellano con los del Fénix de los Ingenios,

---

[1] *El Censor, periódico literario*, tomo VII (Madrid, 1821), páginas 225-235.

dándonos de paso muy curiosas noticias sobre la popularidad escénica de que gozaba la obra refundida:

«Es antigua costumbre de nuestras compañías cómicas empezar el año teatral con una de aquellas comedias que llaman *de examen*, porque en ellas los principales actores pueden desplegar su habilidad. Hubo un tiempo en que la medida del verso en la declamación constituía el principal mérito de un actor. Entonces la pieza de examen era la célebre comedia de Calderón *Afectos de odio y amor*, en la cual casi todos los personajes tienen versos muy llenos y armoniosos, con descripciones líricas y aun épicas, con lances de amor, de celos, de combates y de sorpresas, que la hacen muy difícil de ejecutar para los actores y aun de entender para los espectadores. Cuando se empezó a dar alguna importancia a la expresión de las pasiones, *El mayor monstruo los celos* y *Las armas de la hermosura*, del mismo autor, entraron en lugar de aquella rapsodia caballeresca. *El desdén con el desdén*, de Moreto, sirvió para mostrar el arte de desenvolver un carácter en la escena, y *El maestro de Alejandro* o *El villano del Danubio*, se agregaron después para hacer lucir el papel de barba. Esta costumbre estaba en uso cuando alternaban para la elección de las piezas el galán, la dama, el barba y el gracioso. En el día, las compañías se instalan más modestamente con la comedia de *Lo cierto por lo dudoso* a lo menos así lo hemos visto practicar varias veces en la corte y en las provincias.

»Esta comedia puede, efectivamente, servir de examen, porque el carácter de la mujer firme es muy bello, está muy bien seguido, tiene excelentes escenas y en ellas muy buenos versos, y afectos muy sentidos y perfectamente expresados. La actriz que representando a D.ª Juana de Castro no interese a los espectadores ni les arranque aplausos, ignora absolutamente su arte. Pero toda la comedia se reduce a este carácter. No tiene acción; acaba por donde empieza. El rey P. Pedro y su hermano aman a D.ª Juana; ésta corresponde al Infante; el Rey llega hasta ofrecerla su mano y su corazón; nuestra heroína no se deja deslumbrar con tan magníficas ofertas: conserva su corazón firme para su amante; y D. Pedro, obligado a hacer lo que hacen todos los reyes de comedia, corona una pasión tan tierna y constante, a pesar de que esta generosidad no es muy conforme a su carácter histórico. Observemos de paso que la misma rivalidad entre D. Pedro *el Cruel* y Enrique de Trastamara, forma el enlace de una tragedia bastante mediana de Voltaire.» [1]

¿De dónde sacaría Lista que esta comedia carece de acción? La tiene, muy sencilla sin duda (lo cual, a los ojos de un crítico clásico, debía ser un mérito), pero muy interesante, muy bien graduada, conducida con un artificio técnico que no es la cualidad que más suele abundar en Lope. La acción consiste precisamente en la rivalidad de amor de los dos hermanos y en la heroica resistencia de D.ª Juana a los deseos del Rey; y se desenvuelve por medio de una serie de peripecias ingeniosas y hábilmente manejadas, que conducen a un desenlace natural y felicísimo. El acto primero, el que podemos llamar *de la noche de San Juan*, es una exposición magistral, al mismo tiempo que un cuadro de costumbres nacionales, de los más poéticos y sorprendentes que trazó la pluma de Lope. Es el *sueño de una noche de verano*, pero de una noche de verano en Sevilla: alegrada de músicas, perfumada de azahares, halagada por el tibio ambiente, estrepitosa con el rumor de danzas y serenatas, misteriosa con el prestigio de las supersticiones unidas a la vigilia del Precursor de Cristo. Ya Cervantes las había descrito en su comedia *Pedro de Urdemalas* (jornada primera), y sus versos no son indignos de ser recordados a par de los de Lope:

---

[1] La tragedia de Voltaire *(Don Pédre)* a que alude Lista, es la penúltima de su autor (1775). No fué representada nunca, y poéticamente nada vale; pero tiene la curiosidad de estar escrita con espíritu muy favorable a Don Pedro, a quien presenta como un Monarca *filósofo* y liberal, víctima del Clero y de la Nobleza.

294 OBRAS COMPLETAS DE MENÉNDEZ PELAYO

Niña, la que esperas
En reja o balcón,
Advierte que viene
Tu polido amor.
Noche de San Juan,
El gran Precursor...
Muéstratenos clara:
Sea en ti el albor
Tal, que perlas llueva
Sobre toda flor.
Y, en tanto que esperas
A que salga el sol,
Dirás a mi niña
En süave son:
Niña, la que esperas, etc.
Y a la que desmaya
En su pretensión,
Tenla de tu mano,
No la olvides, non.
Y díle callando,
O en erguida voz,
De modo que oiga
La imaginación:
Niña, la que esperas
En reja o balcón,
Advierte que viene
Tu polido amor.
. . . .

. . . .
A la puerta puestos
De mis amores,
Espinas y zarzas
Se vuelven flores.
El fresno escabroso
Y robusta encina,
Puestos a la puerta
Do vive mi vida,
Verán que se vuelven,
Si acaso los mira,
En matas sabeas
De sacros olores,
Y espinas y zarzas
Se vuelven flores.
Do pone la vista,
O la tierna planta,
La yerba marchita
Verde se levanta;
Los campos alegra,
Regocija el alma,
Enamora a siervos,
Rinde a señores,
Y espinas y zarzas
Se vuelven flores.

Por lo mismo que reina tan absurda preocupación contra las comedias de Cervantes entre muchos que ni siquiera las han saludado (y no excluyo de la cuenta a algunos cervantistas), pláceme llamar la atención sobre estas bellas escenas *folklóricas*, tan poéticas en sí mismas y tan curiosas para la historia de las supersticiones peninsulares. Con esa misma fiesta (transformación cristiana de la del solsticio de verano, que ya nuestros celtíberos celebraban encendiendo hogueras y saltando sobre ellas, según testimonio de Estrabón) se enlazaban otros usos raros, hoy casi perdidos. Todavía en el siglo XVI las muchachas casaderas, con el cabello suelto y el pie en una vasija de agua *clara y fría*, esperaban atentas la primera voz que sonase, y que debía traerles el nombre de su futuro esposo. En la misma comedia de Cervantes que acabamos de citar, dice Benita:

> Tus alas, ¡oh noche!, extiende
> Sobre cuantos te requiebran,
> Y a su gusto justo atiende,
> Pues dicen que te celebran
> Hasta los moros de allende.
> Yo, por conseguir mi intento,
> Los cabellos doy al viento,
> Y el pie izquierdo a una bacía
> Llena de agua clara y fría,
> Y el oído al aire atento.
> Eres, noche, tan sagrada,
> Que hasta la voz que en ti suena,
> Dicen que viene preñada
> De alguna ventura buena.

Lope sacó maravilloso partido de todas estas costumbres y creencias, oraciones y hechicerías, no sólo para dar intenso color local a su pieza, sino para traer un golpe teatral de primer orden: la contestación que el Infante Don Enrique da desde la calle al rezo de doña Juana:

DOÑA JUANA

> Hice, en efecto, este altar
> A San Juan, robé las flores
> Al jardín, y a los mayores
> Naranjos su blanco azahar.
> Trajeron de la alameda
> Los olmos que ves aquí,
> Con que la sala, por mí,
> Transformada en selva queda.
> Perfuman el aire olores,
> Y entre yerbas circunstantes,
> Al San Juan cubren diamantes,
> Los arcos fingidas flores,
> Y las que son sin violencia

Olorosa maravilla,
Porque no envidia Sevilla
Los jazmines de Valencia...
Recé, pero nunca oí,
Por más que lo supliqué,
Si ha de ser el conde Enrique
Mi esposo.

DON ENRIQUE

Señora, sí.

Así como es innegable el parentesco entre *La Estrella de Sevilla* y *La niña de plata*, también lo es el de este último drama con *Lo cierto por lo dudoso*. No sólo se asemejan en tener casi los mismos personajes (el Rey Don Pedro, el Infante Don Enrique, una dama festejada por el Infante), extendiéndose este paralelismo hasta las figuras subalternas, puesto que Teodora corresponde exactamente a Marcela; no sólo pasan una y otra comedia en Sevilla, y dentro de la particular atmósfera poética de aquella ciudad, tan bien sentida por Lope, sino que hay notable semejanza en algunas situaciones (la encamisada y la noche de San Juan, visita del Rey y del Infante juntos en *La niña de plata*, visita del Rey y escondite del Infante en *Lo cierto por lo dudoso*). Pero la variedad inagotable de Lope brilla más por lo mismo que de datos casi idénticos saca una combinación dramática nueva, y muy superior a la que antes había trazado. *La niña de plata* pertenece a la que podemos llamar su *segunda manera*, menos desordenada y novelesca que la primera, pero todavía distante del grado de reflexión y madurez que tienen las producciones de sus últimos años, una de las cuales es *Lo cierto por lo dudoso*. Lope tuvo el privilegio, muy raro en todos, rarísimo en un genio improvisador, de no perder nunca la lozanía de la imaginación y de ir ganando en arte conforme envejecía. Y no me refiero sólo a la poesía de estilo, que en algunos pasajes de esta comedia sobre todo en las endechas del primer acto, suena como arrullo de tórtola enamorada:

¿Cómo te has entrado,
Conde, de esa suerte,
Sin ver el peligro
Que tan cerca tienes?...
Mal San Juan me diste
Con venir a verme;
No fuí yo culpada
De que el Rey te viese.

¡Mal haya el galán
Que al tiempo que viene
A ver de secreto
La dama que quiere,
Ni aun su sombra trae,
Pues vemos que a veces
Por su sombra sola
El cuerpo se siente!...
El galán discreto
Avisado quede
Que la misma luna
Pueda conocerle...

Si he de verte muerto,
Más te quiero ausente;
Dichosas te gocen,
Desdichas te pierden.
Mucho se entra el día,
Ya no le detiene
La noche en su cárcel,
Sus tinieblas vence.
Vense ya los montes
De nubes y nieves
Vestidos y blancos,
Y los prados verdes;
Las flores se miran
En las claras fuentes,
Las aves les cantan
Requiebros alegres.
Ya le dice el alba
Al sol que se apreste,
Que hay medio camino
De Oriente a Poniente.
¿Qué me estás mirando?

> Conde, ¿qué me quieres?
> Vete; conde Enrique,
> Mira que amanece...

Tales escenas de amor y celos hubiera podido escribirlas Lope en cualquier tiempo de su vida, porque siempre fué gran maestro de ternezas; pero lo que no tenía en su juventud, y llega a conseguir en estas obras últimas, es el dominio y penetración de la psicología femenina, que ningún poeta de los nuestros, salvo *Tirso*, poseyó en el mismo grado. Es tal la excelencia del carácter de doña Juana, que no nos maravilla que algunos críticos hayan creído que el drama se reducía a él. Todo lo que tiene de ingenua coquetería *la niña de plata*, lo tiene de arrogante y generosa pasión, de inquebrantable constancia, la hija del Adelantado, la tierna y altiva doña Juana, que aventurando *lo cierto por lo dudoso*, rechaza la corona de Castilla que Don Pedro pone a sus plantas. [1]

---

[1] El refundidor Arellano dilató mucho el monólogo de Doña Juana contemplando la corona, y algunos de los versos que añade son realmente notables para ser de autor tan obscuro, y encajan muy bien dentro de de la situación:

> Mucho deslumbras, corona,
> Mucho puedes, mucho alcanzas,
> Muchas son tus esperanzas,
> Mucho tu valor te abona;
> Muchas dichas eslabonas
> De tu círculo al compás;
> Mucho persuadiendo estás,
> Mucho es tu poder y encanto;
> Pero no blasones tanto;
> Que hay quien puede mucho más.
> . . . .
> Sí, Enrique; no un cetro sólo
> Dejaré yo por amarte,
> Por servirte y regalarte,
> Sino cuanto alumbra Apolo;
> Hasta el contrapuesto polo,
> Arrestada a todo caso,

Esta comedia apenas puede llamarse histórica más que por los nombres del Rey y del conde de Trastamara. [1] Don Pedro hace en ella el papel poco lucido de amante desdeñado y burlado; pero en el desenlace nada tiene de cruel, ni siquiera de vindicativo; al contrario, se porta con magnanimidad muy loable, perdonando el engaño y hasta la burla. Sin embargo, quedan lanzadas las semillas del odio entre los dos hermanos, que en *La niña de plata* todavía se mostraban tan bien avenidos. [2]

XLII.—EL MÉDICO DE SU HONRA

No sé si los admiradores incondicionales de Calderón me agradecerán mucho la exhumación de esta rarísima pieza de Lope; pues aunque ya Schack [3] y Schaeffer [4] dieron noticia de

---

Verás que sigo tu paso
Y los peligros no temo,
Porque en tus ojos me quemo
Y en tus amores me abraso.

También estos dos últimos versos tan apasionados se los atribuye Lista a Lope. Merecían serlo, pero la verdad es que son de D. Vicente Rodríguez de Arellano. *Suum cuique.*

1 El nombre de la dama recuerda el de doña Juana Manuel, que fué esposa de Don Enrique. La rivalidad de amor entre los dos hermanos es pura invención del poeta, pero la han repetido algunos autores modernos, tales como D. José Joaquín de Mora en sus *Leyendas españolas* (1838) y D. Pedro Sabater en su drama *Don Enrique el Bastardo,* representado en Valencia en 1839.

También Voltaire, que seguramente no había leído *Lo cierto por lo dudoso,* supone a Don Pedro y a Don Enrique enamorados de una doña Leonor de la Cerda; pero el Rey es el preferido y el Conde el desdeñado, dándose muerte doña Leonor por no caer en sus manos.

2 Los principales críticos de esta comedia, además de los citados en el texto, han sido Vieil-Castel (I, 78-87) y Klein (X, 381-394).

3 En el *apéndice* a su *Historia de la Literatura dramática,* publicado en 1854 (páginas 82 a 85).

4 *Geschichte des spanischen national Dramas,* II, 3-7.

ella, haciendo notar que había servido de original a uno de los más célebres dramas trágicos de aquel preclaro ingenio, tal noticia, como encerrada en libros alemanes, ha corrido muy poco en España. El hecho, sin embargo, es indudable, como se evidencia por la comparación de las dos comedias, publicada la de Lope en 1633 en una *Parte 27*, de Barcelona (de las llamadas *extravagantes* o de fuera de Madrid), de la cual sólo se conoce un ejemplar incompleto en la Biblioteca Nacional, procedente de la de Osuna, y dada a luz la de Calderón en 1637, en la *Segunda parte* de sus comedias, recogidas por su hermano D. José.

Presentes tendrá el lector ,y fuera superfluo repetir, los justos y aun extremados loores que la crítica de nacionales y extranjeros ha tributado a *El médico de su honra*, de Calderón, llegando algunos, como Lista, a parangonarle con el *Otelo* de Shakespeare (comparación que más bien le abruma que le enaltece, porque los celos de Otelo son humanos y los de D. Gutierre Alfonso de Solís bárbaros y sofísticos); calificándole otros, como Schack, de «una de las creaciones más extraordinarias que pueden encontrarse en los vastos dominios de la poesía, a pesar de lo horrible y repugnante del argumento». Nadie puede dudar que *El médico de su honra*, tal como está impreso en el Teatro de Calderón, es una obra en que el terror trágico llega a su colmo, y en que la vida poética es tan intensa, que llega a hacer tolerable hasta la atrocidad de la catástrofe. Añádase a esto el arte maravilloso y nunca fallido de Calderón en lo que toca al plan y combinación de la fábula, en lo que sus contemporáneos llamaban las *trazas* y la prenda más rara en él (aunque suele encontrarse en las obras de su juventud, como lo es ésta), de un diálogo *relativamente* natural, a la vez que enérgico, y de un estilo bastante limpio de las hojarascas y del amaneramiento barroco en que cayó después.

Pero aquel gran poeta, que como artista puramente dramático, como maestro en la técnica teatral, apenas tiene rivales en el mundo, no poseyó en tan alto grado, como otros dones, el de la originalidad; y aunque su genio lo transforma todo, y nunca sus imitaciones pueden calificarse de serviles rapsodias, como lo son algunas de las de Moreto, es cierto, sin embargo, que no sólo aprovechó escenas aisladas y trozos de diálogos, a veces larguísimos, y por de contado situaciones y recursos ya empleados por sus predecesores, sino hasta la armazón y la estructura de piezas enteras. Tal acontece con *El médico de su honra*, refundición admirable y sublime, pero refundición al cabo, de una imperfecta comedia de Lope, que, como otras muchas, ha llegado a nosotros en un texto mutilado y estragadísimo, cuyos groseros y evidentes yerros es imposible achacar al poeta, aunque no siempre vea la crítica modo de subsanarlos. Una breve comparación entre ambas comedias, mostrará hasta qué punto la segunda va siguiendo la marcha de la primera.

Los personajes son casi los mismos, y por de contado figuran en primer término el Rey Don Pedro y el Infante Don Enrique; pero en Lope la mujer se llama *doña Mayor* y el marido *D. Jacinto Ribera*. Calderón ha cambiado estos nombres, algo vulgares, por los más eufónicos y caballerescos de doña Mencía de Acuña y D. Gutierre Alfonso de Solís. Pero, como más adelante veremos, ya esta sustitución había sido hecha por Andrés de Claramonte, y quizá se funda en alguna leyenda, hoy desconocida. La escena pasa en Sevilla y sus cercanías, lo mismo en la una que en la otra comedia.

La excelente exposición del primer acto, cuando Don Enrique cae del caballo y es recogido en la quinta de D. Gutierre, es idéntica en ambas obras. Calderón ha suprimido los celos que doña Mayor tiene de su esposo, quizá porque no quiso empañar la perfección de su heroína ni siquiera con esta sombra. Además la presencia de D. Gutierre desde el primer momento en que llega el herido a su casa, produce un grado de concentración dramática mayor que en la obra de Lope, donde el marido tarda en volver de Sevilla. Hay otras leves modificaciones, también de excelente efecto. En la comedia de Lope, doña Mayor misma es la que hablando con su criado, nos informa de las antiguas pretensiones amorosas del Infante. En Calderón se suprime esta conversación preliminar; el encuentro de los antiguos amantes nos coge de nuevas y nos sorprende como súbito relámpago. Todas estas escenas están superiormente desempeñadas por el segundo poeta. No hay rastro en la obra del primero del diálogo delicadísimo entre los dos esposos, después que se aleja el Infante; ni de aquella valiente exclamación de doña Mencía:

> Tuve amor y tengo honor:
> Esto es cuanto sé de mí.

La segunda parte de este acto pasa, en una y otra comedia, en el alcázar de Sevilla. La antigua novia del D. Jacinto o D. Gutierre, que viene a querellarse al Rey por la palabra y cédula de matrimonio no cumplidas, en Lope se llama doña Margarita Osorio; en Calderón, *doña Leonor*, sin apellido. En la comedia del primero habla en romance; en la del segundo en octavas reales; en una y otra con énfasis lírico, impropio de la situación. La respuesta de Don Pedro, en Calderón, es más grave y menos arrebatada que en Lope; y más conforme al carácter, ya cristalizado en su tiempo, del Rey justiciero: [1]

> Oigamos a la otra parte
> Disculpas suyas; que es bien
> Guardar el segundo oído
> Para quien llegue después;
> Y fiad, Leonor, de mí,
> Que vuestra causa veré
> De suerte, que no os obligue
> A que digáis otra vez
> Que sois pobre, él poderoso,
> Siendo yo en Castilla Rey.

---

[1] El Don Pedro rondador de noche por amor a la justicia, aparece por primera vez (según creo) en esta comedia de Lope (acto III):

DON ÁLVARO

¡Bizarra noche!

DON PEDRO

Parece
Que para **mi pretensión**,
Álvaro, en esta ocasión

Por lo demás, Calderón no deja perder nada de este acto, ni siquiera el diálogo del gracioso con el Rey. Todo vuelve a escribirlo con distintas palabras, pero siguiendo la misma pauta. Hay pocas refundiciones tan fieles como ésta al sentido del original y al mismo tiempo tan apartadas de él en la expresión. El que quiera convencerse de que Calderón no era el genio indómito y desbocado que soñaron los románticos, sino, al contrario, un espíritu muy reflexivo, un gran conocedor de las tablas, un poeta de hábitos que pudiéramos llamar clásicos dentro del fecundo desorden de nuestra dramaturgia, no tiene más que fijarse en esta extraña pieza, calcada sobre otra con escrupulosidad casi nimia, pero mejorada siempre con una porción de toques y reparos exquisitos, que más que del arte de Calderón, según la idea que vulgarmente se tiene de él, parecen del arte lamido y refinado de Moratín y de Tamayo. Un hombre *del oficio* puede y debe entusiasmarse con el segundo *Médico de su honra*, porque quizá no se ha visto en el mundo perfeccionamiento igual de una invención totalmente ajena. Este cuidado se reconoce hasta en los pormenores más nimios: el D. Jacinto Ribera contesta al Rey

------

De pardas sombras se ofrece.
    Siempre que salgo a rondar,
Quisiera que así estuviera,
Porque sin riesgo pudiera
Mis delitos escuchar.

    El juez más verdadero
Es, D. Álvaro, de un rey,
Sin eximir de la ley,
El vulgo terrible y fiero.

    ¡Qué bien delitos relata!
¡Qué sin rebozo los dice!
¡Qué a su salvo los maldice
Y qué sin riesgo los trata!

    Así, por expresa ley
Se había de disfrazar,
Para poder escuchar
Su bien o su mal, el Rey.

en tono agrio e insolente cuando le interroga sobre las quejas de Margarita; por el contrario, las palabras de D. Gutierre son modelo de discreción y mesura, no menos que de noble dignidad y estimación de sí propio. El primero da por ocasión de su celosa sospecha haber visto a un caballero en el estrado de su dama; el segundo dice que le vió bajar por el balcón, amparado de las sombras de la noche.

Pero no hay idea, intención ni movimiento en el drama de Calderón que no esté en Lope; sólo la forma varía. Fácil es comprobarlo en los dos actos siguientes. Las escenas del jardín son en sustancia las mismas; pero Calderón añadió deliciosos pormenores: el sueño de doña Mencía, el cantar de la doncella Teodora, todo lo cual hace mayor el prestigio romántico. Tampoco en el diálogo, generalmente hablando, cabe comparación, si bien el buen gusto puede hacer algunas salvedades respecto de aquella *garza* que con remontarse tanto y ser

> Rayo de pluma sin lumbre,
> Ave de fuego con alma,
> Con instinto alada nube,
> Pardo cometa sin fuego,

nos hace echar de menos la poética espontaneidad de algunos rasgos de Lope:

> ¡De noche, a las rejas frías,
> Mis suspiros escuchabas!

Calderón se complace en desarrollar lo que su maestro apunta. Son los monólogos la forma poética más propia de un marido celoso; los secretos de honor no se confían a nadie:

> ¡Ay, honor, mucho tenemos
> Que hablar a solas los dos!

Calderón multiplica, pues, los monólogos, tanto en esta pieza como en *A secreto agravio*, siguiendo el ejemplo que ya había dado en *El celoso prudente* el maestro *Tirso de Molina*. Tres soliloquios hay también en Lope, y a la verdad poco felices. En su obra la acción camina demasiado rápidamente: *festinat ad eventum;* nada falta en su comedia de lo que material y exteriormente hay en la de Calderón, pero falta mucho de lo que es el alma poética de la pieza, su vida interior, el conflicto de pasiones, que en Lope hay que adivinar, y que Calderón interpreta y razona con inflexible lógica dramática. El diálogo nocturno de D. Gutierre con su esposa, es el gran triunfo del segundo poeta; imitar de este modo, vale tanto o más que inventar. Cuando D. Gutierre salta por las tapias del jardín, no es menester que aparezca, como D. Jacinto, con «el sombrero y la capa caída y el pecho lleno de tierra». El valor de la situación no depende de estos accesorios de un realismo grosero, sino del torrente de elocuencia trágica que brota de sus labios.

En el tercer acto, *obra magistral y perfecta*, según dictamen de Schack, Calderón sigue todavía más de cerca el texto de Lope. A éste pertenece, por tanto, la feliz invención del fatídico puñal de Don Enrique, con que Don Pedro se corta impensadamente la mano; [1] y le pertenecen totalmente las escenas de la catástrofe, en que Calderón no ha hecho más que atenuar la barbarie de algunos pormenores demasiado quirúrgicos que había en la relación del sangrador. Para no prolongar más un cotejo tan fácil como enojoso, bastará fijarnos en el desenlace, presentando juntos ambos textos:

---

[1]   No sé qué agüero he tenido
          De ver que instrumento ha sido
          Enrique de haber así
          Mi sangre yo derramado...

En la comedia *Audiencias del rey D. Pedro* (acto III) se repite el mismo presagio:

          Este es el puñal cruel
          Que en sueños anoche vi;
          De Enrique el golpe temí
          En la fuerza de Montiel.

Dice el Rey a D. Jacinto en la comedia de Lope:

Tú estás libre; a Margarita
Debes, don Jacinto, su honra,
Pues llega a serlo entre nobles
Las palabras sin las obras.
Aquí la encontré; ya digo
Que es prevención milagrosa:
Al punto le la dad mano.

DON JACINTO

Mira, señor...

REY

       Tú me enojas
Si replicas.

DON JACINTO

      Gran señor,
Justo es que yo tema cosa
En que mil peligros veo,
Porque hay mujer que a deshora,
Teniendo el galán en casa,
Con palabras amorosas
Engaña al marido, y luego
Toda la casa alborota;
Y apagando ella la luz,
Viendo que está su persona
En peligro, por delante
De su esposo, presurosa
Saca al galán, el cual deja,
Con el temor que le acosa,
En el suelo aquesta daga.

REY

Cuando cosa tan notoria
Suceda, pensar que ha sido
De alguna criada loca
Amante, o que ha sido engaño.

Dice D. Gutierre en la de Calderón:

Gutierre, menester es
Consuelo; y porque le haya
En pérdida que es tan grande
Con otra tanta ganancia,
Dadle la mano a Leonor;
Que es tiempo que satisfaga
Vuestro valor lo que debe,
Y yo cumpla la palabra
De volver en la ocasión
Por su valor y su fama.

DON GUTIERRE

Señor, si de tanto fuego
Aun las cenizas se hallan
Calientes, dadme lugar
Para que llore mis ansias.
¿No queréis que escarmentado
Quede?

REY

Esto ha de ser, y basta.

DON GUTIERRE

Señor, ¿queréis que otra vez,
No libre de la borrasca,
Vuelva al mar? ¿Con qué disculpa?

REY

Con que vuestro Rey lo manda.

DON GUTIERRE

¡Señor, escuchad aparte
Disculpas!

REY

      Son excusadas.
¿Cuáles son?

Don Jacinto

¿Y si después, con celosas
Pasiones, el tal marido
Viniese, entrando a deshora
Por las tapias de su casa,
Y hallando a su mujer sola,
Durmiendo sobre una silla,
Y con traza cautelosa,
Él, apagando las luces,
Con fingida voz y sorda,
Se llegase a su mujer,
Diciendo que era el que en otras
Ocasiones la venía
A ver; y ella, temerosa,
Su nombre le declarase,
Sin que a su recato oponga
Más intervalos que el miedo,
El asalto y las congojas
De que venga su marido?

Rey

Pensar que es sólo engañosa
Ilusión del sueño vano...

Don Jacinto

Señor, y si el tal marido
Viniendo hallara a su esposa
Escribiendo este papel
Con razones amorosas
A su galán, ¿qué remedio?

Rey

Jacinto, a tanta deshonra,
Tan pública y tan notoria,
Un remedio de los vuestros.

Don Jacinto

¿Mío, señor? ¡Notable cosa!
Y ¿cuál es?

Don Gutierre

¿Si vuelvo a verme
En desdichas tan extrañas,
Que de noche halle embozado
A vuestro hermano en mi casa...

Rey

No dar crédito a sospechas.

Don Gutierre

¿Y si detrás de mi cama
Hallase tal vez, señor,
De don Enrique la daga?

Rey

Presumir que hay en el mundo
Mil sobornadas criadas,
Y apelar a la cordura.

Don Gutierre

A veces, señor, no basta.
¿Si veo rondar después
De noche y día mi casa?

Rey

Quejárseme a mí.

Don Gutierre

            ¿Y si cuando
Llego a quejarme, me aguarda
Mayor desdicha escuchando?

Rey

Qué importa, si él desengaña,
Que fué siempre su hermosura
Una constante muralla
De los vientos defendida?

Don Gutierre

¿Y si volviendo a mi casa
Hallo algún papel que pide
Que el Infante no se vaya?

REY

¿Cuál es? Sangrarla.

REY

Para todo habrá remedio.

DON GUTIERRE

¿Posible es que a esto le haya?

REY

Sí, Gutierre.

DON GUTIERRE

¿Cuál, señor?

REY

Uno vuestro.

DON GUTIERRE

¿Qué es?

REY

Sangrarla.

Pero aun en este caso, en que la adaptación es casi literal, observamos que Calderón ha añadido dos rasgos de sublime barbarie, uno en boca de D. Gutierre, otro de su nueva esposa Leonor:

DON GUTIERRE

¿Qué decís?

REY

Que hagáis borrar
Las puertas de vuestra casa;
Que hay mano sangrienta en ellas.

DON GUTIERRE

Los que de un oficio tratan
Ponen, señor, a las puertas
Un escudo de sus armas;
Trato en honor, y así, pongo
Mi mano en sangre bañada
A la puerta; que el honor,
Con sangre, señor, se lava.

Rey

Dádsela, pues, a Leonor;
Que yo sé que su alabanza
La merece.

Don Gutierre

Sí la doy.
Mas mira que va bañada
En sangre, Leonor.

Leonor

No importa;
Que no me admira ni espanta.

En suma, Calderón, que quizá no era tan gran poeta como Lope (o que lo era de una especie muy diversa), y que seguramente hubiera quedado deslucido poniéndose a luchar con las obras suyas verdaderamente geniales e inspiradas, tuvo el buen acuerdo de elegir para sus incursiones en el inmenso repertorio de su predecesor, obras que, como *El alcalde de Zalamea* y *El médico de su honra*, eran de las más admirables en el pensamiento y de las más informes y desaliñadas en la ejecución; seguramente de aquellas que *en horas veinticuatro pasaron de las musas al teatro*, y que, además, habían tenido la desgracia de ser abandonadas por su propio autor a la torpeza y la codicia de faranduleros y tipógrafos de mogollón, con lo cual andaban impresas de tal suerte, que ya ni de Lope parecían, y era preciso volverlas a escribir para darles en acto la inmortalidad que sólo tenían en potencia. Claro es que, dentro de la moral literaria vigente ahora, no se conciben ni toleran tan descaradas, aunque benéficas, intrusiones en la propiedad ajena, pero en el siglo XVII eran corrientes; y el mismo candor con que tan grandes ingenios las cometían, prueba que consideraban el Teatro como un patrimonio nacional, como una especie de propiedad colectiva, no tan anónima como lo habían sido las gestas y los romances, pero todavía bastante próxima a las condiciones impersonales de la poesía épica.

Calderón mejoró, pues, extraordinariamente la comedia de

El médico de su honra, pero comenzando por apropiársela íntegra.
Y en esta refundición no sólo tuvo presente a Lope, sino también
a otro autor de vuelo mucho más bajo, al famoso representante
y gran remendón literario *Andrés de Claramonte,* en su comedia
Deste agua no beberé, inserta desde 1630 en una *Segunda parte
de comedias nuevas de Lope de Vega y otros autores,* tomo de los
llamados *extravagantes,* que en confuso tropel salían de las pren-
sas de Barcelona y otras ciudades de fuera de Castilla. De Claramonte tomó Calderón los nombres de D. Gutierre Alfonso de
Solís y de doña Mencía de Acuña. Su comedia es el más extraño
centón que puede imaginarse; parece que Claramonte zurció retazos de las comedias más en boga, sin preocuparse de la unidad
del conjunto. No sólo hay reminiscencias de *El médico de su honra,*
sino de *La fuerza lastimosa,* [1] de *El burlador de Sevilla,* [2] de *El
Rey Don Pedro en Madrid.* [3] La acción, extraordinariamente desordenada, llega hasta los campos de Montiel, y en toda ella se
prodigan mucho las sombras y apariciones fantásticas. No interviene en esta comedia Don Enrique, y el enamorado de doña
Mencía es el propio Rey Don Pedro, que en los dos primeros
actos se muestra como un tirano brutal y sanguinario, no tem-
plándose su fiera condición hasta el grotesco desenlace en que el
arrepentido Monarca corona de laurel a D. Gutierre y de flores
a su esposa.

No sabemos en qué fecha, pero probablemente después de
Claramonte y antes de Calderón, hizo una notable imitación de
El médico de su honra el judaizante Antonio Enríquez Gómez,
en su comedia *A lo que obliga el honor,* impresa en Burdeos, 1642,
formando parte de su libro *Academias morales de las Musas.* [4]

---

[1] Don Pedro, que aquí está presentado como un tirano feroz, manda
a D. Gutierre matar a su mujer.

[2] Me lo persuaden los nombres de *Tisbea* y de *D. Diego Tenorio.*

[3] Toda la parte sobrenatural de la comedia.

[4] Hay un buen estudio sobre ella y, en general, sobre las obras de
Enríquez, en el libro de Amador de los Ríos *Estudios históricos, políticos y literarios sobre los judíos de España* (Madrid, 1848), páginas 569-607.

Aquí los esposos se llaman D. Enrique de Saldaña y doña Elvira de Liarte; la acción pasa en el reinado de Alfonso XI, y el servidor de la dama es el Príncipe, luego Rey Don Pedro, a quien anacrónicamente se supone ya en tratos amorosos con doña María de Padilla. Las situaciones son casi las mismas, pero el final es diverso, muriendo doña Elvira, no de una sangría suelta, sino precipitada de una roca por su marido en una cacería en Sierra Morena. La trama está bien combinada, y la locución es pulida y conceptuosa.

El médico de su honra que actualmente se representa, es el de Calderón, levemente refundido por D. Juan Eugenio Hartzenbusch.

XLIII.—Audiencias del Rey Don Pedro

Tengo verdadera satisfacción en publicar por primera vez esta notable comedia, que ha llegado a nosotros en un solo manuscrito anónimo y sin fecha, perteneciente antes a la Biblioteca de Osuna y hoy a la Nacional. Consta el manuscrito de 53 hojas sin foliatura. No es autógrafo, sino copia de teatro, con muchos versos atajados sin duda para abreviar la representación. Schack, que fué el primer crítico que se hizo cargo de esta comedia, la declaró desde luego obra auténtica de Lope y una de las mejores. Basta leerla, en efecto, para reconocer todos los caracteres de su estilo. En lo que no seré tan afirmativo como el erudito alemán, es en el puesto que asigna a esta obra, que es, ciertamente, de las buenas, pero no de las mejores de Lope, y que, sin salir del ciclo de las concernientes al Rey Don Pedro, queda grandemente eclipsada por la de *El Infanzón de Illescas*, con la cual tiene algunos puntos de contacto.

El principal defecto de esta comedia consiste en que el carácter de Don Pedro y sus *audiencias*, que debían ser lo culminante en ella, según la promesa del título, no aparecen más que episódicamente y mezcladas con una intriga amorosa que no carece de interés en sí misma, pero en la cual el Rey no tiene la menor intervención hasta el fin. Es, sin embargo, la más antigua de las comedias castellanas en que este aspecto tradicional de la figura de Don Pedro, el de sus *justicias* y fallos, *ex aequo et bono*, está presentado con especial ahinco. Esta tradición, que principalmente arraigó en Sevilla, no es de origen meramente poético. Graves arqueólogos del siglo XVII, como Rodrigo Caro, la consignan con circunstancias locales dignas de atención:

«Cerca de la que ahora es puerta principal del Alcázar—dice Ortiz de Zúñiga—estaba un trono elevado sobre gradas, en que el rey D. Pedro daba públicas audiencias a su pueblo. Era todo —dice el doctor Rodrigo Caro—fabricado de cantería, arrimado a la muralla, sobre gradas altas de buena proporción, y encima estaba una silla labrada de piedra, con su cubierta sobre cuatro columnas, y este tribunal permaneció así muchos años.» [1] Todavía en el siglo pasado el viajero D. Antonio Ponz asegura haber visto en pie una de las columnas de aquel tribunal.

Entre estos juicios, que Próspero Merimée [2] discretamente asimila con los que se atribuyen a los sultanes de Oriente en las novelas árabes, hay uno que, por sus especiales circunstancias y por haber tenido notable desarrollo poético en obras posteriores, requiere alguna más particular explanación. Es el del *zapatero* y el *prebendado*, que ciertamente Lope no inventó, pero que aparece por primera vez (que sepamos) en el acto tercero de esta comedia:

> Un prebendado sacó
> De mi casa a mi mujer;
> Mandó el Arzobispo ayer,
> Que del caso se informó,
>   Que en seis meses no dijera
> Misa, ni a la iglesia fuese,
> Que cierta limosna diese
> Y que a su casa se fuera.

---

[1]   Ortiz de Zúñiga, *Anales de Sevilla*, tomo II de la edición del siglo pasado, pág. 165.

[2]   *Histoire de Don Pèdre I, roi de Castilla* (edición de 1874), pág. 122.

> Mis afrentas prosiguió,
> Y viendo el remedio incierto,
> Junto a su casa le he muerto,
> Con que mi agravio pagó.
>   Pude escaparme, y después
> Vengo, señor poderoso,
> Afligido y temeroso,
> Al sagrado de tus pies.

Don Pedro, aplicando la ley del talión, condena al zapatero querellante a no hacer zapatos en seis meses, y todos se quedan absortos de la prudencia y discreción del juzgador.

El Teatro contribuyó a la difusión de esta conseja, pero no es cierto que la crease, puesto que el concienzudo analista de Sevilla D. Diego Ortiz de Zúñiga la recogió de la tradición, oral a fines del mismo siglo XVII, y aun procuró dar de ella una explicación histórica bastante satisfactoria:

«Añadió el Rey este año de 1354 el ordenamiento que a esta ciudad había dado el de 1351, de que mucha parte se lee en el volumen de las Ordenanzas impresas, y en que se refieren muchos insultos que se cometían por eclesiásticos que faltaban a la obligación de su estado: *«con armas*—dice—*devedadas no temiendo a* »*Dios, ni catando ni guardando su estado»*, de que se ocasionaba que los seglares se provocaban a venganzas por el mismo modo *«por cuanto*—prosigue—*los jueces de la Iglesia no les dan pena* »*ni escarmiento por ello»*; y concluye: *«Por ende, establezco y ordeno* »*por ley que cualquiera ome lego que de aquí adelante matare o firie-* »*re o deshonrare a algún clérigo, o le ficiere algún otro mal en su* »*persona o en sus cosas, que aya otra tal pena qual habría el clé-* »*rigo que tal maleficio ficiese al lego, y que los mis alcaldes, ante* »*quien fuere el pleito, que tal pena le den y no otra alguna.»* Dice luego que así pensaba que se excusarían las venganzas que ocasionaban a los legos los defectos de penas en los eclesiásticos que los agraviaban, y remata por esta ley: *«No es mi intento ir* »*contra las libertades de la Iglesia, ni quitar sacrilegio ni desco-* »*munión al lego que matare o firiere o ficiere mal alguno al clérigo,* »*según mandan los derechos.»* Lo cual he referido por otro suceso que de esta ciudad y de este mismo tiempo se cuenta entre los notables de este Rey. Que habiendo un prebendado hecho grave ofensa a un zapatero, no experimentó más pena que suspenderlo por algún tiempo de la asistencia a su iglesia y culto; mas ofendido el oficial, tomó pública satisfacción ocurriendo al Rey, quien lo sentenció a que en un año no hiciese su oficio, que con lo expresado en la ley referida tiene bastante conexión, si acaso a ello no dió motivo.» [1]

Ésta y otras anécdotas de nuestro Rey de Castilla, fueron atribuídas también por la voz popular a su homónimo y coetáneo Don Pedro de Portugal, tirano, a ratos benéfico, y a ratos sanguinario e insensato como él, y no menos célebre por sus extravagantes y rápidas justicias, que más de una vez ejecutó por su propia mano, para lo cual solía ir armado de un formidable azote o vergajo. No sé a punto fijo cuál fuese el primer autor que divulgó a nombre del Monarca portugués este cuento, no consignado en la *Crónica* de Fernán Lopes, aunque no falten en ella casos muy semejantes. Donde por primera vez le he leído es en la *Europa portuguesa* del bueno de Manuel de Faría y Sousa, que ingenuamente compara tal juicio con los más sabios del Rey Salomón. Hay algunas variantes en esta versión. El clérigo no aparece culpable de adulterio, sino de asesinato; el matador, que ejecuta su acción por orden del Rey, es un cantero o albañil, de quien no se dice que tuviese parentesco alguno con el muerto. La sentencia arbitral es la misma. [2]

Pero sea lo que quiera del origen y fundamento histórico de

---

[1] *Anales de Sevilla* (segunda edición), tomo II, pág. 137.

[2] *Europa Portuguesa. Segunda edición, correcta, ilustrada y añadida en tantos lugares y con tantas ventajas, que es labor nueva. Por su autor. Manuel Faria y Sousa. Tomo II. Lisboa,* 1679; pág. 185. Don Pedro Ascargorta, en el estimable compendio de *Historia de España*, que añadió a la *Historia Universal*, de Anquetil, traducida por el P. Vázquez (tomo XVII; Madrid, 1807; pág. 101), supone que el asesino del clérigo era hijo del albañil a quien aquél había dado muerte en un movimiento de cólera.

esta anécdota (que probablemente no tendrá ninguno, a no ser
el que discretamente apuntó Ortiz de Zúñiga), es lo cierto que
Don Pedro de Castilla, personaje mucho más trágico y solemne
que el de Portugal (cuya figura puede decirse que es una reducción
de la suya), tuvo virtud de atraer a su persona todas esas historias, y se alzó, por antonomasia, entre los monarcas de su siglo,
con el dictado, tan elástico entonces, de *justiciero*, que más propiamente diríamos ejecutor y cumplidor de las venganzas populares. Así aparece en una notabilísima comedia de fines del
siglo XVII, *El montañés Juan Pascual y primer Asistente de Sevilla*,
que lleva el nombre de D. Juan de la Hoz y Mota, y que en buena
parte sirvió de modelo para *El Zapatero y el Rey*, de Zorrilla.
Pero basta leer esta comedia para sospechar que, como casi todas
las de Hoz y Mota y demás dramaturgos del tiempo de Carlos II,
tiene que ser refundición de un original más antiguo. Las buenas
cosas que en este drama hay, la penetración histórica y el nervio
y la sencillez relativa de algunas situaciones (contrastando con
el amaneramiento de otras, en que se reconoce la mano del refundidor), no pueden pertenecer a un autor de extrema decadencia
como D. Juan de la Hoz. Esta pieza *sabe a Lope* en muchas escenas, que recuerdan(aunque, naturalmente, con desventaja) otras
de *El villano en su rincón* y de *El Infanzón de Illescas*. Hay otro
indicio, que por primera vez ha notado el señor Lomba y Pedraja
en su precioso estudio acerca de *El Rey Don Pedro en el teatro*.
El nombre del asistente de Sevilla, Juan Pascual, que es de pura
invención poética, está ya mencionado dos veces en las *Audiencias del Rey Don Pedro*, como si se tratase de una persona familiar
a los espectadores por otra comedia anterior:

> A *Juan Pascual*, Asistente,
> Dió cuenta de esta desgracia
> Funes . . . .
> *Juan Pascual*, vuestro Asistente,
> Hallando a Leonardo muerto,
> Y sabiendo el desafío,
> Prendió, señor, a don Diego...

Pero, sea Hoz y Mota autor original de *El montañés Juan Pascual*, sea mero refundidor (como yo firmemente creo) de una comedia de Lope, hoy perdida o extraviada, lo que ahora nos importa es que en los actos primero y segundo de esta comedia se pone en acción el lance del zapatero y el prebendado, si bien con la atenuación (muy propia del tiempo en que Hoz escribía), de convertir a este último en organista, con lo cual queda en duda si había pasado o no de las órdenes menores, y se salvan mejor los respetos debidos al estado eclesiástico:

> De la iglesia el organista,
> Por ser más rico, o por ser
> Ordenado, a mi mujer
> Solicitaba a mi vista.
>
>   Soy un pobre zapatero;
> Pero no fuera razón
> Que nadie de mi opinión
> Juzgue que infamia tolero.
>
>   Yo, aunque el lance era cruel,
> Antes que adelante pase,
> Para que le castigase
> Di cuenta a su juez; mas él,
>
>   Como si así remediara
> De mi deshonor el daño,
> Le condena a que en un año
> El órgano no tocara.
>
>   Él, que así vió despreciar
> Mi queja, dió en ser molesto,
> Pues para su fin, con esto
> Tenía ya más lugar.
>
>   Yo, a quien el punto desvela,
> Mirando tal injusticia,
> Di en ser con mucha malicia
> De mi casa centinela.
>
>   Y un día que entré avisado,
> Y juntos los encontré,
> A ella, señor, la maté,
> Y salí tras él airado.
>
>   Por pies se llegó a escapar,
> Que es un ave un delincuente,

> Y aunque he andado diligente,
> Hasta hoy no le pude hallar.
>   La vida le quité osado;
> La mía aquí te presento,
> Pues yo moriré contento
> De ver mi agravio vengado.

La poesía romántica se apoderó de este argumento, conocido principalmente por la comedia de D. Juan de la Hoz; y ya de propósito, como Zorilla, no sólo en el drama antes citado (que para mi gusto es el mejor de los suyos), sino en su leyenda *Justicias del Rey Don Pedro*, imitada por el P. Arolas en la suya de *El zapatero de Sevilla;* ya por incidencia en obras de diverso argumento, ora dramáticas, como *La vieja del candilejo*, de tres autores; [1] ora novelescas, como *El Príncipe negro en España*, compuesto en inglés por el santanderino Trueba y Cosío, y *Men Rodríguez de Sanabria*, uno de los partos menos deformes de la fecunda y desenfrenada fantasía de D. Manuel Fernández y González, se procuró dar novedad al tema mezclándole con otros recuerdos históricos y otras leyendas, o dilatándole con peregrinos y complicados embrollos, en que el zapatero, adquiriendo proporciones épicas, se convierte en el más fiel confidente y servidor de Don Pedro, y le acompaña hasta la catástrofe de Montiel.

Pero todo esto, aunque muy ingenioso, nada tiene que ver con la poesía antigua, que es de la que ahora únicamente tratamos. Lo que puede haber de legendario en la comedia de Lope *Audiencias del Rey Don Pedro*, es únicamente lo que va apuntado. Lo que hay de histórico, aunque muy extrañamente adulterado, son dos relaciones, una del cautiverio del Rey Don Pedro en Toro, otra

---

1 Dos de ellos, D. Gregorio Romero Larrañaga y D. Francisco González Elipe. El tercero ocultó su nombre con las iniciales *J. M. M.* (¿acaso don José María Montoto, autor de una estimable y curiosa *Historia del Rey Don Pedro*, publicada casi simultáneamente con la de Mérimée?). El drama es de 1838. Procede, en parte, de *El montañés Juan Pascual*, y en parte de un hermoso romance del Duque de Rivas.

de la muerte del Rey Bermejo en Sevilla, fundadas, no en la *Crónica* de Ayala, sino en aquella compilación manuscrita que Zurita llamó *Abreviación de las historias de Castilla;* que otros han llamado *Crónica de D. Gonzalo de la Hinojosa continuada por un anónimo;* pero cuyo nombre más propio, según recientes y doctísimas investigaciones de D. Ramón Menéndez Pidal, debe ser el de *Cuarta Crónica general.*

En la primera de estas antihistóricas narraciones, se supone que por ser el Rey tan niño cuando falleció su padre, se apoderó del gobierno su hermano el conde D. Enrique, y se hace durar nada menos que *cuatro años* el cautiverio de Don Pedro en Toro. En los pormenores de la evasión difiere completamente de Ayala, que la atribuye al tesorero Simuel Leví; acepta la versión, probablemente antigua y popular, que la suponía realizada mediante un concierto con D. Tello: especie nada inverosímil, dada la extraña benignidad con que luego trató Don Pedro a este bastardo, a pesar de sus continuas veleidades políticas y de las numerosas conspiraciones en que tomó parte contra él. El texto de la extraña compilación que antes mencionamos, va al pie de estas páginas, y fácil es cotejarle con el de la comedia. [1]

---

[1]   *Colección de documentos inéditos para la Historia de España,* tomo CVI. Madrid, 1893. Pág. 69, cap. CCL:

«*De cómo reynó el Rey Don Pedro, e de las cosas que fizo en su tiempo.*
»Después que así finó este rey don Alonso, fué alzado por rey el rey don Pedro, su fijo legítimo... E estovieron él e los dichos sus hermanos bastardos que ovo este rey don Alonso de travieso en doña Leonor de Guzmán, su barragana, los cuales fueron don Enrique, e don Fadrique, e don Tello, e don Juan, en mucha paz e sosiego, e anduuieron por los reynos de Castilla e de León sosegando e pacificando el reyno, e aviendo muchos placeres e deportes fasta tanto que el rey don Pedro fué a la cibdat de León; e a la entrada que entraba, vido en los palacios de vn caballero, que se decía Diego Fernández de Quiñones, vn grand cavallero de la cibdat, vna doncella, su parienta deste cavallero, que se decía doña María de Padilla, la cual era la más apuesta doncella que por estonces se fallaba en el mundo. E el rey cuando la vido, como era mancebo de edat de fasta diez e siete años, enamoróse mucho della e non pudo estar

Todavía se aleja más de la verdad, en sentido favorable a Don Pedro (y eso que se trata de uno de los actos más negros de

---

en sí fasta que la ovo, e durmió con ella. E tan grand fué el amor que con ella puso, que non presciaba a sus hermanos, nin a la reyna doña María, su madre, mujer del noble rey don Alonso, nin les facía las honras e fiestas que de antes les solía facer, de lo cual todos ovieron mucho enojo e sentimiento...»

Prosigue refiriendo la historia del casamiento con Doña Blanca de Borbón, la defección de D. Juan Alfonso de Alburquerque, la intervención de la Reina Doña María, las vistas con su hijo en Tordesillas, la traición y el cautiverio de Toro, y el modo cómo Don Pedro llegó a evadirse.

«E el rey don Pedro partió de Tordesillas aforrado, que non levaba consigo salvo al maestre de Calatrava, e al prior de Sant Juan, e a don Simuel Leví su tesorero mayor de Castilla e su privado, e otros algunos sus oficiales. E los hermanos del rey e la reyna su madre, e la reyna doña Blanca de Borbón, su mujer, como sopieron de la venida del rey don Pedro, saliéronlo a rescebir bien dos leguas de Toro, e cuando se vieron todos, descendieron de las mulas en que iban e fincaron las rodillas en el suelo, e besáronle las manos e los pies, e él besóles a todos en la boca, que así mesmo se apeó. E luego comenzó a fablar don Enrique, el conde Lozano, diciendo: «Señor: bien sabemos todos nosotros cómo sodes nuestro hermano e nuestro rey natural, e vemos que vos avemos errado. Por ende dende aquí nos ponemos en vuestro querer para que fagades de nosotros lo que la vuestra merced fuere, e pedímosvos por Dios que nos querades perdonar.» E el rey don Pedro, desque esto vido, comenzóse a llorar, e ellos con él, e dende a poco dixo que Dios los perdonase e que él los perdonaba. E tornaron todos a cabalgar, e faciendo grandes alegrías, e corriendo caballos, e jugando cañas, así se fueron para Toro. E el rey iba en medio de las dos reynas; e como el rey don Pedro, e el maestre e prior, e don Simuel Leví fueron entrados por la puerta de la villa que dicen de Morales, luego fué echada una compuerta que no dexaron entrar más gente de la que el rey levaba, e en continente fueron cerradas todas las puertas de la villa de Toro, e se apoderaron de la persona del rey, e leváronle a su palacio. E en su presencia le fueron dichas asaz feas palabras, e que aunque le pesase, faría vida con su mujer continuamente de noche e de día. E así mesmo en su presencia fueron presos e muertos los dichos maestre de Calatrava e prior de Sant Juan, e otrosy fué preso e robado el dicho don Simuel Leví, e ficieron otro maestre e otro prior a quien ellos quisieron, e facíanle firmar todas las

su vida), la abreviada relación del asesinato jurídico del Rey Bermejo, puesta en boca del mismo soberano de Castilla:

> Rey que delitos abona,
> Es indigno de ser rey,

---

cartas que ellos querían, por tal manera, que se apoderaron de todas las cibdades, e villas, e fortalezas de sus reynos, salvo de la cibdat de Segovia, que estaba alzada por la reyna, su madre. E cuantos obispados, e oficios e beneficios vacaron en tiempo de tres años que este rey don Pedro estovo en esta opresión en todos sus reynos, tantos fueron dados a los que ellos quisieron.

»E desque el rey don Pedro quería ir a caza, yendo en mula, iban con él mil omes de armas de guarda, e salían con él fasta obra de una legua, a caza de ribera del río de Duero o a raposos. E así por esta manera estovo que cuanto sus reynos rentasen en estos tiempos, tanto se tomaron para sí e repartieron sus hermanos e la reyna doña Blanca. E por dar color a estos fechos, non dieron lugar que la madre del rey don Pedro se fuese de la villa de Toro, e caía la guarda del rey a sus hermanos, a cada uno su día. E acaesció que un día copo la guarda a don Tello, su hermano. E el rey don Pedro, sintiéndose opreso e contra su voluntad segund su gran corazón, de estar tanto tiempo en Toro como avía estado, fabló a don Tello su hermano en poridat, rogándole que le diese lugar como él se fuese de allí, pues que en su mano era, e que le daría la villa de Aguilar de Campóo, con todas las Asturias de Santillana, e el Señorío e condado de Vizcaya, que serían todos, más de sesenta mil vasallos, e que regiría e gobernaría sus reynos e señoríos. E don Tello le respondió que non lo podía él facer, porque todos se tenían fecho pleyto e homenaje de lo non soltar sin consejo e consentimiento de todos.

»E el rey don Pedro le dixo que él como rey le alzaba el pleyto e homenaje de le non tirar los lugares en toda su vida, e que le daría cartas dello. E tanto le afincó, que gelo ovo de otorgar. E amos a dos se fueron para una ermita, que es cerca del río de Duero, adonde andaban a caza. E porque llovía por estonce, se entraron en ella, e allí escribió el rey don Pedro de su mano la merced de los dichos lugares e el pleyto e homenaje con unas escribanías en un pedazo de papel que les dió su secretario de don Tello. E luego que esto fué fecho, mandaron ir a toda la gente de armas tras unos cerros pequeños que ende estaban, e cabalgaron en sendos caballos, e pasaron el río de Duero a nado con grand peligro, porque por estonce venía mucho crescido. E non curaron de ir a la puente por non ser descubiertos, e comenzaron de aguijar contra Castro Nuño, e allí

Porque ejecutar la ley
Es conservar la corona.
    Con mis fuertes castellanos
Al rey Bermejo amparé;
En Granada le dejé
Librándole de tiranos.
    Por su Mahoma juró
Ser mi amigo; fué a Aragón,
Y como halló ocasión,
Mis fronteras abrasó.
    Cercó a Martos y a Jaén,
Llevó infinitos cautivos;
Que sus bárbaros motivos
Logró en mi ausencia también.
    Dejé la guerra intentada,
Que tan favorable vi,
Y a la Bética volví,
Y el rey Bermejo a Granada.
    Los del Consejo junté,
Y viendo su alevosía,
Sin nombre de tiranía,
Acordaron que le dé
    Seguro, y venga a Sevilla

---

dexaron los caballos, e tomaron otros, e corrieron cuanto pudieron fasta
que llegaron a Medina del Campo, e allí tomaron otros caballos e dexaron
los que levaban, e otro tanto ficieron en Arévalo. E así fueron en esta
misma noche puestos en la cibdat de Segovia. E como el rey don Pedro
se vido en Segovia, escribió cartas a todas las cibdades e villas de sus
reynos recontándoles lo que le avía contecido en Toro... por ende que
él revocaba las cartas que le avían fecho firmar contra su voluntad durante la dicha opresión, e que doliéndose dél como de su rey e su señor
natural, que le quisiesen todos ayudar, que él entendía de los punir e
castigar por justicia, e que mandaba que todos los omes de veinte años
arriba e de sesenta años ayuso, todos se viniesen para él luego. E como
las cartas fueron llegadas, vínole mucha gente, así de pie como de caballo, de unas partes e de otras de sus reynos, e el rey movió contra Toro.
    »E así este rey don Pedro andudo por sus reynos, recobrando sus
cibdades, e villas, e lugares, e fortalezas, que ansí tenían dadas sus hermanos, e matando e tirando bienes a los que fallaba culpantes en aquel
fecho.»

Al bautismo de don Juan.
Vino en extremo galán
Con su bárbara cuadrilla,
   Donde el Consejo acordó,
Sin que mi opinión manchase,
Que al rey Bermejo matase,
Pues fe y palabra rompió.
   Doy esta satisfacción,
Porque ya el mundo novel
No dé nombre de cruel
Castigar esta traición.

Tampoco puede dudarse que aquí la fuente ha sido esa misma rapsodia del siglo XV, que Lope leyó manuscrita, ya en su primitivo texto, ya en la apócrifa y disparatada historia apologética de Don Pedro, que lleva el nombre de *Gracia Dei* y que se formó en gran parte con retazos de la *Cuarta Crónica*. Como el genuino texto de esta última, aunque publicado en uno de los más recientes volúmenes de la colección de *Documentos inéditos*, se ha vulgarizado todavía muy poco, y son tan pintorescos los pormenores de su relato, le reproduzco también en nota como pieza necesaria para la ilustración de esta comedia. [1]

---

[1] *Documentos inéditos*, tomo CVI, pág. 78:

«E estando dentro en Aragón faciendo la guerra, vinieron nuevas al rey don Pedro que el rey Bermejo de Granada, que avía corrido e robado toda el Andalucía, así los ganados como cativando muchas gentes, e que había tomado algunos castillos de la frontera que estaban todos seguros, seyendo este rey Bermejo vasallo del rey don Pedro, e el rey don Pedro le avía dado favor cuando reynó, según que más largamente está escrito en la corónica verdadera deste rey don Pedro, porque hay dos corónicas, la una fengida, por se desculpar de los yerros que contra él fueron fechos en Castilla, los cuales causaron e principiaron que este rey don Pedro se mostrase tan cruel como en su tiempo fué. E como el rey don Pedro sopo esto, acordó de no estar más en Aragón e de se venir para el Andalucía, a fin de se vengar deste rey Bermejo. E por esta cabsa ovo de facer paz con el rey de Aragón, e dióle e entrególe las cibdades, e villas, e fortalezas que le tenía tomadas, que si no fuera por lo que fizo el rey Bermejo, antes de medio año el rey don Pedro tomara todo el reyno de Ara-

Estas *Audiencias del Rey Don Pedro* tienen principalmente curiosidad histórica o, digámoslo mejor, tradicional y legendaria, pero no por eso carecen de valor poético, aunque éste no sea ni con mucho el que imaginó Schack, ilusionado quizá por el entusiasmo del descubrimiento. La intriga es interesante y terrorífica,

---

gón, segund el gran temor que le avían, e fuera cabsa que fincara para siempre en la corona real de Castilla.

»E partióse e dexó todos los pertrechos e lombardas en Soria, e fuese para Sevilla. E como el rey Bermejo lo sopo, ovo grande temor dél, e este rey don Pedro lo embió asegurar con dos caballeros que allá embió, diciendo que creía que de su voluntad non fué fecho aquel error... E el rey de Granada, desque oyó aquesto, aseguróse mucho, ca non pensó que le tenía otro omezillo. E dende a poco, acaesció que le nasció al rey don Pedro un fijo de doña María de Padilla en Sevilló. E embió convidar al rey Bermejo que viniese a las fiestas que avía de facer por el nascimiento de su fijo e a ser su compadre. E el rey Bermejo dixo que le placía, pero que le embiase su seguro; e el rey don Pedro gelo embió, e luego se vino este rey Bermejo para Sevilla e troxo consigo seiscientos caballeros, los más onrrados e más ricos del reyno de Granada, los cuales e él para aquellas fiestas vinieron los más guarnidos que pudieron. E desque este rey don Pedro sopo de la venida del rey don Bermejo, mandó aderezar cuantos juegos se facían en Sevilla cuando rescebían a él e a los otros reyes, e fizo desde la puerta del alcázar por donde entró, poner en el suelo alhombras, e a las paredes paños de Ras ricos, e en el cielo paramentos colorados, e salióle a rescebir él e toda su caballería fasta dos leguas camino de Carmona, por donde él venía. E desque se vieron, abrazáronse e diéronse paz estos dos reyes; e desy todos los otros caballeros moros que con él venían besaron las manos al rey don Pedro, e así se vinieron para Sevilla con muchas trompetas e atabales, e faciendo grandes alegrías, e entraron por la cibdat fasta el alcázar. E fué aposentado el rey Bermejo en el Alcázar nuevo que este rey don Pedro mandó facer, que es la más rica e la más onrrada labor que por estonce ovo en todo el mundo, en especial el palacio del Caracol, que en el suelo todo está de piedras grandes de labastro e de jaspes muy ricas, e en las paredes e en el cielo está todo de oro e de azul dacre, e lleno de mármoles chicos e grandes de muchos colores... E él aposentóse en el alcázar viejo, e mandó aderezar bien de cenar para el rey de Granada de muchos manjares de diversas maneras, e mandó que los otros moros fuesen muy bien aposentados por la cibdat. E desque ovieron cenado, el rey don

de aquellas que agradaban a Montalbán, discípulo predilecto de
Lope, y de que dió notables ejemplos en *No hay vida como la honra*
y *De un castigo dos venganzas*. Leonardo de Maraver, *mozo arro-*
gante y travieso, goza por sorpresa a la bella casada Laurencia
usurpando por extraño ardid el lugar de su marido. La dama

Pedro llamó a consejo al conde don Tello, su hermano, conde de Vizcaya, e a don Simuel Leví, su privado, que le decía el rey padre; e otrosy
a los letrados de su consejo, e los otros grandes caballeros que con él
estaban. E estando así juntos, díxoles: «Los que aquí fuestes ayuntados,
»es que vos quiero preguntar que me digades si uno quebranta a otro
»cualquier juramento, e pleyto, e homenaje que le tenga fecho, no avien-
»do cabsa de lo quebrantar, e el otro después le quebranta a él, después
»de aquel yerro fecho, cualquier seguro, e pleyto o homenaje que le aya
»fecho, si por esto si yerra en cuanto a Dios e al mundo.»
»E el conde don Tello, como lo oyó, ovo rescelo, pensando que por él
lo decía, por el error que le ficiera con los otros sus hermanos en su opresión, e respondióle e díxole que por quién lo decía. E el rey dixo que
primeramente quería saber lo que sin cargo podía facer, e que gelo dixesse. E por los letrados e por todos fué acordado que non erraba en cosa
alguna el que le avían quebrantado seguro e pleyto e homenaje, e le
quebrantar él, quebrantar después otro, e que así lo querían los derechos
e leyes antiguas. E como el rey esto oyó, díxoles que ya sabían cómo
este rey Bermejo de Granada, que era su vasallo, e por su mano era
recebido por rey en Granada, a pesar de la mayor parte del reyno, el
cual le tenía asegurado por sí e por reynos, e aun fecho juramento en su
ley de le ayudar contra todos los omes del mundo cuando lo oviese menester, e de le non facer mal nin daño a él nin a sus reynos, e que estando
faciendo guerra al rey de Aragón, e teniéndole ganada grande parte de
su reyno, e aquél teniendo en tanto aprieto que todo gelo quería entregar, para lo dejar consumido en la corona real de Castilla, segund que
antiguamente fué en tiempo de los reyes de España, que el rey Bermejo,
non mirando a cosa alguna de los beneficios pasados e al seguro, que le
avía entrado por el su reyno del Andalucía e le avía robado todo el campo e captivado muchos de sus vasallos, veyendo que en el reyno non
avía algunos caballeros, que todos estaban con él en su servicio en la
guerra de Aragón, e que, pues, lo tenía en su poder, que su voluntad era
de facer justicia de él, porque a él fuese castigo e a los otros exemplo.
E por todos fué acordado que era bien, como quier que quisieran que por
otra manera lo prendieran, más non se podía facer. E luego mandó pren-

ofendida se venga de él dándole una cita y matándole a puñaladas en su propio lecho. Don Pedro aplaude esta *cristiana acción* y llama a la que la ejecutó *Judit hermosa y valiente*. Es un melodrama espeluznante, pero escrito con mucho talento y brío. Los versos, en general, son buenos, y la elocución rápida y nerviosa según correspondía al argumento. Lope debió de escribir esta comedia en Sevilla, a juzgar por las alusiones locales que contiene, y especialmente por la descripción de un juego de toros y cañas que se lee al fin de la primera jornada, y en la cual figuran los apellidos más ilustres de aquella ciudad.

XLIV.—El Rey Don Pedro en Madrid o el Infanzón de Illescas

Impresa con el segundo título de la *Parte XXVII* (extravagante) de las comedias de Lope de Vega (Barcelona, 1633), que es

der al rey Bermejo e a todos los otros cavalleros moros que con él venieron, e mandólos tomar todo cuanto traxeron de su tierra, e tanto fué, que fueron de piedras preciosas e perlas gordas de aljófar, que fué en número de un cafiz, sin las otras joyas e ropas e jahezes, e espadas moriscas, e caballos, e acémilas, e moneda de oro, que non ha número.

»E otro día en la mañana mandó cavalgar al rey Bermejo en un asno e diéronle la cola por rienda, e mandólo sacar al campo de Tablada, e mandólo atar a un madero que ende estaba fincado, e mandó que le jugasen a las cañas. E fué acordado que porque era rey, que el rey don Pedro le tirase la primera caña; pero él non le quiso tirar caña, salvo una lanza que le pasó de parte a parte. E luego le fueron dadas tantas cañaveradas, que apenas le quedó cosa sana en el cuerpo al rey Bermejo, de que luego murió.

»E el rey don Pedro mandó facer pesquisa de cuáles de sus caballeros entraron con él a robar el Andalucía, e a los que falló que no vinieron, mandóles tornar todo lo suyo e embiólos en paz a su tierra, e todos los otros fueron captivos e algunos de ellos muertos. E luego de mano del rey don Pedro fué alzado por rey de Granada el rey Mahomad su vasallo, e fízole otro tal seguro e pleyto omenaje, e guardólo mejor que el otro, segund adelante oiredes.»

precisamente la misma en que aparece *El médico de su honra*. Es uno de los libros más raros de nuestra literatura dramática, y por mi parte no conozco más ejemplar que uno incompleto que posee nuestra Biblioteca Nacional.

Juzgo que es ya hora de reintegrar a Lope de Vega en la posesión de este grandioso drama histórico-fantástico, de la cual quieta y pacíficamente había gozado hasta 1848, en que por mera cavilosidad crítica, y no por hallazgo de ningún documento, se puso en tela de juicio lo que para mí es verdad inconcusa. La gran difusión de la *Biblioteca de Autores Españoles*, donde se incluyó la comedia del *Infanzón* entre las escogidas de Fr. Gabriel Téllez; el prestigio de un erudito concienzudo, que era al mismo tiempo autor dramático eminente, y, por último, la pereza que sienten la mayor parte de los lectores para entrar por sí mismos en estas cuestiones de autenticidad y orígenes, en que se fían por lo común de la palabra que tienen por más autorizada, han producido una especie de hábito irreflexivo de citar esta comedia con el nombre de *Tirso de Molina*.

A mi entender, la atribución de este drama al fraile de la Merced, aunque aceptada con rara docilidad por la crítica, no descansa más que en un capricho del sabio y benemérito D. Juan Eugenio Hartzenbusch, que con su autoridad arrastró a otros muchos sin estar él mismo muy convencido de lo que afirmaba. Es más: Hartzenbusch rectificó, andando el tiempo, esta opinión suya, que tampoco había presentado nunca en el tono afirmativo con que otros la han repetido. En las notas que puso al catálogo de las comedias de Lope de Vega formado por Chorley, Hartzenbusch vuelve sobre sus pasos, y llega, aunque tímidamente, a la única conclusión que yo creo aceptable: *El Infanzón de Illescas* es una comedia de Lope, refundida por Andrés de Claramonte. [1]

---

[1] Para que nadie pueda escudarse con la autoridad, para mí siempre respetable, de Hartzenbusch, transcribiré sus propias palabras. En el prólogo de las *Comedias de Tirso* (1848), decía: «*El Infanzón de Illescas* ha sido atribuído a Lope; *el que damos nosotros, ni es de Lope, ni quizá*

Cuatro nombres andan en este litigio: Lope, *Tirso*, Calderón y Claramonte. El primero que hay que descartar es el de Calderón, con cuyo nombre se publicó en una *Quinta Parte* apócrifa de sus comedias, que suena impresa en Barcelona (1677, por Antonio La Caballería), torpe falsificación que aquel gran poeta rechazó indignado, en el prólogo del primer tomo de sus *Autos*, con estas palabras: «Pues no contenta la codicia con haber impreso tantos hurtados escritos míos, como andan sin mi permiso... y tantos como sin ser míos, andan impresos con mi nombre, ha salido ahora un libro intitulado *Quinta Parte de Comedias de Calderón*, con tantas falsedades como haberse impreso en Madrid y tener puesta su impresión en Barcelona; no tener licencia ni remisión ni del Vicario ni del Consejo, ni aprobación de persona conocida; y finalmente, de diez comedias que contiene, no ser las cuatro mías, ni aun ninguna pudiera decir, según están no cabales, adulteradas y defectuosas, bien como trasladadas a hurto para vendidas y compradas de quien ni pudo comprarlas ni venderlas.»

Que *El Rey Don Pedro en Madrid* no era una de las diez comedias que Calderón reconoció por suyas, aunque alteradas, en esta

tampoco sea de Téllez; pero es una obra casi desconocida, muy digna de ser estudiada, *y no faltan razones...* para atribuírsela a Téllez: por eso la incluímos entre las suyas.»

Estas razones constan en el *Catálogo* que viene después, y pronto las discutiremos; pero en el mismo *Catálogo* reconoce Hartzenbusch que la comedia «*El Rey Don Pedro en Madrid*, tal como se lee impresa y manuscrita, ni puede pertenecer exclusivamente a Lope, ni a Téllez, ni a Claramonte». Y más adelante acentúa su indecisión, diciendo: «Sea esta comedia de Lope, sea de Téllez y de Claramonte, o de otro, lo cierto es que era rarísima, y que es una de las creaciones más notables del Teatro español en su época.»

Y como arrepentido de todo lo que antes había conjeturado, escribió en 1860 en el tomo IV de las *Comedias de Lope* (pág. 550): «Eso dije años ha: hoy no me atrevería, seguramente, a estampar otro tanto. Rasgos hay en *El Infanzón* que parecen de *Tirso; pero me parece ya que son pocos:* de Lope no hay mucho. *Será tal vez una refundición, hecha por Claramonte sobre la comedia de Lope.*»

Parte Quinta, lo prueba el hecho de no haberla incluído en la lista definitiva de sus obras que envió al duque de Veragua, y el de ponerla resueltamente Vera Tassis en el número de las piezas supuestas que corrían a nombre de aquel ingenio. Por otra parte, así como no siempre es fácil determinar si una obra pertenece a Lope o a *Tirso*, poetas de un mismo tiempo y de un mismo gusto, y más afines de lo que el vulgo cree, es de todo punto imposible confundir una comedia de Calderón con una de sus predecesores. Calderón, artista grande, pero esencialmente barroco, tiene una *manera* que trasciende, no sólo al estilo, sino a la total composición y al artificio dramático. Esta *manera*, después de él, fué imitada por todo el mundo, pero antes de él no existía. *El Infanzón de Illescas* pertenece a la época *libre* del Teatro español, no al convencionalismo reflexivo de su vejez.

En Andrés de Claramonte no hay que pensar como autor original. Era un dramaturgo vulgar y adocenado, que, siendo comediante de oficio y viéndose obligado a abastecer la escena con novedades propias o ajenas, se dedicó a la piratería literaria con el candor con que ésta se practicaba en aquel tiempo, y del cual daban ejemplo grandes poetas. ¿Qué fué Moreto, en la mayor parte de sus obras, sino un Claramonte muy en grande? ¿Cuándo hizo Claramonte mayor plagio que el de Calderón en *Los cabellos de Absalón*, copiando *ad pedem litterae* un acto entero de *La venganza de Tamar* del maestro Tirso? Todavía Claramonte podía alegar disculpas que no alcanzan a esos grandes poetas: su pobreza, su oficio, entonces tan abatido, su ninguna preocupación literaria. Ni se le pueden negar ciertas cualidades, inferiores sin duda, pero muy recomendables: conocimiento de la escena y cierto brío y desgarro popular, que principalmente lucen en su comedia soldadesca de *El valiente negro en Flandes*. Lo intolerable de Claramonte, y lo que prueba la penuria de su educación literaria, es el estilo. Por raro caso en su tiempo, Claramonte escribe mal, no ya por culteranismo o conceptismo, como muchos otros, sino por incorrección gramatical grosera, que hace enmarañados y oscuros sus conceptos. Este desaseo y torpeza de expresión es, por decirlo así, la marca de fábrica de su Teatro, y sirve de indicio casi infalible para deslindar lo que realmente le pertenece en las obras que llevan su nombre. Así sucede en *El Rey Don Pedro en Madrid*, título que tiene *El Infanzón* en un manuscrito de la Bibliotecá de Osuna (hoy de la Nacional), donde está con nombre de Claramonte. Luego hablaré detenidamente de este manuscrito, y procuraré fijar en qué consistieron las interpolaciones de Claramonte *(Clarindo)*, que en lo esencial respetó el texto primitivo.

Pero este texto primitivo ¿de quién era, de Lope o de *Tirso?* Con nombre de Lope está en la más antigua edición conocida hasta hoy, en una *Parte 27* de Barcelona, 1633, de las llamadas *extravagantes;* con nombre de Lope también en una edición suelta. Se dirá que el testimonio de las partes apócrifas y de las ediciones sueltas ha de recibirse siempre con cautela; pero guardémonos de exagerar la fuerza de este argumento, porque, en resumidas cuentas, ¿en qué se funda la atribución de *El burlador de Sevilla* a *Tirso* (de cuyo estilo bien puede decirse que apenas tiene un solo rasgo), sino en el testimonio de esas partes apócrifas y *extravagantes* de Barcelona y de Valencia? Si *El burlador* hubiera llegado a nosotros anónimo, todo el mundo, sin vacilar, hubiera dicho que era una comedia de Lope, de las escritas más de prisa; y no faltan críticos extranjeros, eruditísimos por cierto, que así lo estimen.

Por poco que valga la palabra del editor de 1633, ¿valdrá menos, por ventura, que la fe de un manuscrito *moderno*, único en que se atribuye esta obra a *Tirso*, según declara Hartzenbusch? Manuscrito *moderno*, tratándose de *Tirso*, no puede ser más que una copia del siglo pasado, a lo sumo, y quizá del presente. Yo creo en la existencia de ese manuscrito sobre la honradísima palabra del venerable D. Juan Eugenio Hatzenbusch; pero al ver que el texto de *El Infanzón de Illescas* que él publicó, en nada sustancial difiere del refundido por Claramonte, me doy a pensar que ese manuscrito *moderno* no era ni más ni menos que una copia del manuscrito de Osuna, sacada para cualquier curioso, que de propio arbitrio adjudicó la comedia a *Tirso de Molina*.

Si atendemos a las pruebas extrínsecas, debe prevalecer, por consiguiente, la inmemorial posesión de Lope. Y llegando a razones de otro orden, debo decir que todos los elementos de *El Infanzón de Illescas*, ya en lo que toca a la idealización del carácter de Don Pedro, ya en los principales incidentes de la fábula, ya en la parte sobrenatural que da tan misterioso carácter a esta obra, se hallan esparcidos en diversos dramas de nuestro poeta, según paso a demostrar mediante una comparación brevísima.

Quien lee sucesivamente *El Infanzón de Illescas* y *Los novios de Hornachuelos*, comedia indisputada de Lope, cree a ratos leer un mismo drama, con títulos y personajes diversos. La semejanza llega a ser identidad en algunas escenas, y lo sería más de continuo si las escorias del estilo de Claramonte no hubiesen enturbiado el limpio raudal de la poesía de Lope en la primera de estas obras. Lope Meléndez, el lobo de Extremadura, es un trasunto de Tello García de Fuenmayor, Infanzón de Illescas, así como Don Enrique *el Doliente* lo es del Rey Don Pedro, aunque más humanizado y menos vindicativo, como lo exigía el distinto carácter histórico de ambos monarcas.

«¿No temes al Rey?», pregunta a D. Lope su confidente Mendo, y él responde:

> Aquí
> No alcanza el poder del Rey:
> Sírveme el gusto de ley;
> No hay otro rey para mí.
> Lope Meléndez no más,
> Es rey en Extremadura...
> . . . .
> Mi bisabuela decía
> De ordinario, y con verdad,
> Que esta que llaman lealtad.
> Nació de la cobardía;
> Que en el principio del mundo,
> El que tuvo más valor,
> De esotros se hizo señor...

Se presenta un rey de armas, de parte del Rey, a Lope Meléndez. La escena es admirable, y tiene desarrollos que no hay en *El Infanzón de Illescas,* y sobre los cuales insistiré al tratar especialmente de *Los novios de Hornachuelos.* Ahora me limitaré a lo que es más semejante en ambas piezas:

> Respondedle al rey, que Lope
> Meléndez su carta oyó,
> Y que se espanta que ignore
> Su bizarra condición...
> . . . .
> Sin acordarse que soy
> Ricohombre en la Extremadura,
> De caldera y de pendón;
> Que mi padre, que Dios haya,
> Más vasallos me dejó
> En ella, que tiene almenas
> Burgos, Toledo y León;
> Y que desde este castillo,
> Que mira, en naciendo, el sol,
> No veo cosa de quien sea
> Otro dueño, sino yo;
> Golfos de ganados míos
> Inundan los campos hoy;
> Cuanto se ve nieve, es grana;
> Oro, cuanto flor se vió.
> Mis toros, con el de Europa
> Tienen sola emulación;
> Mis caballos, con los que
> Rige el planeta mayor;
> Que naciendo en mis dehesas,
> Tan partos del viento son,
> Que en su esfera pasan plaza
> Con el neblí más veloz...
> Las diez leguas de la puente
> De Guadiana, al vellón,
> Que sus esmeraldas pace,
> Senda estrecha pareció,
> Si el Rey menester hubiera
> Dineros, pídamelos,

Porque de marcos de plata
tengo lleno un torreón;
Si soldados, mis vasallos
Tienen tan grande valor,
Que faltan mundos que rindan
Los aceros que les doy;
Que, para armar cuatro mil
Hidalgos en Badajoz,
Tengo una hermosa armería
De arneses tranzados hoy.
Yo estoy en Extremadura
Con gusto, gracias a Dios:
Estése Enrique en Madrid,
Que es hermosa población...
Y no dejen de llevarle
De comer a este infanzón
A su posada, Jimeno;
No diga el Rey que llegó
Criado suyo a mi casa
Sin sacar ningún honor...

REY DE ARMAS

Yo no vengo a descansar
Ni a comer, sino a ser hoy
De las órdenes del Rey
Tan legal ejecutor,
Que he de volverme a la corte
Desde aquí.

LOPE

            Vaya con vos
El cielo.

REY DE ARMAS

        El Rey tomará
La justa satisfacción
Que piden desobediencias
Tan grandes.

LOPE

        Tomara yo
Que fuera de espada a espada,

Porque viéramos los dos
Quién ser por valor merece
Vasallo o rey.

REY DE ARMAS

Yo me voy,
Por no ocasionarle más
A tu libre condición
Desacatos contra el Rey.

LOPE

Cuerdo andáis, atento sois,
Antes que por el atajo,
Desde aquese corredor,
Os ponga yo en el camino
De Madrid...

Los mismos bríos, la misma soberbia de su riqueza y alcurnia, la misma ponderación de sus labranzas y rebaños, idéntica arrogancia y vanagloria muestra el D. Tello de *El Rey Don Pedro en Madrid;* de igual modo desafía la potestad regia:

Yo, don Fernando, soy Tello García
De Fuenmayor, yo el Infanzón de Illescas:
Cuanta campiña veis, se nombra mía,
Que mías son sus cazas y sus pescas...
Esta sierra, que en cumbres se dilata,
Con Guadarrama a competir se atreve,
Bordando en copos de viviente plata,
Rica y feliz, sus túnicas de nieve.
Torrente es si a los llanos se desata,
En que abismos de lana el campo bebe,
Dando al viento penachos cristalinos:
Tantos son mis lucientes vellocinos.
El Tajo y el Jarama, en vacas bellas
Ejércitos me dan, del sol decoro...
Cuando la vista en la aprensión se pierde,
Océano es de mieses que en guirnalda
Espera que la aurora al sol recuerde
Cuando entre sombras le volvió la espalda.
Cuanto de aquí se ve, diluvio es verde;
Cuanto de aquí se admira, es esmeralda...

Cuanto toca a la sangre, mi nobleza
Se deriva a los Reyes de Castilla;
Mía es su Majestad, mía es su Alteza,
Que en mí Pelayo restauró su silla;
Que antes que él coronara su cabeza,
Ni embotara en alarbes su cuchilla,
Atropellando fieros escuadrones,
Ya era mi casa alcuña de infanzones...
    Fuera desto, por mí y por esta espada,
Soy la primera casa desta tierra;
No hay a mi gusto empresa reservada
En cuanto ve lugar ni casa encierra.
Mi voz es como el cielo venerada;
Dueño soy de la paz y de la guerra...
    Mi renta es dos mil doblas alfonsíes,
Que me pagan el miedo y el decoro,
No en blancas castellanas ni en ceutíes,
Que da el comercio al portugués tesoro;
Oro es en meticales y en cequíes,
Moneda que en España dejó el Moro...

Puede suceder que la forma poética de este trozo esté refundida, y a ello nos inclinamos. Hay, especialmente en los versos que suprimimos, muchos rasgos gongóricos, que no parecen de Lope, aunque más de una vez incurrió en ellos, sobre todo cuando escribía en octavas de versos endecasílabos y se proponía remontar el tono. Pero lo indudable es que una de estas relaciones está calcada sobre la otra. Y este calco prosigue en toda la composición, y especialmente en el lance capital del abatimiento del rico-hombre forzador, tirano e insolente. Presentes están en la memoria de todos aquella asombrosa escena en que *el buen Acevedo* (en la primitiva comedia que ahora consideramos) o *el buen Aguilera*, en la conocidísima refundición de Moreto, sufre, refrenando a duras penas su ira, los descomedimientos del Infanzón; y aquella otra en que combate con él cuerpo a cuerpo y le rinde y postra a sus pies, como rey y como caballero. En *Los novios de Hornachuelos* estas escenas se reducen a una, lo cual les hace perder mucha parte de su fuerza; pero el final es exactamente el mismo:

Lope Meléndez, yo soy
Enrique; solos estamos;
Sacad la espada; que quiero
Saber de mí a vos, estando
En vuestra casa, y los dos
En este cuarto encerrados,
Quién en Castilla merece,
Por el valor heredado,
Ser rey o vasallo lobo
De Extremadura. Mostraos
Soberbio agora conmigo
Y valeroso, pues tanto
Desgarráis en mis ausencias.
Venid, que tengo muy sano
El corazón, aunque enfermo
El cuerpo, y que está brotando
Sangre española de aquellos
Descendientes de Pelayo.

LOPE

(De rodillas)

Señor, no más; vuestra vista,
Sin conoceros, da espanto.
Loco he estado, ciego anduve;
¡Perdón, señor! Si obligaros
Con llanto y con rendimientos
Puedo, como a Dios; cruzados
Tenéis mis brazos, mi acero
A vuestros pies y mis labios.

REY

Lope Meléndez, ansí
Se humillan cuellos bizarros
De vasallos tan soberbios.

Si a esto se agrega que las tropelías amorosas de Lope Meléndez son las mismas que se atribuyen a D. Tello, habrá que convenir en que *Los novios de Hornachuelos* (prescindiendo de la parte cómica, fundada en el dicho popular que da título a la pieza)

es una *segunda prueba* de *El Infanzón de Illescas*. Ni Lope ni
Tirso calcaban tan servilmente invenciones ajenas, pero solían
sin escrúpulo plagiarse a sí propios y apurar una misma combinación dramática en diversas fábulas. Los dos dramas tienen que
ser de un mismo poeta; y como la paternidad de *Los novios de
Hornachuelos* nadie se la disputa a Lope, suyo tiene que ser también *El Infanzón de Illescas*, a lo menos en una parte principalísima. Cierto que la primera de estas comedias, aunque mejor
escrita en general (porque ha llegado a nosotros en texto más
puro), es por todo extremo inferior a la segunda en grandeza
trágica, en prestigio fantástico, en amplitud de acción y, sobre
todo, en lo potente de la visión histórica y en la extraña y som-
bría profundidad del carácter de Don Pedro.

Pero téngase presente que la inspiración no a todas horas es
igual, y menos puede serlo en artistas tan geniales, imprevisores
y despilfarrados, como Lope, capaces de elevarse a lo sublime y
descender a lo trivial, no ya en obras distintas, sino dentro de
una misma obra y de una misma escena. Maravillas como *El
Rey Don Pedro en Madrid* no se producen sino en aquellos felices
y rápidos momentos en que con el *demonio interior* del poeta cola-
bora el *demonio exterior* de la tradición, que ha ido elaborando
lentamente una figura. Tal aconteció con la del Rey, llamado
por unos *Cruel* y por otros *Justiciero*. Una y otra noción eran falsas
por lo incompletas: herencia de odios de bandería, de pasiones
vulgares y mezquinas. La alta serenidad artística del prodigioso
ingenio se levantó sobre ellas y reflejó idealizada la imagen de
un Don Pedro siniestro y terrible, pero grande, cruelmente justiciero, personaje fatídico, como los de la tragedia antigua, circundado de sombras y presagios del otro mundo, pero no rendido
jamás ni por el peso de su conciencia ni por la visión de la inminente catástrofe, que el poeta, con arte supremo, ha conseguido
que no se apartase un punto de la imaginación de los espectadores,
aunque no entre en el drama. Esta grande y teatral figura nació
de una extraña pero fecunda confusión entre la *Crónica* de Ayala
y la tradición popular. Admirablemente lo ha notado un joven

y penetrante crítico, cuyo trabajo llega a mis manos en el momento de escribir estos renglones. [1]

En ninguna de las comedias de *Tirso* que hoy conocemos aparece Don Pedro ni como protagonista ni como figura secundaria. Carecemos, por consiguiente, de todo recurso para conjeturar cómo la hubiera tratado. No sucede lo mismo respecto de Lope, que en siete diferentes piezas sacó a las tablas a aquel Monarca. Y aunque tres o cuatro de ellas sean comedias de intriga y amor, donde nada o casi nada ha podido quedar de la realidad histórica, todavía en *La niña de plata* se vislumbra la superstición astrológica compañera del destino de Don Pedro; en *El médico de su honra* se acentúan más los agüeros con la daga de Don Enrique, y en esta misma comedia encontramos ya el Don Pedro rondador, vigilante y justiciero. De las más propiamente históricas, ninguna tan adecuada para nuestro fin como la de *Audiencias del Rey Don Pedro*, en que este concepto popular aparece enteramente desarrollado, y en que los juicios del mercader y del albañil, del zapatero y del prebendado, denuncian haber salido (aunque esta vez con más energía) de la misma pluma que trazó la escena de los pretendientes en *El Infanzón de Illescas*. Cierto que ninguna de las obras de Lope presenta reunidos y concertados todos los materiales que entraron en esta construcción definitiva, pero puede asegurarse que no hay uno solo de ellos que no se derive de alguna obra suya. Aun la aparición de la sombra del clérigo de Santo Domingo, sobre la cual luego insistiremos, está, no presentada en escena, pero sí aludida en *Los Ramírez de Arellano* (acto tercero).

Ni tampoco puede alegarse en favor de *Tirso*, para adjudicarle esta creación soberbia, que él fuera, entre nuestros dramáticos, el único que sintió y penetró la poesía histórica de la Edad Media.

---

[1] *El Rey D. Pedro en el Teatro*. Estudio de D. J. R. de Lomba y Pedraja, impreso, pero no publicado aún. Formará parte del segundo tomo de *Estudios de erudición española*, con cuya dedicatoria me honran varios amigos en el vigésimo aniversario de mi profesorado.

Yo no tengo inconveniente en admitir que *La prudencia en la mujer* sea el primer dramá histórico de nuestro Teatro; pero en todo lo demás del repertorio auténtico de *Tirso*, no vuelve a encontrarse jamás la magnífica poesía del siglo XIV que se respira en esta crónica dramática. En Lope, por el contrario, la inspiración histórica fué continua e inagotable, y si por ventura no se mostró con tanta pujanza en una obra aislada, bastó para dar vida a un centenar de ellas, que constituyen el más grandioso monumento épico-dramático levantado a nuestra tradición heroica. ¿Cómo he de admitir yo que no venciese a todos, en este sentido revelador del alma de la Edad Media, el autor de *El casamiento en la muerte*, de *El bastardo Mudarra*, de *Las famosas asturianas*, de *Los Tellos de Meneses*, de *Peribáñez y el comendador de Ocaña*, de *El mejor alcalde el Rey*, de *Las almenas de Toro* y de *Fuente Ovejuna?* Lo que Lope había hecho doscientas veces en su vida, porque era en él cosa nativa y brotaba de manantial perenne, lo hizo *Tirso* una vez sola; y una vez sola también Guillén de Castro en *Las mocedades del Cid*, y una vez sola Calderón en *La Virgen del Sagrario*.

Nunca he podido entender estas palabras de Hartzenbusch, que después han sido repetidas y glosadas por otros autores: «El carácter del rey D. Pedro ofrece *muchos puntos de semejanza* con el de D. Juan Tenorio en *El burlador de Sevilla.*» No se me alcanza que pueda haber entre ambos personajes más punto de semejanza que la energía de la voluntad, aunque aplicada a muy contrarios fines. En el corazón de Don Pedro arde la noble llama de la justicia; en el de Don Juan sólo imperan los más torpes apetitos. El Don Pedro de *El Infanzón de Illescas* (creación mucho más compleja y más rica de vida poética que la de Don Juan) es un tirano benéfico, un personaje tremebundo, pero simpático; y el poeta ha querido y ha conseguido que lo fuese siempre, a pesar de todos sus desmanes, violencias y sacrilegios. Don Juan, (tal como le concibió *Tirso*, o quienquiera que fuese el primer poeta español que le llevó a la escena) es un libertino desalmado, sin más cualidad loable que el valor personal, y así ha querido el autor que apareciese para justificar el tremendo desenlace. Si algún Don Juan hay en *El Infanzón*, es precisamente el mismo Tello García, en cabeza del cual escarmienta el Rey Don Pedro a los Tenorios de su tiempo.

Si no hay analogía en el carácter, pueda haberla en ciertas situaciones, puesto que uno y otro personaje se encuentran en conflicto con el mundo sobrenatural. Y prosigue diciendo Hartzenbusch: «La sombra del clérigo, figura admirablemente dibujada, tiene grande analogía con el personaje del comendador Ulloa.» No negaré que alguna tenga, pero no mayor que con otras apariciones de muertos que en el Teatro de Lope pueden encontrarse.

Antes de comprobar esto, conviene dar cuenta de los orígenes de esta parte fantástica, que es una de las cosas más admirables de *El Infanzón de Illescas*. Dice así el canciller Pero López de Ayala, en el año XI, cap. IX de su *Crónica del Rey Don Pedro:*

«Estando el Rey en aquel logar de Azofra, cerca de Nájara, llegó a él un clérigo de misa, que era natural de Santo Domingo de la Calzada, e díxole que quería fablar con él aparte; e el Rey díxole que le placía de le oír. E el clérigo le dixo así: «Señor, Sanc-»to Domingo de la Calzada me vino en sueños, e me dixo que »viniese a vos e que vos dixesse que fuéssedes cierto que, si non »vos guardásedes, que el Conde D. Enrique, vuestro hermano, »vos avía de matar por sus manos.» E el Rey, desque esto oyó, fué muy espantado, e dixo al clérigo que si avía alguno que le consejara decir esta razón; e el clérigo dixo que non, salvo Sancto Domingo, que ge lo mandara decir. E el Rey mandó llamar a los que y estaban, e mandó al clérigo que dixesse esta razón delante dellos, segúnd que ge lo avía dicho a él aparte; e el clérigo dixo lo segúnd que primero lo avía dicho. E el Rey pensó que lo decía por induzimiento de algunos *e mandó luego quemar al clérigo allí do estaba delante sus tiendas.*»

Tan espantosa atrocidad no podía menos de arredrar a nuestros poetas, que en el fondo simpatizaban con Don Pedro y no querían dejar empañada su memoria con la imputación de actos tan inicuos y bestiales. Así es que Lope, en *Los Ramírez de Arellano* (acto tercero), toma el asunto como de soslayo, haciendo que Don Pedro, en vez de mandar quemar al clérigo, se limite a decir con relativa mansedumbre:

> Quitádmele de delante:
> No le vean más mis ojos...

Y ayuda a tranquilizar su ánimo el Príncipe de Gales con estos discretos reparos:

> Nunca han podido espantarme
> Falso agüero o sueño vano...
> Pero ese clérigo habló
> Por solas sus fantasías...

En *El Infanzón de Illescas*, la predicción del clérigo no es un mero episodio, una anécdota sin consecuencia, sino que tiene sus raíces en lo más hondo de la obra misma. No sólo está tomada de frente, sino transportada del mundo histórico al sobrenatural con pasmosa audacia. Tres veces, y en tres situaciones culminantes del drama, ve el Rey Don Pedro la sombra del clérigo difunto. Es su obligado cortejo, como las Furias son el de Orestes. Creo, lo mismo que Hartzenbusch, que alguna de estas escenas raya en lo admirable, en lo sublime del drama. Sólo el espectro del padre de Hamlet puede producir mayor efecto.

Estas apariciones están, además, reflexivamente graduadas para aumentar el prestigio y el misterio. En la primera, la Sombra no declara de quién es, monta sobre el caballo muerto y emplaza al Rey para Madrid, donde le espera.

LA SOMBRA

¿Eres tú el Rey?

REY

Yo soy. Y tú, ¿quién eres?

LA SOMBRA

Un hombre; no te alteres.

REY

¡Yo alterarme de un hombre,
Cuando no hay imposible que me asombre!

LA SOMBRA

Pues sígueme.

REY

Camina.

LA SOMBRA

¿A seguirme te atreves?

REY

Imagina
Que soy don Pedro, y puedo
Asegurarte que me tiembla el miedo.
(Desaparece la sombra.)
Mas ¿por dónde te has ido,
Pálidas señas de hombre, horror fingido?
Valor será buscallo...
¡Vive Dios, que se ha puesto en el caballo
Que estaba muerto, y vuela!

LA SOMBRA

(Dentro)

¿No me sigues?

REY

Ya voy. ¡Llamas anhela!
No vueles tan ligero,
Que es temor pensaré.

LA SOMBRA

En Madrid te espero.

La segunda aparición, admirablemente colocada en un final de acto, nos deja todavía bajo la impresión del enigma y sirve para agigantar con sublimes rasgos la indómita fiereza del Rey Don Pedro, capaz de batirse con las sombras y los espíritus infernales sin darse por vencido:

REY

Villanos, ¿de quién huís?
No temáis; tomad la espada.
Aguardad.

LA SOMBRA

Ya estoy aquí,
Y la tomaré contigo.

REY

Pues tómala, que has de huir
Como los demás.

LA SOMBRA

¿Yo?

REY

Tú,
Aunque te acompañen mil
Espíritus infernales.

LA SOMBRA

¿Conócesme a mí?

REY

Y tú a mí,
¿Me conoces?

LA SOMBRA

Sí, por hombre
Que ha de ser piedra en Madrid.

REY

¿Piedra en Madrid?

LA SOMBRA

Sí. Y ¿quién soy yo?

REY

Eres una forma vil
Del infierno.

LA SOMBRA

Y ¿no me tiemblas?

REY

Antes él me tiembla a mí.
Toma la espada.

LA SOMBRA

Y tú toma
Esa luz, para advertir
Los golpes que has de tirarme,
Por los que has de recibir.

REY

Ya la tengo: parte.

LA SOMBRA

Parte,
Y escarmienta en mí tu fin.

REY

No hallo cuerpo que ofenderte,
Aunque veo la forma en ti.

LA SOMBRA

Soy de viento al esperár,
Y de bronce al combatir.

REY

Ya lo echo de ver.

LA SOMBRA

Pues huye.

REY

¿Yo huir cobarde, yo huir?
Si fueras todo el imperio
De aquel loco serafín,
Aquí tengo de matarte,
Aunque no puedas morir.

LA SOMBRA

Pues con todo ese valor,
Has de ser piedra en Madrid.

(Apaga la luz.)

REY

La luz me has muerto: ¡ah, cobarde!
Espíritu mujeril
Eres sin duda. No temas,
Que otra luz me queda aquí...

(La Sombra vuelve a apagar la luz.)

¡También me la has muerto! Aguarda;
Que a obscuras iré tras ti.
¡Hola, criados, criados!
¡Don Fortún, don Juan! ¿No oís?
¡Criados!... Haré que tiemblen
Aun los infiernos de mí.

(Salen caballeros y pajes con luces.)

DON ALFONSO

Señor, ¿qué es esto?

REY

No es nada.
Alzá esa vela, y venid.

¡Gran poeta fué el que imaginó esto, y negado ha de ser al prestigio de las cosas grandes y sencillas (que no es menester que se digan en inglés para que lo parezcan), el que, sin tener que apelar a la resobada comparación shakesperiana, de la cual ya convendría huir como de tantos otros lugares comunes de la crítica, no reconozca aquí una de las más imponentes y formidables apoteosis de la energía humana que se han presentado en las tablas! La misma familiaridad con que Don Pedro y la Sombra se tratan, acrece la valentía de tales arrestos y locuras de la voluntad, en que nuestros mayores no tenían que aprender nada de nadie, puesto que ya mucho de esta filosofía *activa*, recalcitrante y pendenciera contra el destino y contra los dioses, se les alcanzaba a los estoicos españoles del Imperio, Séneca y Lucano.

Tengo por la más grandiosa esta segunda visita de la Sombra; y, realmente, no era fácil superarla. En la tercera, el espectro es algo verboso, habla demasiado claro, y abusa un poco de las tradiciones locales y monásticas; muy gratas, sin duda, al público madrileño, a quien Lope principalmente se dirigía; pero no bastante épicas para lo que la solemnidad del caso reclamaba, ni tampoco bastante históricas, puesto que no fué Don Pedro fundador del monasterio de Santo Domingo el Real de Madrid, ni su recuerdo estaba ligado a él por otro motivo que por conservarse allí un busto suyo de piedra, que hizo colocar, siendo abadesa, su nieta doña Constanza de Castilla. Como esta escena es muy conocida, y Moreto la copió casi a la letra, me limitaré a notar ciertos rasgos, ya por su singular fuerza poética, ya por lo que pueden importar para la demostración que voy haciendo:

LA SOMBRA

Oye.

REY

Acaba.

LA SOMBRA

Estáme atento.

¿Conócesme?

REY

Como estás
Tan pálido, horrible y feo,
No caigo en ti, si ya no eres
Demonio que persiguiendo
Me estás.

. . . .

LA SOMBRA

Yo, Nerón soberbio,
Soy el clérigo a quien diste
De puñaladas.

REY

¿Yo?

LA SOMBRA

A tiempo
Que para decir estaba
En la misa el Evangelio.

REY

¿Eres clérigo de misa?

LA SOMBRA

Diácono fuí. El efecto
De matarme resultó
De impedirte un sacrilegio
En San Clemente, en Sevilla.
¿Acuérdaste?

REY

Ya me acuerdo.

. . . .

LA SOMBRA

Día de Santo Domingo
Me mataste.

REY

¿Qué es tu intento?

LA SOMBRA

Advertirte que Dios manda
Que fundes un monasterio...
¿Prométeslo?

REY

Sí prometo.
¿Quieres otra cosa?

LA SOMBRA

No:
Queda en paz; labra el convento
Que en él tienes de vivir
En alabastros eternos.

REY

¿Eso es ser piedra en Madrid?

LA SOMBRA

Ser piedra en Madrid es esto:
Y advierte que ansí me sacas
De las penas que padezco.
Fuego soy.

REY

¿Fuego?

LA SOMBRA

La mano
Me da.

REY

No ardes mucho.

LA SOMBRA

Quiero
Que lo examines mejor.

REY

¡Que me abraso, que me quemo!

LA SOMBRA

Este es el fuego que paso.

REY

Terrible es, pues yo lo siento.
¡Suelta, suelta!

LA SOMBRA

En este ardor
Teme, Rey, el del infierno.

REY

Daréte mil puñaladas,
Si te escondes en el centro...
¡Suelta, suelta! ¡Oh fuego horrible!
Mucho más ardes que fuego.
¡Suelta! Mas ya se deshizo.
¡Qué prodigio, qué portento!

Indudablemente, los últimos versos de esta escena son el
único indicio de alguna entidad que pudo tener Hartzenbusch para
atribuir esta comedia a *Tirso*, contra el testimonio de impresos
y manuscritos (pues nada significa para el caso la copia moderna
de que nos habla). Es palpable, en efecto, la semejanza de este
diálogo con algo de lo que dice la estatua del comendador Ulloa
en *El burlador de Sevilla*:

¿Cumplirásme una palabra
Como caballero?

DON JUAN

Honor
Tengo, y las palabras cumplo,
Porque caballero soy.

DON GONZALO

Dame esa mano; no temas.

DON JUAN

Eso dices? ¿Yo temor?
Si fueras el mismo infierno
La mano te diera yo.

DON GONZALO

Bajo esta palabra y mano,
Mañana a las diez te estoy
Para cenar aguardando.
¿Irás?

DON JUAN

Empresa mayor
Entendí que me pedías.
Mañana tu huésped soy.
¿Dónde he de ir?

DON GONZALO

A mi capilla.

DON JUAN

¿Iré solo?

DON GONZALO

No, los dos;
Y cúmpleme la palabra
como la he cumplido yo...

DON JUAN

Aguarda, iréte alumbrando.

DON GONZALO

No alumbres, que en gracia estoy...

También los gritos desesperados de Don Juan en la catástrofe, recuerdan análogas, aunque menos terribles, exclamaciones de Don Pedro:

> ¡Que me abraso! No me aprietes.
> Con la daga he de matarte.
> Mas ¡ay, que me canso en vano
> De tirar golpes al aire!...
> ....
> *¡Que me quemo, que me abraso!*

Ya he dicho que no para todos los críticos es artículo de fe que *El convidado de piedra* pertenezca a *Tirso de Molina*. Baist [1] y A. Farinelli [2] resueltamente lo niegan. A mí tampoco me parece suyo el estilo, pero todos los textos que poseemos del célebre drama están tan horriblemente estragados y mutilados, que quizá esta prueba no sea muy convincente. En estas materias desconfío un poco de la novedad y mucho de la impresión personal, y prefiero atenerme al *uti possidetis;* es decir, a las atribuciones de los editores antiguos, cuando no sean manifiestamente absurdas o cuando algún dato más auténtico no las invalide. La crítica meramente estética está expuesta a grandes chascos, y tiene que rendirse muchas veces ante la brutalidad del documento. Por lo mismo que combato lealmente la tesis de Hartzenbusch acerca del *Infanzón*, no tengo ningún reparo en aceptar, a lo menos por ahora, que *Tirso* sea el creador del personaje de Don Juan y de la estatua del comendador Ulloa.

Pero en nada perjudica esto a mi argumentación, pues no hay cosa más fácil que entresacar del inmenso repertorio de Lope de Vega toda una galería de espectros y sombras ensangrentadas. Prescindamos de las comedias devotas, donde lo sobrenatural venía implícito en el argumento. Basta con recorrer unas cuantas comedias históricas y legendarias, para encontrar apariciones a

---

[1] *Grundriss*, de Gröber, II, 465.

[2] En el *Giornale Storico della letteratura italiana*, vol. XXVII (Torino, 1896).

cuál más valientes. No se habrá borrado todavía de la memoria de nuestros lectores la que, en *La Imperial de Otón*, sobrecoge al Rey de Bohemia el día antes de la batalla. Recuérdese también aquella noche de *Las paces de los reyes*, en que, cabalgando insensatamente Alfonso VI en demanda de la hermosa judía de Toledo, se ve circundado de pronto por terrible oscuridad y nubes de polvo, oye voces misteriosas, mezcladas con los bramidos del Tajo, cree en su alucinación que las hojas mismas de los árboles repiten con trémula voz su nombre,

> Como el último responso
> Que se dice a los difuntos;

y, finalmente, cuando va a penetrar en la torre de Galiana, se le aparece *una sombra con rostro negro, túnica negra, espada y daga ceñida*. Esta sombra es muda en sus dos apariciones, pero las palabras con que el Rey la desafía, y las que luego dirige a su confidente Garcerán, son del mismo género que las del Rey Don Pedro:

> *¿Eres sombra o eres hombre?*
> *Habla y díme: «Yo te sigo»;*
> *Que hombre soy para escucharte,*
> *Ya seas muerto, ya seas vivo...*

GARCERÁN

¿Es el Rey mi señor?

REY

Sí.

¿Eres Garcerán?

GARCERÁN

El mismo.
¿Qué tienes, que estás temblando?

REY

Notables cosas he visto.

GARCERÁN

¿Cómo, señor?

REY

Nubes, sombras,
Truenos, tempestad, granizo,
Música en los mismos aires.

GARCERÁN

¡Qué temerarios prodigios!
Mas ¿qué haces a la puerta?

REY

No puedo entrar, que porfío
Y veo una sombra delante.

GARCERÁN

A Dios tienes ofendido.
Volvamos a la ciudad.

REY

Calla, que todo es hechizo.

GARCERÁN

¿Hechizo?

REY

Yo sé de quién.

GARCERÁN

Mira que sin duda ha sido
Para apartarte de aquí,
Del mismo cielo artificio. [1]

---

[1] Compárense rasgos casi idénticos de *El Infanzón* (acto primero):

SOMBRA

Un hombre; no te alteres.

Escenas muy análogas tenemos en la catástrofe de *El duque de Viseo.* Cierra la noche medrosa y lúgubre; en la esquina de una callejuela de Lisboa arde una lámpara delante del Crucifijo; acércase a la luz el duque de Viseo y exclama:

> ¡Ay, noche! Nunca te vi
> Tan negra; mas para mí,
> ¿Cuándo tu luz no lo fué?
> . . . .
> Una cruz pienso que está
> En aquella esquina, y creo
> Que tiene lumbre. ¡Deseo,
> Vamos caminando allá!
> No me engañé: ¡ya se ven
> Los rayos trémulos della!
> ¡Lámpara, más clara y bella
> Que el sol, albricias os den
> Con alabanzas ahora

> ### REY
> ¡Yo alterarme de un hombre,
> Cuando no hay imposible que me asombre!
> . . . .
> ¡Todos son miedos vanos,
> Ilusiones de Blanca y mis hermanos!
> . . . .

> ### FORTÚN
> ¡Gran señor!...

> ### DON JUAN
> Señor, ¿qué es esto?

> ### DON ALONSO
> ¿Tú a pie?

> ### FORTÚN
> ¿Tú sin color?

> ### DON JUAN
> ¿Tú descompuesto?
> . . . .

Mis ya despiertos sentidos,
Como suelen en sus nidos
Los pájaros al aurora!
   Leer quiero, ¡oh luz!, con vos
El papel...; divina Cruz,
No se ofenda vuestra luz;
Que esto es servicio de Dios...

(Suena dentro ruido de cadenas y una trompeta ronca, y espántase el Duque.)

                                        ¡Qué confuso,
Qué ronco y triste rumor!
No acierto a leer. ¿Qué haré?
Temblando estoy...

Una voz triste canta a lo lejos un romance alusivo a los infortunios de la familia del Duque, con presagios para él de inminente desdicha. Preparada así la situación, se le presenta el duque de Guimaraens, difunto, con manto blanco y la cruz de la Orden de Cristo. Esta vez el muerto habla, aunque muy concisamente:

GUIMARAENS

Duque...

VISEO

¡Ay, cielos soberanos!

GUIMARAENS

Duque...

VISEO

¿Qué es esto que veo?

GUIMARAENS

Duque...

VISEO

Todo estoy temblando.

GUIMARAENS

Guárdate del Rey.

VISEO

¿Qué dices?

GUIMARAENS

Que te guardes.

El duque de Viseo cae en el suelo despavorido, poniendo la mano en la espada, y su criado Brito le despierta y tranquiliza, aunque por breve espacio, diciéndole que tales visiones son *quimeras antojadizas y sombras que hace el pensamiento*. Complícase, además, el terror con prestigios astrológicos.

En *Don Juan de Castro,* extrañísima comedia (que luego fué refundida por tres ingenios con el título de *El mejor amigo el muerto)*, un difunto cuyo cadáver había rescatado el caballero español protagonista de la pieza de poder de sus acreedores, que le tenían embargado según antigua y bárbara costumbre jurídica, se le aparece en diversos trances críticos, y muy especialmente en el acto segundo de la *Primera parte,* hallándose Don Juan dormido:

TIBALDO

Por secretos de Dios, que nadie entiende,
Vengo desde el lugar donde resido,
Que un fuego y un deseo el alma enciende
Del inmortal descanso prometido,
Para ayudar lo que don Juan pretende,
Y ser al beneficio agradecido
Que vivo recebí, pues ayudarme
Me puso en la carrera de salvarme.
¿Duermes, don Juan de Castro?

DON JUAN

¿Quién me llama?

TIBALDO

Don Juan, despierta.

DON JUAN

Estoy, estoy despierto.

TIBALDO

¿Conósceme?

DON JUAN

No sé; tu ardor me inflama.

TIBALDO

¿Ya desconoces a Tibaldo muerto?
. . . .
Conde, espera el favor que Dios te envía.

DON JUAN

No habrá temor que mi esperanza estrague.

TIBALDO

Si yo te pago así la deuda mía,
También es justo que tu amor me pague...

Hartzenbusch, que omite todas estas escenas fantásticas, recuerda, en cambio, la de *El Marqués de las Navas*, procurando sacar algún partido de ella en abono de su opinión. «Compárese *El Rey Don Pedro en Madrid*—dice—con *El Marqués de las Navas*, comedia de Lope, en que también hay un muerto que se aparece al que le mató, y se reparará al punto que las tintas de Lope son más apacibles, más débiles, de menos efecto.» Lo son, en verdad, pero la inferioridad no consiste en el poeta, sino en el argumento. Una anécdota contemporánea (que también relata Vicente Espinel en *El escudero Marcos de Obregón*), y cuyo protagonista vivía aún cuando se representó la comedia, no podía tener el prestigio tradicional y poético que siempre ha envuelto en Castilla la figura del Rey Don Pedro. El marqués de las Navas, personaje insignificante, mata por casualidad, en una pendencia nocturna, a un pobre diablo que no tenía bien arregladas las cuentas de su conciencia ni las de su bolsillo. La aparición de este difunto es extraña, original, cuanto se quiera, pero no es trágica ni solemne, porque no podía serlo. Pertenece, con todo, a la misma familia que los portentos anteriores: no hay que dudarlo. La nocturna escena pasa en el convento de San Martín de Madrid, donde se hallaba retraído el Marqués por aquella muerte. Sale Leonardo, *con el rostro difunto:*

> De aquel lugar que tengo
> Hasta que llegue de mi bien el día,
> En espíritu vengo
> Con voluntad de Dios, no con la mía...
> . . . .
> Este es el templo santo
> De San Martín, adonde vive preso
> Quien me ha de hacer bien tanto,
> Porque la causa fuí de aquel exceso...
> Llamar al Marqués quiero,
> De quien remedio en mi tormento espero...
> ¡Cómo le oprime el sueño perezoso!
> . . . .
> Despierta, generoso caballero.

MARQUÉS

(Despertando sobresaltado.)

> Con la espada en la mano,
> O sombras, o ladrones, os embisto.
> ¡Afuera, digo, afuera!
> Quienquiera que esté aquí, responda o muera.
> Pedazos le he de hacer a cuchilladas.

LEONARDO

Basta, señor Marqués, basta.

MARQUÉS

¿Qué escucho?

MENDOZA

¡Vive Dios, que han hablado!

MARQUÉS

¿Quién eres?

LEONARDO

Muerto soy.

MENDOZA

Yo lo he quedado.

MARQUÉS

Si no son ilusiones del demonio,
Valor tengo tan cierto,
Que os volveré a matar después de muerto.

LEONARDO

La iglesia derribada
Para la nueva fábrica que han hecho,
. . . .
Dejó un confesonario,
No poco a lo que intento necesario.
Allí podréis oírme:
Tened ánimo.

MARQUÉS

Nunca me ha faltado.

LEONARDO

Pues bien; podéis seguirme.
. . . .

MARQUÉS

¿Sin luz?

LEONARDO

¿Temor adquieres?

MARQUÉS

¿Cómo temor? Camina a do quisieres.

LEONARDO

Pues dame aquesa mano.
. . . .

Todo esto, y más que por brevedad omito (puesto que son dos las apariciones del alma en pena), se encuentra en una comedia *autógrafa* de Lope; y si recuerda mucho las escenas sobrenaturales de *El Infanzón de Illescas*, no recuerda menos las de *El burlador de Sevilla*. Pero donde la semejanza llega a ser identidad hasta en las palabras, es en *Dineros son calidad*, pieza que ha corrido suelta con nombre de D. Jerónimo de Cáncer (poeta mediocre y de ingenio puramente festivo, incapaz de imaginar ni de escribir las grandes cosas que en este drama hay), pero que la crítica unánimemente atribuye a Lope, con cuyo nombre está en las tres más antiguas y autorizadas ediciones; si bien sufrió, como otras varias suyas, la desgracia de ser refundida por Claramonte, que no dejó de poner en la obra su contraseña, introduciéndose en ella con su nombre poético de *Clarindo* y llenándola de necedades, según costumbre. No entraré a dilucidar, porque ahora no es del caso, el punto importantísimo de las relaciones que este drama tiene con el de Don Juan, no ciertamente en el carácter del protagonista, pero sí en la parte fantástica. Nada diré, por consiguiente, del reto que el arruinado Octavio dirige a la estatua del Rey Federico. Lo único que me importa ahora es la aparición del muerto, y aun de ésta no tanto lo que se parece al *Burlador* como lo que se parece al *Infanzón*. Suena primero en las galerías del abandonado castillo un *¡ay!* prolongado y lastimero, y exclama Octavio:

> ¿Quién suspira? ¿Quién se queja?
> . . . .

> LA VOZ

> ¡Ay!

> OCTAVIO

> ¡Válgame Dios! ¡Qué fiera
> Y espantosa voz!

> LA VOZ

> ¡Octavio!
> . . . .

> ¡Octavio!

OCTAVIO

¿Quién eres?

LA VOZ

Llega

Y lo sabrás.

OCTAVIO

Sin luz, ¿cómo?

LA VOZ

Pues yo haré que luz te enciendan.
. . . .
Ya hay luz; ven.

OCTAVIO

El corazón (Aparte.)
En el pecho me revienta
Y el cabello se me eriza.

LA VOZ

¿Ya te acobardas? ¿Ya tiemblas?

OCTAVIO

¡Yo temblar! ¡Yo acobardarme!
¡Si los infiernos vinieran
Contigo!

LA VOZ

Pues ven.

OCTAVIO

Aguarda;

Ya voy.

(Aparece la estatua del rey Enrique.)

LA ESTATUA

No quiero que vengas.
. . . .
¿Conócesme?

OCTAVIO

Sí, sí, sí.

ESTATUA

¿Quién soy?

OCTAVIO

En..., En..., En...

ESTATUA

                    No temas
Si te precias de gallardo.

OCTAVIO

¿Yo temer? Cólera es ésta.

ESTATUA

¿Quién soy?

OCTAVIO

Enrique.

ESTATUA

                Y tu rey.

OCTAVIO

Mis desdichas lo confiesan.

ESTATUA

Pues confiesas que lo soy,
Sígueme.

OCTAVIO

¿Dónde me llevas?

ESTATUA

Donde el valor ilustremos,
Donde probemos las fuerzas,
Porque otra vez a los bultos
Soberanos no te atrevas;
Que al rey en mármol le anima
La deidad que representa.
¿Defenderás lo que hiciste?

OCTAVIO

¿No quieres que lo defienda?
Camina.

ESTATUA

Toma esa luz
Y guía por esa puerta.

OCTAVIO

¿Por esa puerta?

ESTATUA

Sí; acaba.
No tiembles, no te suspendas.

OCTAVIO

Ya voy.

ESTATUA

Camina adelante.

OCTAVIO

¿Voy seguro?

ESTATUA

Sí.

OCTAVIO

Pues entra,
Que ya alumbro.

ESTATUA

Es en mi noche
Esa luz obscura y muerta.

OCTAVIO

Pues alumbraréme a mí.

ESTATUA

Mira que no te arrepientas.

OCTAVIO

Sígueme; mal me conoces.

ESTATUA

Enrique soy.

OCTAVIO

Aunque seas
Demonio; que no me espantan
A mi demonios de piedra.
. . . .

Llegan de este modo al jardín desolado de la que fué casa de placer de Octavio en los días de su prosperidad, y aquí es donde el duelo con la estatua se asemeja más exactamente al de Don Pedro con la Sombra:

OCTAVIO

Basta ya; aquí estamos bien.
. . . .

ESTATUA

Aquí sacarte he querido,
Villano, para que entiendas
Que de ti ofendido estoy.

OCTAVIO

Y ¿qué pretendes?

ESTATUA

Que mueras.

OCTAVIO

Pues saca la espada.

ESTATUA

Yo
No la he menester: sin ella
Aquí te he de hacer pedazos.

OCTAVIO

Retírate: ¿qué te acercas?
. . . .

ESTATUA

¿Cómo retirarme? Agora
Verás lo que te aprovechan

El corazón y la espada,
Pues no hay golpe que me ofenda.

OCTAVIO

¿Cómo eres viento, si tienes
De alabastro la presencia?

ESTATUA

Viento y alabastro soy,
Villano, para que entiendas
Que has de hallar piedra al castigo,
Y has de hallar viento a la ofensa.

OCTAVIO

No te alcanzo.

ESTATUA

Piedra miras,
Y con el viento peleas.
La espada no importa aquí.

OCTAVIO

Pues ven a los brazos.

ESTATUA

Llega...

¿Quién no ha de reconocer la identidad, casi literal, de algunos versos de esta escena con otros del segundo acto de *El Infanzón:*

—No hallo cuerpo que ofenderte,
Aunque la forma veo en ti.
—*Soy de viento al esperar*
Y de bronce al combatir.

Y si esto no bastara para convencer a los más rehacios, no hay sino continuar leyendo hasta el final de la escena:

OCTAVIO

Ilusión vana.
¿Es de veras?

ESTATUA

Tan de veras
Como las penas que paso
En la residencia eterna.

OCTAVIO

¿Estás condenado?

ESTATUA

No;
Que esta restitución hecha,
Del purgatorio saldré...
Sácame destos rigores,
Redímeme de estas penas.

OCTAVIO

¿Tales son?

ESTATUA

Dame esa mano,
Porque compasión me tengas.

OCTAVIO

¡Ay! ¡Ay! ¡Válgame Dios! ¡Ay!
Que me abrasas! ¡Suelta, suelta!

ESTATUA

Pues ves el rigor que paso,
No quieras que en él perezca.

Ciertamente, la pluma que escribió esto, es la misma que trazó sin cuidarse siquiera de alterar los rasgos, el último diálogo entre la Sombra y Don Pedro:

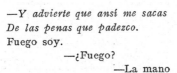

—*Y advierte que ansí me sacas*
De las penas que padezco.
Fuego soy.
    —¿Fuego?
            —La mano
Me da.
    —No ardes mucho.
                —Quiero.
Que lo examines mejor.
—*¡Que me abraso! que me quemo!*
—Este es el fuego que paso.
—Terrible es, pues yo lo siento.

La demostración me parece casi matemática. Todas estas escenas fantásticas han salido de la imaginación de un mismo poeta que agotó hasta la saciedad un mismo efecto dramático, tratándole con más o menos fortuna, según la inspiración del momento y según las condiciones más o menos felices de cada fábula. Suponer otra cosa sería convertir a Lope en plagiario, no una ni dos, sino ocho o diez veces; y francamente, para creer, esto de tan grande ingenio, sería preciso una prueba *material* y *exterior* algo más fuerte que la *copia moderna* de Hartzenbusch, que nadie más que él ha visto, y que es el único *documento* (digámoslo así) en que se ha fundado la quimérica sospecha que ha querido arrancar esta obra del repertorio de Lope, adjudicándosela a *Tirso*.

Porque otras razones que se alegan, todavía son de menos monta. Los tres romancillos que hay en el acto segundo de *El Rey Don Pedro en Madrid*, y que ni siquiera es seguro que pertenezcan a la obra primitiva, se parecen, en efecto, a otros de la comedia de *Quien habló pagó* (que probablemente no es de Fray Gabriel Téllez, a lo menos en su totalidad); pero todavía se parecen más a otros que hay en *Lo cierto por lo dudoso* y en otras comedias indubitables de Lope. La tropelía hecha con la graciosa en el tejado, tampoco tiene nada de peculiarmente *tirsiano* (tolérese por una vez, y en obsequio a la brevedad, este feo neologismo). Pasa *Tirso* por autor muy libre, y ciertamente lo es para los melindrosos oídos de nuestro tiempo; pero la libertad o licencia de su expresión no supera ni acaso llega a la de muchas obras de Lope, desde *El rufián Castrucho* hasta *La viuda valenciana*, y aun de varias piezas juveniles del pulcro moralista D. Juan Ruiz de Alarcón, tales como *El desdichado en fingir*, *El semejante a sí mismo* y *La cueva de Salamanca*. Allá a principios de nuestro siglo, cuando apenas se conocía más Teatro español que el de Calderón y Moreto, y resurgieron de improviso las comedias de *Tirso*, fué grande la fuerza del contraste, y nada tiene de particular que los críticos de entonces, los Listas y Martínez de la Rosa, tomasen por nota muy característica del fraile mercenario esta mayor liviandad o ligereza cómica, que no lo parece tanto si se coloca al poeta en el tiempo en que floreció y en la escuela a que realmente pertenece.

Añade Hartzenbusch que «toda la parte prodigiosa de la fábula se distingue por aquel carácter de originalidad y osadía que se admira en *El Convidado de piedra*, en *El Condenado por desconfiado*, *Tanto es lo de más como lo de menos*, *La República al revés*, *El mayor desengaño* y demás comedias de Téllez, cuyo argumento devoto comprende lances maravillosos.»

Prescindamos de *El convidado de piedra* (para no incurrir en un círculo vicioso); prescindamos de *El condenado por desconfiado*, que yo tengo por obra magistral de *Tirso*, contra la opinión de muchos, pero que nada tiene que hacer en este asunto. He leído con atención las demás comedias que Hartzenbusch cita, y reconociendo en todas ellas la originalidad y osadía propias del excelso numen del maestro Téllez, no he encontrado ni en la bella parábola dramática del pródigo y rico avariento, ni en la leyenda de San Bruno y el canónigo Raimundo Diocres, ni en la tragedia bizantina de Constantino Porfirogeneto, nada que pueda emparentarse con el tema de nuestro *Infanzón*, como seguramente están emparentadas las comedias de Lope en los lugares que he citado y extractado, acaso con prolijidad nimia. Pero todo este proceso crítico era necesario para mostrar, contra una preocupación ya inveterada, que a Lope, y sólo a Lope, pertenece la parte sobrenatural de *El Infanzón*, como le pertenece la creación del carácter de Don Pedro y la del tiranuelo feudal, robador y atropellador de mujeres, abatido y domado, al cabo, por la potestad monárquica o por la venganza popular, o por ambas fuerzas a la vez; conflicto que tantas veces, y siempre con maravilloso prestigio poético, aparece en su Teatro, desde el Infanzón gallego Tello de Neira, de *El mejor alcalde el Rey*, hasta el comendador de Ocaña en *Peribáñez* y el comendador Fernán-Gómez de Guzmán en *Fuente Ovejuna*.

Quien compuso tales dramas, de nadie tenía que recibir lecciones en este punto. Ni tampoco en aquella manera tan familiar suya de tratar la poesía *ultramundana*, no como símbolo, sino como realidad concreta, pues (según notó finamente Grillparzer) «Lope de Vega es un naturalista que nada excluye, y resulta natural hasta en la expresión de lo sobrenatural, hasta en la expresión de lo imposible».

Pero este drama, que es una de las maravillas de nuestro Teatro, no ha llegado a nosotros íntegro y sano, como le escribió Lope. Puso en él sus pecadoras manos el representante Andrés de Claramonte, como las había puesto en *La Estrella de Sevilla*, en *Dineros son calidad*, en *El médico de su honra*, y quizá en otras piezas. Con razón advirtió Hartzenbusch que en esta comedia se nota gran desigualdad de estilo; que hay trozos afectados, oscuros y prolijos, al lado de otros en que la locución es clara, propia, enérgica y breve. Hizo, además, una observación gramatical importante. «Frecuentemente se ve allí empleado el *lo* como acusativo del pronombre *él*, no sólo para cosa, sino también para persona; y Lope y Téllez, como madrileños, usan generalmente el *le* con relación a las personas y aun también a las cosas.» Por el contrario, Andrés de Claramonte, autor murciano, naturalizado en Andalucía, emplea sin escrúpulo el *lo* en vez del *le*, como puede notarse en la comedia de *El Valiente Negro en Flandes*, que es una de las pocas suyas que pueden pasar por originales.

El texto primitivo de la comedia de Lope no está en ninguna parte, pero el que más debe de parecerse a él es el del manuscrito de la Biblioteca del duque de Osuna, existente hoy en la Nacional. Este manuscrito es el que hemos seguido, y es en realidad el que sirvió para la edición de Hartzenbusch; pues aunque dice haberle cotejado con una copia moderna, las pocas y acertadas variantes que en él introduce, más bien que a la presencia de original distinto, deben atribuirse a su buen gusto y consumada pericia teatral.

Pero este manuscrito de la Biblioteca Nacional tiene circunstancias muy singulares, en que no reparó bastante Hartzenbusch, y que luego han sido puestas de realce por nuestro docto compañero D. Emilio Cotarelo en un libro de poco bulto y mucha sustancia acerca de las obras del maestro Téllez. [1] El tal manuscrito está formado de otros dos diferentes, «el más antiguo de los cuales lo constituyen la cubierta de pergamino y las dos últimas hojas con la licencia para la representación, fechada en Zaragoza en 1626; y en el resto, también de la época, se contiene todo lo demás del drama, dándole por padre a Andrés de Claramonte».

En efecto, el manuscrito de Osuna tiene esta nota final:

«Esta comedia, intitulada «El Infanzón de Illescas», se puede representar, reservando a la vista lo que no fuere de su lectura. Zaragoza y Diciembre a 30 de 1626.»

Creo que en esta nota tenemos, si no la verdadera fecha del drama de Lope, un modo aproximado de determinarla. Debe de ser posterior a 1614, puesto que no está citado en la segunda lista de *El Peregrino*, pero no posterior a 1618, puesto que en dicho año cayó de la privanza el duque de Lerma, a quien en la pieza se dirige una alusión lisonjera. Claramonte hubo de refundirla poco después. Bien sé que comúnmente se afirma que este ingenio de las riberas del Segura murió en 1610; pero tal afirmación no resiste a la crítica cronológica. Es uno de tantos errores como pululan en el librejo del *Origen de la comedia y del histrionismo*, que D. Casiano Pellicer compaginó con apuntes de su padre, D. Juan Antonio, trabucados y mal entendidos. Que Claramonte no murió en esta fecha, sino muchos años después, aunque no podamos precisar cuándo, se evidencia con sólo recordar que en 1613 publicó en Sevilla la *Letanía moral;* en 1617 un *Fragmento a la Purísima Concepción de María;* en 1621 *Dos famosas loas a lo divino*, y que en 12 de noviembre de 1622 aprobó Vargas Machuca su comedia *La Infanta Dorotea* (manuscrito que fué de la Colección Durán y hoy es de la Biblioteca Nacional, y que tiene todas las señas de autógrafo); y que de 1631 es el manuscrito (de idéntica procedencia), de la comedia titulada

---

[1] *Tirso de Molina. Investigaciones bio-bibliográficas* (Madrid, 1893), páginas 121-126.

El mejor rey de los reyes; y, finalmente, que en el *Ragguaglio,* de Fabio Franchi, inserto en las *Essequie poetiche,* de Lope de Vega, 1636, se habla de él en términos tales que parecen aludir a persona viva.

No se opone, por consiguiente, ninguna dificultad cronológica a la hipótesis, muy verosímil, de que Andrés de Claramonte utilizara en sus correrías dramáticas un manuscrito de *El Infanzón,* de Lope, con fecha de 1626, procurando conservar las últimas hojas, que le autorizaban para representar el drama, y volviendo a copiar con intercalaciones lo restante. Pero no se ha de creer que fuese intercalación suya todo lo que falta en los textos impresos. La primera aparición de la Sombra es tan necesaria como las otras dos para la integridad del concepto dramático, y Claramonte no hubiera sido capaz de imaginarla. La pesada relación de Elvira en el primer acto, seguramente está retocada por Claramonte. Le pertenecen también todas las escenas del acto segundo en que interviene *Clarindo,* y, con efecto, no están en las viejas ediciones; pero, en cambio, faltan en ellas rasgos que, sin disputa, tienen que ser de la obra primitiva, como las cabezadas de Don Pedro al Infanzón. En el acto tercero apenas puede maliciarse intervención de Claramonte más que en unos cantarcillos que faltan en el texto impreso:

> Infanzón el de Illescas,
> Pimpollo de oro,
> Pues que mueres sin culpa,
> Llórente todos...

y que efectivamente se parecen algo a otros que Claramonte puso en su comedia *Deste agua no beberé:*

> ¿Quién es el que viene
> Como el sol de abril?
> Es Gutierre Alfonso,
> Gloria de Alanís...

Ya hemos tenido ocasión de citar esta rapsodia dramática, formada principalmente sobre *El médico de su honra,* pero en la cual entraron muchas reminiscencias de *El Infanzón,* mezcladas con otras de los romances relativos a Don Pedro.

La copia manuscrita de *El Rey Don Pedro en Madrid,* que se titula *Comedia famosa de Andrés de Claramonte,* y que aparece hecha por un tal Francisco de Henao y Romaní, *para Juan Acazio Beral y Bergara,* es, con todos sus defectos, el texto más antiguo y autorizado que tenemos de esta obra de Lope. La lección de los impresos es muy inferior, pues si bien es cierto que suprimen lo añadido por Claramonte, también lo es que carecen de bellísimos trozos de la obra primitiva. Mucho hay que desconfiar de tales editores cuando se ve que omitieron la primera aparición de la Sombra, dejando sin sentido la escena siguiente, a la cual pusieron por remate estos ridículos versos, tan indignos de la situación como indignos del talento de Lope:

REY

¿Ha llegado la Reina?

FORTÚN

¿Cómo puede llegar, si en prisión *reina?*

REY

¡Necio! Sólo en Castilla
Reina el sol de Padilla;
Doña María hermosa,
Mi legítima esposa,
Viene a ser solamente;
Y esto no es elección ni es accidente,
Sino afecto cristiano;
Que de esposo le di la fe y la mano
Antes que don Fadrique a Francia fuera;
Y así es en mí la majestad primera.
Reina es doña María de Padilla;
Que Blanca no es moneda de Castilla.

Pero como no hay libro malo que no tenga alguna cosa buena, este pésimo texto nos da entero un romance, del cual en la refundición de Claramonte no quedaron más que los primeros versos, y que importa bastante por lo que toca al concepto de Don Pedro como Rey justiciero, que está más ampliamente desarrollado en la comedia de las *Audiencias:*

> Pueblo, yo soy vuestro Rey,
> De Pelayo descendiente...
> Yo, pues, desde hoy, imitando
> Los Asirios y Atenienses,
> Que en las puertas de sus casas,
> Huyendo sacros doseles,
> Adonde la Majestad,
> Se retira y no se teme,
> En unas sillas, llamadas
> *Exedras*, oían siempre
> Las quejas de sus vasallos,
> Quiero que en Madrid comience
> Esta ceremonia antigua,
> En ciudades diferentes
> *Exedras* edificando,
> Donde la justicia reine,
> Y esté la misericordia
> Ceñida de olivos verde...

También la postrera intimación a D. Tello, después de perdonarle, tiene algunos versos más que en el manuscrito:

> Vivo quedas, Infanzón:
> Mi majestad obedece:
> No me irrites soberano,
> Ni me provoques valiente,
> Que el que sabe ansí ser rey,
> Sabe ser don Pedro, y puede
> Rendir soberbias espadas
> Y cortar cuellos rebeldes.

Otro ingenio de más fuste que Claramonte emprendió de nuevo refundir esta comedia a mediados del siglo XVII, y su refundición tuvo tal éxito, que desterró de las tablas la obra antigua, a la verdad muy injustamente. Era D. Agustín Moreto excelente poeta cómico, y en cierto género de comedia el primero de los nuestros; pero no le llevaba su genialidad a las cosas heroicas y fantásticas. Regularizó y simplificó la fábula de Lope, pero quitándola su imponente grandeza, sus efectos de terror profundo. De las tres apariciones de la Sombra, sólo dejó la última, que presentada en este modo, resulta fría y para nada sirve. Por lo demás, copió el plan, el argumento, los caracteres y buena parte de los versos, con variantes tan leves como poner *Alcalá* en vez de *Illescas*, *ricohombre* en vez de *Infanzón*, *el buen Aguilera* en vez de *el buen Acevedo*, y otras tales. En verdad que, entendido de este modo, debe de ser muy descansado el oficio de autor dramático. *El valiente justiciero y ricohombre de Alcalá*, título que dió Moreto a éste, que no debiera llamarse *rifacimento*, sino plagio, se publicó por primera vez en 1657 en la *Parte novena* de la gran colección de comedias escogidas de varios autores, que consta de 48 tomos; y fué reproducida en la *Parte segunda* de las de Moreto (Valencia, 1676). Como las ediciones de *El Infanzón* son rarísimas, y las de Moreto abundan tanto, *El ricohombre* ha estado pasando por original hasta nuestros días, con mengua de la verdad y quebranto de la justicia.

Aun no para aquí la serie de metamorfosis que ha sufrido esta composición dramática. Casi simultáneamente refundieron *El ricohombre de Alcalá*, en el primer tercio de nuestro siglo, dos competentes humanistas y beneméritos aficionados a nuestra antigua poesía, el cordobés D. Dionisio Solís y el granadino D. José Fernández-Guerra, padre y maestro de los ilustres académicos don Aureliano y D. Luis. La refundición de Solís se representó mucho, la de Fernández-Guerra no sé que llegase a las tablas. Una y otra permanecen inéditas. Poseo un manuscrito de la primera, con fecha de 1827. Más que refundición es una abreviación, aunque presenta distribuída en cinco actos la materia de los tres del original. Omite Solís la única escena fantástica que había dejado Moreto, y suprime también los chistes del gracioso. No he visto la refundición de Fernández-Guerra; pero a juzgar por otras suyas que andan impresas *(La dama duende, Cuantas veo, tantas quiero, Ir contra el viento)*, y por el sistema que expone en los prólogos de ellas, creo que había de ser más radical que la de Solís en el sentido de la regularidad clásica.

XLV.—La carbonera

Publicada por primera vez en la *Parte 22* (apócrifa) de Zaragoza, 1630; y después en la *Parte 22* (auténtica) de Madrid, 1635, tomo póstumo dado a luz por Luis de Usátegui, yerno del poeta.

Esta comedia, agradable y bien escrita como todas las de la vejez de Lope, no tiene ningún fundamento histórico que sepamos. Sírvenla de argumento ciertos fabulosos amores del Rey Don Pedro con una hermana bastarda suya (hija de doña Leonor de Guzmán), la cual, huyendo de la proscripción de su familia, se había refugiado en la choza de un carbonero, tomando su humilde oficio y haciéndose pasar por sobrina suya. En tal situación la encuentra el Rey y se enamora de ella, sin sospechar ni remotamente el parentesco que los ligaba. Complícase la acción con los celos de un D. Juan de Velasco, galán favorecido de la dama; y se amenaza el conjunto con muy apacibles escenas rústicas del mismo género que las de *El vaquero de Moraña* y tantas otras piezas de Lope. Termina el drama con la obligada *anagnórisis* y con el perdón que a todos otorga Don Pedro, cuyo carácter está presentado con visible tendencia apologética:

> Eso tiene el vulgo loco;
> Que en siendo un rey justiciero,
> Luego dicen que es cruel.

Suministra esta comedia un nuevo indicio para sospechar que *El montañés Juan Pascual*, que ahora conocemos solamente en la refundición de D. Juan de la Hoz, fué originalmente escrita por Lope de Vega. La escena en que el Rey Don Pedro, perdido en una cacería, llega, al caer la noche, a la rústica morada de Juan Pascual, es evidentemente similar de otra que hay en *La carbonera* (al final de la primera jornada), y ambas parecen tener su prototipo en otra comedia de Lope, *El villano en su rincón*, que fué refundida por Matos Fragoso con el título de *El sabio en su retiro*.

En otro género, es digna de notarse una bizarra descripción que, en la tercera jornada de *La carbonera*, se hace de la procesión del Corpus en Sevilla; trozo poético de mérito, a pesar de los anacronismos de detalle:

> Venía el feroz don Pedro
> Con una encarnada ropa,
> De leones de oro bordada,
> Que armiños blancos aforran.
> Un cirio en la diestra mano,
> Y en la otra una espada corta,
> Una gorra de Milán
> Con dos plumas, blanca y roja.
> Grave y valiente el semblante,
> Pálido el color, la boca
> Cubierta de poca barba... [1]

---

[1] No quiero dejar de citar una notable sentencia que Lope de Vega pone en boca de un rústico en la tercera jornada de esta comedia, y que es prueba de gran libertad de ánimo, si se considera que fué escrita cuando más en vigor estaba la antievangélica distinción de cristianos viejos y nuevos, y la manía seudo aristocrática de los *estatutos de limpieza*, de todo lo cual se burla el buen sentido de Lope en estos términos:

MENGA

Cristiano viejo dirás.

BENITO

Quien la ley de Dios no quiebra,
Para cristiano le suebra (*);
Que el tiempo da lo demás.

(*) Sobra.

XLVI.—Los Ramírez de Arellano

Publicada en la *Veinticuatro parte perfecta de las comedias del Fénix de España...* (Zaragoza, 1641).

Es héroe de esta comedia genealógica, el caballero navarro Juan Ramírez de Arellano, pero se mezcla en ella mucha parte de la historia general del reinado de Don Pedro, siguiendo constantemente la *Crónica* de Ayala; sabido lo cual, parece inútil decir que el espíritu de esta obra es mucho menos favorable a Don Pedro que el de todas las anteriores. La recapitulación de sus agravios que hace el bastardo Don Enrique en el primer acto de esta comedia, implorando el favor de Juan Ramírez de Arellano, es un breve resumen de los capítulos I, II, IV y VI del primer año de la *Crónica*, y del III del segundo año; pero lejos de atenuar el rigor de Ayala con Don Pedro, se ve que el poeta exagera las tintas odiosas y hace responsable al Rey de crímenes en que el cronista, con ser capital enemigo suyo, no le achaca iniciativa ni siquiera participación directa. Tal sucede con la muerte de doña Leonor de Guzmán, que Ayala atribuye exclusivamente a la Reina Doña María: «*E dendo a pocos días envió la Reyna Doña María su Escribano* (en otros textos se lee, quizá mejor, *un su Escudero*, y es la lección seguida por Lope), *que decían Alfonso Ferrández de Olmedo, e por su mandado mató a la dicha Doña Leonor en el alcázar de Talavera.*»

De la *Crónica* de Ayala (año catorce del reinado de Don Pedro, cap. IX) procede también uno de los principales episodios de esta comedia; es, a saber, el gran servicio que se supone que aquel caballero prestó al conde de Trastamara, salvándole en el castillo de Sos de la emboscada y muerte que le tenían concertada los Reyes de Aragón y de Navarra. Dice así este notable capítulo, que Lope siguió muy a la letra en la tercera jornada de su comedia:

«Agora tornaremos a contar de una fabla que fué fecha entre

los Reyes de Aragón e de Navarra después de la muerte del Infante Don Ferrando. Así fué que quando Don Bernal de Cabrera se vió con el Rey de Castilla en Monviedro... dicen que fuera tratado que el Rey de Aragón matase al Infante Don Ferrando, su hermano, e al Conde Don Enrique, e que el Rey de Castilla tornaría al Rey de Aragón toda la tierra que le tenía ganada, e faría paz con él por cien años, e que Don Bernal de Cabrera lo dixo al Rey de Aragón; e otrosí que trataba con el Rey de Navarra que fuese en esto, e que el Rey de Castilla le daría la villa de Logroño. E los Reyes de Aragón e de Navarra consintieron en este fecho; e fué así que un día después que el Infante Don Ferrando moriera, tornó el Rey de Aragón por facer esto, e dixo al Conde Don Enrique que el Rey de Navarra quería ser con ellos en esta guerra e ayudarlos, e que era bien que se viesen en uno. E el Conde Don Enrique dixo que le placía de las vistas; empero que acordasen en qual castillo se verían e quien los ternía seguros. E fallaron que el Rey de Aragón tenía un castillo frontero de Aragón e de Navarra que dicen Sos, e era bueno para que se viesen allí. E el Conde dixo que él no entraría en aquel castillo, salvo teniéndole Caballeros de quien él fuese seguro; e por ende acordaron que le toviese un Caballero que decían Don Juan Ramírez de Arellano, que era Navarro e Camarero del Rey de Aragón; pero era ome de quien el Conde Don Enrique se fiaba. E fué fecho así, e el castillo de Sos fué entregado al dicho Don Juan Ramírez, e él puso y un su hermano, que decían Ramiro de Arellano, con treinta omes de armas, e veinte Ballesteros, e treinta Lanceros. E desque fué entregado el dicho Castillo a Don Juan Ramírez de Arellano, llegaron y el Rey de Aragón e el Rey de Navarra, e acogiéronlos cada uno con dos servidores; e vinieron y el Abad de Fiscan e Don Bernal de Cabrera; e después vino el Conde Don Enrique, e traxo ochocientos omes de caballo, e todos los suyos pusieron su Real acerca del castillo, e el Conde entró en el castillo con dos servidores, segúnd era ordenado. E desque fueron todos en el castillo, fablaron de muchas cosas; e los Reyes de Aragón e de Navarra non fallaron en el

Alcayde esfuerzo para complir lo que querían facer; ca les dixo que en ninguna guisa él non sería en facer tal muerte. E desque esto vieron, encubriéronse lo mejor que pudieron e partieron dende.»

Esta buena acción, que el canciller Ayala, con aquella singular frescura y ausencia de sentido moral que suele notarse en su *Crónica*, califica de *falta de esfuerzo*, y que Lope, como era natural, presenta bajo su aspecto noble y caballeresco, quizá no es rigurosamente histórica. A lo menos, Zurita (lib. IX de sus *Anales*, cap. XLVIII) la contradice, apoyado no en vagos rumores, como los que probablemente siguió el cronista castellano, sino en el texto mismo de la concordia celebrada entre los Reyes de Aragón y Navarra, no en la fortaleza de Sos, sino en la de Uncastillo, a 25 de agosto de 1363; en la cual, lejos de tramarse nada contra Don Enrique, entró él como parte principalísima, y no se trató de su muerte, sino de la de Don Pedro, comprometiéndose a procurarla el Rey de Navarra, a quien no sin razón llama la Historia Carlos *el Malo*. «Declaróse otra cosa más deshonesta para tratarse que para ponerse en ejecución (dice Zurita): que en caso que el rey de Navarra pudiese acabar por cualquiera vía que el rey de Castilla fuese muerto o preso por el mismo rey de Navarra o por los suyos y se entregase al rey de Aragón, se le daría la ciudad de Jaca con sus términos, así de las montañas como de la canal que llamaban de Jaca, y los castillos y villas de Sos, Uncastillo, Ejea y Tiermas, y más doscientos mil florines. ¡En tanto estimaba el rey la vida y persona de su enemigo!»

No existe hoy, a lo que parece, el texto de este nefando pacto; [1] pero como Zurita nada afirma sin documento fehaciente, y su palabra vale por un archivo, podemos descansar en su testimonio, y preferirle, a pesar de su fecha, al de Ayala, que seguramente no conoció el texto de esta convención, puesto que equi-

---

[1] Juan Ramírez de Arellano *(Joannes Ramiri d'Arellano)* figura como testigo en otro pacto anterior que hicieron contra Don Pedro los Reyes de Aragón y de Navarra en el lugar de Almudévar, a 23 de mayo de 1363. *(Colección de documentos inéditos del Archivo general del reino*

voca hasta el lugar en que se hizo, y hubo de ser en este caso eco de las hablillas que corrían en el campamento de Don Enrique. Muy natural parece que los emigrados castellanos, una y otra vez burlados en sus esperanzas de pronta reconquista y feroz desagravio, desconfiasen de la política *felina* de Don Pedro IV, y de la índole depravada del Rey de Navarra, y les atribuyesen todo género de pérfidas maquinaciones contra su caudillo; pero fuera inverisímil suponer que príncipes tan astutos y tan interesados en la ruina del Rey de Castilla, fueran a deshacerse torpemente del *Bastardo,* cuando precisamente aquel osado aventurero era el mejor instrumento para sus planes, y su muerte en nada podía favorecerles, pues no tenían otro pretendiente que poner en su lugar, después del asesinato del Infante Don Fernando, perpetrado con el consentimiento de su hermano Don Pedro IV, aunque fuesen ejecutores de él los escuderos de Trastamara. Tratándose de tal tiempo y de tales hombres, ninguna abominación es increíble; pero como el talento político del Rey *Ceremonioso* era todavía mayor que su perversidad, no hay para qué atribuirle un crimen inútil, o más bien contraproducente, como lo hubiera sido la traición contra Don Enrique, a quien él acababa de allanar el camino del trono, saltando sobre su propia sangre.

En la *Crónica* de Ayala (capítulos V, VI y VIII del año vigésimo y último) se inspiró también Lope para las últimas escenas de su drama, donde pone en acción la pelea de Montiel y la catástrofe de Don Pedro. Son tan conocidos estos admirables capítulos, que huelga insertarlos aquí; pero no creemos fuera de propósito notar la fidelidad con que el poeta se atuvo al texto histórico hasta en la enumeración de las huestes combatientes por uno y otro bando. Tuvo también presente un romance hoy per-

---

de Valencia, publicada por D. Joaquín Casañ y Alegre (Valencia, 1894), tomo I, páginas 119-121.)

Este pacto se refiere a otro anterior de Sos, que es probablemente el que Ayala confundió con el de Uncastillo, que, según Zurita, no se hizo hasta el mes de agosto.

dido, al cual pertenecían estos versos, que Lope intercala hábilmente entre los suyos:

> Muerto yace el rey don Pedro
> En su sangre revolcado:
> Más enemigos que amigos
> Tienen su cuerpo cercado;
> Unos dicen que le entierren,
> Otros que no sea enterrado.

Los dos primeros versos los trae también Andrés de Claramonte en su comedia *Deste agua no beberé*, haciendo que una voz profética se los cante al propio Rey mucho antes del desastre:

> Tendido en el duro suelo,
> El alma a Dios cuenta dando,
> *Muerto yace el rey don Pedro*
> *En su sangre revolcado.*
> Los pies tiene don Enrique
> Sobre su cuerpo gallardo,
> Y el puñal sangriento tiene
> En su vengadora mano.

En estas reminiscencias históricas y tradicionales consiste el principal valor de *Los Ramírez de Arellano*, que, por lo demás, es obra de pacotilla, según generalmente acontece con las comedias de armas y linajes, salvo alguna maravillosa excepción, como *Los Tellos de Meneses*.

XLVII.—LA PRIMERA INFORMACIÓN

Publicada por primera vez en la *Parte* 22 (auténtica) de Lope (Madrid, 1635). Parece que en su tiempo la habían atribuído algunos a Montalbán, sobre lo cual se hace una advertencia al fin de la comedia.

Esta pieza nada tiene de histórico. Figura en ella un Rey Don Pedro de Aragón, y sólo por tal motivo la hemos puesto aquí, dado que el fondo es una de tantas comedias de amor e intriga, bien escrita, pero no de mérito sobresaliente entre las de su autor. [1]

XLVIII.—EL PRIMER FAJARDO

Esta comedia, impresa en la Parte VII de Lope (Madrid y Barcelona, 1617), es probablemente la misma que con el título de *Los Fajardos* está citada en la primera lista de *El Peregrino en su patria*, y ha de ser anterior, por tanto, al año 1604; fecha que, de otra parte, parece bien confirmada por el desorden de la traza, la viciosa contextura de la fábula y el desaliño del estilo, que son notas características de la primera y más ruda manera de Lope, sobre todo en sus piezas históricas y novelescas.

Es comedia genealógica de las más destartaladas, confundiéndose en ella sucesos y personajes de muy diversas épocas. Por mero capricho se pone la acción en el reinado de Don Enrique II. El conde D. Juan Manuel que en la comedia figura, es D. Juan Sánchez Manuel, conde de Carrión, que efectivamente tuvo el Adelantamiento de Murcia en tiempo de aquel Monarca y era primo de la Reina Doña Juana Manuel; es también personaje histórico Juan Gallego Faxardo, pero es enteramente fabuloso el

---

[1] «Tengo que rectificar una noticia consignada en la página cvi. [Ed. Nac. T. IV, pág. 274.] La comedia autógrafa de Lope que con el título de *La Niña de Plata y burla vengada*, y la fecha de 29 de enero de 1613, existe en el Museo Británico, y de la cual tengo a la vista un exacto facsímile, nada tiene que ver, salvo el título, con *La Niña de Plata* que Lope publicó en su *Parte novena* (1617). Es una comedia enteramente distinta, e inédita hasta ahora, en que para nada interviene el Rey Don Pedro, y que ni siquiera pertenece al género de las históricas, sino al de las novelescas, en cuya sección tendrá oportunamente cabida. Debe enmendarse también este error en los catálogos de Chorley y La Barrera.»

cerco de Lorca; y nada hay que decir del reto del moro Abenalfajar, y de su vencimiento por Juan Gallego, que toma de él parte de su apellido: lugar común repetido hasta la saciedad en las leyendas de linajes, aunque en este caso pudo tener cierto fundamento histórico en un hecho de un Faxardo posterior, como luego veremos.

En la parte heráldica Lope anduvo más exacto, y las palabras del más famoso y autorizado cronista del reino de Murcia pueden servir de comentario a sus versos:

> La villa de Santa Marta
> De Hortiguera es el solar
> De este mi nombre; que el mar
> Cerca de su sitio aparta.
>   Y cuando de armas te acuerdes
> Y tengas mil lunas, moro,
> Yo tengo en campo de oro
> Tres matas de ortigas verdes.
>   Siete hojas cada mata,
> Hace el blasón mi solar,
> Sobre tres rocas del mar
> Con ondas de azul y plata.

«La casa de Faxardos (escribe el licenciado Francisco de Cascales) es de Galicia, cuyo solar, muy antiguo, y muy noble, está en Santa Marta de Hortiguera: primero se llamaban *Gallegos*... Las armas de los Faxardos (que las hay dentro de los muros de Santa Marta de Hortiguera, y en el Porto, y en la fortaleza de la dicha villa) son tres aguilones sobre ondas de azul y plata, con tres hortigas verdes, siete hojas en cada rama, en campo de oro.» [1]

El primero de este linaje que pasó a Murcia (según refiere el

---

[1] *Discursos históricos de la muy noble y muy leal ciudad de Murcia... Año de 1775. En Murcia, por Francisco Benedito.* Hojas 8-10 de los preliminares, sin foliar. La primera edición de esta Historia es de 1621, por lo cual se ve que Lope no pudo disfrutarla para esta comedia. Hubo de valerse de algún nobiliario anterior.

mismo verídico historiador) fué Juan Faxardo, «que siguió las partes de D. Enrique en las guerras que tuvo con su hermano el Rey D. Pedro; y muerto que fué (éste) en Montiel, se vino juntamente con el Conde de Carrión, a Murcia, para tomar la posesión de este Reyno por D. Enrique».

No constan muy particulares hazañas suyas, pero Lope le atribuyó las de su hijo Alfonso Yáñez Faxardo, de quien dice Cascales: «Éste fué muy belicoso caballero, y halló aquí aparejo para hacer demostración de su persona, por ser frontera de Granada y Aragón. Tuvo grandes victorias, principalmente la que llaman del puerto de Olivera, donde don Farax Aben Reduan, caudillo de la casa de Granada, llevó mil y quinientos hombres de a caballo, y mucha gente de a pie: y saliendo Alonso Yáñez Faxardo con el pendón real de Murcia con cuatrocientos ginetes y algunos peones, los desbarató y venció, y mató muchos, y traxo muchos cautivos a la ciudad de Murcia. En las guerras que tuvo el rey D. Juan el Primero contra Portugal, le sirvió Alonso Yáñez Faxardo, y estando en la Puebla de Montalbán, a siete días de Noviembre de 1383 años, le hizo el Rey Adelantado mayor de este Reyno...»

Su gloria fué muy pronto eclipsada por otros de su linaje, cuyas memorias andan también revueltas con las suyas en esta comedia, a la cual cuadraba bien el nombre colectivo de *Los Faxardos* (que es el que Lope la había dado primitivamente) puesto que en un solo personaje compendió cuatro generaciones. Fué el primero de estos insignes adalides otro D. Alonso Yáñez Faxardo, hijo del anterior, «que alcanzó una gran victoria en el sitio de la ciudad de Vera contra los moros de ella y de Granada, y allí le mataron a su hijo Don Juan Faxardo; y otra que llaman la victoria del Algibe de los Cabalgadores, contra infinitos granadinos que venían a entrar en el reyno de Murcia; y otra en que tomó la villa de Huércal; y otra en el famoso sitio que puso a Baza contra infinidad de moros, que les constriñó a hacer pactos dentro de ciertos días, y recibió en rehenes 300 moros, gente principal y algunos parientes del Alcayde. Celebrada es la guerra que hizo en el Marquesado de Villena a Don Enrique, Infante de Aragón, pues le reduxo a la Corona Real, con muchos hechos señalados y derramamiento de sangre, por cuyos servicios le dió el rey Don Juan el Segundo (a quien sirvió en esta empresa) la villa de Mula; y luego por la cayda del Condestable Don Ruy López Dávalos, le hizo Adelantado mayor de este Reyno, año 1424.

»Sucedió a Alonso Yáñez el segundo, su hijo primogénito Don Pedro Faxardo, así en su estado como en los hechos insignes, y en el cargo de Adelantado mayor de este Reyno, el qual se ha ido perpetuando en esta casa sin interpolación alguna... Hubo muchas victorias de enemigos, como fueron la del vado de Molina, la que llaman de San Francisco; y muchas escaramuzas y reencuentros sobre la ciudad de Vera... Señalóse en el sitio y toma de la ciudad de Cartagena, que la tenía Don Beltrán de la Cueva, y el Rey Don Enrique Quarto hizo a Don Pedro Faxardo, Señor de Cartagena, con título de Conde de ella; y esta merced la confirmaron los reyes Don Fernando y Doña Isabel, como parece por carta suya, dada en Madrid a 15 días del mes de Abril, año 1477...

»Y entrando mil y quinientas lanzas de la casa de Granada en el Reyno de Murcia, para tomar la villa de Caravaca, donde él estaba acaso, salió contra ellos de improviso, y, cuerpo a cuerpo, mató un caballero Moro muy valiente, llamado Zatorre, que le pidió desafío, y desbarató el campo y le hizo huir».

Pero ninguno de estos adelantados de Murcia es el Fajardo heroico por excelencia, el que tuvo la fortuna de ser enaltecido, no solamente por la historia, sino por la musa épica del pueblo castellano, sino otro Alonso Fajardo, alcaide de Lorca, glorioso vencedor de la morisma en la batalla de los Alporchones. En honra suya se compuso aquel romance fronterizo, lleno de ímpetu bélico, que comienza:

> Allá en Granada la rica,—instrumentos oí tocar,
> En la calle de Gomeles,—a la puerta de Abdilbar...,

y a él debe referirse también, como atinadamente juzgó Wolf, otro romance no menos popular, que conviene transcribir íntegro, en su texto más antiguo, aunque menos correcto, porque Lope fundó en él una de las mejores escenas de su comedia: [1]

> Jugando estaba el rey moro—y aun al ajedrez un día
> Con aquese buen Faxardo,—con amor que le tenía.
> Faxardo jugaba a Lorca,—y el rey moro a Almería;
> Jaque le dió con el roque;—el alférez le prendía.
> A grandes voces dice el moro: —«La villa de Lorca es mía.»
> Allí hablara Faxardo,—bien oiréis lo que decía:
> «Calles, calles, señor rey,—no tomes la tal porfía,
> Que aunque me la ganases,—ella no se te daría;
> Caballeros tengo dentro—que te la defenderían.»
> Allí hablara el rey moro,—bien oiréis lo que decía:
> «No juguemos más, Faxardo,—ni tengamos más porfía,
> Que sois tan buen caballero,—que todo el mundo os temía.»

Lope, en la tercera jornada de su comedia, pone en acción la partida de ajedrez entre el Rey y Fajardo, dándola mayor realce con hacer que dos músicos canten al mismo tiempo los versos del romance, que seguramente todos los espectadores acompañarían en coro:

> Jugando estaba el Rey moro
> En rico ajedrez un día
> Con aquese gran Fajardo,
> Por amor que le tenía.
> Fajardo jugaba a Lorca,
> Y el Rey jugaba a Almería;
> Que Fajardo, aunque no es rey,
> Jugaba cuatro o seis villas...

De este modo lo épico se enlaza con lo dramático, y consigue el poeta que la ilusión realista no se destruya, a pesar del brusco tránsito del diálogo al canto. No en boca de los músicos, sino del Rey mismo, están puestos los famosos versos:

> Perdiste, amigo Fajardo;
> La villa de Lorca es mía...

---

[1] Sigo la lección de la *Primavera*, de Wolf (núm. 83), que la entresacó del *Cancionero de Romances* de Amberes, sin año.

Aunque esta anécdota sea notoriamente fabulosa, [1] y no reconozca otro origen que los tratos amistosos que el alcaide de
Lorca tuvo con los últimos reyes moros de Granada, [2] no han

---

[1]   Era, por otra parte, un lugar común en los romances. Recuérdese
la partida entre Moriana y el moro Galván:

> Juegan los dos a las tablas,
> Por mayor placer tomar.
> Cada vez que el moro pierde,
> Bien perdía una cibdad;
> Cuando Moriana pierde,
> La mano le da a besar.

(Número 121 de la *Primavera*, de Wolf.)

[2]   En estos tratos no quedó muy bien parada la fidelidad de aquel
arrogante magnate, que se aprovechó, como tantos otros, de la anarquía del reinado de Enrique IV para hacerse una soberanía casi independiente. «Alonso Yáñez Fajardo, el vencedor de los Alporchones, se
había constituído régulo de Murcia y Cartagena, con apoyo de su yerno
Garci-Manrique, e indiferente a los mandatos del Rey..., dictaba leyes
a la comarca y las ejecutaba a punta de lanza. Don Enrique autorizó
a los émulos de D. Alonso para hacerle la guerra a sangre y fuego; y
en virtud de esta facultad, el capitán Gonzalo Carrillo invadió los estados de aquel señor, maltratando a sus vasallos y haciendo daños incal-
culables con talas e incendios. Enfurecido D. Alonso, reunió la gente de su
yerno, la de su primo Juan de Ayala, señor de Albudeyte, y pidió también
socorro al Rey de Granada, con quien mantenía íntimas relaciones; al
propio tiempo escribió una carta insultante al Monarca de Castilla, refiriendo sus proezas y sus servicios en la guerra, y quejándose de que
autorizase a sus enemigos para hostilizarle *a sangre y fuego.* Como
sabía que sus reconvenciones eran desatendidas si no las apoyaba con
lanza vencedora, corrió con su hueste en busca del capitán, que le atacó
en la huerta de Murcia. La fortuna le fué adversa. su gente desapareció,
muerta y dispersada; casi todos sus castillos se rindieron, y el mismo
señor, con escasos restos, se encerró en el de Lorca: aquí resistió valiente,
y no se rindió hasta conseguir partidos ventajosos y la devolución de
los estados que le disputaban sus émulos. Entonces cortó comunica-
ciones con la corte, y sin reconocer rey ni superior en aquella tierra,
mandaba como señor y juzgaba como árbitro.» Lafuente Alcántara
(don Miguel), *Historia de Granada,* edición de Baudry. París, 1852,
II, 163.

faltado historiadores y genealogistas que tuviesen el lance por verídico; y tanto Argote en su *Nobleza de Andalucía*, como Cascales en los *Discursos de Murcia y su Reino*, copiaron el romance como documento histórico, llegando el segundo a querer puntualizar la fecha del caso, añadiendo curiosos pormenores, recibidos acaso de la tradición oral; pero incurriendo, a mi modo de ver, en una confusión entre los dos primos Fajardos, Alonso y Pedro.

«Y era llegado el año 1466, cuando por ciertos enojos y guerras que tuvieron entre sí Mulei Albohacen, Rey de Granada y su hermano Mulei Boabdelin, que vulgarmente llamaron el Zagal (que también se intitulaba Rey, y sobre eso era la discordia), el dicho Boabdelin, huyendo de su hermano, que le apretaba demasiadamente, se vino con algunos Moros en su compañía a la ciudad de Lorca, donde el Adelantado Don Pedro Faxardo estaba, y se puso en su poder, pidiéndole le amparase de la furia de su hermano. El Adelantado le recibió benignamente, y no sólo le defendió y aseguró de aquel peligro, pero le hizo muy honrado hospedaje y tratamiento. Este agasajo y favor lo escribió e intimó encarecidamente a su madre la Reina Horia (que así se llamaba), la cual estaba en Almería, y desde allí por cartas rogó al Adelantado que le amparase y defendiese, y, en señal de agradecimiento, le envió sesenta mil doblas. Todo esto se supo luego, y el Rey Mulei Albohacen le escribió también luego al Adelantado con sus embaxadores, que le entregase a su hermano, y le daría mucha mayor cantidad que la que de parte del Rey Zagal le habían ofrecido. Tratándose sobre esto entre algunos caballeros y criados del Adelantado, cuál de estas dos ofertas sería mejor que aceptase, dixo el Adelantado, muy como Príncipe, que ni quería la una ni la otra, sino tenerle seguro, sin entregarle a su hermano ni dar lugar a que recibiese daño alguno, y soltalle libremente cuando él se quisiese ir, pues había venido a su poder con la confianza que de él tuvo. Y así se quedó en Lorca, debaxo de su amparo, algunos días. En éstos, sobremesa se puso a jugar un día el Rey Boabdelin con el Adelantado, y en el juego le sucedió lo que el romance vulgar cuenta...

»Entretenido aquí el Rey Zagal, cuando vió tiempo de volverse, pidió licencia al Adelantado, despidiéndose de él con mucho agradecimiento, y el Adelantado le envió con mucho amor y cortesía, dándole gente que le acompañase hasta Almería. Dentro de poco tiempo se puso en Granada, y desde allí le envió al Adelantado veinte y quatro caballos, tres espadas ginetas, y algunas adargas finas, y aderezos de caballos. Esto recibió y no otra cosa, de muchas, y de mucho valor,—que juntamente le fueron presentadas.» [1]

Tanto Cascales como los historiadores particulares de la ciudad de Lorca, [2] aceptan la identificación del Fajardo de la partida de ajedrez con el Adelantado Pedro Fajardo; pero mucho mejor se comprende el origen de la leyenda, si la referimos a su tiránico y desaforado primo Alonso Fajardo, el vencedor de los Alporchones, llamado por sobrenombre *el Malo;* ya que de éste y no de aquél fueron los tratos con los moros, que él mismo viene a confesar implícitamente en la carta, por mil razones notable y llena de elocuencia y brío, que dirigió a Enrique IV: «Y no debéis, Señor, aquexarme tanto, pues sabéis que podría dar los castillos que tengo a los moros, y ser vasallo del Rey de Granada, y vivir en mi ley de christiano, como otros hacen con él... Y si vos, Señor, me negáis la cara, por donde yo error haya de hacer, la destruición del rey Don Rodrigo venga sobre vos y vuestros Reynos, y vos la veáis, y no la podáis remediar, como él hizo.»

Lope de Vega conoció seguramente esta carta, aunque no atino dónde pudo leerla, pues el libro de Cascales, que es el primero que la trae, a lo menos de los que yo conozco, fué impreso bastantes años después de la composición y aun de la representación de esta comedia. Verdad es que el autor de las *Tablas*

---

[1]   Cascales, *ubi supra,* páginas 273 y 274.

[2]   *Antigüedad y blasones de la ciudad de Lorca... Su autor el R. Padre Fray Pedro Morote Pérez Chuecos...* Murcia, 1741.—*Historia de la ciudad de Lorca por D. Francisco Cánovas y Cobeño.* Es publicación de estos últimos años, pero en ninguna parte del libro consta la fecha.

poéticas era amigo y panegirista de Lope (si bien con reservas clásicas), y pudo comunicarle manuscrito este documento. Pero que le tuvo presente no admite duda, puesto que en el acto tercero copia casi a la letra una de sus cláusulas:

> Por un clavo, famoso rey Enrique,
> Se pierde una herradura...
> Por una herradura, un buen caballo;
> Por un caballo, a veces un jinete;
> Por un jinete, un campo, y por un campo
> Se pierde un reino: tú, señor, procura
> Honrar los caballeros que defienden
> Los que heredaste, y los ajenos ganan.

«Oh Rey muy virtuoso (leemos en la carta de D. Alonso), soy en toda desesperación, por ser así desechado de V. Alteza: soez cosa es un clavo, y por él se pierde una herradura, y por una herradura un caballo, y por un caballo un caballero, y por un caballero una hueste, y por una hueste una ciudad y un reino.» [1]

La leyenda de la partida de ajedrez parece mero trasunto de un cuento árabe, mucho más antiguo, consignado en Abdalguahid y otros historiadores, cuyas noticias recogió Dozy en sus *Scriptorum arabum loci de Abbadidis*. En cierta ocasión, Alfonso VI de Castilla invadió en son de guerra los estados del Rey de Sevilla Al-Motamid, que se hallaba desprevenido para la defensa. Pero su primer ministro, Aben-Ammar, encontró un ingenioso medio de detener al ejército invasor, presentando a Alfonso un magnífico tablero de ajedrez, con piezas de ébano y de sándalo, incrustadas en oro, e invitándole a jugar con él, previa la promesa de concederle luego el favor que le pidiera. El Rey jugó y perdió, y el precio de la partida fué la retirada de su ejército, que, fiel a su palabra, ejecutó en seguida, contentándose con el doble tributo y los ricos presentes que le entregó Al-Motamid. [2]

---

[1] *Apud* Cascales, fol. 271.

[2] *Histoire des Musulmans d'Espagne*. Leyde, 1861; tomo IV, 162-167.

Todavía hay que añadir algo sobre la parte histórica de esta comedia. Los anacronismos y confusiones que en ella se notan, son enteramente voluntarios y nacidos del propósito de reducir todos los Fajardos a uno para concentrar el interés dramático. Por lo demás, Lope estaba perfectamente impuesto en la historia real y fabulosa de aquella familia, tan prepotente en el reino de Murcia. Se advierte este conocimiento aun en los pormenores más nimios. Interviene, por ejemplo, en la fábula de nuestro poeta un comendador Lisón, y la historia nos dice que a la batalla de los Alporchones concurrió Alonso de Lisón, comendador de Aledo, con 15 hombres de a pie y siete de a caballo. También es personaje histórico el D. Gonzalo de Saavedra, a quien el Rey envía contra Fajardo en el acto tercero. No sabemos si era Veinticuatro de Sevilla, como le llama Lope, pero de su empresa da cuenta Cascales [1] en los términos siguientes, refiriéndola al tiempo de Enrique IV y a los disturbios promovidos por Alonso Fajardo *el Tirano:*

«El Adelantado D. Pedro Faxardo, con el poder que tenía del Rey, y con el favor de esta ciudad *(Murcia)*, sacó gente en campaña, y con ella, y con la que el Rey había enviado primeramente con Martín de Sosa, y después mucha más *con Don Gonzalo de Saavedra, Comendador mayor de Montalván,* marchó para Lorca, donde estaba Alonso Faxardo con mucha gente granadina, y de tal manera le apretaron el Adelantado y el Comendador de Montalván, que entraron en la ciudad, y mataron gran número de moros y cautivaron más de docientos. Retiróse Alonso Faxardo al castillo, y no se quiso rendir si no le concedían, lo uno, perdón general para sí, y para Garci-Manrique, Maestre de Santiago, su yerno, casado con doña Aldonza Faxardo, su hija, a quien había dado en dote la villa de Mula, que había usurpado de la casa y estado del Adelantado; lo otro, que el Rey concediese tregua con el Rey de Granada por cinco meses. Con la nueva de esta victoria fué al Rey Juan de Soto, caballero y regidor de

---

[1] Página 270.

Murcia, y de secreto llevó una carta de Alonso Faxardo, por la cual representaba al Rey sus servicios, y de sus pasados, y pretendía perdón de su yerro.»

Ya hemos tenido ocasión de citar algunas sentencias de esta famosa y arrogante carta, que es una de las buenas muestras de la prosa política del siglo xv; verdadero memorial de agravios, o manifiesto sedicioso, en que de todo se trata menos de pedir perdón, con paz sea dicho del candoroso y simpático humanista, a quien tanto deben los anales murcianos.

Lope, que tan buen instinto tenía para apoderarse de los rasgos históricos más característicos y salientes, parafraseó con mucha valentía los conceptos de esta carta en las palabras que pone en boca del ofendido Fajardo, después de su derrota, dirigiéndose a Sayavedra:

> ¿Así paga el señor Rey
> Lo que le debe a Fajardo?
> ¿Este es el premio que aguardo?
> ¿Esto es justicia, esto es ley?
> . . . .
> El ganar cuatro ciudades
> Y diez villas, sin tener
> Sueldo o soldada; el perder
> Por él tantas amistades;
> El tener tantas heridas,
> De los pies a la cabeza,
> Por servicio de Su Alteza
> Cara a cara recibidas;
> El tener de todo apenas
> Más que un caballo, una lanza,
> Y alguna corta esperanza
> De estas ganadas almenas;
> Hacer temblar a Granada...,
> Señor Veinticuatro, ¿es ley
> Justa que os mandase el Rey
> Que me desciñáis la espada?
> ¡Ésta, con que he detenido
> Tantos moros africanos,
> Me la quita de las manos
> El mismo que he defendido!

¡Ésta, por quien duerme allá
Seguro en bordada cama,
En tanto que la recama
Fajardo de sangre acá! [1]

Otro episodio caballeresco, tradicional hoy mismo en Lorca, aparece levemente desfigurado en esta comedia de Lope, por el empeño de atribuir la hazaña a uno del apellido Fajardo. Me refiero a la famosa victoria *de los cuarenta* y al rapto de la novia de Serón. Consignó por primera vez esta tradición en pésimos metros el ingenioso novelista y admirable escritor en prosa Ginés Pérez de Hita, en cierto poema o más bien crónica rimada que en 1572 compuso con el título de *Libro de la población y hazañas de la muy noble y muy leal ciudad de Lorca,* y que sin gran mengua de las letras patrias ni del nombre ilustre del autor de las *Guerras civiles de Granada,* ha permanecido inédito hasta nuestros días, estragándose más y más en las repetidas copias, después de haber servido de fondo principal a la narración en prosa del P. Morote.

---

[1] Compárese el texto de la carta de Fajardo:

«En acrecentamiento de vuestra corona Real, yo, Señor, peleé con la gente de la casa de Granada..., y con el ayuda de Dios y vuestra ventura los vencí..., por cuya causa están los Moros en el trabajo que V. Señoría sabe. Yo, Señor, combatí a Lorca, y la entré por fuerza de armas, y la gané y tuve; a donde se prendieron docientos Moros, y hube gran cabalgada, ropas, bestias y ganado. Yo gané, Señor, a Moxácar, donde se hicieron tan grandes fechos de armas que las calles corrían sangre... Yo descerqué el castillo de Cartagena, que vos tenían en toda perdición. Y agora en galardón destos servicios, y otros muchos muy notorios que dexo de escrevir, mandáis hacerme guerra a fuego y sangre, y dais sueldo a vuestras gentes por me venir a cercar y destruir. Y esto, Señor, lo he a buena ventura, que más quiero ser muerto de león que corrido de raposo... Yo, Señor, no soy para ser conquistado de caballeros de Rey, que estoy en este Reino solo, y no tengo otro reparo sino a vos que sois mi Rey y mi Señor, y siempre llamándome vuestro me defenderé, y vuestro nombre en mi boca y de los míos será loado... Miémbrese V. Señoría de mi agüelo y seis hijos y nietos que habemos vencido diez y ocho batallas campales de Moros, y ganado trece villas y castillos en acrecentamiento de la corona Real de Castilla...»

Refiere, pues, el vate de Mula en el canto XV de su poema, que cuarenta caballeros lorquinos salieron secretamente de su ciudad con intento de correr la frontera de Granada, y llegados a cinco leguas de Baza, entraron por el río de Almanzora, y se emboscaron en unos pinares junto a Serón, esperando que pasase algún moro:

> Seis días estuvieron aguardando
> Tan sólo por hacer muy buena presa.
> . . . .
> Estando en estas cosas maginando,
> Unos moros venir ven a gran priesa;
> Éstos sólo son doce, según cuenta,
> Que a una novia llevaban su parienta.
>
> De Serón estos doce habían salido,
> Camino van de Baza muy derechos,
> Mas hales al revés acaecido
> De aquello que pensaban en su pecho,
> Porque los emboscados han salido,
> Y les acometieron muy de hecho,
> Prendieron a los once prestamente,
> Cautivando a la Mora juntamente.
>
> Un moro de los once se fué huyendo
> Camino de Serón muy prestamente;
> Doscientos de a caballo muy corriendo
> Salieron de Serón muy de contado. [1]
> Los de Lorca se estaban atendiendo,
> Mostrando cada cual ser muy valiente;
> Mas Diego López luego ha preguntado
> De dó es aquella gente que ha asomado.
>
> Un moro respondió de los cautivos,
> «Un capitán de Baza allí parece
> Que quema a los cristianos casi vivos,
> Y de ellos hace cuanto le parece:
> Gustaréis de sus golpes tan esquivos,
> Que cada cual de vos bien lo merece,
> Pues habéis a la novia cautivado
> Y a todo su linaje deshonrado.»

---

[1] Aquí, como en otras partes, falta la rima. Ya he dicho que las copias del poema de Ginés Pérez son modernas y detestables.

Luego, pues, los de Lorca en un momento
Aquellos once moros degollaron,
Y a los otros les salen al encuentro,
Que muy cerquita de ellos allegaron:
Dos moros se adelantan de ardimiento:
«¿De dónde sois, cristianos?» preguntaron.
Respóndeles Morata prestamente:
«De Lorca somos todos justamente.

Mas (si de ello gustareis) luego entremos
En la cruda batalla y peligrosa,
En donde nuestras fuerzas probaremos
Con gente que es en guerra valerosa,
Y nuestro gran valor os mostraremos,
Que sabémoslo hacer en cualquier cosa,
Y aunque los que venís sois tres doblados,
No os tienen los de Lorca en tres cornados.»

Enojado el morisco, muy furioso
Revuelve su caballo prestamente,
Y puesto en los estribos valeroso,
La lanza le tiró muy crudamente.
Morata, que lo vió, fué muy mañoso,
Del golpe se guardó ligeramente;
Su lanza por un lado ha terceado,
Y al moro atravesó por un costado.

Cayó del golpe el moro muerto en tierra,
Dando muy doloroso y gran gemido;
Trabóse en un momento allí la guerra,
Y todos los de Lorca han acudido.

. . . .

Los cuarenta guerreros lorcitanos
Se meten en los moros como alanos.

Mataron más de veinte en el encuentro
Rodaba por el suelo la rüina;
Espántase de ver tal ardimiento
Aquella mala gente sarracina;
Mostraban los cristianos grande aliento;
Cualquier de los cuarenta, determina
En el asalto ser aventajado,
Y mostrarse en el lance señalado.

No hubo tempestad tan repentina,
Ni truenos tan terribles y espantosos,
Ni lluvia que cayese tan aína

De piedras en los sotos muy frondosos;
No causó su furor tanta rüina
Como aquestos cuarenta tan famosos,
En aquella tan bruta y vil canalla,
Al tiempo que rompieron la batalla.

Por medio travesaron la otra parte
Del escuadrón morisco tan malvado;
Por tierra derribado su estandarte,
Que de labores era muy preciado:
Aprietan con los moros con tal arte,
Que ya el morisco bando está espantado;
Mas viendo que son pocos, dan en ellos,
Pensando de matallos o prendellos.

. . . .

Mas los de Lorca, diestros en la guerra,
Juntos ïban entrando y van saliendo;
Muchos moros estaban por la tierra,
De golpes muy crueles pereciendo;
Sonaba aquel rumor por cualquier parte;
Socorro de Serón viene corriendo;
Forzoso a los de Lorca es retirarse,
Y a un punto todos juntos apartarse.

. . . .

El moro bando piensa muy de veras
Que alguna gran celada se aprestaba...
Con este gran temor nadie se osaba
A los pocos de Lorca el acercarse...
Viendo aquesto la novia, allí lloraba,
No pudiendo consigo consolarse,
Y dijo: «Caballeros generosos,
Mirad que soy mujer: sedme piadosos.»

. . . .

Tomás Morata dijo prestamente:
«Volvamos esta mora, caballeros,
Pues no es de gran valor este presente;
Mostremos el valor de ser guerreros,
Y llévela su esposo justamente;
Nosotros no venimos por dineros,
Sino por ganar honra eternamente.
Mostremos cortesía aquí al presente.»
Y los de Lorca, visto ser muy bueno
Lo que Morata dice, y provechoso,

Asieron a la mula por el freno,
A do la novia va muy de reposo:
Luego al morisco bando sarraceno,
El dón le presentaron tan famoso.
Quedó el bando morisco allí espantado
De un hecho de virtud tan señalado.

Si los de Lorca dicen son furiosos
Y en casos de la guerra señalados,
No menos son, por cierto, virtuosos,
Y en casos de virtudes muy preciados.
Bien se muestra en tal acto ser famosos
Varones, en cualquier cosa esforzados.
Grande honra han ganado en este día
Mostrando su valor y bizarría.

. . . .

Los de Lorca muy luego se volvieron
Con honra de aquel hecho bien ganada,
Y al río de Almanzora lo corrieron,
De do sacaron grande cabalgada;
Con la presa en su patria aparecieron,
Que aun no sabía Lorca de ellos nada,
Hasta verlos entrar con la gran presa,
Y holgándose bien todos de la empresa. 1

Quedan en Lorca varios recuerdos de esta hazaña: un cuadro
que la representa, en la sala de sesiones del Cabildo municipal, y
otra pintura de mano antigua, aunque torpe, en el crucero de la
capilla mayor del templo de Nuestra Señora de las Huertas.
Cuenta además el P. Morote (y esto no lo dice Pérez de Hita),
que agradecida la mora a la cortesía de aquellos caballeros, regaló
al que hacía de jefe de ellos (cuyo apellido, según el P. Morote,
era Guevara) una rica joya de oro y pedrería, y además la cabezada de la mula en que montaba. «Consérvase hasta hoy (escribía Morote por los años de 1741) la dicha joya y precioso freno,
con cuatro borlas de finísima seda azul, con sus cordones notable-

---

1 *Ginés Pérez de Hita. Estudio biográfico y bibliográfico, por don
Nicolás Acero y Abad.* Madrid, 1889, páginas 341-368. En este curioso
libro se ha publicado por primera vez el poema histórico de Lorca a que
nos referimos.

mente curiosos, y tan finos sus colores, que dudo puedan salir semejantes, en estos tiempos, del tinte. Guárdanles los caballeros Rendones.»

Hoy, según testifica el novísimo y bien informado historiador de Lorca, D. Francisco Cánovas y Cobeño, [1] no se conserva ya la joya, pero sí la cabezada o freno, vinculado en la familia de Álvarez Fajardo. Es un curioso ejemplar de las industrias granadinas, y tiene lindas guarniciones de cobre dorado y esmaltes. [2]

De esta leyenda, que en nuestros días ha sido cantada en seis romances por el ilustre murciano D. Lope Gisbert, [3] tuvo conocimiento Lope, no sé si por el manuscrito de Ginés Pérez, o por algún otro documento, que no adivino cuál pudiera ser. Pero la transformó, según cuadraba a su intento, sacrificando al oscuro capitán Tomás Morata en aras del famoso alcaide de Lorca, llamado por unos el *Bravo*, y por otros el *Malo*, terror de moros y pesadilla de cristianos. A él, pues, adjudicó la hazaña de los cuarenta caballeros, que redujo a cuatro para mayor efecto dramático; puso el robo de la novia en la misma noche de bodas, y logró de ese modo las escenas más bizarras y animadas del segundo acto de su comedia. Un confidente morisco trae a Fajardo la noticia de las bodas:

> Como el alcaide de Baza,
> Y Alcindo, alcaide de Vera,
> Sus hijas casan, Fajardo,
> Y esta noche son las fiestas,
> Vera está toda alterada,
> Sus moros las armas dejan,
> Y los jacos y las lanzas
> Por música y tocas truecan.
> Ya de los guardados muros

---

[1]   *Historia de la ciudad de Lorca*, pág. 299.

[2]   Amador de los Ríos (D. Rodrigo), *Murcia y Albacete*, pág. 696 (en la colección *España y sus monumentos*).

[3]   *La hazaña de los cuarenta (episodio de la historia de Lorca);* composición premiada en los *Juegos florales* de Murcia el 9 de mayo de 1875, transcrita por el Sr. Acero en la obra citada (343-358).

Y de su justa defensa,
No se acuerdan, ocupados
En las damas que festejan.
Las yeguas que a la campaña
Ayer sacaron ligeras,
Hoy las plazas y las calles.
A cuadrillas desempiedran.
Los que con tanta algazara
Por esa verde alameda,
La cara del sol cubrían
Con las disparadas flechas;
Los que pasaban los muros
De Lorca, y en sus almenas
Dejaban blandiendo el asta
De arrojadizas jinetas,
Ya con el amor lascivo,
Sobre alcatifas de seda,
Requiebran noches y días
Las moras de Cartagena.
Si tienes gente, Fajardo,
Buenas lanzas y ballestas,
Yo te enseñaré un portillo
Por donde ganes a Vera.

. . . .

FAJARDO

¡Oh, Garcijofre famoso!
Armas y caballo apresta,
Y al Comendador de Aledo
Di que los suyos prevenga;
Que pues de aquestos alarbes
Sabemos todos la lengua,
Disfrazados con marlotas
Hemos de entrar en las fiestas.

Cambia la decoración, y nos encontramos en una zambra
morisca, donde se canta y danza esta letra, demasiado madri-
galesca y anacreóntica para el caso, pero de todos modos bastante
linda:

Durmiendo estaba Xarifa
Entre las flores de un prado...
Bajó de un árbol Amor,
Que sabe y anda en los ramos,
Y mirándola en la boca,
Quísola medir los labios,
Y llegando quedito, pasito,
Besóla callando y fuese volando.

Entran Fajardo y sus tres compañeros, disfrazados de moros, hacen respectivamente *el paseo de la morisca o de la danza de hacha,* y se llevan en brazos a la novia, como en son de fiesta. Los infieles, estupefactos, no caen en la cuenta de lo ocurrido hasta que oyen gritar a Zaide:

¡Traición, alcaide, traición!
—¿Cómo traición?
        —De la villa
De Lorca salía Fajardo,
Ese espanto de los moros,
Ese honor de los cristianos.
Salió con este concierto,
Y vistiendo tres soldados
De los que más se confía,
Vino a haceros este engaño.
Apenas sacó de aquí
A Felisalva en los brazos,
Cuando en la playa la puso
A las ancas de un caballo.
Y primero que entendiese
Lo que llevaban trazado,
A las puertas van corriendo,
Dos a dos y cuatro a cuatro.
Apenas salen de Vera,
Cuando a voces por el campo
Van diciendo: «¡Viva! ¡Viva!
¡Viva el alcaide Fajardo!»
Salí a verlos, y del polvo
Que llevan, por largo espacio
Perdí de vista a los hombres
Y vi por el aire el rastro...

Aun del regalo de la mora hay, si no me engaño, una reminiscencia en este trozo de romance, puesto en boca de la sultana Fátima:

Caballero Abindarráez,
Pues os partís a la guerra,
Y para el reino de Murcia
Hacéis alarde y reseña,
Si viéredes a Fajardo,
Aquel de la cruz bermeja,
Aquel alcaide de Lorca
De quien tantas cosas cuentan;
Aquel que de ver su sombra
Tiemblan los moros de veras,
Aquel que mató a Alfajar
Y que arrastró sus banderas,
Pues yo sé que es vuestro amigo,
Y que no alzaréis las vuestras
Para quitalle sus villas
Ni hacer a su gente ofensa,
Decidle cómo en Granada
Fátima rogando queda
A Mahoma por su vida
Y por sus altas empresas;
Decidle que de su fama
Está enamorada y tierna...
Decidle que pudo el nombre
De Fajardo en mi dureza,
Más que de Zayde el amor,
Y que ha un año que me inquieta;
Y decidle que aunque sé
Que el amarle es cosa honesta,
Sé que es el verle imposible,
Y que siéndolo se aumenta;
Y que le labro un pendón
De seda, oro, plata y perlas,
Que le daré de mi mano
Si quiere Alá que le vea...

Ya queda advertido que esta comedia de *El primer Fajardo* es una de las más informes y atropelladas de Lope; pero basta con los trozos transcritos, para comprender que hay en ella vida poética y una imitación continua y feliz del estilo de los romances fronterizos. No es maravilla, por consiguiente, que haya sido traducida al alemán por Rapp [1] y que hayan fijado en ella la atención varios críticos, tales como Enk [2] y Grillparzer. [3] Este último, con el seguro instinto dramático que le caracterizaba, se fija especialmente en las escenas del rapto de la mora, que considera como las mejores de la obra. «Estos episodios (dice), naturales, sencillos, excelentes, abundan hasta en las piezas más endebles de Lope.»

XLIX.—Los novios de Hornachuelos

Dos manuscritos de esta comedia existen en la Biblioteca Nacional. El que perteneció a la librería de Osuna está falto de la tercera jornada, por más que el frontis (de letra moderna) diga: «Comedia en *dos actos* de Luis Vélez de Guevara», afirmación tan segura como la de ser *autógrafa*, según reza también el disparatado rótulo o anteportada. La verdadera portada, de letra del siglo XVII, atribuye también la comedia a Luis Vélez, y estampa la fecha de 1627. Parece copia de teatro, con bastantes atajos. La letra recuerda algo la de D. Antonio de Mendoza.

El segundo manuscrito comprende las tres jornadas: la primera es copia del siglo XVIII; las dos restantes del XVII, con la particularidad de que la tercera jornada es de la misma mano que escribió las dos del anterior manuscrito, que quedará completo cuando se reencuaderne como debió estar.

Al fin dice: «Saquéla en 12 de Abril de 1629 años en casa de Bartolomé Romero y por su mandado.

---

[1] En el tomo III de su *Spanisches Theater* (Leipzig, 1869), páginas 95-197; *Der erste Fajardo.*
[2] *Studien über Lope de Vega Carpio* (Viena, 1839), 276.
[3] *Studien zum spanischen Theater*, 128.

»Puédese representar esta comedia intitulada los nobios de hornachuelos en Valladolid a 15 de Octubre de 1629.—DR. GARCÉS.»

Esta licencia no es original. Tampoco se dice en este manuscrito de quién sea la comedia, porque no tienen valor alguno la afirmación de la portada modernísima, donde han escrito con lápiz «Luis Vélez de Guevara», ni la nota, de letra moderna también, en la portada antigua, que dice «de Medrano». Esta misma atribución se repite en el catálogo de Huerta.

La única edición antigua (suelta, pero rarísima) que conocemos de esta comedia, la da por obra de Lope de Vega; y por suya la tuvieron Durán, Schack y Hartzenbusch, si bien este último se inclinaba a creer que está refundida o por lo menos mutilada. Pero las razones que alega no tienen mucho peso, siendo la principal la brevedad de los actos segundo y tercero, en contraste con la extensión del primero. Por mi parte, encuentro en ella todos los caracteres del estilo de Lope, y no vacilo en seguir el testimonio del impreso con preferencia al del manuscrito.

Hartzenbusch reimprimió *Los Novios* en el tomo III de su colección escogida de las obras de nuestro poeta. Hay una traducción francesa muy abreviada (o más bien un extracto) en el libro de Du Perron de Castera, *Extraits de plusieurs pièces du Théâtre espagnol, avec des réflexions et la traduction des endroits les plus remarquables.* (París, 1738; vol. II, páginas 41-87.)

Fúndase la parte cómica de esta deliciosa fábula en un antiguo refrán, o más bien dicho popular, que Juan de Mal-Lara trae y comenta en su *Philosophia vulgar:*

«*Los novios de Hornachuelos, que él lloró por no llevarla, y ella por no ir con él.*»

«Para declarar dos que en casándolos comienzan a desagradarse el uno del otro. Y para buscar éstos no es menester ir a Hornachuelos, que es un lugar de Extremadura, sino irse a los juzgados y audiencias, que allí se hallarán novios desta condición: porque en Hornachuelos vinieron dos a casar hijo y hija, sin que ellos se hubiesen visto, y desposados, en viéndose concibieron grande odio el uno del otro, por ser tan feos y tan mal acondicionados, que no se halló cosa que del uno agradase al otro. Y casados ya, quando el novio la avía de llevar, en lugar del plazer que suele aver en esto, comenzaron a llorar de gana ambos. Preguntado por qué, respondía el novio que no quería ir con ella, respondía ella que no quería ir con él, y así estavan conformes y differentes de un parecer, y muy contrarios de una misma voluntad, y muy apartados sin haber algún medio.» [1]

De este cuentecillo, tan seco y desabrido, sacó la risueña fantasía de nuestro poeta todas las escenas rústicas y villanescas en que intervienen los desposados Berrueco y Marina y el alcalde. Esta especie de entremés, lleno de chistes y buen humor, tiene quizá el defecto de ser un poco largo y de distraer demasiado la atención del grande y trágico asunto de la pieza. Pero se conoce que Lope quiso justificar el título y sacar partido de la popularidad del refrán, que expresamente cita dos veces:

> Cuya desconforme boda,
> Nunca de esta suerte vista,
> Si primero deseada,
> Después llorada y reñida,
> La hará la memoria eterna,
> Ya que no en bronces escrita,
> Por *Los novios de Hornachuelos*,
> En el refrán de Castilla.

(ACTO SEGUNDO)

> . . . . Y con esto
> Da fin el refrán antiguo
> De *Los novios de Hornachuelos*.

Pero con el refrán sólo no hubiera podido hacerse más que una farsa. El conflicto dramático esencial tuvo que inventarle Lope, o más bien le adaptó, según creemos, de una grandiosa obra

---

[1] *La Philosophia vulgar de Joan de Mal-Lara, vezino de Sevilla... Primera parte, que contiene mil refranes glosados. En la calle de la Sierpe. En casa de Hernando Díaz. Año 1568.* Folio 103, vuelto.

suya que reputamos anterior: *El Rey Don Pedro en Madrid y el Infanzón de Illescas.* Excusamos repetir aquí el paralelo entre ambas piezas, que largamente hicimos en el prólogo anterior a éste. *El Infanzón de Illescas* y *Los novios de Hornachuelos* parecen en sus escenas capitales un mismo drama, con título y personajes diversos. Lope Meléndez, *El lobo de Extremadura*, hace y dice en Hornachuelos las mismas cosas que Tello García en Illescas; pondera en los mismos términos sus riquezas; perpetra los mismos desafueros; desacata del mismo modo la potestad real, y es humillado y castigado de idéntica manera.

Esta semejanza en los pormenores, no llega a la identidad en el total de la composición. *Los novios de Hornachuelos* queda manifiestamente inferior a su admirable original, no sólo por faltarle el prestigio de lo sobrenatural y fatídico que envuelve en una atmósfera de terror profundo el argumento de *El Rey Don Pedro en Madrid*, sino porque la arrogante figura del Monarca cruelmente justiciero, se levanta mucho en la historia y en la fantasía popular sobre la pálida y doliente sombra de Don Enrique III, que fué una esperanza de gran rey, pero que apenas tuvo tiempo para reinar por sí; alma fuerte encerrada en un cuerpo debilísimo que le hizo inhábil para el ejercicio de las armas y le impidió realizar grandes ideas políticas que ningún otro de su dinastía tuvo antes de la Reina Católica; «ca él presumía de sí que era suficiente para regir e gobernar», como dice de él con mal velada censura un grande escritor de su tiempo, que no le era, a la verdad, muy afecto, como no lo fué tampoco a D. Álvaro de Luna ni a nadie de los que intentaron poner el pie sobre el duro cuello de la nobleza castellana. [1] Con triste simpatía contemplamos la semblanza de aquel infeliz Monarca, aun en las páginas del ceñudo cronista, que acierta como siempre, por arte no aprendido, a ponernos delante de los ojos la realidad viva, física y moral a un tiempo, de todos los hombres que conoció

---

[1] Capítulo II de las *Generaciones y semblanzas*, de Fernán Pérez de Guzmán.

y trató, que amó u odió: «Fué de mediana estatura e asaz de buena
disposición: fué blanco e rubio, e la nariz un poco alta; pero cuando llegó a los diez e seis años hubo muchas e grandes enfermedades que le enflaquescieron el cuerpo, e le dañaron la complesión,
e por consiguiente se le daño e afeó el semblante, no quedando
en el primero parecer; e aun le fueron causa de grandes alteraciones en la condición, ca con el trabajo y aflicción de la luenga
enfermedad hízose mucho triste y enojoso. Era muy grave de ver,
e de muy áspera conversación, ansí que la mayor parte del tiempo
estaba solo e malenconioso... Él había gran voluntad de ordenar
su hacienda, y crecer sus rentas, e tener el Reyno en justicia;
e qualquier hombre que se da mucho a una cosa, necesario es que
alcance algo della... E lo que negar no se puede, alcanzó discreción
para conocer y elegir buenas personas para el su consejo; lo qual
no es pequeña virtud para el Príncipe. E ansí con tales maneras
tenía su hacienda bien ordenada, y el Reyno pacífico e sosegado...
Nunca ovo guerras ni batallas en que su esfuerzo pudiese parescer,
o por la flaqueza que en él era grande, que a quien no le vido
sería grave de creer, o porque de su natural condición no era
dispuesto a guerras ni batallas.»

Lope reprodujo con pasmosa verdad este tipo de príncipe
valetudinario, sostenido únicamente por la energía moral. Le
presentó temblando con el frío de la cuartana en el momento
mismo en que hace rendir la espada al tirano de Extremadura
y le pone el pie sobre la cabeza. La insolencia de D. Lope está
pintada con rasgos que poco o nada tienen que envidiar a los
del *Infanzón*. La escena con el faraute del Rey, es de primer
orden:

LOPE

Vengáis con bien. ¿Cómo queda
El Rey?

REY DE ARMAS

Su indisposición
Ordinaria le acompaña;

Pero con tanto valor,
Que estando enfermo en la cama,
No lo está el gobierno.
                              —Son
Los castellanos muy cuerdos.
—Esta carta me mandó
Que en la mano te pusiese:
Véla y responde.
                              —Yo estoy *(Aparte.)*
Desta novedad confuso.
Mostrad, hidalgo, que yo
La leeré y responderé
Despacio.
                   —La ejecución
De lo que Su Alteza manda
Pide menos dilación.
No he de apartarme de aquí,
Porque así me lo ordenó
Enrique, sin la respuesta.
—¡Notable resolución!
—Obedezco al Rey así,
Que es mi natural señor.
—Puntüales me parecen
Los reyes de armas.
                              —No honró
Poco Enrique tu persona,
Cuando por embajador
Desta carta un rey te envía
De armas, y como yo;
Que nosotros no salimos
A menos ardua facción,
Meléndez, que a un desafío
De un rey o un emperador.
—Desta suerte, el Rey sin duda
Me desafía.
                   —Eso no;
Que eres tú muy desigual
De Enrique, pues sois los dos,
Él tu rey, tú su vasallo;
Y los que yo he dicho son
Solamente sus iguales.
Enrique te hace este honor,

Porque tienes en Castilla
Tan grande nobleza.
                    —Estoy
Por arrojar, Mendo, a este
Rey de armas, por un balcón,
Al foso deste castillo;
Que viene muy hablador.

. . . .

Hazme, Mendo, relación
De aquesa carta del Rey.

MENDO

Así dice.

LOPE

Atento estoy.

REY DE ARMAS

Ya que tú has tomado asiento,
Yo le tomo; que es razón
Que un mensajero del Rey
Te merezca este favor.

LOPE

Mendo, ¡por Dios, que este rey
De armas me ha de sacar hoy
De paciencia!

MENDO

              Esto es debido
A cualquier embajador.

LOPE

El desembarazo es
Quien más me cansa.

MENDO

              Señor,
Trae dentro del cuerpo al Rey.

LOPE

¿Qué importa donde yo estoy?

MENDO

Como representa a Enrique,
Cumple con su obligación.

LOPE

Traerle, si así ha de ser,
Mendo, una cama es mejor;
Que si Enrique siempre enfermo
Asiste en ella, mejor
Representación hará
En ella su embajador...

MENDO

Lee.

«Lope Meléndez...»

LOPE

Prosigue.

MENDO

«De Extremadura...»

LOPE

Él me dió
Por apellido la tierra
Donde soy tan gran señor.

MENDO

«Luego que os dé mi rey de armas
Este pliego...»

LOPE

Aguarda. ¿No
Pone ahí el Rey *primo nuestro?*

Mendo

En este primer renglón,
No escribe otra cosa más.

Lope

Olvidósele, ¡por Dios!
Que a mí no me escriben menos
Los reyes, desde que dió
A mi apellido en Castilla
nombre el heroico blasón
De sus condes y jüeces;
Pero perdónoselo
Por enfermo. Mendo, pasa
Adelante.

Rey de armas

No se vió
Mayor soberbia.

Mendo

«Saldréis,
Sin más otra prevención
Que vos y cuatro criados,
Y mi rey de armas con vos,
Del lugar en que al presente
Estuviereis: desde hoy
En treinta días, os mando,
Sin hacer innovación,
Que parezcáis ante mí,
Porque al servicio de Dios
Y al mío importa. En Madrid
Y Septiembre 22.
Yo el Rey.»

Lope

Despacio está el Rey,
Y no me espanto; que son
Flemáticas las cuartanas.

REY DE ARMAS

Por él la palabra os doy
Que le tiemblan en Castilla
Más que él os tiembla.

LOPE

           Al humor
Me atengo con todo eso.

REY DE ARMAS

Yo a su heroico corazón...

LOPE

«Mensajero sois, amigo
Non merecéis culpa, non.»
Esto mismo don García,
Rey de León, respondió
A un antepasado mío
En semejante ocasión... [1]
Estése Enrique en Madrid,
Que es hermosa población,
Y para su enfermedad
Eligió el cielo mejor
Que tiene villa en España;
Que a ser herbolario yo
O médico, fuera allá
A curarle la cesión
Prolija de que adolece;
O a no estar en Aragón
Y en Navarra sus hermanas
Casadas, Blanca y Leonor,
También fuera a desposarme
Con cualquiera de las dos;
Porque, según dicen todos,
Enrique tiene opinión
De honrado hidalgo en Castilla,
Y con esto, guárdeos Dios...

---

[1] Suprimo un trozo bellísimo que ya he citado al hablar de *El Infanzón de Illescas.*

Y no dejen de llevarle
De comer a este infanzón
A su posada, Jimeno;
No diga el Rey que llegó
Criado suyo a mi casa
Sin sacar algún honor.

REY DE ARMAS

Yo no vengo a descansar
Ni a comer, sino a ser hoy
De las órdenes del Rey
Tan legal ejecutor,
Que he de volverme a la corte
Desde aquí.

LOPE

       Vaya con vos
El cielo.

REY DE ARMAS

      El Rey tomará
La justa satisfacción
Que piden desobediencias
Tan grandes.

LOPE

      Tomara yo
Que fuera de espada a espada,
Porque viéramos los dos
Quién ser por valor merece
Vasallo o rey.

REY DE ARMAS

      Yo me voy,
Por no ocasionarle más
A tu libre condición
Desacatos contra el Rey.

LOPE

Cuando andáis, atento sois,
Antes que por el atajo,
Desde aqueste corredor
Os ponga yo en el camino
De Madrid...

Aunque sobre las justicias de Don Enrique *el Doliente* no llegó a formarse una leyenda tan compleja y rica como la de Don Pedro, no faltaron gérmenes o rudimentos de ella, entre los cuales debe mencionarse un célebre cuento, cuya primera redacción conocida se halla en las adiciones que un autor anónimo del tiempo de Enrique IV hizo al *Sumario de los Reyes de España por el despensero de la Reina Doña Leonor*. [1]

«E acaesció que a cabo de quatro años que este Rey reynó, estando en Burgos casado con la Reyna, acostumbraba de ir a caza de quodornices a la rivera; e un día que con sus cazadores e donceles fué a caza, quando vino, que era hora de vísperas, non falló guisado de comer para él e para la Reyna, que comían continuamente en uno; e mandó llamar al despensero, e díxole que porqué non avía aparejado de comer. El qual le dixo, que non avía que gastar; que de la tasa que le tenían puesta sus caballeros para su cámara e tabla, que todo era gastado; e que aun él tenía empeñadas todas sus prendas; e aunque le libraban maravedís, non le pagaban sus recabdadores. El Rey desto ovo grande enojo, e comenzó a decir: «¿Cómo es esto? el rey de Castilla tiene sesenta »cuentos de maravedís de renta en cada un año, e non tiene para »su tabla?», e mandóle que le comprase dos espaldas de carnero, y empeñase su balandrán. El qual lo fizo así, e de esto, e de las quodornices que cazó, comió él e la Reyna doña Catalina; e fizo andar sirviendo al dicho Despensero desnudo en jubón en tanto que comió. E en aquel tiempo andaban continuamente con este Rey en su corte el dicho D. Pedro Tenorio, Arzobispo de Toledo, e Don Fadrique, Duque de Benavente, tío deste Rey, hermano bastardo del Rey Don Juan su padre, fijo del Rey Don Enrique, y Don Pedro, Condestable de Castilla, y el Conde Don Enrique Manuel, y Don Gastón, Conde de Medinaceli, y Juan de Velasco, y Don Alonso, Conde de Niebla, y Juan Furtado de Mendoza, el viejo ayo del Rey, y el Almirante Don Diego Furtado, y Diego

---

[1] Publicado por D. Eugenio de Llaguno y Amirola en la colección de Crónicas del editor Sancha, 1781.

López de Estúñiga, y Gómez Manrique, Adelantado de León, y
Perafán de Rivera, Adelantado de la Frontera, y Don Gonzalo
Núñez de Guzmán, Maestre de Calatrava, y Don Lorenzo Xuárez
de Figueroa, Maestre de Santiago, y Rui López de Avalos, que
después fué Condestable de Castilla, y Juan Furtado de Mendoza,
Mayordomo mayor del Rey: e tenían estos Caballeros por costumbre de comer todos en uno un día con uno, e otro con otro,
así pasaban su vida. E fué así que aquella noche cenaban todos
con el Arzobispo de Toledo Don Pedro Tenorio: y el Rey se fué
mucho disfrazado para la sala donde cenaban, e vido cómo cenaban
muchos pavones, e capones, e perdices, e otras muchas viandas
valiosas: e desque ovieron cenado, comenzaron de fablar cada uno
en las rentas que tenía, e cada uno de aquellos caballeros decía
lo que le rentaban sus tierras de renta ordinaria, e asimismo de
lo que avía de las rentas del Rey. E el Rey, desque esto oyó,
fuése para el castillo de Burgos, e acordó de los prender e matar
a todos veinte, ca oído cómo así le tomaban sus rentas, y pechos,
y derechos, y la vida que tenían, e como él non tenía qué comer:
e otro día antes que amanesciese envió a decir al dicho Arzobispo
de Toledo, que fuese al castillo; que se quería morir del enojo
que avía avido el día antes quando de cazar viniera (ca ya lo
sabían todos) e que daba orden de facer su testamento. El qual
dicho Arzobispo, luego que lo oyó, fué al dicho castillo, e non
llevó consigo más de un camarero; e como entró en el castillo,
cerraron las puertas, que no dexaron entrar con él a ninguno.
E tenía el Rey de secreto en el dicho castillo bien seiscientos
omes de armas de sus oficiales, que al tiempo que allí entraron
non sabían unos de otros. E por esta manera envió a llamar a
todos, e fueron venidos e entrados los dichos Caballeros de suso
nombrados, solos, sin ninguno de los suyos, e estovieron en la
gran sala, que el Rey nunca quiso salir a ellos fasta hora de medio
día. E quando salió de la cámara a la gran sala, vino tomando
una espada desnuda con su mano derecha, e asentóse en su silla
real, e mandó asentar a los Caballeros: e dixo al Arzobispo de
Toledo, que de cuántos Reyes se acordaba: y él respondió que se

acordaba del Rey Don Pedro, y del Rey Don Enrique, y del Rey Don Juan su padre, y dél, que eran quatro Reyes. E ansí de esta manera preguntó a todos los otros cada uno por sí, que de quántos Reyes se acordaba en Castilla: e dixo él que de más se acordaba, que de cinco Reyes. Y este Rey Don Enrique dixo que cómo podía ser, porque él era mozo de poca edad, e se acordaba de veinte Reyes en Castilla. Y los Caballeros dixeron que cómo podía ser: y el Rey respondió que ellos, e cada uno de ellos eran Reyes de Castilla, y no él, pues que mandaban el Reyno, y se aprovechaban dél, y tomaban las rentas y pechos y derechos dél, perteneciéndole a él como a Rey y señor dellos, y non a ellos: y que agora non avía un solo maravedí para su despensa: e que pues así era, quél mandara a todos cortar las cabezas, e tomarles los bienes. E luego dió una voz, y abrieron la gran sala, y a la puerta y ventanas se mostró la gente que tenía armada. E luego entró Mateo Sánchez su verdugo, y puso en medio de la sala un tajón, y un cuchillo, e una maza, e muchas sogas, con las quales les mandaba atar las manos. Y el dicho Arzobispo, como era Perlado de gran corazón, e sabio (aunque él, e todos los otros, temían que de allí non avían de salir vivos, mirando cómo estaban en tan gran fortaleza, y en poder de Rey mancebo e tan ayrado como se mostraba contra ellos, e que non tenían socorro nin amparo alguno salvo el de Dios), fincó las rodillas en el suelo, e pidió al Rey clemencia e perdón por sí e por los otros: e el Rey les otorgó las vidas con tal condición, que le diesen antes que de allí saliesen todas las fortalezas que en su Reyno tenían suyas del Rey, e cuenta con pago de quanto cada uno le avía tomado de sus rentas. Los quales así lo ficieron, que estovieron allí por espacio de dos meses, que nunca del castillo salieron fasta que todas las fortalezas fueron entregadas por sus cartas a quienes el Rey mandó: e asimismo les alcanzó, e pagaron ciento y cincuenta cuentos de maravedís de lo que avían tomado de sus rentas. E así los asombró en tal manera, que nunca Rey de Castilla se apoderó tanto del Reyno como este Rey Don Enrique, e de los Caballeros, e Escuderos, e de las comunidades dél. E en su tiempo nunca fué echado pecho nin pedido, nin monedas al Reyno. E porque asimismo este Rey Don Enrique se asentaba públicamente en auditorio general tres días cada semana a juzgar los agravios e sinrazones que se facían en sus Reynos, y por su persona los proveía: por estas cosas susodichas, e por otras muchas cosas loadas que fizo en su tiempo, fué muy amado e temido, así de su Reyno e de los suyos, como de los Reyes comarcanos.»

No creemos que esta conseja sea muy anterior al primer libro en que se halla. Todavía en el siglo XV debía de estar muy poco divulgada, puesto que ni siquiera figura en el *Valerio de las Historias* del arcipreste Diego Rodríguez de Almela, a pesar de lo aficionado que era a este género de anécdotas, y de haber dedicado un capítulo entero [1] a ponderar la magnanimidad y las virtudes del Rey Enrique III, en términos que contrastan notablemente con la acerba sequedad de Fernán Pérez, y prueban que la memoria de aquel buen Rey iba subiendo en la estimación de los castellanos, que veían en él uno de los más dignos precursores de su gran Soberana. El recuerdo de las primeras conquistas de Canarias, de la maravillosa embajada al Tamorlán, y otros hechos que prueban un espíritu de expansión y curiosidad geográfica,

---

[1] Es el VII, tít. I del lib. III del *Valerio* (pág. 83, edición de 1793): «Y como fuesse muy cathólico y noble en condiciones, cobdiciando facer, y faciendo justicia a todos, assí a grandes como a pequeños; de manera que era muy amado de los Perlados y Estado Ecclesiástico, y de los ricos hombres y caballeros, fijos dalgo, y de todos los plebeos. E non solamente era de los suyos amado, más aún de los estraños que oían su gloriossa fama. Ca sin echar pedido, ni monedas, ni otros pechos foreros en sus Reynos, eran pagados los Caballeros fijos dalgo, y los otros que tenían dél tierra, allende de los grandes gastos que facía, y reparo de Castilla y fortalezas, en especial los de la frontera. Ca él fizo el alcázar de Murcia, y la cassa y cerca de Miraflores sin otros edificios. E allende desto era muy magnífico en rescebir los Embajadores que a él venían, y otros grandes Señores de otros Reynos, a los quales daba muy grandes dádivas. E allende desto allegó muy grandes thesoros, con voluntad, si Dios le diesse salud y vida, de facer guerra a Moros y conquistar el reino de Granada... Muy grande fué la pérdida suya en morir de tan poca edad.»

hasta entonces no conocido en Castilla; los grandes proyectos que se le atribuían en orden al reino de Granada, y con respecto de la política oriental, y, sobre todo, el orden que puso en las rentas reales, la parsimonia y severa economía con que supo administrarlas, sin perjuicio de la esplendidez, de que a veces hizo oportuno alarde; el contraste, en suma, de aquella administración prudente y honrada, con el despilfarro y anarquía de los dos reinados subsiguientes, hacía grata la memoria del enfermizo Príncipe, aunque no pudieran recordarse grandes hazañas suyas, y expresión simbólica de esto fué la leyenda transcrita, nada heroica, en verdad, sino doméstica y llana, como cuadraba al sujeto.

Por eso, sin duda, hizo tanta fortuna en los libros de historia de los siglos XVI y XVII, aceptándola como verídica el cándido Garibay en su *Compendio historial*, dilatándola con su habitual nervio y elocuencia el P. Juan de Mariana, sin que la omitiesen, por de contado, Gil González Dávila en la crónica particular que escribió de Enrique III (1638), ni el Dr. Eugenio de Narbona en su elegante biografía del arzobispo de Toledo D. Pedro Tenorio (1624). Pero quien dió a la fábula los últimos toques, amplificándola con el gracioso barroquismo de su retórica y la viciosa abundancia de su dicción, fué el Dr. Cristóbal Lozano, primero en su *David perseguido*, y luego en su historia anovelada de los *Reyes nuevos de Toledo*. Y, finalmente, el hecho estuvo pasando por histórico hasta que Ferreras primero y Berganza después, mostraron la inverosimilitud y falta de fundamento del lance, en que nada hay cierto sino la estancia del Rey en Burgos en 1394 y la prisión del duque de Benavente.

No creo que la famosa *cena* de *Burgos* fuese tema de ninguna poesía popular. En el *Romancero general* de 1604 y 1614 hay un romance sobre este asunto (núm. 982 de Durán), pero es de poeta culto, como todos los de aquella colección, y me inclino a creer que sea del mismo Lope de Vega, puesto que los cuatro versos con que principia son idénticos a los de esta relación, puesta en boca del mismo Monarca en la presente comedia de *Los novios de Hornachuelos:*

El enfermo rey Enrique,
Tercero en los castellanos,
Hijo del primer don Juan,
A quien mató su caballo,
Comenzó, Lope Meléndez,
A reinar de catorce años;
Porque entonces los tutores
Del reino le habilitaron...
El Rey, bien entretenido,
Pero mal aconsejado,
En la caza divertía
Atenciones a los cargos.
Dormido el gobierno entonces,
La justicia a los agravios
De los humildes servía,
Más que de asombro, de aplauso...
Volvió a Burgos una noche
De los montes, más cansado
Que gustoso: cenar quiso,
Y ninguna cosa hallando,
Al despensero llamó,
Y preguntóle enojado
Qué era la ocasión. Él dijo:
«Señor, no ha entrado en Palacio
Hoy un real, y en la corte
Estáis de crédito falto,
Y no hay nadie que les fíe
A vos ni a vuestros criados.»
Quitóse entonces el Rey
Un balandrán que de paño
Traía, y al despensero
Se le dió para empeñarlo.
Una espalda de carnero
Le trujo... ¡En qué humilde estado
Se vió el Rey! Comióla, al fin,
Porque en semejantes casos
Hacer valor del defecto
Siempre es de pechos bizarros.
Díjole, estando a la mesa,
El despensero: «Entretanto
Que vos, señor, cenáis esto,
Con más costoso aparato

Los grandes de vuestro reino
Están alegres cenando
De otra suerte, en cas del Duque
De Benavente, tiranos
Siendo de las rentas vuestras
Y del reino, que os dejaron
Sólo para vos, Enrique,
Vuestros ascendientes claros.»

Tomó el Rey capa y espada
Para salir deste engaño,
Y en el banquete se halló
Valeroso y recatado,
Y escuchó tras de un cancel,
Con arrogantes desgarros,
Todo lo que cada cual
Refería que usurpado
Al patrimonio del Rey
Gozaba con el descanso
Que pocos años de Enrique
Aseguraban a tantos.

Publicó Enrique a otro día
Que estaba enfermo, y tan malo
En la cama de repente
De su accidente ordinario,
Que hacer testamento le era
Forzoso, para dejarlos
El gobierno de Castilla
En los hombros. No faltaron
En el palacio de Burgos
Apenas uno de cuantos
En cas del Duque la gula
Tuvo juntos, esperando
Que orden para entrar les diesen;
Cuando de un arnés armado,
Luciente espejo del sol,
Con un estoque en la mano,
Entró por la cuadra Enrique,
Dando asombros como rayos.

Temblando y suspensos todos,
Con las rodillas besaron
La tierra, y sentóse el Rey
En su silla de respaldo,

Y al condestable Rui López,
Vuelto con semblante airado,
Le preguntó: «¿Cuántos reyes
Hay en Castilla?» Él, mirando
Con temeroso respeto
Dos basiliscos humanos
En el Rey por ojos, dijo:
«Señor, yo soy entre tantos
El más viejo, y en Castilla
Con vos, señor soberano,
Desde Enrique, vuestro abuelo,
Con vuestro padre gallardo,
Tres reyes he conocido.»
«Pues yo tengo menos años,
Replicó Enrique, y conozco
Aquí más de veinticuatro.»
Entonces, cuatro verdugos
Con cuatro espadas entraron,
Y el Rey dijo: «Hacedme rey
En Castilla, derribando
Estas rebeldes cabezas
De estos monstruos castellanos,
Que atrevidos ponen montes
Sobre montes, escalando
El cielo de mi grandeza,
El sol, de quien soy retrato,
Y sobre todos fulminen
Rayos de acero esos brazos.»
Lágrimas y rendimientos
Airado a Enrique aplacaron;
Que a los reyes, como a Dios,
También les obliga el llanto.
Con esto restituyeron
Cuanto en Castilla, en agravio
Del Rey, los grandes tenían;
Y dos meses encerrados
En el castillo los tuvo,
Y desde entonces vasallo
No le ha perdido el respeto,
Sino sois vos, que tirano
De Extremadura, pensáis,
Lope Menéndez, que estando

> En cama Enrique, no tiene
> Valor para castigaros;
> Respondiendo a cartas suyas
> Con tan grande desacato,
> Que le obligáis que en persona
> El castigo venga a daros
> Que merecéis, porque sirva
> De temor a los contrarios,
> De ejemplo a todos los reyes,
> De escarmiento a los vasallos.

Son cuatro, por lo menos, las obras dramáticas posteriores a ésta de Lope, que reproducen las tradiciones relativas a Don Enrique *el Doliente*. Dos de estas piezas pertenecen al teatro antiguo y otras dos a la época romántica. En la *Parte nona de comedias escogidas de los mejores ingenios de España* (1657), ocupa el último lugar una comedia *de seis ingenios*, harto infeliz, por cierto, como podía esperarse de tan exagerada división del trabajo. En el libro impreso no constan los nombres de estos ingenios: dice Barrera, no sé con qué datos, que fueron Zabaleta, Rosete, D. Sebastián de Villaviciosa, Martínez de Meneses, Cáncer y Moreto. En el final pide perdón un autor solo, que puede ser el del último retazo, y que se declara *Toledano*, lo cual no conviene a ninguno de los seis, pero puede, en sentido lato, aplicarse a Moreto, que si no nació en Toledo, pasó allí gran parte de su vida, y allí murió:

> Y vuesastedes perdonen
> Rudezas de *un Toledano*,
> Tosca planta de aquel monte.

Comedia distinta de ésta, y un poco menos mala, es *El Rey Don Enrique el tercero, llamado el Enfermo*, que se encuentra en ediciones sueltas, ya con el nombre *de un ingenio*, ya con el de D. José de Cañizares, a quien tengo por su verdadero autor. En la primera jornada se presenta, no en relato, sino en acción, el episodio de la cena de Burgos. Los actos segundo y tercero desarrollan, aunque con torpeza, una intriga análoga a la de *El mejor alcalde el Rey*. En 1847 aparecieron simultáneamente *El gabán del Rey*, drama histórico en cuatro actos, de D. Gregorio Romero Larrañaga, y *Don Enrique el Doliente*, cuadro dramático en un acto, de D. Ceferino Suárez Bravo.

Ninguna de estas producciones tiene relación directa con *Los novios de Hornachuelos*, y todas quedan a buena distancia de ésta, que bien puede contarse entre las obras más selectas de Lope. Sus mayores bellezas se hallan en los diálogos entre el Rey y el Infanzón, pero toda la comedia está admirablemente escrita; debiendo mencionarse como cuadrito de género, franca y magistralmente ejecutado, el romance de la segunda jornada, en que se describe la ridícula boda de Marina y Berrueco, con su grotesco acompañamiento.

ÍNDICE

IX

CRÓNICAS Y LEYENDAS DRAMÁTICAS DE ESPAÑA

(Continuación)

1729

1729